쓰기 지도와 쓰기 연구의 방법

Teaching and Researching Writing

(Second Edition)

언어교육 14

쓰기 지도와 쓰기 연구의 방법

Teaching and Researching Writing
(Second Edition)

Ken Hyland 지음

박영민·장은주 옮김

글로벌콘텐츠

일러두기

1. 이 책은 Ken Hyland의 『Teaching and Researching Writing』(Second Edition, Applied Linguistics in Action Series, Routledge: Pearson Education, 2009) 을 번역한 것이다.
2. 이 책의 각주의 원주는 별다른 표시가 없으며, '옮긴이'가 작성한 각주는 '(옮긴이)'로 표시하여 구분하였다.
3. 이 책에서 말하는 '영어'는 우리나라의 '국어'(제1언어) 또는 '한국어'(제2언어)에 해당한다. 원문대로 '영어'로 번역하였지만 의미는 '국어'나 '한국어'로 받아들이는 것이 좋다.
4. EAP(English for academic purpose)와 같이 영어의 첫머리 글자로 된 단어는 시인성과 이해의 편의를 위해 영문자를 그대로 두고 주석을 달았다.
5. 문맥에 따라 'text'는 '글'이나 '텍스트'로 번역하였으며 혼용된 부분도 있다. 'literacy' 는 '문해', '문해 기능', '문해 활동', '문해 능력' 등으로 번역하였다.

역자 서문

　많은 사람들이 쓰기가 중요하다고 말하지만 어떻게 해야 글을 잘 쓸 수 있는지에 대해서는 정작 잘 알려 주지 않는다. 학교에서도 글을 써오라고 과제를 내주기만 할 뿐 어떻게 해야 글을 잘 쓸 수 있는지에 대해서는 가르쳐 주지 않는다. 물론 일부러 그렇게 하는 것은 아니다. 글을 어떻게 써야 하는지에 대한 지식은 몸에 담긴 지식으로서 명시적인 언어로 설명하기가 매우 어렵다. 이러한 특성으로 인해 알려 주기도 어렵고 가르쳐 주기도 어려운 것이다. 비유하자면 자전거 타는 방법을 알려 줄 때 행동으로 직접 보여주면 쉽지만, 말로 명확하게 설명하기가 어려운 것과 같다. 전문가로서 쓰기 교사가 필요한 이유도 바로 여기에 있다. 명시적인 언어로 학생들에게 설명하고 지도하기가 쉽다면 굳이 전문가인 쓰기 교사를 요구할 필요가 없을 것이다.

　이 책은 바로 이러한 지점을 잘 짚고 있다는 점에서 매우 훌륭한 책이라고 할 수 있다. 쓰기를 효과적으로 지도하려면 쓰기의 본질적 특징을 이해할 필요가 있고, 이를 위해서는 쓰기 연구의 성과를 눈여겨보아야 할 필요가 있다. 그러므로 쓰기 지도는 쓰기 이론 및 쓰기 연구와 분리할 수 없는 실천적 영역이며, 쓰기 이론 및 쓰기 연구를 바탕으로 삼는 핵심적인 영역이라고 할 수 있다. 이 책이 가지고 있는 또 다른 장점은 쓰기 이론, 쓰기 연구, 쓰기 지도에 대한 설명이 매우 간명하다는 점이다. 쓰기 연구는 변인이 다양한 만큼 여러 가지 관점과 접근법에 따라 이루어질 수밖에 없는데, 이 책은 이러한 복합적인 쓰기 연구의 양상을 간명한 흐름으로 정리하고 있다. 복잡한 쓰기 연구의 흐름을 명료하게 이해할 수 있으니 독자로서는 큰 행운이 아닐 수 없다. 쓰기를 공부하는 초심자라면 이 책의 간명한 설명이 쓰기 분야에 대한 이해의 체계를 세우는 데 도움이 될 것이다.

이 책의 번역은 (주)글로벌콘텐츠출판그룹의 양정섭 이사님께서 제안해 주셨다. 이사님의 제안 덕분에 쓰기 이론, 쓰기 연구, 쓰기 지도를 간명하게 정리한 이 책을 꼼꼼하게 읽을 수 있었고, 이 책을 우리말로 옮기는 번역도 할 수 있었다. 이 점 매우 감사하게 생각한다. 이 책을 번역하기 전에도 쓰기 교육을 공부하면서 종종 참조하곤 했지만, 이제 우리말로 된 번역서를 갖추게 되었으니 더 편리하게 살펴볼 수 있을 듯하다. 번역 제안을 받은 지 한참이나 지나서 원고를 보내드렸음에도 불구하고 게으름을 탓하지 않고 사려 깊은 태도로 기다려 주신 점도 매우 감사하게 생각한다.

많은 내용을 담고 있는 두툼한 책이 아님에도 불구하고 이 책을 우리말로 옮기는 데에 많은 시간이 걸렸다. 게으름이 가장 주된 원인이겠지만, 간명함의 언어를 극복하는 데에서 오는 어려움도 원인이 되었다. 번역자의 소임은 어디까지나 원저자의 뜻을 우리말로 바꾸어서 본의를 훼손하지 않고 온전히 전달하는 데 있다고는 해도, 쓰기 이론 및 쓰기 교육을 둘러싼 변인이 매우 많은데 이렇게 설명하는 것이 과연 아무런 문제가 없을까 하는 생각이 번역 작업을 하는 내내 따라 다녔다. 특히 이 책이 제1언어의 필자, 즉 모어 화자를 직접적으로 겨냥하고 있지 않다 보니 잔가지를 쳐 낸 것처럼 이렇게 간단하게 설명해도 무리가 없겠는가 하는 의문, 제1언어 화자를 대상으로 하는 쓰기 교육에도 이러한 설명을 원안대로 투영할 수 있겠는가 하는 생각이 번역 작업의 속도를 더 더디게 만들었다.

적절한 번역어, 우리말다운 번역어를 찾기 위해 고심을 하였지만, 우리말과 영어 사이에 놓인 학술적 담화의 특징적 장벽을 넘어서기는 어려웠다. 특히 'text'라는 단어는 번역을 마치는 이 순간까지도 어떤 번역어가 적절한지를 고심케 했다. 이 책에서는 글의 흐름에 따라 '텍스트'로 번역하기도 했고 '글'로 번역하기도 했다. 그래서 죄송스럽게도 독자들께서는 '텍스트'와 '글'이 혼용되는 어색함을 여러 곳에서 마주게 될지도 모른다. '학생이 작성한 글'이나 '학생 글'이 훨씬 더 자연스러운 표현이지만, 'text'를 '글'로 번역하는 데 따르는 심적 부담으로 인해 '학생이 작성한 텍스트'라거나 '학생 텍스트'와 같은 어색한 번역을 마주치게 될 수도 있다. 이 점 미리 양해를 구한다.

이 책을 내는 데에 여러 사람에게 빚을 지고 수고를 끼쳤다. 대학원에서 열심히 공부하며 이 책의 초고를 마련하는 데 애써 준 이지원 선생님, 원문과 번역문을 대조하며 누락된 곳, 오자와 탈자를 살펴 준 이현준 선생님, 김민정 선생님, 장미 선생님, 정분의 선생님, 박현 선생님의 수고가 컸다. 이 자리를 빌어 감사한 마음의 뜻을 전한다.

번역서를 책으로 낼 때마다 혹시 오역이 있는 것은 아닐까, 저자의 본의를 오해한 번역이 있는 것은 아닐까 하는 불안을 떨치기가 어렵다. 이런 걱정이 기우이기를 바라지만 현실일 수도 있을 것이다. 대학원 강의이든 학생 공부 모임이든 시간과 형편이 허락될 때마다 이 번역서를 다시 읽으면서 오역이나 오해가 있는지 살펴볼 생각이다. 독자들께서도 오역이나 오해를 지적해 주신다면 감사한 마음으로 수용하고자 한다.

2017년 10월
번역자를 대표하여
박영민

저자 서문

초판으로 발행되었던 책을 수정해서 다시 내는 일은 처음 책을 내는 것보다 몇 배는 더 어렵다. 여기에는 그럴 만한 몇 가지 이유가 있다. 그 중 하나는 초판에 담겨 있는 어떤 틀이 제약으로 작용할 뿐만 아니라, 그러한 제약이 있음에도 불구하고 수정하고 삭제하고 논의해야 할 것은 여전히 남아 있기 때문이다. 이 책 초판이 발행된 후 7년 동안 쓰기를 주제로 한 연구와 논의가 크게 진전되었다. 그러나 우리가 쓰기에 대해서 알고 있는 것과 연구하고 있는 것 중 많은 부분이 아직 미해결 상태로 남아 있다.

연구자들은 전문 지식의 전달이나 정체성 형성에서 쓰기가 어떠한 역할을 하는지를 밝히는 데에까지 연구 영역을 확장했으며, 언어적 법의학과 같은 전문 분야나 블로그, 위키스, 트위터와 같은 급변하는 인터넷 의사소통 분야에서 쓰기가 중요한 역할을 담당한다는 사실을 인정하고 있다. 쓰기 교사들은 학생들에게 쓰기를 지도할 때 장르 중심의 접근법에 크게 의존하고 있으며 더욱 더 빈번하게 컴퓨터 기반의 의사소통을 쓰기 지도의 중심으로 삼고 있다. 확장된 연구 영역이나 변화한 쓰기 지도에서는 필자, 독자, 텍스트가 매우 다양한 방식으로 상호 작용하지만, 우리는 여전히 쓰기의 본질을 이루는 필자, 독자, 텍스트 각각에 대해 관심을 기울이고 있다.

초판을 읽었던 독자들은 이번 판에서도 이 시리즈의 특색이 유지되고 있다는 점, 초판에 수록되었던 많은 내용이 반복되고 있다는 점을 알 수 있을 것이다. 2장과 4장은 새롭게 집필하여 넣은 것이지만 나머지 다른 장은 초판을 수정한 것이다. 이번 2판의 의도도 초판과 동일하다. 그 의도는 바로 쓰기에 대한 현재의 관점, 즉 쓰기에 대해서 우리가 알고 있는 것이 무엇이며 쓰기를 어떻게 연구하고 어떻게 지도해야 할 것인지를 독자에게 소개하는 것이다. 다시 말하면, 2판을 준비한 목적은 쓰기 연구 및 쓰기 지도에 대해서 명료하면서도 중요한 내용을 독자에게 소개하는 데 있다.

쓰기는 응용 언어학의 핵심적인 영역으로서 다양한 학문 분야의 인지적 연구 및 역동적인 논의 영역으로 계속 자리를 유지해 오고 있다. 쓰기가 가지고 있는 복합적이고 다면적인 특성으로 인해 쓰기를 명확하게 설명하는 것은 사실 쉽지 않다. 그러나 쓰기를 다룬 많은 연구를 바탕으로 삼아 쓰기가 작동하는 방식과 쓰기를 지도하는 최선의 방법을 다소 명료하게 설명할 수 있다.

쓰기는 우리의 개인적 경험과 사회적 정체성의 중심부를 이룬다. 우리는 종종 글을 잘 쓸 수 있는가 없는가에 따라 평가를 받곤 한다. 쓰기 연구에 관심을 기울이게 하는, 그러나 쓰기 연구를 복잡하게 만드는 한 가지 요인은, 쓰기가 우리의 삶, 즉 우리의 직업 활동 및 사회 활동에서 매우 중요한 역할을 할 뿐만 아니라, 삶의 변화를 결정짓는 데에서도 매우 중요한 역할을 한다는 점이다. 쓰기가 이루어지는 다양한 목적, 쓰기가 쓰이는 무수한 맥락, 쓰기를 배우려는 사람들의 다양한 배경과 요구, 이 모든 것이 쓰기 연구를 좀 더 확장된 분석과 이해의 틀로 이끈다.

이번 2판에서는 이러한 틀을 확인하고 개관하는 데 노력을 기울이고자 한다. 이 과정에서 이러한 틀과 관련된 주류적 패러다임이 무엇인지를 정리하고 각각의 패러다임을 이해하는 데 필요한 핵심 개념을 탐색하며, 쓰기 연구의 응용 방안을 구체적으로 논의하고 연구가 필요한 주요 쟁점과 쓰기에 관한 연구 자료의 개요를 제시하고자 한다.

이 시리즈의 다른 책들처럼, 이 책도 4개의 주요 부분으로 구성되어 있다. 1부에서는 쓰기 연구 분야를 역사적인 관점 및 개념적인 관점에서 개관하고 연구자들이 관심을 두고 있는 주요 쟁점에 대해서 살펴보았다. 1부의 목적은 전체적인 지형도를 조망해 보는 데 있다. 1장에서는 쓰기 연구의 주요 접근법에 대해서 살펴보았다. 이때 각 접근법의 장단점을 설명하고, 각 접근법이 바탕으로 삼고 있는 이론, 연구 방법, 기여한 점에 대해서도 논의하였다. 2장에서는 각각의 접근법에서 제기하는 쓰기 연구의 핵심 쟁점이 무엇인지를 좀 더 심층적으로 살펴보았다.

2부에서는 쓰기 이론과 쓰기 연구가 쓰기 지도의 실제에 대해 어떻게 설명하는지를 다루었다. 이를 위해 오스트레일리아, 홍콩, 파푸아뉴기니, 뉴질랜드, 잉글랜드, 북미 지역의 예를 끌어오되 다양한 연령대를 포괄하면서 유창성 및 제1 언어의 맥락까지도 포함할 수 있는 예를 인용하였다. 3장에서는 쓰기 강의를 논의하는 데에, 4장에서는 쓰기 지도의 도구 및 방법을 논의하는 데에 초점을 두었다. 3장 및 4장에서 다룬 각각의 예는 쓰기에 관한 최근의 논의 사항을 잘 반영하고 있다.

3부에서는 쓰기 연구의 쟁점을 논의하고, 교사나 학생, 또는 다른 참여자들이 실행 연구로 다루어 볼 수 있는 중요 연구 분야를 제안하였다. 사례 연구의 주요 쟁점을 설명하고, 이러한 분야의 사례 연구를 수행하는 데 필요한 실제적인 전략을 제공하려는 목적에 따라 3부를 이번 판에서도 다시 포함하였다. 5장에서는 실행 연구의 본질적 특징을 논의하고, 6장에서는 관찰 및 보고 방법의 예를 보여주는 연구의 사례를 제시하였다. 7장에서는 텍스트와 맥락에 대한 연구의 예를 다루었다.

마지막으로 4부에서는 쓰기에 관한 연구 자료의 개요를 제시하였다. 이 과정에서 쓰기 연구 및 쓰기 지도와 관련된 주요 분야에는 무엇이 있는지, 이와 관련된 핵심 자료에는 무엇이 있고 어디에서 구할 수 있는지를 함께 제시하였다. 8장에서는 우리가 쓰기를 이해하는 데 도움을 주는 몇몇 주요 분야를 개관하였으며, 이러한 분야의 핵심적인 텍스트에는 무엇이 있는지를 제시하였다. 9장에서는 가장 중요한 정보의 출처 목록, 쓰기 연구자 및 쓰기 교사와 관련이 있는 전문 학회 및 협회 목록을 제시하였다. 끝에는 이 책에서 다룬 주요 용어를 선정하여 해설을 달았다.

이 책의 집필자로서 나는 이 책에서 구축한 실제-이론-실제로 이어지는 강력한 순환 고리를 통해서 쓰기에 관한 주요 이론, 쟁점, 연구 방법, 지도 방법을 충분히 감당할 수 있기를 기대한다. 또한 나는 이 책을 읽은 독자들이 용기를 가지고 이 책에서 제기하고 논의한 쟁점을 쓰기 연구로 다룰 수 있기를 기대한다.

목차

1부

2부

3부

4부

1장 쓰기의 개관

이 장에서는
- 쓰기를 다루는 세 가지 주요 접근법을 살펴보고,
- 각 접근법의 핵심 원리, 특징, 주요 연구 결과 및 한계를 검토하고,
- 각각의 접근법이 쓰기 지도에 기여한 점을 논의하고자 한다.

이 장에서는 쓰기 연구 및 쓰기 지도에 대한 세 가지 접근법을 다루고자 한다. 세 가지 접근법이란 각각 텍스트, 필자, 독자를 중심

〈개념 1.1〉 쓰기를 다루는 세 가지 접근법

- 첫 번째 접근법은 쓰기의 결과인 '텍스트'에 초점을 둔다. 이 접근법에서는 텍스트 표층의 형식 요소나 담화 구조를 중심으로 한 텍스트 분석을 강조한다.
- 두 번째 접근법은 글을 쓰는 '과정'에 초점을 둔다. 표현주의 연구자, 인지주의 연구자, 상황 요소를 강조하는 연구자들이 일반적으로 이러한 접근법을 따른다.
- 세 번째 접근법은 쓰기 활동 참여자로서 '독자'의 역할을 강조한다. 이 접근법에서는 필자가 글을 쓸 때 독자가 어떻게 쓰기에 개입하는지를 설명함으로써 쓰기를 사회적인 차원에서 다룬다.

으로 한 이론을 말한다. 쓰기 연구와 쓰기 지도에 대한 접근법을 텍스트, 필자, 독자에 따라 구분한 것은 단지 편의를 위한 것이다. 사실 각각의 접근법은 서로 대응하는 정도의 일관성만 있을 뿐이므로 이러한 구분을 너무 엄격하게 받아들일 필요는 없다. 편의적인 방법이기는 하지만, 이렇게 구분하여 설명하면 쓰기를 구성하는 세 가지 요소(텍스트, 필자, 독자)를 명확하게 드러낼 수 있다는 장점이 있고, 이 세 가지 요소를 바탕으로 복합적 특성을 지닌 쓰기를 좀 더 효과적으로 이해할 수 있다는 장점도 있다.

1.1. 텍스트 중심의 연구와 지도

쓰기를 다루는 첫 번째 접근법에서는 쓰기를 텍스트라는 결과물로 보고 실재적이며 분석 가능한 텍스트의 양상에 초점을 맞추고 있다. 이 접근법에서는 텍스트의 표면적 특징을 분석함으로써 필자들이 글을 쓸 때 공통적으로 활용하는 언어적 자원이나 수사적 자원이 무엇인지를 밝히는 데 관심을 둔다. 그 결과, 이 접근법에서는 매우 복합적으로 이루어지는 쓰기를 매우 구체적으로 다룬다.

텍스트에 중점을 두는 접근법에는 여러 가지 이론이 있다. 그러나 나는 이 중에서 두 가지 관점만을 살펴보고자 한다. 물론 이 두 가지 관점도 범위가 매우 넓지만 설명의 편의를 위해 두 가지로 한정하고자 한다. 그리고 이 두 가지 관점을 토대로 삼고 있는 쓰기 지도에 대해서도 검토하고자 한다.

1.1.1. 대상으로서의 텍스트[1)]

텍스트를 대상으로 보는 관점은 오랫동안 지배적 지위를 누려왔다. 이 관점에 따르면, 쓰기는 텍스트라는 생산물이자 결과물이며, 규칙 체계에 따른 요소의 구조적인 배열이다.

텍스트가 맥락과 분리되어 독자적으로 기능한다는 아이디어는 여러 가지로 중요한 이론적 함의를 지닌다. 그 중에서 가장 중요한 것은 인간의 의사소통이 '언어'를 경유하여 이루어진다고 보는 믿음이다(Shannon & Weaver, 1963). 이러한 관점에 따르면, 쓰기도 마땅히 맥락에서 분리되어 있다. 필자나 독자의 개인적인 경험과도 분리되어 있다. 의미는 텍스트에 언어 기호로 부호화되어 담겨 있으며, 필자처럼 그 기호를 다룰 수 있는 독자라면 어느 누구라도 맥락과 무관하게, 필자나 독자의 개인적인 경험과 무관하게 텍스트에서 그 의미를 되살려낼 수 있다. 이 관점에서는 필자와 독자는 쓰기에

〈개념 1.2〉 대상으로서의 텍스트

> 이 관점은 구조주의로부터 이어져 온 아이디어와, Noam Chomsky의 변형 생성 문법에 내재되어 있는 아이디어를 바탕으로 삼고 있다. 이 관점의 기본 전제는 텍스트를 특정 맥락, 필자나 독자와 분리되어 있는 독립적이고 독자적인 '대상'으로 간주한다는 점이다. 이 관점에 따르면 텍스트는 단어, 절, 문장의 체계적인 배열이자, 필자가 의도하고 있는 의미를 의미론적 상징체계로 표현할 수 있게 해 주는 문법 규칙의 체계적인 배열이다. 이 관점에서는 이를 텍스트의 구조로 설명한다.

---

1) (옮긴이) '대상으로서의 텍스트'라는 표현에는 텍스트라는 '실체'를 강조한다는 의미가 포함되어 있다.

서 작동하는 관습을 공유하고 있으며, 언어를 소극적으로 사용하는 사람일지라도 언어를 사용기만 한다면 이 규칙은 언제나 동일하게 적용된다고 간주한다.

쓰기에 대한 이러한 관점은 여전히 현존하고 있으며 지금도 영향을 미치고 있다. 직장인을 대상으로 하는 업무적 글쓰기 지도에서는 아직도 이 관점에 따른 지도 방법이 널리 쓰이고 있다는 사실이 이를 증명한다. 명시적으로 언급하는 것은 아니지만, 서구의 교육 이론에서는 학습을 설명할 때에도 이러한 관점이 드러난다. 학교에서 학생들에게 부여하는 쓰기 과제는 평가자인 교사에 대한 인식은 잘 드러나지만 진정한 독자에 대한 인식은 거의 드러나지 않는 글을 쓰도록 요구하며 맥락이 제거된 사실적 지식을 표현해 내도록 요구하고 있다. 이러한 상황에서는 표현의 정확성과 설명의 명료성이 글을 잘 썼는가를 판정하는 주요 준거로 쓰인다.

텍스트의 표면적 특징에 대한 강조는 텍스트의 규칙을 분석하는 연구로 이어져 왔으며, 비교적 양도 풍부하게 쌓여 있는 편이다. 최근에는 대규모 코퍼스를 컴퓨터로 분석하여 어떤 사안에 대한 '입장'(Biber, 2006)이나 '부정'(Tottie, 1991)이 텍스트에 어떻게 나타나 있는지를 분석하기도 한다. 선행 연구에서는 텍스트의 형식적 특징 분석을 학생의 쓰기 발달을 입증하는 근거로 삼기도 했다. 학생 글에 나타나는 관계절, 서법, 태(능동, 수동)와 같은 외적 특징의 빈도를 측정하여 쓰기 발달의 정도를 설명했다. 예를 들어, White(2007)는 학생 글에서 형태소, 단어, 절이 증가하는 정도를 측정하여 학생 글의 발달 정도를 평가하는 방안을 제안하였다. Shaw & Liu(1998)는 학술적인 글쓰기에서 나타나는 '건조함, 얼버무림, 정중함'과 같은 특징을 분석하였는데, 이를 바탕으로 3개월짜리 EAP[2] 과정을 이수한 여러 학생의 글에 이러한 특징이 가미되면서 구어체에서 문어체로 이동해 가는 현상을 설명하였다.

　텍스트를 독립적이고 독자적인 대상으로서 여기는 관점에서는 학생들이 쓴 글을 '랑그', 즉 글의 형식에 대한 지식과 규칙 체계에 대한 인식의 표현으로 간주한다. 이러한 관점에서는 문법적 정확성을 높이기 위한 훈련을 쓰기 지도의 목적으로 삼는다. 이에 따라 쓰기는 오랫동안 문법 지도의 연장선상에 놓여 있었다. 학생에게 글을 쓰고 다른 표현으로 바꾸는 연습을 시키는 것은 쓰기를 지도하는 주된 방법이 되었다. 이러한 지도 방법을 취하면 맥락이 굳이 필요치 않다. 오직 연습할 수 있는 교실과 오류를 피하는 기능만 익히면 충분하다. 쓰기 교사는 초보 필자에게 문법 지식을 전달하는 전문가이자, 텍스트를 바라보는, 이미 규정된 관점을 보여주는 전문가이다. 이러한 관점은 지금도 여전히 세계 곳곳에서 이루어지고 있는 쓰기 수업에 쓰이고 있으며, '효과적으로 글을 쓰는 법'과 같은 문체 표현의 지침서나 일부 쓰기 교과서에도 아직 쓰이고 있다.

　이러한 관점을 담은 지도 방법은 오랫동안 많은 쓰기 수업에 적용되어 왔다. 그러나 이러한 관점이 근간으로 삼고 있는 아이디어, 즉 좋은 글은 문법이 정확한 것이지 맥락과는 무관하다는 주장(사람들은 이 주장을 너무나도 당연하고 명백하다고 생각했다.)은 의미가 메시지에 담겨 있다는, 신뢰성이 떨어지는 낡은 믿음에 바탕을 두고 있다. 이러한 믿음의 밑바탕에는 언어에 대한 '수도관의 은유'가 깔려 있다. 이 은유에 따르면, 우리가 마음에 품고 있는 '의미'를 단어로

---

2) (옮긴이) 학습을 위한 영어 프로그램(English for academic purposes)을 일컫는다.

바꾸어 상대에게 전달하면, 상대는 언어라는 수도관을 따라 전해져
온 그 '의미'를 훼손 없이 수신할 수 있다. 그러므로 의미는 단어에
상응하며, 쓰기는 의미를 구성하는 복합적 활동이 아니라, 투명하
게 의미를 반영해 내는 장치일 뿐이다.

이러한 관점에 의지함으로써 우리는 언어를 통해 의미를 다른 사
람에게 전달하는 것이 가능하다는 점, 문해 기능을 갖춘 사람이라
면 누구든지 의미를 문자로 기록하거나 파악하는 것이 가능하다는
점을 설명할 수 있다. 그런데 문제는, 이러한 관점에서는 필자들이
쓴 글을 독자들이 읽으면서 의미를 구성해 낼 것이라는 생각을 전
혀 고려하지 않는다는 데 있다.

〈인용 1.1〉 명시성에 대하여

텍스트는 명시적이다. 그 이유는 텍스트가 모든 것을 스스로 말하기
때문이 아니라, 오히려 말할 필요가 있는 것과 추측하는 것 사이의
세밀한 균형을 취하기 때문이다. 필자의 문제는 그냥 명시적이어야
한다는 데 있는 것이 아니라, 무엇이 명시적이어야 하는지를 아는 데
있다.

—Nystrand, Doyle, & Himley(1986: 81)

텍스트의 장르적 특성이 가장 명확해 보이는 학술 논문조차도 독자
의 추론적 이해를 요구한다. 학술 논문의 필자들은 선행 연구의 참조,
전문적 어휘, 친숙한 논증 방식과 같은 특징을 사용하여 글이 의미가
풍부하면서도 통일성3) 있는 흐름을 갖추도록 만든다(Bazerman, 1988;

---

3) (옮긴이) 이 책의 '통일성'은 'coherence'이다. 학문 분야에 따라 번역하는 용어가 다른데

Hyland, 2004a). 변호사들이 자신의 수임료를 요구하는 과정도 이와 비슷하다. 변호사들은 계약서와 법률 문서를 놓고 정확한 의미를 '논의'함으로써 자신이 받아야 할 수임료가 정당하다는 점을 입증하고자 한다. 요컨대, 추론은 의미의 복원과 항상 관련되어 있으므로 이 세상의 어떤 텍스트도 통일성을 갖추고 있으면서 동시에 맥락과 무관할 수는 없다.

이러한 관점을 따르는 쓰기 교사는 어떻게 의미가 전달되는가 보다는 글의 오류 교정과 학생의 언어 조절에서의 문제를 밝히는 데 더 관심을 둔다. 토익이나 토플처럼 국제적으로 치러지는 대단위 언어 평가 시험에도 텍스트를 독립적이고 독자적인 존재로 간주하는 관점이 반영되어 있다. 이러한 언어 평가에서는 선택형, 빈칸 메우기, 오류 인지 과제와 같은 간접 평가 방법이 쓰이는데, 이러한 간접 평가 방법이 바로 텍스트의 형식적 특징, 즉 언어의 체계적인 규칙이나 언어 사용의 오류 등을 바탕으로 삼고 있다. 물론 간접 평가는 신뢰도가 높은 쓰기 능력 측정 방법이다(DeMauro, 1992). 그러나 간접 평가는 쓰기의 목적이 정확성이 아니라 의사소통에 있다는 사실을 반영하지 않는, 타당성이 떨어지는 평가 방법이다.

이와는 달리 직접 평가에서는 학생들에게 과제를 제시하고 글을 쓰게 함으로써 간접 평가가 가지고 있는 한계를 보완할 수 있다. 그러나 현재의 직접 평가는 제한된 시간 내에 몇 백자 이내로 글한 편이나 두 편을 쓰도록 한다는 점, 실제적인 생활 맥락에서 쓰기

'통일성'이라는 번역어는 국어과 교육과정의 용어를 따른 것이다. 이하에 나오는 '통일성'도 동일하다.

목적이나 독자를 고려하도록 하는 '진정성'4)이 결여되어 있다는 점, 그리고 예상독자나 목적을 인식하는 가운데 쓰기를 지속적으로 수행하는 학생의 능력에 대해서는 정보를 제공해 주지 못한다는 점에서 한계가 있다.

사실, 통사적 복잡성이나 문법적 정확성이 좋은 글의 척도라고 볼 수 있는 근거는 거의 없다. 그러므로 이를 근거로 쓰기 능력 발달을 설명하려는 태도는 분명 잘못된 것이다. 통사적으로는 정확한 문장을 구사할 수 있지만 적절한 글은 쓰지 못할 수 있다. 주술 호응은 맞는데 의미가 통하지 않는 문장처럼. '오류 없음'을 좋은 글의 척도로 삼으면, 현재의 쓰기 능력 수준을 넘어서서 더 나은 목표를 향해 나아가려는 학생의 도전을 격려하기도 어렵다. 좀 더 높은 수준의 목표 앞에서 머뭇거리며 위험을 감수하지 않는 학생은 도전적인 글을 쓰지 않으려고 할 터이고, 결국은 오류도 더 적게 범할 것이기 때문이다. 쓰기 능력을 텍스트의 형식적 특징으로 평가하면, 텍스트는 특정 의사소통 환경에 대해 필자가 보이는 반응 방식이라는 점을 고려하지 못하게 된다. 텍스트는 항상 특정 상황과 관련되어 있으며 지면에는 항상 그 상황을 담아내므로 맥락과 분리되어 있는 독립적인 존재일 수 없다.

---

4) (옮긴이) 여기에서 말하는 '진정성(authenticity)'은 '진실함'을 뜻하는 것이 아니다. 쓰기 목적과 예상독자가 실제적인가를 뜻하는 것이다. 가령, 쓰기 시험에서 교통 정책을 바꾸도록 시의 책임자를 설득하라는 글을 쓰라고 했을 때, 이 과제는 실제로 그 책임자를 예상독자로 삼고 있지도 않을 뿐만 아니라, 그 책임자를 실제로 설득해야 하는 목적으로 쓰는 글도 아니다. 쓰기 목적은 평가이며 예상독자는 평가자이다. 그러므로 이러한 쓰기 시험은 '진정한' 쓰기 목적, '진정한' 예상독자를 반영하고 있다고 볼 수 없다. 쓰기 능력 평가는 대부분 이러한 '진정성'을 담고 있지 않다. '진정성'에 대한 좀 더 자세한 내용은 박영민 외(2016: 31~33), 『작문교육론』, 역락을 참조하기 바란다.

텍스트의 양식을 조사하거나 텍스트의 T-단위의 길이나 밀도, 응집 장치5)를 측정하는 것은 텍스트 구조를 파악하는 데 도움을 준다. 그러나 이러한 특징은 의미 구성을 위한 필자의 역동적이고 복합적인 노력의 결과로만 설명할 수 있다. 그렇다고 해서 쓰기 활동을 이해하고자 할 때 완성된 텍스트를 배제해야 할 필요는 없다. 독립적인 텍스트의 형식적인 특징에 두던 우리의 관심을 인간 행위의 맥락에서 기능하는 언어의 예로서 전체적인 텍스트로 옮기는 것이 아니라면 말이다.

—Brandt(1986: 93)

이것이 뜻하는 것은 쓰기 지도에서 어떤 특정한 텍스트의 특징이 좋은 글의 표지가 될 수 없다는 점이다. 왜냐하면 '좋은 글'이란 그것이 놓이는 맥락에 따라 다양할 수 있기 때문이다. 우리는 독자, 어조, 형식 등등을 고려하지 않은 채 좋은 글을 쓰는 데 필요한 특징을 열거할 수 없다. 그러므로 학생이 문법적으로 정확한 글을 쓰는 방법보다는 이러한 지식을 특정한 글의 목적 및 장르에 적용하는 방법을 알 필요가 있다.

---

5) (옮긴이) 응집 장치(cohesive device)는 단어와 단어, 어구와 어구, 문장과 문장, 문단과 문단을 긴밀하게 이어주는 문법적 기제를 일컫는다. 지시어, 대용어, 연결어 등이 이에 속하는데, 국어과 교육과정에서는 '표지'라는 말로 일컫기도 한다. 국어과 교육과정에서는 'cohesion'을 '응집성'으로 표현하고 있다. 이에 대응하는 'coherence'도 국어과 교육과정에 따라 '통일성'으로 번역하였는데, 이에 대해서는 앞에서 이미 언급하였다.

1.1.2. 담화로서의 텍스트

앞에서 살펴본 것처럼, 텍스트를 독립적이고 독자적인 대상으로 보는 관점에서는 텍스트를 실제적인 삶의 맥락과 분리하여 분석할 수 있는 형식으로 규정한다. 이와 달리, 쓰기를 물질적인 인공물로 보는 관점에서는 텍스트를 '담화'로 간주함으로써 표면적 특징의 이면에 관심을 둔다.

이 관점에서 보는 필자는 어떤 목적과 의도를 가지고 있는 존재이며, 쓰기는 그 목적과 의도를 달성하기 위한 자원이다. 텍스트를 담화로 인식하는 이러한 관점에서는 텍스트를 맥락에서 분리된 형식적 특징이 아니라, 사회적 행위로 간주한다. 이러한 관점을 따르는 쓰기 교사들은 목적과 맥락에 언어 형식을 연결함으로써 텍스트가 의사소통 장치로서 실제로 어떻게 작동하는지를 밝히는 데 관심을 둔다.

텍스트를 담화로 보는 관점은 매우 다양하지만, 필자가 글을 쓸 때 목적 실현을 위해 언어를 어떻게 조직하는가를 밝히고자 했다는

〈개념 1.3〉 담화

> 담화는 행위의 관점에서는 언어 자체이지만, 의사소통의 관점에서는 목적과 역할을 반영하고 있는 언어 형식이다. 텍스트의 언어 형식은 종이 위의 글 너머에 존재하는 맥락에 대응한다. 이는 어떤 특정 상황에서 필자에게 작동하는 사회적 제약과, 이를 반영한 선택을 뜻한다. 필자는 어떤 목적과 의도를 가지고 있고, 독자들과 어떤 관계를 맺고 있으며, 전달하려는 어떤 정보를 가지고 있다. 텍스트의 언어 형식은 이를 실현하기 위한 자원에 해당한다. 이러한 관점을 수용하면 연구자들은 의사소통에서 텍스트가 실제적으로 작동하는 방식을 분석함으로써 의사소통적 목적과 사회적 행위라는 거시적인 관점으로 텍스트를 이해할 수 있다.

점에서는 모두 공통적이다. 이러한 관점의 초기 연구로는 프라그 학파6)의 기능 문장 관점functional sentence perspective을 꼽을 수 있다. 이 학파에서는 '이미 알고 있는 것'이나 '새로운 것'에 대해 우리가 가정하고 있는 내용을 독자에게 표현하기 위해 텍스트를 어떻게 구조화하는지를 밝히고자 하였다(Firbas, 1986). 이는 테마-레마theme-rheme 구조의 개념을 논의한 Halliday(Halliday & Matthiessen, 2004)에서 채택되고 정교화되었다. 범박하게나마 테마-레마의 개념을 정리하자면, 테마는 필자가 말하려는 그 무엇을 말하며, 레마는 필자가 테마에 대해 말하는 그 무엇, 즉 필자가 중요하다고 생각하는 메시지의 한 부분을 말한다.

테마와 레마는 필자가 정보 단위로 절을 조직하는 데 도움을 준다. 정보 단위로 절을 조직하면 텍스트를 통해 의사소통을 효과적으로 진행할 수 있고, 독자들도 이를 바탕으로 의사소통의 진행을 쉽게 따라올 수 있다. 이것이 가능한 이유는 우리가 이미 알고 있는 구정보가 새로운 정보의 이해를 돕기 위한 맥락으로 먼저 제시되기 때문이다. 그래서 이러한 패턴을 깨면 이해하는 데 혼란을 겪을 수 있다. 예를 들어 아래 예시 (1)을 살펴보자. 첫 문장에서 필자는 내용 전개를 나타내는 징표로 레마를 제시하고, 이 뒤에 세 테마가 이어지는 패턴을 적용했다. 그러나 마지막 문장의 테마는 이러한 패턴을 깨고 있다. 이러한 방식은 독자를 당황스럽게 할 뿐만 아니라, 의미의 이해를 방해한다.

---

6) (옮긴이) 1926년경에 성립된 구조언어학의 한 학파이다. 이 학파에서는 음운 연구를 바탕으로 구조 언어학의 체계를 수립하였다. 이 학파에 따르면, 언어는 인간의 상호 이해를 가능케 하는 전달 방법의 체계이다.

(1) 비언어적 의사소통은 전통적으로 준언어, 공간 기호, 몸짓언어, 촉각으로 세분된다. 준언어는 발화에 수반되는 비언어적 음성 신호를 가리키며, 공간 기호는 의사소통이 이루어지는 물리적 거리와 방향을 뜻한다. 몸짓언어는 표현, 자세, 제스처를 말한다. 접촉은 촉각에 해당한다.

다른 경향의 연구에서는 특정 담화 단위가 가지고 있는 수사학적 기능을 밝히고자 하였다. 이를 위해 어떤 것이 텍스트가 되는지, 그리고 그것이 어떻게 더 큰 구조 속으로 수용되는지를 분석하였다. 예컨대, Winter(1977)와 Hoey(1983)는 '문제-해결, 가설-실제, 일반-특수'로 명명한 몇 가지 패턴을 분석하였다. 이 선행 연구에서는 명확한 근거를 제시한 것은 아니지만, 독자들이 텍스트의 패턴에 관한 지식을 동원하여 절, 문장, 문단 사이의 연결을 추론한다는 사실을 보여주었다. 우리는 모두 문제-해결 패턴이 어떻게 전개될 것인지에 대한 기대를 가지고 글을 읽는다. 그래서 이 패턴이 종료될 때까지 적어도 한 개 이상의 해결이 제시될 것이라고 예상한다. 이 패턴에 대한 설명은 〈개념 1.4〉에 서술되어 있다.

이러한 설명에 따르면, 우리가 어떤 텍스트를 '연결된 텍스트'로

〈개념 1.4〉 문제-해결 패턴

1. **상황**: 우리는 문법이 쓰기에서는 제한적이지만 말하기에서는 그렇지 않다고 생각한다.
2. **문제**: 이를 토대로 쓰기에 대응하는 문법과 말하기에 대응하는 문법이 따로따로 존재한다는 가정할 수 있다.
3. **반응**: 대규모의 영어 코퍼스 분석이 이루어졌다.
4. **반응에 대한 평가**: 분석 결과에 따르면 문법 체계는 쓰기와 말하기에서 모두 동일하게 적용된다. (회의록에 근거를 둔 예이다.)

이해하려면 서로 공유하고 있는 가정을 바탕으로 삼아야 한다. 즉, 텍스트를 통일성 있게 만드는 것은 텍스트 내에 존재하는 어떤 요소가 아니라, 독자의 배경 지식과 해석 능력이다. 이의 작동 방식을 설명하는 한 모형에 따르면, 독자는 의미를 통일성 있게 이해하기 위해 자신의 배경 지식을 활용한다. 독자는 '스크립트'나 '스키마'의 형태로 머릿속에 저장해 둔 선행 경험과 비교하면서 담화를 해석한다 (Schank & Abelson, 1977). 우리는 매일매일 직면하는 텍스트를 해석하는 데 '도움을 주는 장치'로 배경지식을 가지고 있는데, 이를 활용하여 탐정소설이나 우편엽서 같은 다양한 텍스트를 읽을 수 있는 것이다.

두 번째 관점은 인지 모형보다 더 실용적인데, 이 관점에서는 필자가 가능한 한 독자와 관련이 있는 텍스트를 생산하려고 노력하며, 독자도 이를 예상하는 가운데 의미를 파악한다고 주장한다. 이러한 접근법은 Grice(1975)의 대화 추론의 원리에서 유래한 것이다. Grice(1975)에 따르면, 성공적인 의사소통은 화자와 청자가 상호 합리적으로 협력할 것이라는 가정 위에서 가능하다. Sperber & Wilson (1986)도 독자들이 텍스트에서 찾는 정보와 이미 알고 있는 정보를 비교함으로써 의미를 구성한다는 점을 주장한 바 있다. 이는 필자가 텍스트를 이해하는 데 필요한 사항을 고려하는 협력적 존재라는 점을 가정하는 것이며, 따라서 우리는 현재 읽고 있는 것을 진행 중인 담화와 연관 지으면서 해석하는 방법을 찾아야 한다.

이러한 관점에 따르면, 텍스트의 해석은 텍스트를 해석하는 데 필요한 가정을 기억에서 끌어오는 독자의 능력에 달려있다. 그러나 텍스트 자체도 이 과정에서 중요한 역할을 한다는 점을 간과해서는 안 된다. 이러한 태도는 Kramsch(1997)에서 발견할 수 있다. Kramsch (1997)는 텍스트의 의미 구성은 인지 과정이 아니라 수사적인 것이

라고 주장하면서, 담화 분석 이론을 근거로 한, 텍스트 해석의 7가지
원칙을 제안하였다.

<인용 1.3> 텍스트 해석을 위한 수사학적 원칙

1. 텍스트는 그 자체를 넘어 존재하는 실재 및 독자와 맺는 관계 모두
   와 관련이 있다.
2. 텍스트의 의미는 텍스트를 둘러싸고 있는 요소와 분리할 수 없다.
   이러한 요소에는 각주, 그림, 대화 따위가 포함된다. 상호텍스트성
   에는 다른 텍스트에 조응하는 영역까지 포함된다.
3. 텍스트는 특정한 방식으로 독자들의 위치를 부여한다. 이를 위해
   추론의 형태로 공유하고 있는 스키마를 활용한다.
4. 텍스트는 스키마에 의해 다른 텍스트와 논리적으로 연결된다.
5. 스키마에는 특정 공동체의 사고방식이나 특정 문화의 사고방식이
   반영되어 있다.
6. 스키마 구성에는 필자도 공동으로 참여한다.
7. 스키마는 수사적으로 구성된다. 따라서 여기에는 여러 가지의 잠재
   적인 의미 중에서 선택된 결과가 반영되어 있다.

—Kramsch(1997: 51~52)

텍스트의 형식이 기능을 표현한다는 아이디어, 텍스트의 형식은
맥락에 따라 매우 다양하다는 아이디어는 담화 분석의 핵심적인 개
념에 해당한다. 그리고 이 아이디어는 텍스트의 장르[7]라는 개념의

---

7) (옮긴이) '장르'라는 용어는 사회구성주의 이론에서 확립된 것이어서 형식주의 이론이
   나 인지주의 이론에서는 이 용어를 잘 사용하지 않는다. 그러나 이 책의 저자는 가끔
   '장르'를 '유형'이나 '종류'와 혼용하기도 하는데, 특별한 의도가 있는 것으로 읽히지
   않을 때에는 혼란을 줄이기 위해 '장르'로 번역어를 통일하였다.

〈개념 1.5〉 장르

> 글의 장르는 텍스트를 집합으로 분류하는 용어이다. 이 용어는 반복적인 수사적 상황에 대응하기 위해 필자가 일반적으로 선택하는 언어 사용 방식을 뜻한다. 각각의 장르는 다른 글 장르와 변별되는 특징을 가지고 있다. 각각의 장르마다 특정한 목적, 전체적 구조, 특정한 언어적 특성이 있으며, 이러한 변별적 특징은 그 장르를 사용하는 구성원들 모두가 공유한다. 우리는 텍스트 및 텍스트가 작동하는 상황을 일정한 범주로 구분하기 위해 보편적 인식이라는 표지를 사용하는데, 이때 장르라는 용거가 이 표지를 구조화하는 데 도움을 준다. 이 점에서 장르라는 용어는 매우 매력적이다.

바탕을 이룬다.

　장르라는 개념은, 공동체 구성원은 자신이 자주 사용하는 텍스트의 유사성을 인식하는 데 어려움이 거의 없다는 점, 그리고 자신이 텍스트를 읽고 이해하고 상대적으로 쉽게 쓰기 위하여 그 텍스트와 관련된 반복적인 경험을 이끌어내어 활용할 수 있다는 점을 근거로 삼고 있다. 이는 부분적으로는 쓰기가 기대에 기반을 둔 실제적 활동이기 때문에 가능하다. 만약 필자가 독자와 공유하고 있는 텍스트의 기반 위에서 독자의 기대를 올바로 예측하지 못한다면, 독자는 필자의 목적을 더 많이 해석해야 하는 상황에 놓이게 될 것이다.

　예를 들어보자. 우리는 어떤 텍스트가 음식 조리법에 관한 것인지, 사랑의 감정을 표현한 편지인지, 아니면 농담으로 쓴 것인지를 금방 파악할 수 있다. 그리고 필요하다면 우리도 그 텍스트와 동일한 방식으로 다시 표현해 낼 수 있다. 이처럼 우리는 모두 유사한 상황에서 이루어지는 의사소통에 적용할 수 있는 여러 가지 반응 형식을 가지고 있다. 그 형식이 필요한 상황에 놓이면 그것을 새로 배우는 것도 가능하다. 장르는 조직적인 패턴, 즉 사회적 목적을 달성하기 위하여 텍스트가 수사적으로 구조화되는 방식을 탐색하는 데 도움을 준다.

학생이 쓴 학위논문 첫머리에는 '감사의 말'을 적는 경우가 많은데, 이처럼 개인적인 감정을 표현하는 텍스트에서도 이러한 구조를 찾을 수 있다. 나는 홍콩 대학에 제출된 석·박사 학위 논문 240편을 추려낸 후 학생들이 쓴 감사의 말을 분석한 바 있다. 이 분석에 따르면, 학생들이 쓴 감사의 말은 3개의 행위 구조, 즉 앞부분의 '성찰' 단계, 핵심에 해당하는 '감사' 단계, 마지막의 '공표' 단계로 이루어져 있다(Hyland, 2004b).

〈개념 1.6〉 학위논문의 감사의 말

단계	사례
1. 성찰 단계	중년에 접어드는 내 삶을 반추해 보건대, 가장 가치가 있는 일은 바로 이 박사논문을 완성한 것이다.
2. 감사 단계	
2.1. 감사 대상자 표시	나는 논문을 쓰는 동안 많은 사람들에게 되갚기 어려울 정도로 도움과 지지를 받았다.
2.2. 학술 지도에 대한 감사	논문을 완성하기까지 모든 순간마다 기꺼이 도움을 베풀어주신 지도 교수 Robert Chau 박사에게 큰 은혜를 입었다.
2.3. 재정·행정 지원에 대한 감사	기초 연구가 가능하도록 여비를 지원해 준 Epsom 재단과, 내 힘으로는 구하기 어려웠던 참고 문헌을 대신 찾아 준 도서관 사서께 감사드린다.
2.4. 정서 지지에 대한 감사	마지막으로 절대적으로 나를 믿고 지지해 준 아내에게 감사를 표한다. 아내는 내 최후의 보루였다.
3. 공표 단계	이러한 도움과 지원 아래 이 논문이 완성되었지만, 이 논문에 대한 모든 책임은 오로지 나에게 있다.

〈개념 1.6〉에 이에 대한 설명을 수록하였다. 이 설명에 따르면, 학생들은 자신의 연구 경력을 간략히 소개하는 것으로 감사의 글을 시작한다. 그리고 감사 단계에서는 논문을 작성하는 데 도움을 준 개인이나 기관에 대한 감사를 언급한다. 이 내용은 다시 네 단계로 구분할 수 있다. 첫째, 감사를 표해야 할 사람들을 소개하는 부분이다. 둘째, 학술적 지도에 대해 감사를 표현하는 부분이다. 이 단계는 단일한 문장으로 작성되었으며, 지도 교수가 항상 가장 먼저 언급되었다. 셋째, 재정적, 행정적 도움에 대한 감사, 넷째, 격려와 우정 등 가족이나 친구들에게 받은 정서적 지지에 대한 감사를 표현하는 부분이다. 마지막 공표 단계는, 일반적이지는 않지만, 필자들은 학위논문이 다른 사람의 도움을 입었으나 학위논문의 책임은 자신에게 있다는 것을 대외적으로 알리는 내용으로 되어 있다.

이러한 분석을 통해서 성찰, 감사, 공표로 이어지는 구조가 학생들이 작성한 모든 감사의 말에서 매우 일반적으로 나타난다는 점, 학생들이 감사의 말을 써야 하는 상황에서는 이 구조의 순서에 따라 작성한다는 점을 알 수 있다. 이러한 분석 결과는 논문이라는 장르에서 일반적으로 채택되는 감사 표현의 방식을 잘 보여준다. 감사를 표현하는 방식은 여러 가지가 있는데(감사하다, 고맙다 등등) 그 중에서 명사인 '감사thanks'가 모든 사례에서 절반 이상 사용되었다. 이 '감사'는 오로지 3개의 수식어 '특별한special, 친애하는sincere, 깊은deep'과만 결합하여 쓰였으며, 특히 '특별한'은 이러한 결합 사례의 2/3 이상을 차지했다. 이러한 분석을 통해서 나는 특정인에 대한 감사의 표현에는 근거가 함께 포함되어 있다는 것을 알 수 있었다. 아래 예문 (2)를 살펴보자.

(2) 무엇보다도 실패하지 않도록 격려해 주시고 지지해 주신, 그리고 여러 가지 도움을 주시고 조언을 아끼지 않으셨던 지도 교수 Angel Lin 박사님께 특별히 감사드린다. 박사 논문을 시작하고 쓸 수 있도록 해준 나의 가족에게도 특별히 감사한 마음을 전한다. 딸을 돌보는 일처럼 아버지이자 남편으로서 해야 할 일을 논문으로 인해 함께할 수 없을 때 이 모든 일을 묵묵히 혼자서 감당해 준 아내 Su Meng에게도 깊은 감사의 마음을 전한다.

이러한 분석을 통해 판단하건대, 감사의 글을 쓴 학생들은 이러한 감사의 말을 통해서 결례가 되지 않도록 자신에게 도움을 주었다고 생각하는 사람들을 향해 감사를 표현하고 있으며, 누군지 모를 익명의 독자에게 자신이 박사 학위를 받을 만한 가치가 있는 훌륭한 연구자이자 인간미가 넘치는 사람이라는 것을 드러내고 있다. 그러므로 반복적인 패턴과 특징을 통해 장르를 분석해 보면, 필자

〈개념 1.7〉 장르 중심 쓰기 지도의 이점

- **명시적**: 쓰기 능력 발달을 촉진하기 위해 무엇을 학습해야 하는지가 명확하다.
- **체계적**: 언어와 맥락 모두에 초점을 두는 통일성 있는 틀을 제공한다.
- **요구 반영**: 학생 요구를 반영하여 수업의 목적과 내용을 정한다.
- **지원적**: 학생의 학습과 창의성에 비계를 제공하는 중심적인 역할을 교사에게 부여한다.
- **권한 부여**: 평가할 텍스트의 패턴이나 형태를 결정하는 권한을 교사에게 부여한다.
- **비판성**: 평가 결과에 이의를 제기할 수 있는 기회를 학생에게 제공한다.
- **인식 향상**: 학생들에게 쓰기를 지도하기 위해 텍스트에 대한 교사의 인식을 높인다.

들이 성취하려는 것이 무엇인지, 이를 위해서 필자가 사용하는 언어가 무엇인지를 밝힐 수 있다.

학생들을 지도하는 쓰기 교사들은 이러한 텍스트 분석을 바탕으로 쓰기 지도 모형을 개발하고 있다. 아울러 학생들이 글로 써야 할 장르의 전형적인 수사적 패턴을 익히도록 안내하는 중재자의 역할도 맡고 있다(Hyland, 2004c).

쓰기를 텍스트로 이해했던 초기 관점처럼, 이 관점에서는 활동 그 자체를 강조하기보다는 활동 결과로서의 쓰기를 강조한다. 초기 관점과 달리, 강조점이 독립적이고 독자적인 의미에서 담화로 이동하고, 고립된 문장에서 언어가 텍스트를 생산하는 방식으로 이동했지만, 이 관점에 따르면 쓰기는 여전히 형식의 논리적인 구조와 배열로 이해되고 있다.

1.2. 필자 중심 연구 및 지도

두 번째 접근법은 텍스트가 아니라 필자를 출발점으로 삼는다. 이 절에서는 유능한 필자가 글을 쓸 때 직면하는 문제에 대해 설명하고, 학생들이 이와 관련된 기능을 습득하도록 돕는 최적의 방법을 모색해 보고자 한다. 잘 알려져 있다시피, 과정 중심 쓰기 운동은 쓰기 지도 방법에 막대한 영향을 미쳤는데, 여기에서 나는 과정 중심 쓰기 운동에 기여한 다음의 세 가지 관점을 개관하고자 한다.

- 첫째, 개별 필자의 개인적 창의성에 초점을 두는 관점
- 둘째, 쓰기의 인지 과정에 초점을 두는 관점

• 셋째, 필자가 현재 당면해 있는, 즉시적인 맥락에 초점을 두는 관점

1.2.1. 개인적 표현으로서의 쓰기

표현주의의 관점에서는 문법과 용법의 정확성을 강조하는 쓰기의 관점에 강력하게 저항하는 태도를 취한다. 이 관점에서는 필자가 글을 쓰는 과정이 결과만큼이나 중요하다는 점을 강조하면서 쓰기를 발견이라는 창의적 행위로 본다. 쓰기는 교사가 가르치는 것이 아니라, 학생이 학습하는 것이다. 교사는 학생들에게 촉진적, 긍정적, 협력적 환경을 제공함으로써 학생들이 자신의 의미를 생성할 기회를 제공하는, 비지시적이고 촉진적인 역할을 맡아야 한다.

쓰기는 발달적 과정이므로 교사는 학생들이 글을 쓰기 전에 미리 자신의 관점을 제시하거나 어떤 모형을 제공하거나 화제에 대한 반응을 제안해서는 안 된다. 교사는 저널 쓰기나 유추 활동 같은 쓰기 전 활동 과제를 통해 학생들의 사고를 촉진할 필요가 있으며(Elbow, 1998), 이 과정에서 학생들이 표현해 낸 아이디어에 반응할 필요가

〈개념 1.8〉 쓰기의 표현주의적 관점

> Elbow(1998), Murray(1985) 등에서 비롯된 이 관점은 필자들이 참신하고 자발적인 글을 쓰기 위해서는 자신만의 고유한 목소리를 발견해야 한다는 점을 강조한다. 이 관점은 사고가 쓰기보다 선행한다는 가정과, 아이디어의 자유로운 표현이 자아 발견과 인지적 성숙을 촉진한다는 가정에 근거를 두고 있다. 쓰기 발달과 개인의 발달은 서로 공생적으로 엮여 있는 것으로 간주된다. 그래서 '훌륭한 치료와 훌륭한 작문은 모두 명료한 사고, 효과적인 관계 설정, 자기표현의 만족을 목표로 삼는다'(Moffett, 1982: 235).

있다. 이것이 바로 자기 발견으로서의 쓰기이다.

〈인용 1.4〉 '좋은 글'에 대한 Rohman의 견해

'좋은 글'이란 새롭게 발견해 낸 단어들의 조합을 통해 글의 주제를 참신하면서 독창적인 패턴으로 통합했을 때 가능하다. 그러므로 새로운 단어들을 조합해 내지 못하고 메아리처럼 다른 사람의 조합을 따르면 '좋지 못한 글'이 된다. '좋은 글'이란 주제에 대해 자신만의 독창성을 갖춘 책임감 있는 사람에 의해 발견되는 것이다.

—Rohman(1965: 107~108)

North(1987)가 지적한 바와 같이, 안타깝게도 이러한 관점은 '좋은 글'을 평가하는 것이나 '좋은 글'을 쓰는 데 필요한 조언을 제공하는 것에 대해서 명확한 이론적 원칙을 제공하지 않는다. 글을 쓸때 어떻게 하라는 것을 명료하게 알려주지 않는다는 뜻이다. 그 이유는, 표현주의자들 말하는 좋은 글이란 규칙의 적용이 아니라, 자유로운 상상의 반영이기 때문이다. Faigley(1986)의 지적처럼, 표현주의자들은 본질적으로 낭만적일 수밖에 없다. 표현주의자들은 모호하기 짝이 없는 '자기-실현'이라는 목적, 주관성에 근거함으로써 더 모호할 수밖에 없는 '좋은 글'이라는 개념, '독창성originality, 진실성integrity, 자율성spontaneity'처럼 의미의 경계가 명료하지 못하고 문화적으로 다채롭게 해석되는 개념을 강령의 핵심어를 삼고 있다. 그래서 표현주의의 관점은 극단적으로 학생 중심의 자세를 취한다.

표현주의의 관점에서는 학생이 관심의 중심에 놓여 있으며, 학생이 창조적인 표현을 하는 데 일차적인 목표가 있다. 그러나 모든 학생들이 지적 잠재력과 창조적 잠재력을 동등하게 가지고 있으며

적절한 환경만 갖추어지면 모든 학생이 이를 표현해 낼 수 있다고 보는 이 관점의 기본 가정은 현 시점에서는 안타깝게도 매우 순진한 것처럼 보인다. 표현주의의 관점은 이론으로 체계화되어 있지 못하며 필자에 대한 자기중심적 관점에 경도되어 있다. 이 관점에서는 '자기표현'의 가치에 대해 문화적 차이를 말할 수 없고, 쓰기 과정에서 보이는 유능한 필자와 미숙한 필자의 변별적 차이와 같은 개인적 수준의 차이도 말할 수 없으며, 쓰기가 초래하는 사회적 결과도 전혀 말할 수 없기 때문이다.

표현주의는 기존의 쓰기 지도 및 쓰기 연구가 편협하게 형식에만 주의를 기울이던 데에서 벗어나도록 도와주기는 했지만, 쓰기에서 중요하게 다루는, 실제 세계의 맥락에서 일어나는 의사소통은 충분히 설명하지 못했다. 그러나 이러한 한계에도 불구하고, 표현주의 관점은 미국 내 다수의 제1언어 교실에서 여전히 영향력을 행사하고 있으며 여러 곳에서 개설되는 창의적 글쓰기 강의의 근거로도 쓰이고 있다. 표현주의 관점이 쓰기에 대한 인지적 관점을 뒷받침하는 연구를 촉진했다는 사실은 기억해 둘 필요가 있다.

1.2.2. 인지적 과정으로서의 쓰기

필자의 쓰기 과정에 대한 관심은 창의성이나 자기표현을 넘어서서 쓰기의 인지적 측면으로 확장되어 왔다. 이러한 관점은 인지심리학의 이론과 방법을 적용한 것으로, 표현주의와 같은 문학적 관점과는 큰 차이가 있다. 이 관점에서는 쓰기를 문제 해결의 활동으로 본다. 예를 들면, 인지적 관점에서는 필자가 쓰기 과제라는 문제를 어떻게 다루는지, 이 문제를 해결하기 위해서 지적 자원을 어떻

〈개념 1.9〉 쓰기 과정

이 모형의 핵심은 쓰기를 '필자가 의미를 대략적으로 구성할 때 자신의 아이디어를 발견하고 재수정하는 비선형적이고 탐색적이고 생성적인 과정'(Zamel, 1983: 165)으로 규정한다는 점이다. Emig(1983)은 쓰기가 사전 쓰기 → 쓰기 → 사후 쓰기로 이어지는 '단선적' 과정이 아니라, 단계를 넘나드는 '회귀적' 과정이라는 점을 밝혔는데, 이 이후로 수많은 연구에서는 쓰기의 계획 및 수정 활동이 복합적이라는 점, 쓰기 과제가 쓰기 수행에 영향을 미친다는 점, 초고를 쓰는 동안 필자가 무엇을 하는지를 탐구하는 것이 중요하다는 점을 입증해 왔다. 이러한 연구에는 텍스트 분석보다는 사례 연구나 사고구술 연구가 크게 기여했다.

게 활용하는지에 관심을 둔다. 쓰기에 대한 이러한 관점은 쓰기를 정교한 연구 방법의 영역으로 발전시켰고, 그 결과 방대한 양의 연구가 이루어졌으며, 쓰기 지도의 주된 방법으로 자리를 지켜왔다.

Flower & Hayes(1981)가 제안한 쓰기 모형은 쓰기를 인지 과정으로 인식하는 데 결정적인 영향을 미쳤다. 이들이 제안한 모형은 쓰기 과정이 과제 환경 및 필자의 장기 기억에 의해 영향을 받는다고 설명하고 있다. 주요 특징은 다음과 같다.

- 필자는 목적을 가지고 있다.
- 필자는 쓰기의 전 과정을 계획한다.
- 계획하기에는 수사적 문제를 정의하고 그것을 맥락 내에 위치시키는 활동, 그 후 그 문제에 대한 아이디어를 탐색하고 찾는 활동, 최종적으로 그 아이디어를 종이에 표현하는 활동이 포함된다.[8]

---

8) (옮긴이) 이 책에서는 아이디어를 표현하는 활동(translating)이 '계획'에 포함되어 있다고 설명하고 있지만, 실제로는 그렇지 않다. Flower & Hayes(1981)의 모형에서 '표현하

- 글이 완성되기 이전이라면 모든 활동을 점검하고 조정할 수 있다.
- 계획하기, 초고 쓰기, 수정하기, 편집하기는 회귀적이고 상호작용적이며 동시적으로 일어난다.
- 계획하기와 작성 중인 글은 피드백 순환 중에 끊임없이 점검이 이루어진다.
- 조정하기로 불리는 집행 통제 장치[9]가 쓰기 과정 전체를 점검한다.

지금 살펴본 것처럼 Flower & Hayes(1981)의 모형에는 '기억, 중앙 처리 장치, 문제-해결 프로그램, 순서도'와 같은 기제가 반영되어 있다. 이 점에서 볼 때, 이 모형은 인지심리학 및 인공 지능 분야의 이론을 토대로 하고 있다는 사실을 알 수 있다.

Faigley(1986)는 Flower & Hayes(1981)의 모형이 쓰기 지도 방법에 대한 '심층 구조' 이론을 기대했던 쓰기 교사들에게 쓰기가 '인지 과학'의 특성을 가지고 있다는 점을 인식하도록 하는 데 도움을 주었다고 설명한 바 있다. 이 모형의 미학은 쓰기 과정에서 일어나는 광범위한 인지적 활동을 몇 개의 하위 과정으로 간략하게 설명할 수 있다는 데 있다. 이 모형에서는 쓰기 전략의 개인적인 차이를 고려해야 한다는 점을 강조한다. 이 모형의 설명에 따르면, 미숙한 필자들이 글을 잘 쓰지 못하는 이유는 유능한 필자들이 사용하는 모형보다 전략이 축소된 모형을 적용하기 때문이다. 그러므로 유능한 필자들이 글을 쓸 때 사용하는 전략을 미숙한 필자들에게 지도하면 쓰기 능력 발달을 촉진할 수 있게 된다.

과정 중심의 쓰기 지도는 1980년대 초반에 개인용 컴퓨터가 보급

기(번역하기, 전사하기)'는 '계획'과 분리된 별도의 단계로 설정되어 있다.

9) (옮긴이) '집행 통제 장치'는 상위인지에 해당한다. '집행 통제 장치, 중앙 통제 장치, 중앙 집행 통제 장치'로 불리기도 한다.

되면서 탄력을 받게 되었다. 컴퓨터의 워드프로세서는 전사 방식을 단순히 타이핑으로 바꾼 것만이 아니었다. 초고를 작성하는 동안 계속 수정하는 활동, 초고를 교정하여 고쳐 쓰는 활동 및 편집 활동을 쉽게 만들어줌으로써 텍스트를 다루는 방식에 큰 변화를 끼쳤다. 교사들은 컴퓨터 워드 프로세서의 교육적 가능성을 재빠르게 포착하였으며, Daedalus(www.dadualus.com) 같은 전문가용 프로그램을 수업에 활용하기 시작했다. 이 프로그램은 쓰기 과정에서 이루어지는 활동을 모듈 형태, 예를 들면 자료 수집을 돕는 질문, 고쳐 쓰기를 돕는 멀티스크린, 그리고 초고에 대한 동료 평가 및 논의를 돕는 대화방을 제시하여 학생들이 이 모듈에 따라 글을 쓸 수 있도록 도와준다. Bloch(2008: 52)가 지적했듯이, 이러한 프로그램은 초고를 쉽게 수정하고 새로운 아이디어를 쉽게 추가할 수 있게 해 줌으로써 쓰기 과정이 어떻게 통합적으로 작동하는지를 명료하게 보여준다.

쓰기를 과정으로 보는 관점은 쓰기 연구 및 쓰기 지도에 매우 큰 영향을 미쳤다. 그 결과, 쓰기 과정에 대해서도 더 많은 것을 알게 되었다. 과정 중심의 접근법에서는 연구 방법을 기존의 경험 연구나 텍스트 분석을 넘어 사회과학의 질적 연구 방법을 적용하는 데까지 확장했다. 사회과학의 질적 연구에서는 필자의 관점이나 독자의 관점을 채택하여 쓰기를 설명하는 '내부적 관점'을 취하곤 한다. 이러한 연구에는 특히 글을 쓰는 동안 필자 자기 자신이 경험하는 사고 과정을 구술하는 방법(van Den Bergh & Rijlaarsdam, 2001), 과제를 관찰하는 방법(Bosher, 1998), 그리고 회상적인 면담을 적용하는 방법(Nelson & Carson, 1998)이 적용되었다. 소수이기는 하지만 쓰기 발달에 대한 종단 연구(F. Hyland, 1998)나, 프로토콜 회상 및 초고 분석과 같은 다양한 기법이 적용된 연구가 이루어지기도 했다.

실망스럽게도 제2언어 필자에 대한 연구는 이에 미치지 못한다. 많은 교사들에게 〈개념 1.10〉에 요약한 쓰기 과정 연구의 결과는 그리 놀라운 것이 못 된다. 이러한 결과는 능숙한 필자와 미숙한 필자에 대한 우리의 일반적 직관을 벗어나지 않기 때문이다. 특정 맥락에 놓인 소수의 필자를 대상으로 연구하다 보니 연구 결과가 서로 상충하는 경우도 있어 이러한 관점을 수용하려고 하는 교사의 의지를 오히려 꺾기도 한다. 소수의 필자를 대상으로 한 연구 결과는 일반화하는 데에도 한계가 있다. 이뿐만이 아니다. 이러한 관점의 연구가 대규모로 이루어지고 있음에도 불구하고, 쓰기의 인지 모형을 탐색하는 데에 적용한 연구 방법이 과연 타당지에 대한 심각한 의구심도 지속적으로 제기되어 왔다.

한 가지 심각한 문제는 쓰기 과정을 다룬 연구들이 '사고구술' 방

〈개념 1.10〉 제2언어의 쓰기 과정에 대한 연구 결과

Silva(1993)는 쓰기 수행 연구의 주요 결과를 다음과 같이 요약하였다.
- 일반적인 쓰기 과정의 패턴은 제1언어와 제2언어가 유사하다.
- 능숙한 필자는 미숙한 필자들과 다른 방식으로 글을 쓴다.
- 능숙한 필자는 더 효과적인 계획하기 전략과 수정하기 전략을 활용한다.
- 제1언어의 전략은 제2언어의 맥락으로 전이될 수도, 그렇지 않을 수도 있다.
- 제2언어 필자들은 제1언어 필자들보다 계획하기를 적게 하는 경향이 있다.
- 제2언어 필자들은 목적 설정 및 자료 생성에서 더 많은 어려움을 겪는다.
- 제2언어 필자들은 수정하기를 더 많이 하지만, 글에 대해서는 더 적게 숙고한다.
- 제2언어 필자들은 유창성이 부족하며 글을 정확하면서도 효율적으로 쓰지 못한다.

법에 지나칠 정도로 크게 의존하고 있다는 점이다. 사고구술은 필자에게 글을 쓰게 한 후 글을 쓰는 동안에 떠오른 사고나 수행한 행동을 구술하게 하는 방법인데, 이 방법은 복합적으로 작동하는 인지 과정을 완전하게 다룰 수 없다는 비판을 받고 있다. 대부분의 인지 과정은 적어도 어떤 의식적 자각 없이 수행되는 반복적이고 내면화된 작용이며, 따라서 이를 언어로 보고한다는 것은 불가능하다. 쓰기처럼 복합적인 활동을 하게 하면서 동시에 언어로 보고하게 하면, '일감이 쌓인 인지적 작업대'(Afflerbach & Johnson, 1984: 311)처럼 단기 기억에 과부하 현상을 일으킨다. 따라서 사고구술의 언어적 보고는 아마도 쓰기 과정에 대한 부분적인 기록만을 제공한다고 보아야 한다. 최악의 경우, 필자 자기 자신이 실제로 사고하거나 수행한 것을 보고하는 것이 아니라, 왜곡이나 거짓이 개입된 사고 과정을 보고할 수도 있다.

쓰기 과정 모형 자체에 대한 의심도 계속 제기되어 왔다. 예를 들어 Scardamalia & Bereiter(1986)는 이러한 모형들이 쓰기 과정의 이론을 충분히 재현하지 못하고 있으며, 쓰기 수행을 설명하지도, 쓰기 수행을 하게 만들지도 못한다고 지적한 바 있다. 쓰기 과정 모형은 우리에게 필자가 왜 어떤 선택을 하는지 알려주지 않는다. 따라서 이러한 모형을 통해서는 글을 쓰는 학생들에게 무엇을 어떻게 조언하고 지도해야 하는지를 알기 어렵다. 사실 Flower & Hayes (1981)가 제안했던 최초 모형은 너무나 부정확해서 실제 필자의 행위를 예측하는 것이 불가능할 뿐만 아니라, 이 모형을 토대로 실제 필자의 행동에 관한 어떤 주장을 펼치는 것도 불가능하다. 그래서 적절한 목적 설정과 수사적 전략을 더욱 강조한 후속 모형이 제안되기도 하였다(Flower et al., 1990).

그러나 이렇게 모형을 수정했다고 해서 능숙한 필자와 미숙한 필자, 그리고 이 사이에 존재하는 수많은 필자를 공통의 인지 과정으로 설명하려는 데에서 초래된 모형의 약점을 가릴 수는 없다. Bereiter & Scardamalia(1987)는 능숙한 필자의 쓰기 수행과 미숙한 필자의 쓰기 수행은 근본적으로 달라서 이 둘을 단일 모형으로 설명하는 것보다 따로따로 설명하는 것이 더 낫다는 주장을 펼치기도 하였다(〈개념 1.11〉 참조).

Bereiter & Scardamalia(1987)의 모형은 쓰기 행위에 대해 심리학적인 통찰을 추가함으로써 미숙한 필자들이 쓰기 과제의 복합성과 화제 지식의 부족으로 인해 글을 쓰는 데 어려움을 겪는다는 사실을 효과적으로 설명하였다. 이 모형에 따르면, 쓰기에서도 반성적 사고를 고려해야 하며, 학생들은 쓰기 능력 발달을 위해 여러 가지의

〈개념 1.11〉 지식 서술 모형과 지식 변형 모형

지식 서술 모형(knolwedge-telling model)은 미숙한 필자가 능숙한 필자에 비해 계획하기와 수정하기를 더 적게 하며, 주로 필자 자기 자신의 내적 자원에만 의존하여 내용을 생성한다는 사실을 설명해 준다. 미숙한 필자들은 글을 쓰는 주목적을 과제, 화제, 장르에 따라 단순히 자신이 기억하고 있는 것을 드러내는 데 둔다.

지식 변환하기 모형(knolwedge-transforming model)은 능숙한 필자가 문제를 분석하고 목표를 설정하는 데 쓰기 과제를 어떻게 사용하는지를 설명해 준다. 능숙한 필자는 복합적인 특성을 지닌 쓰기 과제에 대해서 깊이 생각하고, 내용 영역 및 수사 영역 내에서 내용, 형식, 예상독자, 문체, 조직 등의 문제를 해결한다. 따라서 글을 쓰는 동안 지식과 텍스트는 지속적으로 상호작용한다. 지식 변환은 재작동하는 사고와 능동적으로 관련을 맺으며, 그 과정에서 텍스트뿐만 아니라 사고가 변화를 일으킨다(Bereiter & Scardamalia, 1987).

다양한 쓰기 과제와 다양한 장르로 글을 써 보아야 한다. 내용과 표현의 발달에는 피드백과 수정하기도 영향을 미치는 중요한 요소이므로 여기에도 관심을 기울일 필요가 있다.

물론 이 모형도 한계가 있다. 지식 변형 모형에 따라 필자의 인지적 변형이 실제로 어떻게 이루어지는지는 아직 명확하게 밝혀지지 않았다. 그리고 각 단계 사이에서 어떤 일이 일어나는지, 그 과정은 모든 학생들에게 동일한지도 명확하게 밝혀져 있지 않다. 예를 들면, 유능한 필자들이 사용하는 전략을 집중적으로 지도하더라도 여전히 많은 학생들이 글을 쓰는 것이 어렵다고 호소한다. 모형의 모호성으로 인해 이러한 문제를 효과적으로 해결하는 데에는 한계가 있다.

쓰기 과정에 중점을 두는 아이디어가 제1언어 및 제2언어 교실에 미친 영향을 과장할 필요는 없을 듯하다. 그러나 교실을 둘러보더라도 내용과 구조에 대한 아이디어를 생성하기 위해 쓰기 전 활동을 설정하는 교사는 거의 없다. 브레인스토밍과 개요 쓰기를 장려하고, 초고를 여러 번 쓰도록 요구하고, 확장적 피드백을 제공하고, 동료 반응을 촉진하고, 최종 편집 이전까지는 교정을 계속하게 하고, 완성된 글을 전시하기 위해 쓰기 전 활동을 설정하지는 않는다 (Reid, 1993). 물론 과정 중심의 연구에서는 협력적 쓰기, 교사 협의, 문제 해결 중심의 과제, 저널 쓰기, 집단 토의, 복합적인 포트폴리오 평가가 현재 우리가 선택할 수 있는 방법론적 레퍼토리들 중 가장 일반적인 방법이라는 점을 강조했다(Casanave, 2004; Kroll, 2003).

이 모형을 지지하는 사례 연구(예 Graves, 1984)와 일화 보고가 있지만, 과정 중심 쓰기가 현격하게 글을 더 잘 쓰게 해 준다는 명백한 근거는 찾기 어렵다. 다른 방식으로 작동하는, 잘 부합하지 않는 여러 가지 접근법을 과정 중심이라는 하나의 '접근법'으로 묶은 결과이므로 이는 사실 그리 놀랄 만한 일도 아니다. 더 나아가 이 접근법이 토대를 두고 있는 필자 '개인'에 대한 강조가 집단주의적 성격이 강한 문화권에서 온, 영어를 제2언어로 학습해야 하는 학생들에게는 오히려 불리할 수 있다는 의구심이 있다(Ramanathan & Atkinson, 1999a). 개인주의적인 관점에서는 언어 사용 및 언어 학습의 사회적인 측면에 대해서는 거의 고려하지 않기 때문이다.

어떤 하나의 방법이 자동적으로 좋은 필자를 만들어 낼 것이라고

〈개념 1.12〉 과정 중심 지도법의 장단점

장점
- 제1언어 및 제2언어 학생들에게 쓰기를 가르치는 이론과 방법에 주로 영향을 준다.
- '쓰기 결과'와 학생 글의 정확성에 대한 집착을 바로잡는 데 유용하다.
- 쓰기 관련 요소에 대한 교사 인식을 증진함으로써 쓰기 지도의 전문화에 기여한다.
- 학생 필자들 간의 개인차를 더 존중하게 만들어 준다.
- 해결해야 하는 새로운 연구 문제를 많이 제기해 준다.

단점
- 쓰기에서 심리적 요소들을 지나치게 강조한다.
- 고립적인 개인 필자에 초점을 둠으로써 쓰기의 사회적 측면을 인지하지 못한다.
- 영어를 제2언어로 학습해야 하는 학생들에게 불리한 개인주의에 기반을 두고 있다.
- 성별과 인종, 계급과 같은 맥락의 영향을 고려하지 않는다.
- 전문적이고 학술적인 공동체들의 관습을 경시한다.
- 학생 쓰기 능력 발달에 실질적으로 도움이 되는지가 확실치 않다.

기대해서는 안 된다. 쓰기 과정에는 필자의 인지를 포함하여 자신과 타인에 대한 인식, 상황과 목적에 대한 인식뿐만 아니라, 필자의 경험과 배경이 혼합되어 있다. 필자, 상황, 과제는 매우 다양하다. 그러므로 모든 쓰기의 맥락을 포착하거나, 보편적으로 동일한 결과를 이끌어내는 단일한 설명 체계는 존재하지 않는다.

이제 요약해 보자. 과정 중심 쓰기의 접근법은 쓰기를 오직 완성된 결과로만 간주하던 때에 전혀 다른 방식으로 쓰기를 이해할 수 있게 해 주었다. 그러나 심리적 요소를 지나치게 강조하였다는 점, 문제를 정의하고, 해결의 틀을 만들며, 궁극적으로 쓰기를 완성하는 데 영향을 미치는, 개인 너머에 존재하는 힘을 고려하지 못했다는 점에서는 한계를 보였다.

1.2.3. 상황적 행위로서의 쓰기

필자 중심의 셋째 번 관점은 실제적인 쓰기 수행을 더 강조하는, 인지 모형에 대한 비판주의와 관련이 있다. 이러한 관점을 보이는 연구에서는 쓰기에 관한 필자의 사전 경험과, 현재 당면한 쓰기 활

〈개념 1.13〉 상황적 행위로서의 쓰기

> 쓰기는 특정 상황에서 일어나는 사회적 행위이다. 그러므로 쓰기는 필자가 쓰기로 가져오는 개인적 태도나 사전 경험의 영향, 특정한 정치적 맥락이나 제도적 맥락의 영향을 모두 받는다. 쓰기 행위의 상세한 관찰, 참여자 면담, 쓰기를 둘러싼 다른 활동이나 기법의 분석을 활용함으로써 연구자들은 쓰기가 이루어지는 국지적인 맥락의 문제를 발전시켜 왔다. 이러한 경향의 연구에서는 필자의 경험에 큰 관심을 두고 있으며, 필자가 글을 쓸 때 작동하는 맥락의 요구를 이해하는 데에도 큰 관심을 두고 있다.

동의 즉각적이고 국지적인 맥락을 통합적으로 다루는데, 쓰기를 바라보는 우리의 관점 및 연구 방식에 큰 영향을 미쳤다.

이 관점은 '맥락이 어떻게 인지를 자극하는지'를 이해하기 위하여(Flower, 1989) 필자의 마음이 어떻게 작동하는가에 몰두했던 우리의 관심을 쓰기가 일어나는 물리적, 경험적 맥락으로 돌려야 한다고 강조한다. 결정적으로 중요한 것은 '표현의 상황'(Nystrand, 1987)으로 맥락의 개념을 강조한다는 점이다. Flower(1989: 288)는 선택적으로 지식을 자극하고 특정 과정을 작동하게 하는 쓰기 환경의 요소와 연동되어 있는 사전 지식, 추측, 기대의 효과를 맥락으로 보았다. 이렇게 본 이유는 필자들이 글을 쓰는 목적을 표상하는 방식에 미치는 맥락의 영향을 설명하기 위한 것이다. Prior(1998: xi)가 관찰한 내용을 인용해 보자.

도구(자료 및 기호)가 충분히 갖추어지고 그 밖의 요소들(과거, 현재와 미래)이 존재할 때 실제적인 쓰기가 일어난다. 상황적 행위로 보면, 쓰기는 필자의 고립적인 행동 위에서 단절된 상태로 발현되는 것이 아니라, 종이에 단어를 전사하는 활동 이외에도 읽기, 말하기, 관찰하기, 행동하기, 만들기, 사고하기, 느끼기와 같은 다양한 활동이 합류하는 지점에서 나타난다.

그러므로 이러한 관점의 연구는 가끔은 매우 상세한 방식으로 국지적 상황의 특질로서 쓰기가 어떻게 구성되는지를 분석한다.

연구자들은 쓰기 맥락을 철저하고 꼼꼼하게 서술하기 위한 방안으로 민족지학적 연구에 크게 의존하였다(Geertz, 1973). '민족지학적'이라는 용어는 다소 모호하고 논쟁적인 면이 있다. 그러나 이 방

<개념 1.14> 민족지학적 연구

> 민족지학은 개인의 문화적 실천을 내부자 중심으로 서술하고 제시하는 연구이다(Ramanathan & Atkinson, 1999b: 49). 민족지학은 다량, 다종의 데이터를 수집하고 분석하는 것이 어떤 단일한 데이터를 분석하는 것보다 복잡한 사회적 실재를 더 타당하게 설명할 수 있다는 관점을 바탕으로 삼고 있다. 사람들이 글을 어떻게, 왜 쓰는지를 이해하기 위해 이 방법을 적용하는 것은 일반적인 조건에서 자연스럽게 나타난 자료를 일정 시간 동안 필자 또는 쓰기 맥락에 대한 간섭 없이 모으는 것을 의미한다.

법은 매우 상황적이고 구체적이라는 점, 그리고 다양한 방법론을 활용하여 관찰 대상자의 행위를 총체적으로 설명하기 위해 노력하고, 연구자의 선입견을 배제한 채 관찰 대상자의 이해를 시도한다는 점에서 큰 장점이 있다(Watson-Gegeo, 1988; Cicourel, 2007).

민족지학적 방법에는 일반적으로 상세하고 종단적으로 환경과 쓰기 활동에 대한 관찰이 포함되며, 쓰기에 대한 참여자와의 면담 및 자서전적인 주제, 학생이 쓰기 과정을 기록한 일지나 일기에 대한 반복적인 분석, 교실 상호작용에 대한 설문지 및 면밀한 조사 결과가 포함된다(Jarratt et al., 2006; F. Hyland, 1998). 학생 글, 이에 대한 교사의 반응을 분석할 때 교과서, 지침서, 교육과정 개요와 같은 텍스트도 종종 분석 대상이 된다. 연구자들은 학생들의 일상적인 행동을 관찰하기 위해 교실에 참여하기도 하고 학생 주변을 따라다니기도 한다. 이를 통해서 쓰기 과정을 밝히는 데 기여할 수 있는 맥락과 행동에 대한 단서를 얻기도 한다(Weissberg, 2006).

그러나 민족지학은 모든 사람들이 편안하다고 느끼는 연구 방법은 아니다. 인류학에서 기원한 민족지학이 단순히 여러 방법 중의 하나를 선택하여 활용한다는 연구 태도의 의미보다는, 연구자가 참여 관찰자로서 다른 문화로 완전히 동화된다는 의미를 함축하고 있기 때문이다. 이러한 문제를 해소하기 위해 Swales(1998)는 대학의 특정 학과, 특정 학문에서 사용하는 텍스트를 사례 연구로 다루면서 '텍스트 기술학textography'이라는 용어를 제안한 바 있다. 이 용어는 민족지학에서 요구하는, 문화적 서술을 충분히 채워야 한다는 부담은 피하면서도 쓰기 과정에 작동하는 맥락을 충실하게 탐색할 수 있는 현실적인 방법을 함의하고 있다.

> **〈인용 1.5〉 텍스트 기술학(textography)에 대한 Swales의 견해**
>
> 텍스트 기술학자로서 나는 수행, 리듬, 텍스트 그리고 특성과 관련하여 지난 3년 간 떠오른 수많은 주제를 공정하게 대하려고 노력했다. 그 중 하나는 '현장'의 의미인데, 이 독립적인 '공간'의 의미는 …… 학술적 특성, 특히 성경과 같은 텍스트의 특성을 포착하기 위해 노력한, 내가 글에 포함하기 위해 고른 그 선택에 병치되어 있으며, …… 텍스트 기술학이 이끌어 낸 여러 가지 활동의 요소에 병치되어 있다. 텍스트 기술학은 이따금 텍스트 기반의 면담 데이터로 설명을 보충한, 면밀하기는 하나 전문적이지는 않은 텍스트 분석을 포함하고 있으며, 정상 과학의 언어로 어떻게 필자 개인의 인성을 드러낼지를 보여준다.
>
> —Swales(1998: 141~142)

'특정한 상황에 처해 있는' 연구자들이 특히 관심을 가지고 있는 국지적 환경의 특징은 두 가지이다. 하나는 필자 개인이 수행하는 역할이며, 다른 하나는 협력적 맥락에서 필자가 국지적 참여자들과 벌이는 상호작용을 어떻게 쓰기 과제에 반영하는지에 대한 것이다. 맥락은 쓰기를 촉진할 수도 있고 억제할 수 있는, 쓰기와 '관계'를 맺고 있는 여러 가지 요소들이 상호작용하는 공간이며, 그 관계를 체계화하는 여러 가지 '규칙'이 상호작용하는 공간이다. 그래서 이러한 관점의 연구에서는 쓰기 행위를 둘러싼 사회적 절차를 상세하게 연구해 왔으며(예. Willett, 1995; Storch, 2005), 필자에게 의미를 부여하는 국지적 환경의 명확한 특징에도 관심을 기울여 왔다.

신문 방송학과 학생들을 연구한 Chin(1994)을 예로 들어 보자. Chin(1994)은 이 학생들이 장애물처럼 자신들을 배제하는 학과의 사무실, 강의실, 회의실 같은 물리적 공간을 어떻게 바라보는지, 기사를 쓰기 위해서는 자료가 필요한데 이에 접근하는 것이 불가능한 상황을 어떻게 바라보는지를 분석하였다. 이와 유사한 관점에서 Canagarajah(1996)는 도서관 사서나 컴퓨터와 같은 자원의 부재가 제3세계 학자들이 논문을 작성하고 출판하는 데 어떻게 영향을 미쳤는지를 분석한 바 있다.

이러한 연구가 특정한 쓰기 맥락을 상세하게 기술함으로써 쓰기에 부정적인 영향을 미칠 수 있는 개인적, 사회적, 제도적 요소에 대한 이해를 확장해 준다는 점에서는 의심의 여지가 없다. 그러나 문제가 없는 것은 아니다. 이러한 방법으로 특정한 쓰기 행동을 다룰 수는 있지만, 그렇다고 상세하게 기술한다고 해서 필자의 의식 모두를, 쓰기에 영향을 미치는 맥락 모두를 드러낼 수 있는 것은 아니다. 그러므로 중요한 요소가 모두 고려되어 왔다고 말할 수는 없다. 더 중요한 것은 이러한 접근법이 필자의 인식을 강조하는 위험과, 쓰기의 수사론적 문제를 손상할 수도 있는 국지적 상황을 강조하는 위험을 무릅쓰고 있다는 점이다. 다시 말하면, 글이라는 결과의 맥락에 과도하게 초점을 둠으로써 필자의 의도와 쓰기 계획에 영향을 미치는, 좀 더 광범위한 사회적, 제도적 담화 규칙을 무시하게 될 가능성이 있다.

학생의 쓰기 수행에 영향을 미치는 요소 중에 지금까지 잘 고려하지 않았던 사회적 영향 요소가 하나 있다. 학생들이 교실에서 지속적으로 겪었던 부정적 평가의 경험이다. 권력, 교육 배경이나 가정 배경과 같은 사회적 요소가 불평등한 상황 아래에서 글을 써야 할 때 학생들은 매우 높은 수준의 불안을 경험한다. 이른바 쓰기 불안(Faigley et al., 1981)이다. 쓰기 불안은 필자로서 자기 자신에 대해 느끼는 주관적 감정이자 쓰기 상황 및 쓰기 과제에서 느끼는 주관적인 감정이다. 그런데 이 쓰기 불안이 쓰기의 성공적인 수행과 교육과정의 성공적인 수행을 심각하게 저해할 수 있다.

쓰기 불안이라는 용어는 쓰기 과제를 능숙하게 다룰 수 있는 필자를 설명할 때에도 사용할 수 있고, 쓰기가 충분히 창의적이라거나, 충분히 흥미롭다거나, 충분히 세련되었다거나 혹은 충분히 잘 표현할 수 있다고 느끼지 못하는 필자, 그래서 쓰기 과제를 수행하는 데 어려움을 겪는 필자에게도 사용할 수 있다. 쓰기 불안은 쓰기에 대해 자신감이 낮고 글을 잘 못 쓸 것이라는 생각을 심어주어 결과적으로 글을 쓰는 강의나 글을 쓰는 일을 회피하게 만든다.

지금까지 다루어온 내용을 종합해 보자. 필자에 초점을 둔 관점 아래에서는 경험이 '사회공동체'에 의해 구성되고 해석된다는 아이디어나, 필자를 넘어서는 좀 더 광범위한 요소들이 쓰기 수행의 이면에서 작동한다는 아이디어를 응축하고 있는 발전적인 이론이 자리를 잡을 수 없었다. 그 결과, 국지적 맥락을 넘어서서 텍스트를 독자 기대에 대한 필자의 반응으로 어떻게 발전시켜 갈 것인가를 적극적으로 다룰 수 없었다. 그러나 이러한 경향은 쓰기 연구를 인지적 과정 모형으로부터 사회적 성격을 강조하는 관점으로 변화하는 데 영향을 미쳤다.

1.3. 독자 중심 연구 및 지도

마지막으로 살펴볼 포괄적 접근법은 완성된 텍스트가 최종적으로 달성할 목적, 목표, 활용에 대한 쓰기 상황의 특징 너머로 '맥락'의 개념을 확장한다. 이 절에서 논의할 여러 가지 관점은, 필자가 다른 사람들과 상호작용하기 위해 언어를 선택하는 방식과, 필자가 자신의 의사를 독자들이 쉽게 이해하도록 언어를 선택하는 방식을 공유한다. 이러한 관점은 Halliday가 언급했던 언어의 '대인 관계적 기능'과 관련되어 있으며, 우리가 쓰는 모든 문장 안에 부호화되어 있다. 독자들은 자기 자신과 유사한 방식으로 세상을 바라보는 텍스트에 이끌리고 설득되고 영향을 받는다. 쓰기는 인지 활동이기도 하지만, 특정한 맥락을 바탕으로 의미를 공유하기 위해 언어를 선택적으로 활용하는 상호작용 활동이기도 하다. 나는 이러한 사회적 관점을 다음의 세 항목으로 구분하여 논할 것이다.

- 사회적 상호작용으로서의 쓰기
- 사회적 구성으로서의 쓰기
- 권력과 이데올로기로서의 쓰기

1.3.1. 사회적 상호작용으로서의 쓰기

쓰기가 필자와 독자 사이의 상호작용이라는 견해는 쓰기에 의사소통이라고 하는 새로운 차원의 옷을 덧입혔다. 이러한 차원의 옷을 덧입힘으로써 우리는 필자를 책상에 앉아 등을 구부린 채 키보드를 두드리는 고립된 개인으로 보는 고정 관념으로부터 벗어날 수 있다. 고립된 필자라는 이미지는, 필자가 독자의 요구, 관심, 이해를 투영해 낸 결과가 곧 글이라는 관점으로 쓰기를 설명할 때 관습적으로 상정해 온 것이다. 이러한 관점은 Martin Nystrand에 의해 발전해 왔는데, Nystrand는 어떤 텍스트가 성공적이었다면 그것은 독자의 요구를 만족시킬 수 있는 필자의 능력 덕분이라고 주장하였다. 이 관점에 따르면, 쓰기를 국소적 담화 세계에 가두어 두어서는 안 된다.

〈인용 1.6〉 사회적 상호작용으로서의 쓰기에 대한 Nystrand의 견해

쓰기 과정이란 독자가 알고 있다거나 기대하고 있다고 믿는 필자의 합리적 가정을 바탕으로 텍스트를 정교화하는 활동이다. 이와 동일하게 읽기 과정이란 필자의 목적에 대한 독자의 가정을 바탕으로 텍스트를 예측하는 활동이다. 그러므로 근본적인 관점에서 보면, 필자나 독자는 상대가 의미를 생성할 수 있는 능력을 갖추고 있다는 점을 전제하고 있다. 서로가 의미 구성 능력을 갖추고 있을 것이라는 점을 전제하지 못한다면, 텍스트를 정교화하거나 예측하는 합리적 추론 활동은 성립할 수 없다. 요컨대 텍스트를 기반으로 한 의사소통은 상대가 그렇게 했거나 그렇게 할 것이라고 믿는 필자나 독자의 합리적 가정으로 설명할 수 있다.

—M. Nystrand(1989: 75)

사회적 상호작용 모형에 따르면, 의미는 '독자와 필자 모두가 텍스트로 이끌어오는 독특한 구성과 상호작용'을 통하여 창조된다

(Nystrand et al., 1993: 299). 필자는 협상 과정을 통해 자신의 목적과 독자의 기대 사이에서 균형을 찾기 위해 노력하는데, 이 과정에서 담화가 구성된다. Nystrand(1993)의 관점에서 볼 때 하나의 텍스트는 '잠재적인 의미', 즉 선택 가능한, 다양한 의미의 스펙트럼을 가지는데, 그 중에서 '필자의 의도, 독자의 인지, 텍스트의 객관적 특징'의 조합에 의해 하나의 의미가 그 텍스트의 의미로 완성된다. 다시 말해서, 의미는 독자적 텍스트 모형처럼 필자에서 독자로 전달되는 것도 아니고, 과정 모형처럼 필자의 인지 내부에 존재하는 것도 아니다. 의미는 두 참여자 사이에서 구성되는 것이다.

본질적으로 쓰기 과정은 독자가 알고 있고 기대할 것이라고 가정하는 텍스트의 생산 활동을 말하며, 읽기 과정은 필자가 하려고 했던 것이 무엇인지를 추론하는 이해 활동을 말한다. Hoey(2001)는 상대의 의도에 대한 예측을 바탕으로 텍스트의 의미를 구성해 내는 활동을, 무대에서 상대의 스텝을 뒤따르며 춤을 추는 무용수로 비유한 바 있다.

능숙한 필자는 독자가 공통으로 참조할 수 있는 준거의 틀을 만들어 낸다. 그리고 오해가 있을 법한 곳에는 더 많은 내용을 상세하게 제시하고, 독자가 언제 자신의 목적을 파악하게 될지를 예측하며 내용을 구성하고 전개한다. 회귀적으로 이루어지는 초고 쓰기의 과정은 독자가 말을 걸어오는 내적 대화에 반응하는 방법이기도 하고, 필자가 어떻게 문제적 지점을 보완하며 텍스트를 발전시키는지를 점검하는 방법이기도 하다. 그러므로 쓰기는 개인의 고립적인 행위가 아니라, 수사적 상황과 독자의 반응과 같은 능동적 이해를 토대로 공동으로 수행하는 활동이며 필자와 독자가 협력하는 공동 노력의 소산이다.

독자는 교사에게도 어려운 개념일 수 있다. 분명히 독자의 요구와 흥미를 이해하는 필자는 적절한 글의 장르, 내용, 태도, 문체에 관한 중요한 수사학적 지식을 지니고 있다. 그러나 범위를 확대해서 보면 예상독자를 분석한다는 것은 문제가 있으며 곧바로 익숙해지기도 어렵다. 텍스트는 보통 수많은 독자를 염두에 두고 있다. 내가 이 책을 쓸 때 나는 당신, 즉 독자를 쓰기에 일시적인 흥미 이상의 것을 가지고 있는 사람으로 생각했지만, 나는 당신의 문화적 배경, 이 책의 주제에 대한 지식, 혹은 이 책으로부터 당신이 얻고자 하는 것을 예측할 수는 없다. 아마도 이 책의 독자인 당신은 교사일 수도 있고 학생일 수도 있으며, 오류를 교정해 주는 코치일 수도 있다. 서점을 둘러보는 사람, 글쓰기에 대한 학위 논문을 지도하는 교수일지도 모른다. 다시 말하면, 나는 이 책이 전공자, 초보자, 쓰기를 실천하고 있는 전문가 또는 비전문가에 의해 읽힐 수 있다는 점을 알고 있고, 그래서 내가 할 수 있는 한 주제를 구체적으로 다루려고 노력할 것이다. 그러나 이 책의 의미를 모든 독자가 찾아내지 못한다는 점도 잘 알고 있다.

독자라는 개념에 대해서는 문학 연구에서 논쟁을 빈번하게 벌여왔다(Lecercle, 2000). 독자는 수사학에서도 많이 거론되어 왔으며(Park, 1982), 컴퓨터로 글을 쓰는 현대에서는 더욱 복잡한 문제로 발전해 가고 있다(Bloch, 2008). 사실, 독자는 특히 학문적이고 전문적인 맥락에서는 좀처럼 실체를 드러내는 존재가 아니다. 독자는 글을 쓰는 동안에 변화할 수 있는, 근본적으로는 필자가 구성하고 표상해 낸 추상적 존재로 간주할 필요가 있다.

독자라는 쟁점은 교사들 사이에서 교사 및 동료의 피드백에 대한 관심을 높이고 있다. 교실에 독자의 기제를 도입하면 학생들이 자신

〈개념 1.15〉 예상독자

예상독자를 설명하는 두 가지 모형은 많은 쓰기 연구에서 지배적인 위치를 점유해 왔다. Ede & Lunsford(1984)는 예상독자를 '표현된 예상독자(audience addressed)'와 '환기된 예상독자(audience invoked)'의 두 가지 모형으로 설명한 바 있다. 전자는 텍스트와는 별개로 독립적으로 존재하는 실제적인 독자 또는 의도된 독자이고, 후자는 필자가 허구적으로 창조해 낸 독자이자 텍스트에 수사적으로 암시되어 있는 독자이다. 예상독자를 정교화한 Park의 개념은 사람이 아니라 수사적 맥락을 정의하는 외적 환경에 대한 필자의 인식에 초점을 맞추고 있으며, 텍스트가 독자의 요구에 대한 반응으로서 모종의 특질을 지니고 있어야 한다는 점을 강조하고 있다. 따라서 예상독자는 필자의 마음에 존재하며, '관습, 판단, 암시된 반응과 태도'의 복합체로서의 텍스트를 구성한다(Park, 1982: 251).

의 글을 다른 사람들이 어떻게 이해하는지를 파악하는 데 도움을 줄 수 있다(Ferris, 2003; 2006). 교사들은 교육 대상 장르의 예시 텍스트를 학생들에게 제시하여 독자에 대한 인식을 증진시킬 수 있다. 이것이 가능한 이유는 독자에 대한 이해가 상호텍스트성을 파악하는 능력과 깊이 관련되어 있기 때문이다. 상호텍스트성이란 텍스트와 텍스트 사이에 성립되어 있는 연결 관계를 뜻한다. 상호텍스트성의 아이디어는 언어를 대화적 관점에서 파악한 Bakhtin(1986)에 기원을 두고 있다. 이 관점에 따르면, 언어는 필자와 독자 사이에서 지속적으로 전개되는 대화적 활동이다.

쓰기는 다른 텍스트와 연결되어 있으므로 언어의 사회적 활용의 자취를 반영한다. '각각의 발화는 이전에 존재하던 다른 발화를 반박하고 단언하고 보충하고 의존하며, 그 발화가 알려질 것이라고 예상하고 고려의 대상으로 삼는다'(Bakhtin, 1986: 91). 여기에서 말하

〈개념 1.16〉 상호텍스트성

상호텍스트성에 대한 Bakhtin의 개념에 따르면, 담화는 항상 다른 담화와 연결되어 있으며, 시간이 흐르면서 담화가 변화하기도 하고 어떤 시점에서는 그 유사성이 변화하기도 한다. 상호텍스트성은 텍스트 사용자를 이전 텍스트의 네트워크에 연결하고, 다른 텍스트 사용자가 파악해야 하는 의미를 구성하는 데 필요한 선택 체계를 제공한다. 이전의 텍스트들은 문화적으로 수용 가능한 의미를 구성하는 데 도움을 제공하므로, 이러한 방식으로 전개된 관습은 명료한 해석을 이끌어내며 다른 텍스트를 좀 더 그럴 듯하게 만들어 준다. 따라서 상호텍스트성은 필자가 글을 쓸 때 어떻게 특별한 수사적 선택을 하는지 설명하는 데 도움을 준다. Fairclough(1992: 117)는 상호텍스트성을 다음의 두 종류로 나누었다.

• **외현적 상호텍스트성(Manifest intertextuality)**: 인용, 재진술, 반어처럼 다른 텍스트와 직접적으로 결합하거나 반응하는 상호텍스트성.
• **상호 담론성(Interdiscursivity)**: 파악이 가능한 텍스트 장르나 장르에서 수립한 관습을 필자가 활용하는 것과 관련된 상호텍스트성. 여기에서 텍스트는 어느 정도 사회적, 제도적 의미와 연관되어 있다.

는 텍스트의 장르는 필자가 유사한 환경에 대처하여 판단력과 창조성을 연습하는 특별한 형식이 아니라, 반복적이고 전형적인 사회적 상황의 일부이다.

상호작용주의 접근법의 중요한 교육적 함의는 학습한 독자 인식이 쓰기 전략의 발달에 기여한다는 점, 그리고 독자는 오직 사회적 맥락의 인식을 통해서만 성취될 수 있다는 점이다. 이것은 교사가 분명한 쓰기 목적과 구체적인 독자를 제시하면서 가능한 한 실생활을 반영하는 쓰기 맥락을 적용하기 위해 노력해 왔다는 것을 의미한다. 그 예로, Johns(1997)는 학생들이 논증적인 글을 쓰기 위해 독자를 탐구하게 하는 쓰기 과제를 수행하게 해야 한다고 주장하였으며,

Storch(2005)는 텍스트를 바탕으로 독자의 문제를 예측하도록 필자를 도움으로써 협력적 쓰기 과제가 글을 어떻게 개선할 수 있는지를 보여 주었다. 사회적 상호작용의 관점이 교사에게 준 중요한 함의는 인식 가능한 관습으로서 맥락에 초점을 맞추도록 자극을 주었다는 점이다. 결론적으로 텍스트는 독자와 필자가 만나는 공간이다.

1.3.2. 사회적 구성으로서의 쓰기

독자를 고려하는 다른 방식은 한 걸음 물러나서 상호작용을 구체적인 만남이 아니라, 수사적인 선택의 모음으로 바라보는 것이다. 이러한 관점에 따르면, 필자는 인지 과정을 거쳐 텍스트의 의미를 만들어내는 '창조자'도 아닐뿐더러 독자와 관련을 맺으며 '상호작용하는 사람'도 아니다. 필자는 단지 '공동체'의 구성원일 뿐이다. 의사소통의 양자관계는 사회적, 수사적으로 구성된 독자와 필자 집단의 담화로 대체된다.

〈개념 1.17〉 사회적 구성

사회적 구성은 우리가 생각하는 방식, 그리고 우리가 세계를 이해하기 위해 사용하는 범주와 개념이 '언어의 모든 구성 요소는 통일성을 유지하기 위해 지식 공동체에 의해 생성되고 이용된다.'는 아이디어에 바탕을 두고 있다(Bruffee, 1986: 777). 사람들 사이에서 발생하는 일상적인 상호작용은 우리가 당연하게 여기는 세계를 만들어낸다. 언어는 단지 자신을 표현하는 수단이 아니라, 우리가 실재를 구성하고 유지하는 방법이다. 우리는 공동체의 언어를 사용하면서 공동체의 구성원으로서 이를 행한다. 그러므로 텍스트의 특징은 공동체의 영향을 받는다. 공동체에서는 공동체가 선호하는 구체적인 장르를 통해 텍스트가 작성되고 이해되고 교육된다.

사회학과 포스트모던 철학에서 유래한 이러한 접근법은 우리가 알고 있고 우리가 행하는 것이 개념적 스키마와 관련되어 있다는 견해를 취하고 있다. 쓰기를 사회적 행위로 정의할 때, 이를 충분히 이해하려면 우리는 필자 개인의 의사 결정이라는 인지적 관점을 넘어서서 특정한 공동체의 선호로서 텍스트의 일반적인 특징을 탐구하는 데까지 나아가야 한다. 텍스트는 그것이 작성된 공동체의 양식과 관습을 드러낼 때 특정한 의미를 가지게 되고 의사소통의 힘을 얻게 된다. 예를 들어, 생물학을 전공하는 학생이 작성한 텍스트는 경영학을 전공하는 학생들이 쓴 텍스트와 논증 방식, 대인 관계에 관련된 관습, 사실과 이론을 제시하는 방식이 크게 다르다. 상호작용주의자들은 관심 대상을 개인에서 집단으로 옮겨 가지만, 구성주의자들은 집단에서 개인으로 옮겨 온다. 이러한 관점에서 볼 때 쓰기는 사회 조직 형태에 결부되어 있는 문화적 실천의 일종이라고 할 수 있다.

사회적 행위라는 쓰기의 특성을 알아보는 다른 방법은 비교의 방법을 거치는 것이다. 필자는 항상 텍스트의 신뢰성을 보여주어야 하는데, 여기에서 말하는 신뢰성이란 자신의 텍스트가 어떤 언급할 만한 가치 있는 내용을 가지고 있다는 것을 뜻한다. 신뢰성을 가장 효과적으로 입증하는 방법은 필자 자신이 속한 공동체에서 다른 필자 및 다른 필자의 아이디어와 비교하는 가운데 필자 자신의 위치와 아이디어의 위치를 정하는 것이다. 비교를 통해 차별점이 발견된다면, 그 텍스트는 언급할 만한 가치 있는 내용을 가지고 있는 것으로 확증할 수 있다.

'담화공동체'라는 개념은 우리가 언어를 세상 전반과 의사소통하기 위해 사용하는 것이 아니라, 규범이나 범주, 관습, 행동 방식을 가진 사회 집단의 구성원과 의사소통하기 위해 사용한다는 아이디

〈개념 1.18〉 담화공동체

쓰기 연구에서 담화공동체라는 용어는 아직 해결되지 않은 난제 중의 하나이다. 합의된 방식으로 일을 하고 언어를 사용하는 최소한의 범위에서, 구성원을 가지고 있는, 실제적이며 상대적으로 안정된 집단을 공동체로 보는 것이 가능하다. 다른 한편으로는, 공동체를 실천적 수행과 태도를 통합하는 은유적 용어로 간주하는 것도 가능하다. 이와 관련하여 Swales (1990)는 집단의 목표나 목적을 성취하기 위하여 언어를 사용할 때, 이를 평가하기 위한 기준을 제시하였다. 이에 비해 다른 연구자들은 느슨한 형태의 연결을 공동체로 볼 수 있다는 견해를 피력하였다. 예를 들어 Barton (2007: 75~76)은 텍스트의 수용이나 생산 각각, 또는 두 가지 모두와 관련되어 있는 개인의 느슨한 연합을 담화공동체로 정의한 바 있다. 이 내용을 인용하면 다음과 같다.

"담화공동체는 공통의 텍스트를 가지고 실천하는 집단의 사람들인데, 그것은 학자 집단일 수도 있고, 십대 잡지의 독자들일 수도 있다. 사실, 담화공동체는 텍스트가 목표로 삼고 있는 사람들을 일컫는다고 볼 수도 있다. 즉, 담화공동체는 텍스트를 읽는 사람을 뜻할 수도 있고, 읽고 쓰면서 담화 실천에 참여하는 사람을 의미할 수도 있다."

어에 토대를 두고 있다(Bartholomae, 1986). 담화공동체라는 용어의 가치는 필자, 독자, 텍스트를 하나의 보편적인 수사적 공간에 포괄하여 설명할 수 있다는 데에서 찾을 수 있다.

우리는 공동체라는 개념을 바탕으로 쓰기가 공동체를 구성하는 수단이며 개인이 공동체의 구성원임을 표시하는 수단이 된다는 것을 알 수 있다. 쓰기를 통해 우리는 다른 사람과 연결되고, 이를 통해서 우리는 문화에 적극적으로 참여하게 된다. 이 문화에는 공통적 신념이나 가치가 포함되어 있다. 언어 선택을 통해서 우리는 이전에 언급해 왔던 사항에 대해 공개적으로 지지를 표명할 수도 있다. 그러므로 제도적 맥락을 배경으로 하는 공동체는, 공유하고 있는 전문적 맥락의 개별적 투영을 통해 의사소통이 어떻게 성공적으로 이루어지는지를 설명하는 수단이 된다.

그러한 언어 선택은 제도적 실천이 단지 특별한 양식의 관습적 규칙이 아니라는 것을 이해하는 데 도움을 준다. 한편 언어 선택은 반복적인 과제에 대한 일상적인 반응을 활성화하는 사회 환경을 환기한다. 그러므로 진정한 의미에서 볼 때, 반복적으로 이루어지는 쓰기 활동을 통해서 우리는 우리가 참여하는 제도를 '구성'한다. 텍스트는 필자가 현실을 어떻게 이해하는가에 따라 달리 구성된다. 그러나 필자의 현실 이해는 반대로 사회 집단의 일원이라는 의식에 의해 영향을 받는다. 따라서 담화는 문화에 정체성을 부여하는 의미의 보고實庫라고 할 수 있다.

Bazerman(1994: 128)에 따르면, '담화공동체에 대한 대부분의 정의는 그 경계가 급격하게 모호해지고 있다.' 담화공동체를 확고하고 체계적인 실체로 정의하면, 구성원이 합의하고 공유하고 있는 복잡다단한 가치와 관습을 예측 가능한 틀 안에 가두어 버리는 위험을 떠안게 만든다. 그렇다고 해서 담화공동체를 단순히 경쟁적인 목소리의 집합으로 정의해 버리면, 아이디어에 대한 해석적 권위의 범위를 축소시키는 결과를 낳는다. 글을 쓰는 순간부터 공동체를 분리해서 보아야 한다는, 강경한 구조주의자의 일률적이고 결정론적인 견해를 피해야겠지만, 쓰기와 같은 개인의 의사소통 활동에 공동체가 영향을 미친다는 점은 분명히 인정할 필요가 있다.

담화공동체라는 용어가 모호하다는 것은 담화공동체의 위치가 어디인지를 정확하게 확정하기가 어렵다는 뜻이다. 예를 들어, 담화공동체라는 용어로 모든 대학이나 학과, 모든 학문이나 전공을 정확히 지칭할 수 있을까? 만약 그렇다면, 우리는 담화공동체를 성립하게 방법은 무엇이며, 이러한 방법이 구성원의 자격 허용, 참여자에 대한 권한 행사, 개인차의 허용, 갈등 해소를 어떻게 적용하고 실행해 가는지를 설명할 수 있어야 한다. 그리고 그러한 방법이 어떻게 만들어지고 변화하는지에 대해서도 설명할 수 있어야 한다.

담화공동체가 실제 개인 및 문화적 틀과 연결된 것으로 본다면, 이 용어는 분명히 유용한 점이 있다. 어떤 연구자들은 장기간에 걸쳐 협력적 노력으로 형성되는 문해 활동의 실천과 관계의 관점에서 담화공동체를 정의하면서, 담화공동체의 개념을 '공간 담화공동체'(Swales, 1998)나 '활동 수행공동체'(Lave & Wenger, 1991)로 '구체화'하기 위해 노력을 기울이기도 했다.

담화공동체라는 용어의 모호성에도 불구하고, '뜻을 함께 하는 사람', 즉 '구성원membership'에 핵심 의미가 있다. '구성원'이라는 개념은 이러한 관점의 쓰기 연구에서 가장 중요한 중핵으로 다루어지고 있다. 이 개념은 전문적인 환경의 맥락, 가령 회사 업무(Bargiela-Chiappini & Nickerson, 1999), 법(Candlin, Bhatia & Jenson, 2002), 의료 서비스(Barrett, 1996), 과학 기술(Killingsworth & Gilbertson, 1992) 및 기타 전문 분야(Blyler & Thralls, 1993)의 맥락에서 쓰기가 어떻게 쓰이는지를 이해하는 데 기여해 왔다. 그러나 학술적 글쓰기 영역에서는 구성주의의 영향력이 가장 컸다.

이 접근법은 우리에게 에세이, 보고서, 메모, 학위논문 등의 장르는 전문 분야 또는 학문 분야에서 동일하지 않다는 점, 이러한 장르의 글을 쓰는 능력은 일반적인 쓰기 기능과 관련이 없다는 점을 알려준다. 우리가 오직 구체적인 맥락에서 이러한 장르의 글을 쓰기 위해 언어를 사용할 때에라야 쓰기 능력이 언어의 기호 체계를 통

〈개념 1.19〉 사회적 구성과 학습을 위한 영어(EAP)[10]

각각의 학문 분야에서는 다양한 방식으로 언어를 사용한다(Hyland, 2004a). 그래서 각기 제 나름대로의 규범과 실천을 가지고 있는 '학문적 부족'으로 볼 수 있을 정도다(Becher & Trowler, 2001). 어떤 학문 분야에 속한 구성원들은 학문적 관습과 실천을 활용하여 학문 지식을 구성한다. 이 과정에서 학문 문화와 텍스트를 연결하는 다양한 수사적 선택의 패턴을 통해 지원을 제공하고 협조를 표현하고 어려움을 해결하고 불일치를 조정한다. 그러면 언어를 통한 설득은 완성된다. 그러나 정당성을 표현하는 것은 언어이다. 필자는 자신이 속한 학문 분야의 수사적 상황뿐만 아니라, 여러 학문 분야에 속한 독자의 상황을 이해하는 가운데 언어 선택을 해야 한다.

제하는 것이 아니라, 담화의 의미를 구성해 내는 것이라는 사실을 받아들일 수 있다.

능숙한 필자는 미숙한 필자보다 독자가 텍스트에 어떻게 반응할 것인지를 상상하는 능력이 분명히 더 뛰어나다. 능숙한 필자는 일반적인 경험 구성의 방식을 공동체에서 친숙하게 접해 왔기 때문이다. 그러므로 이 관점에 따른 쓰기 교사의 역할은 다음과 같이 규정할 수 있다. 가치가 있다고 판단되는 텍스트 형식과 쓰기 활동은 목표 공동체의 공통적 목적에 대한 반응으로 나타나는 것인바, 이러한 가치 있는 텍스트 형식과 쓰기 활동이 사회적으로 어떻게 구성되는지를 학생들이 발견할 수 있도록 돕는 것, 이것이 바로 쓰기 교사의 역할이라고 할 수 있다. Johns(1997)는 이러한 지도법을 '사

---

10) (옮긴이) EAP(English for academic purpose)는 학업을 목적으로 하는 영어를 일컫는다. 학업적 목적의 영어는 직업적 목적의 영어와 함께 기능적 문해(functional literacy)의 핵심을 이룬다. 이 둘을 묶어 기능적 문해 활동이라고 부르기도 한다.

회적 문해 활동' 접근법이라고 불렀다.

<인용 1.7> 교육을 위한 '사회적 문해 활동' 접근법

사회적 문해의 관점에서 보면, 문해 능력은 원칙적으로 다양한 사회적 맥락에서 유래한 담화를 접함으로써 습득된다. 이러한 담화 접촉을 경험하면서 사람들은 점진적으로 장르에 대한 이론을 발전시킨다. 특정 장르에 따라 텍스트를 성공적으로 생산하고 처리할 수 있는 사람들은 공동체의 구성원들이다. 이러한 공동체의 기반이 없다면 학문적 학습은 일어나지 않는다. …… 내 주장은 문해 활동을 지도하는 교실이 텍스트, 역할, 맥락을 연구하는 실험실이 되어야 한다는 것이다. 그 실험실에서는 학생 문해 능력의 발달, 공동체의 인식과 비판의 발달, 텍스트 기반의 협약을 돕는 연구가 이루어져야 한다.

—Johns(1997: 14~19)

이 접근법은 전문가의 쓰기 활동의 실제를 모형화하는 데 중점이 있지 않다. 이 접근법은 구체적인 사회적 맥락에서 형식과 목적 및 역할 간의 연관성에 대한 의식을 고양함으로써 학생들에게 텍스트 작성에 필요한 지침을 제공하는 데 중점이 있다.

지도 방법은 매우 다양하지만, 학생들이 목표 공동체에서 통용하는 쓰기를 바탕으로 진정한 쓰기,[11] 유목적적 쓰기의 경험을 제공하기 위해 노력한다는 점은 어떤 지도 방법이든 동일하다. 예를 들어, Johns(1997)는 학생들이 텍스트와 공동체의 정보 제공자 모두를

---

11) (옮긴이) '진정한 쓰기'(또는 '진정성 있는 쓰기')는 'authentic writing'이라고 하는데, 학생의 실제적인 생활이나 삶과 관련된 쓰기를 일컫는다. 앞에서 설명했던 '진정성'에 대한 각주를 참조하기 바란다.

연구하는 것과, 여러 가지 쓰기 기능을 복합적으로 담고 있는 포트폴리오를 수집하는 것이 중요하다는 점을 강조했다. Myers(1988)는 출판하기 이전의 초고에 어떤 변화가 있는지를 조사할 때 얻는 이점을 지적하였고, Swales & Feak(2000)는 학생들이 작성한 텍스트의 분석이 주는 장점을 강조했다.

물론 구성주의자의 관점은 전문가들이 쓰기를 연구하거나 학생들에게 쓰기를 지도할 때 특정 관습을 규범적이고 고정적이고 자연적인 것으로 받아들일 가능성이 크다는 위험이 있다. 어떤 특정한 형식 및 활동은 고정적이고 '정확한' 것으로 인식될 위험이 있을 뿐만 아니라, 그 형식과 활동을 채택하고 있는 공동체의 권위를 내세움으로써 정작 그 형식과 활동도 다른 것에 앞서는 우수한 의사소통 형식으로 자연스럽게, 그러나 무비판적으로 인식될 위험이 있다. 이것은 미숙한 필자들이 학습 과제를 더욱 어렵게 느끼도록 만들 뿐이다. 왜냐하면 미숙한 필자들은 교실에서 수행하는 기본적인 문해 활동을 바로잡거나 대체해야 할 결핍된 행동으로 인식하기 때문이다. 이러한 결론은 우리를 이 장의 마지막 관점으로 이끈다.

1.3.3. 권력과 이데올로기로서의 쓰기

쓰기의 세 번째 독자 중심 관점은 쓰기를 둘러싼 사회적 맥락의 중요성을 강조한다는 점에서 앞의 두 가지 접근법과 동일하다. 그러나 맥락 안에 존재하는 권력의 관계와, 그 관계를 유지하는 이데올로기를 맥락의 핵심 요소로 본다는 점에서는 차이가 있다. 담화와 사회 집단을 중재하는 힘으로서 권력이 어떤 점에서 중요한가라는 문제는 비판적 담화 분석CDA: critical discourse analysis을 다루어온 연구자들이 집중적으로 탐구해 왔다. 비판적 담화 분석에서는 언어를 '사회적 실천 방식'(Fairclough, 1989: 20)으로 간주하며, '시간이 지남에 따라 담화의 특징을 일반적이고 수용 가능하고 자연스럽게 다루도록 만드는 담화의 이데올로기적 토대가 무엇인지를 분석'(Teo, 2000)하기 위해 노력을 기울인다. 다시 말해서, 비판적 담화 분석에서는 사회적 관계, 정체성, 지식, 권력이 교실, 학교, 공동체에서 통용되는 구어 텍스트와 문어 텍스트를 통해 어떻게 구성되는지에 관심을 기울이면서 언어와 그 언어를 바탕으로 한 활동을 연계하여 분석한다. 요컨대 담화는 사회생활의 매개자라고 할 수 있다. 담화는 사회적, 정치적으로 구성된 실재라는 특징을 가지고 있으며, 이 특징에 의해 좌우되는 종속적 특징도 동시에 가지고 있기 때문이다.

〈인용 1.8〉 비판적 담화 분석에 대한 Fairclough의 견해

내가 생각하는 '비판적' 담화 분석은 세 가지의 목표를 추구한다. 첫째, (a) 다양한 실천적 수행 및 사건, 텍스트와, (b) 광범위한 사회적 구조 및 문화적 구조 사이에 존재하는 불투명한 인과 관계 및 결정 관계를 탐구하는 것이다. 둘째, 그러한 실천적 수행, 사건, 텍스트는 어떻게 생겨나는지, 그리고 이데올로기적으로 어떻게 형성되는지를 조사하는 것이다. 형성 과정에는 권력과 그 권력에 대한 저항 사이의 관계가 영향을 미친다. 셋째, 담화와 사회 간의 불투명한 관계가 어떻게 권력과 주도권을 보장하는 요인이 되는지를 탐구하는 것이다.

—Fairclough(1992: 135)

이 관점의 가장 핵심적인 아이디어는 언어 사용을 둘러싸고 있는 맥락이 제도적인 것이든 사회·역사적인 것이든 관계없이 사람들이

<개념 1.20> 비판적 담화 분석의 원리

- 비판적 담화 분석은 사회 문제와 관련되어 있는 사항을 다루는 것이지 단순한 형태의 언어 사용을 다루는 것이 아니다.
- 비판적 담화 분석에 관심을 두는 권력 관계는 매우 다양하다.
- 담화는 사회와 문화를 구성하며, 모든 언어 사용의 실제적인 사례는 담화를 재생산하거나 변화시키는 데 기여한다.
- 담화는 특별한 방식으로 사회를 표상하거나 구성하는 이데올로기적인 작업이다.
- 담화는 역사적이며, 다른 담화와 반드시 연결되어 있다.
- 텍스트와 사회의 연계는 '담화의 질서'에 의해 조정된다.
- 담화 분석은 체계적인 방법을 요구하는 해석적 작업이자 설명적 작업이다.[12]
- 담화는 사회적 행동의 한 형식이며, 비판적 담화 분석은 사회적으로 합의된 패러다임이다.

—Wodak(1996: 17~20)

언어를 사용하는 방식에서 관심, 가치, 권력 관계가 존재한다는 점이다.

'이데올로기'라는 개념은 개인이 어떻게 세계를 경험하는지, 그리고 이러한 경험이 차례로 쓰기를 통해 어떻게 재생산되는지와 관련되어 있다는 점에서 중요하다. Fairclough는 (Foucault의 표현을 빌려서) 이데올로기라는 용어를 어떤 영역이나 제도에서 찾아볼 수 있는, 비교적 안정적인 담화 실천을 설명하기 위해 '담화 질서'라는 뜻으로 사용했다. 담화 질서는 환자 진료 메모, 실험 보고서, 신문 사설, 학생 기록물, 학술 논문 등과 같은 상호작용을 위한 틀을 일컫

---

12) (옮긴이) '해석적 작업'이라는 것은 담화 분석이 의미와 가치를 부여하는 작업이라는 뜻이고, '설명적 작업'이라는 것은 원인, 결과, 이유 등을 밝히는 작업이라는 뜻이다.

는다. 환자 진료 메모, 실험 보고서와 같은 장르는 제도가 어떠한가에 따라 가치가 크기도 하고, 주류적 사회공동체에 의해 이데올로기적으로 만들어지기도 한다. 이러한 담화 질서는 글을 적절하게 쓰는 데 필요한 틀을 필자에게 제공하며, 이것은 곧 모든 쓰기 활동과 모든 쓰기 지도가 이데올로기적 가정 안에 포함되어 있음을 의미한다.

이러한 틀은 공동체에서 어떤 특정 담화 형식의 권위를 강화하는데 도움을 주지만, 언제든 변화할 수 있는 가능성을 안고 있다. 그이유는 텍스트를 쓸 때 우리는 사회적으로 승인된 사회적 역할과관계를 취해야 할 뿐만 아니라, 작성하는 텍스트를 관통하는 개인적 경험 및 사회적 경험을 바탕으로 삼아야 하기 때문이다.

이 관점에서 중요한 것은 쓰기가 텍스트와 맥락의 결합으로 존재하며 개인과 제도 공동의 작업이라는 견해이다. 이에 따르면, 우리는 텍스트도 고려해야 하지만, 특정 상황에서 공동체의 구성원 개인을 위해 작동하는 사회 환경의 '부분'과 사회 환경의 '전체'를 동시에 고려해야 한다. 그러므로 비판적 담화 분석에서는 태도에 대한 분석이 함께 이루어지며, 이는 비판적 담화 분석의 관심과 의제가 어디에 있는지를 보여준다. Fairclough & Wodak(1997)는 비판적담화 분석의 관심과 의제를 다음과 같이 명료하게 정리한 바 있다. "비판적 담화 분석은 다음 두 가지를 변별적 특징으로 삼고 있다. 첫째, 비판적 담화 분석은 주류적 사회공동체에 대항하면서 억압당하는 비주류적인 사회공동체에 개입한다는 점, 둘째, 그러한 행동을 동기화하는 해방적 관심을 공개적으로 천명한다는 점이다."

통상 비판적 담화 분석에서는 어떤 특정한 연구 방법 하나만을취하지는 않다. 그러나 Fairclough(1992; 2003)와 Wodak(Wodak &

Chilton, 2007)은 체계 기능 언어학Systemic Functional Linguistics 하나만을 방법적 원리로 삼았다. 체계 기능 언어학은 언어를, 언어 사용자에게 선택권을 제공하는 언어적 특징의 체계로 바라보는 관점을 제공한다는 점에서 유용하지만, 권력이 공평하지 못한 상황에서는 이러한 선택권이 상당히 제한적이라는 사실을 깊이 있게 분석하는 데에는 한계가 있다. Young & Harrison(2004: 1)은 체계 기능 언어학과 비판적 담화 분석이 다음과 같은 세 가지 특징을 공유하고 있다고 주장하였다.

1. 사회가 언어를 구성해 낸다는 관점, 즉 언어를 사회적 구성으로 인식하는 관점을 취한다.
2. '사건은 그 사건이 일어난 맥락에 영향을 미치고, 반대로 맥락은 그 사건에 영향을 미친다.'는 변증법적 관점을 취한다.
3. 의미의 문화적 측면과 역사적인 측면을 강조하는 관점을 취한다.

이와 같이 체계 기능 언어학은 담화의 구체적인 사례에서 권력과 이데올로기에 근거를 두게 함으로써 언어와 사회적 맥락의 관계를 분석할 수 있는 정교한 방법을 비판적 담화 분석에 제공해 준다. 실제 비판적 담화 분석에서는 쓰기의 특징을 분석할 때 일반적으로 다음과 같은 사항에 관심을 둔다.

• 어휘: 특히 은유와 함축적 의미가 어떻게 이데올로기를 드러내는가.
• 표현의 타동성: 예를 들어, 무엇을 보여주는가, 행동의 주체는 누구인가, 누가 행동하는가.
• 명사화 및 피동화: 과정과 행위자를 어떻게 명사나 주체로 명료하게 재진

술하는가.

- 서법과 양식: 역할, 태도, 약속과 의무와 같은 관계는 무엇을 나타내는가.
- 주제: 정보의 특정 측면을 강조하거나 독자의 신념을 예측하는 데 절의 첫째 요소는 어떻게 이용되는가.
- 텍스트 구조: 텍스트의 에피소드는 어떻게 표시되는가.
- 상호텍스트성과 상호담론성: 다른 텍스트와 문체는 현재의 텍스트에 어떠한 영향을 미치는가. 이러한 영향은 텍스트의 혼성적 상태, 예를 들면 상업적 담화가 상업 영역이 아닌 곳에서 존재하는 것과 같은 상태를 이끈다.

안타깝게도 지금까지 이루어진 많은 비판적 담화 분석이 텍스트의 연구자 해석에 지나치게 의존해 왔다. 이러한 해석은 분석할 텍스트와 논의할 특징을 신중하게 선택한 것이어서 더 큰 한계를 안고 있다. 연구자 해석에만 매몰되면 단순히 분석한 사람들의 편견을 따르는 역효과를 떠안게 된다. 이는 텍스트에 대한 의미 해석을 하나로만 한정하게 하여 담화를 '효용론'의 대상에서 '의미론'의 대상으로 변질시킨다(Widdowson, 2000). Blommaert(2005)가 지적했듯이, 이러한 해석에는 텍스트 자체에 대한 그 어떤 분석보다 상위에 존재하는 사회 이론의 설명을 동원함으로써 분석자의 해석적 특권이 강화된다. 다시 말하면, 이러한 해석에는 실제 독자와의 대화가 거의 존재하지 않으며, 따라서 해석은 분석의 결과가 아니라, 그 속을 알 수 없는 블랙박스가 되어 버린다.

텍스트 해석의 가능성은 전적으로 그것을 수용하는 우리들의 의지에 달려 있다. 그러므로 참여자의 의도와 목적을 파악할 수 있다면 그것은 최선의 해석으로 자리를 잡을 수 있다. 이런 점에서 보면 그 어떤 해석도 중립적이라고 할 수 없다는 점, 명료한 정치적 의제는 많은 쓰기 연구에 감추어져 있는 이데올로기적 전제를 가시화하는 데 도움을 준다는 점을 인정할 수 있다. 그러나 우리는 건전한 의도 그 이상으로 나아갈 필요가 있다. 맥락은 쓰기가 왜 중요한지를 설명해 주는데, 본질적으로 모든 쓰기 이론이 이 맥락에 대한 사용자의 이해에 전적으로 근거를 두고 있다.

교육의 관점에서 볼 때, 비판적 담화 분석의 주요 과제는 쓰기가 어떻게 사회 구조(및 특히 제도적 구조)에 근거하는지를 학생들이 인식하도록 돕는 것이다. 이렇게 하려면 교사는 학생들이 담화의 권위를 습득하는 데 도움을 주는 쓰기 활동과 쓰기에 대한 인식을 수업의 바탕으로 삼아야 한다. 텍스트와 맥락의 면밀한 연구를 통해, 학생들은 일상생활에서 흔히 접하는 설득의 형식과 텍스트에 깔려 있는 이데올로기적 가정을 더 잘 인식할 수 있게 될 것이다. 보다 직접적으로, 비판적 담화 분석은 쓰기가 특정한 사회공동체 및 맥락과 관련되어 있다는 것을 드러내는 데에 도움을 주며, 학생들이 대상 공동체의 요구를 분석하게끔 지도하도록 교사를 자극하는 데에도 도움을 준다. 지배적이고 주류적인 쓰기 형식은 다른 형식의 활동으로 나타날 수도 있다. 그러므로 현재의 형식은 여러 가지 중의 하나일 뿐이며, 다른 것들처럼 정밀 조사 및 논쟁이 열려 있는 상태에 있다고 할 수 있다.

1.4. 결론

이 장에서 나는 쓰기를 설명하는 주요 틀을 살펴보고, 쓰기를 종이에 적힌 글로 인식하거나 고립적인 필자의 활동으로 간주하는 관점을 검토하였다. 현대적인 의미에서 쓰기는 쓰기가 이루어지는 문화적 맥락 및 제도적 맥락과 결부되어 있으며, 쓰기를 가능하게 하는 언어의 특정한 사용과 관련되어 있다.

우리가 펜을 들고 글을 쓰든 컴퓨터 앞에 앉아 워드프로세서로 글을 쓰든 우리는 사회적으로 공인된 방식으로 의사소통하기 위해 특정한 역할, 정체성, 관계를 선택하고 재생산한다. 가령, 에세이 쓰기, 보험금 청구서 작성하기, 슈퍼마켓의 배달 실수 항의하기 등은 모두 사회적으로 공인된 방식으로 이루어지는 의사소통의 예이다. 따라서 쓰기의 모든 행위는 어떤 의미에서는 사적이고 개인적이지만, 다른 한편으로는 공동체에서 문화적으로 재인된 목적을 표현하고 특정한 종류의 관계 및 인정을 반영하는, 상호작용적이고 사회적인 참여 활동이라고 할 수 있다. 다음 장에서는 이러한 관점이 불러일으키는 몇 가지 쟁점에 대해 좀 더 면밀하게 탐구해 보기로 하자.

Fairclough, N.(2004). *Analyzing Discourse*(London: Routledge). 이 자료는 체계 기능 언어학과 사회 이론을 복합적으로 소개하고 있으므로, 이에 대한 개략적인 설명을 듣는 데 도움을 준다. 사회과학 분야의 비판적 담화 분석을 가장 잘 안내하고 있는 자료라고 할 수 있다.

Grabbe, W. & Kaplan, R.(1996). *Theory and Practice of Writing*(Harlow: Longman). 이 자료는 쓰기의 핵심 쟁점과 이론적 틀을 전체적으로 조망하는 데 도움을 준다.

Hyland, K.(2005), *Metadiscourse*(London: Continum). 이 자료는 쓰기를 상호작용의 관점에서 연구하는 데 필요한 이론적 틀을 제공해 준다. 상호작용의 관점에서 쓰기를 연구하고자 한다면 이 자료를 참고할 만하다.

Kroll, B.(ed.)(2002). *Exploring the Dynamics of Second Writing*(Cambaridge: Cambridge Univ. Press). 이 자료는 제2언어 쓰기의 연구와 지도를 개관하는 데 도움을 준다.

Silva, T. & Matsuda, P.(ed.)(2001). *Landmark Essays on ESL Writing*(Mahwah, NJ: Lawrence Earlbaum). 이 자료는 책의 제목처럼 제2언어로서의 영어에 대한 주요 논문을 수록하고 있다. 이 자료는 여러 연구자의 논문을 가려 뽑아 묶었다.

Swales, J.(2004). *Research Genre*(Cambridge: Cambridge Univ. Press). 이 자료는 학술적 맥락에서 쓰이는 장르의 개념을 파악하는 데 도움을 준다. 2004년 당시까지의 개념이 정리되어 있다.

2장 쓰기에 관한 핵심 문제들

이 장에서는
- 최근의 쓰기 연구 및 지도에서 다루어지고 있는 핵심 주제를 논의하고,
- 그 핵심 주제가 쓰기를 설명하는 내용과, 글의 활용 및 분석, 쓰기 지도에 대해 제기하는 문제를 검토하며,
- 핵심 주제에 대한 주요 관점 및 중요한 연구자, 이론, 연구를 살펴보고자 한다.

이 장에서는 최근 쓰기에 대한 이해에서 가장 중요한 특징이 되는 여러 가지 핵심 문제를 탐구하기 위해, 1장에서 서술한 개념적 개관을 기초로 삼고자 한다. 나는 여러 가지 개념 중에서 '맥락, 문해 활동, 문화, 기술, 장르, 정체성'을 선택하였다. 이 개념을 종합하면 쓰기 연구 및 지도 현황에 대해 알 수 있다. 이 장에서는 이 주제에 대해 더 많이 생각하고 반성하는 데 필요한 기초를 제공하고 이를 뒷받침하는 독서 심화 자료를 제시하고자 한다. 독서 심화 자료는 이 주제를 더 깊이 있게 살펴보는 데 도움을 줄 것이다.

2.1. 쓰기와 맥락

1장에서 살펴본 바와 같이, 맥락을 더 잘 알게 되면서 쓰기를 이해하는 방식도 변화하였다. 의미는 우리가 작성하는 글에 있는 것이 아니라, 필자와 독자가 서로 상대의 의도를 추측하는 상호작용을 통해 구성된다는 점을 깨닫게 되었다. 이러한 변화를 반영하여 쓰기를 연구하는 연구자나 쓰기를 지도하는 교사는 이제 쓰기 행동에 영향을 미치는 개인적, 제도적, 사회적 맥락을 고려하기 위해 노력하고 있다.

전통적으로 맥락은 대체로 계층, 성별, 인종과 같은 '객관적인' 변인으로 간주되었으나, 요즘은 참여자와의 관련성을 맥락으로 간주하고 있다. 예를 들어, 개인적으로 작성한 편지는 일반적인 독자보다는 그 편지를 작성한 필자와 그 편지를 받는 수신자에게 좀 더 특별한 의미가 있다. 필자와 수신자가 그 편지와 관련을 맺는 지점은 일반적인 독자와는 상당한 차이가 있을 것이다.

〈인용 2.1〉 맥락에 대한 Van Dijk의 의견

담화에 영향을 주거나 영향을 받는 것은 사회적 상황이 아니라, 참여자들이 그 상황을 '규정하는' 방식이다. 이렇듯 맥락은 '객관적인' 조건이나 직접적인 원인이 아니라, 집단이나 공동체의 구성원인 참여자들의 상호작용에 의해 설계가 이루어지고 갱신이 이루어지는 가운데 (상호)주관적으로 구성된 개념이다. 만약 맥락이 객관적이라면 동일한 사회적 상황에 처한 사람들은 모두 동일한 방식으로 말을 해야 할 것이다. 맥락은 참여자가 구성하는 것이다.

—Van Dijk(2008: viii)

그러므로 맥락은 언어 사용을 둘러싼 고정적 변인이라고 볼 것이 아니라, 사회적으로 구성되고, 상호작용으로 유지되며, 시간에 구속되어 있는 것으로 보아야 한다(Duranti & Goodwin, 1992). 그러나 맥락 그 자체에 대해서는 분석이 거의 이루어지지 않았으며, 일반적으로는 당연한 것으로 여기거나 표현주의적 관점으로 정의하는 정도였다. 우리가 읽고 쓰는 모든 상황을 살펴보면, 직관적으로 맥락은 모든 것을 포함하고 있는 것처럼 보인다. Cutting(2002: 3)은 이러한 해석적 맥락에 대해 다음과 같은 세 가지 주요 양상이 있다고 지적한 바 있다.

- **상황적 맥락**: 사람들이 '자신의 주변에서 볼 수 있는 것에 대해 알고 있는' 것
- **배경지식 맥락**: 사람들이 '세상에 대해 아는 것, 생활 양상에 대해 알고 있는 것, 서로에 대해 아는 것'
- **공동 텍스트 맥락**: 사람들이 '서로가 말하고 있는 것에 대해 알고 있는 것.

이러한 해석의 양상은 '공동체'라는 개념으로 통합되었다. 1장에서 논의한 바와 같이, 공동체는 논란이 많은 개념이지만, '상호작용이 이루어지는 가운데' 의미가 어떻게 구성되는지를 설명해 주는 원칙적인 방법을 제공해 준다. 이것은 모든 문어 텍스트[1)]의 활용이 특정한 시간과 공간, 예를 들어 집, 학교, 직장, 대학, 또는 특정 장르

---

1) '문어 텍스트'는 '글'을 일컫는 다른 표현이다. '글'로 번역할 수도 있지만, 이 장이 전체적으로 '텍스트'를 핵심어로 다루고 있어 '문어 텍스트'라는 용어를 선택하였다.

의 조합, 해석의 관습 및 의사소통의 관습을 공유하는 공동체에서 이루어지는 것으로 간주할 수 있음을 의미한다.

언어학적 관점을 취하는 연구자들은 다른 방식으로 맥락을 이해하고 텍스트를 다룬다. 즉, 담화에 체계적으로 부호화된 사회적 상황의 특성을 맥락으로 간주한다. 언어에 대한 다른 접근과 달리, 체계 기능 언어학에서는 맥락이 언어 사용의 양상에 어떻게 흔적을 남기는지(즉, 어떻게 표현되었는지)를 보여주고자 했다. Halliday(1985)는 어떤 텍스트이든 그것은 특정한 '상황 맥락context of situation'에 있는 필자의 언어 선택의 결과물이라는 견해를 바탕으로 맥락을 분석했다(Malinowski, 1949). 언어는 언어가 쓰이는 상황에 따라 다양한 양상을 취한다. 그러므로 만약 우리가 상황을 추측할 수 있는 텍스트를 분석한다면, 즉 우리가 어떤 특정한 상황에 처해 있다면, 우리는 그 상황에 따라 어떤 언어를 선택하게 된다. 상황 맥락, 즉 언어 사용이 이루어지는 영역register은 언어 사용이 이루어지는 장면의 즉

〈개념 2.1〉 맥락에 대한 Haliday의 관점

> • 공간(field): 무엇이 일어나고 있는지, 사회적인 활동의 유형은 무엇인지, 또는 텍스트의 화제는 무엇인지(화제는 이를 표현하기 위해 전형적으로 선택되는, 사회적으로 기대된 형식 및 양상과 연동되어 있다.)와 관련되어 있다.
> • 관계(tenor): 누가 참가하고 있는지, 참여자들의 역할은 무엇이고 관계(예를 들어, 관계, 격식, 정중함에 영향을 주는 참여자들의 지위 및 권력)는 어떠한지와 관련되어 있다.
> • 양식(mode): 언어가 수행하고 있는 역할은 무엇인지, 참여자들이 이에 기대하고 있는 것이 무엇인지(말로 한 것이든 글로 쓴 것이든 정보가 어떻게 구성되는지 등)와 관련되어 있다.
>
> —Halliday(1985)

각적인 상황을 뜻한다. 언어는 공간field, 관계tenor, 양식mode의 환경과 맞물려 다양하게 변화하는 상황 맥락에 따라 다양한 양상으로 실현된다.

우리는 언어를 사용 상황에 적절해야 사용할 필요가 있는데, 언어 사용의 영역은 어떤 필자가 글을 쓸 때 그 필자의 선택을 제약하는 쓰기(혹은 말하기) 환경을 특징짓기 위한 시도라고 할 수 있다. 그래서 어떤 언어 사용 영역은 텍스트와 맥락의 긴밀한 관련성을 인지하게 해 주는, 예측 가능한 특징을 포함한다. 예를 들어 편지나 사설 같은 개방적인 언어 사용 영역은 의미와 형식의 범위가 자유롭지만, 법률 문서나 컴퓨터 매뉴얼은 다른 곳에서는 보기 어려운 관습적인 단어나 문법을 사용한다.

상황 맥락은 Halliday(1985)가 문화 맥락context of culture이라고 말했던, 좀 더 광범위하고 추상적인 맥락 안에서 작동한다. 이것은 사회 구조, 계층, 제도적 이념과 학문적 이념이 특정 환경에서 사용된 언어에 영향을 준다는 것을 뜻한다. 대학의 세포 생물학과 강의를 연구한 Russell(1997)을 예로 들어 보자. Russell(1997)의 분석에 따르면, 학생들이 수행한 쓰기는 미시적 수준의 맥락(예를 들면 교수의 연구실, 그 강의, 대학 행정, 관련 학과들)뿐만 아니라, 거시적 수준의 사회적, 정치적 구조(예를 들면 제약 회사, 가족, 정부 연구 기관)에 걸쳐 있다.

상황 맥락과 달리, 좀 더 추상적인 수준에서 작동하면서 언어 사용에 미치는 문화 맥락은 더 널리 퍼져있으며 간접적이다. Halliday (1985)는 문화 맥락을 상황 맥락 안에서(또는 상황 맥락을 통해서) 표현된 맥락으로 보았으므로, 우리는 사회적 상황을 더 넓은 문화의 일부로 기술할 수 있다. 그러나 이러한 폭넓은 문화가 어떻게 우리의 국지적인 경험에 영향을 미칠 수 있는가는 명확하지 않다. 언어 사용자들은 일상적인 쓰기와 말하기에서 이러한 영향을 어떻게 이해할 수 있을까? 짐작컨대, 필자들이 자기 자신의 사회적 세계를 구성하는 인식 단계와, 담화의 생산과 이해에 영향을 주는 인식 단계가 있을 것이다. 체계 기능 언어학 연구자들은 체계의 네트워크를 통해 이러한 인식 단계를 추적하려고 했지만, 만족할 만한 진전을 이루어내지는 못했다.

쓰기 활동에서 '포괄적global 맥락'이 '국지적local 맥락'과 어떻게 관련되는지를 이 모형으로는 설명하기가 어려운데, 이 문제에 대해서는 비판적 담화 분석에서 다루어 왔다. Fairclough(1992)는 '담화'를 국지적인 '상황 맥락'과 제도적 차원의 '문화 맥락' 사이의 연결로 간주한다. '담화의 규칙', 즉 대학 과제, 세미나, 에세이 등과 같은 공인된 제도적 활동이 이미 존재하는 권력과 권의의 관계를 유지하기 위해 작동하는 공간이 바로 담화기 때문이다. 예를 들어, 교육 장면에서 시행되는 활동은 무엇이 알아야 할 가치가 있는지, 그것을 알아야 할 사람은 누구인지를 규정한다. 이를 통해서 지식을 가지고 있는 사람의 지위와 그것을 연습해야 할 사람의 위치를 명확하게 만든다. 비판적 담화 분석의 이론가들은 사회적으로 인정받은 의사소통 방식을 학생들에게 제공함으로써, 그리고 그 방식에서 필자와 독자 간의 사회적 역할과 관계를 강화함으로써, 우리가 가르치는 그 의사소통 방식의 장르가 사회 집단의 가치를 촉진할 수 있다고 강조한다. 이러한 여러 가지 관점은 쓰기 맥락이 풍부하고 복잡하며, 맥락을 연구하려면 포괄적으로 접근해야 할 필요가 있음을 시사한다.

2.2. 문해 능력과 전문 지식

읽기와 동일하게 쓰기도 우리가 일상생활에서 언어를 활용하는 실제적 방식이라는 점에서 문해 영역에 속한다. 문해 능력의 현대적 개념에 따르면, 쓰기는 텍스트를 사용하는 사람 및 장소와 분리가 가능한 추상적인 기능이 아니라, 사회적인 행동이자 사회적인 실천이다. Scribner & Cole(1981: 236)이 지적한 것처럼 '문해 능력은 특정한 문서를 읽고 쓰는 방법을 단순히 지식으로 아는 것이 아니라, 특정 사용 맥락에서 구체적인 목적을 위해 그 지식을 활용하는 것이다.' 문해 능력을 살펴보는 것은 그만한 가치가 있다. 그 이유는 이를 통해서 사람들이 일상적 삶을 의미 있게 영위하는 데 읽기와 쓰기가 어떻게 기여하는지를 알 수 있기 때문이다.

전통적으로 학교의 관점에서는 문해 능력을, 논리적인 사고를 촉진하는 능력이자 정보에 접근하는 능력, 현대 사회의 구성원으로 참여하는 데 필요한 학습된 능력으로 간주한다. 이 관점에서는 문해 능력을 측정하거나 평가할 수 있는 것으로 바라본다. 문해 능력은 의미의 해독과 부호화, 쓰기 도구의 조작, 음성과 글자 모양의 대응에 대한 인식 등을 포함하는, 정규 교육을 통해 학습되는 개별적 기능이자 가치중립적인 전문적 기능이다. 글을 쓴다는 것은 개인의 능력에 해당하지만, 문맹에 대한 상대적 용어로 쓰이기도 한다. 아마도 당신은 글을 쓸 수 있는 사람이거나, 아니면 그렇지 않은 사람일 것이다. 이러한 점에서 보면, 문해 능력은 사람들을 '정의'하고 '분류'하며, 극단적으로는 글을 쓸 줄 모르는 사람들을 '배제'하는, 사회적 권력을 가지고 있는 용어라고 할 수 있다.

〈개념 2.2〉에 제시한 바와 같이, 사회적 문해(사회적 문해는 여러

〈개념 2.2〉 문해에 대한 사회적인 관점

1. 문해는 사회적 활동이며, 사람들이 수행하는 문해 활동의 관점에서 가장 잘 설명된다.
2. 사람들은 각기 다른 삶의 영역에 관련된, 다양한 문해를 가지고 있다.
3. 사람들의 문해 활동은 문해 사건의 환경(조건)을 설명할 필요가 있는, 폭넓은 사회적 관계에 놓여 있다.
4. 문해 활동은 사회 제도와 권력 관계에 의해 어떤 유형적 패턴을 갖추게 되는데, 그 중에서 어떤 문해 활동은 다른 것보다 더 우세하고 가시적이며 영향력이 크다.
5. 문해는 다른 사람들과 우리 자신이 세계를 표현하는 방식인 상징체계에 기반을 둔다.
6. 문해에 대한 우리의 태도와 가치는 의사소통의 행위를 좌우한다.
7. 우리 인생사에는 학습에 관련되어 있고 현재를 현재답게 만드는 데에도 관련되어 있는 수많은 문해 사건이 포함되어 있다.
8. 문해 사건은 현재의 실천적 활동을 창출하도록 도와주는 사회적 내력도 포함한다.

—Barton(2007: 34~35)

가지가 있다)의 관점은 이러한 관점과 뚜렷한 차이를 보인다. 여기서 쓰기는(그리고 읽기는) 특정한 사회적 의미를 전달하는 방식으로 사람들을 서로 이어주는 수단이다. 그래서 쓰기는 맥락에 따라 다양한 형태로 존재하며, 몇 가지의 인지적 기능으로 분해할 수 없다. '기능적 문해functional literacy'는 어떤 개인이 자신이 속한 사회에서 적응이나 성공을 위해 쓰기와 읽기를 실제적인 목적으로 사용하는 것을 의미하는데, 이러한 아이디어는 사람들이 당연한 여기는 목적을 거부하는 '비판적 문해critical literacy'라는 개념과 결합되어 있다. 이러한 접근법에서는 문해 능력을 상대적인 용어로 본다. 따라서 문해 능력은 한 가지로만 존재하지 않으며, 특정한 시간, 장소, 참여자, 목적에 적절하게 관련되는 다양한 '실천적 활동'으로 존재한다. 또한 이러한 실천적 활동은 우리가 단순히 연필로 글자를 적어내는 것이 아니라, 개개인의 정체성, 사회적 관계, 공동체적 유대감과 통합되어 있는 것이다(Barton et al., 2007; Street, 1995; Street & Lefstein, 2008).

Barton & Hamilton(1998: 6)은 '문해 활동'을 '사람들이 삶에서 글로 쓴 언어를 활용하는 일반적인 문화적 방식'이라고 정의했다. 그러므로 앞 절에서 논의한 바와 같이, 문해 활동은 맥락의 중요성을 강조하고, 읽고 쓰는 활동이 자신이 속한 사회 구조와 어떻게 관련되는지, 그리고 사회 구조를 형성하는 데 어떻게 기여하는지를 암시한다. 그러나 이러한 활동은 '사람들이 문해 능력을 이용하여 수행하는 것'이지만, 단지 읽기와 쓰기만이 아니라, 이러한 사용에 의미를 부여하는 가치, 감정, 문화적 개념들을 같이 언급하고 있어 다소 추상적이다(Street, 1995: 2). 다시 말하면 읽기와 쓰기의 문해 활동은 공유된 이해, 이념, 사회적 정체성, 더 나아가 텍스트에 대한 접근과 배포를 규제하는 사회 규칙까지 포함한다. 이 지점에서 문해 활동은 Health(1983)가 '문해 사건literacy events'이라고 부른 개념으로 통합된다.

〈인용 2.2〉 문해 사건(literacy events)

문해 사건은 문해에 일정한 역할을 수행하는 관찰 가능한 일화들이다. 보통은 활동의 중심이 되는 문어 텍스트(들)이 있고, 그 텍스트를 둘러싼 이야기가 있다. 문해 사건은 이러한 활동에서 발생하거나, 수행에 의해 형성되는 관찰 가능한 일화이다. 문해 사건이라는 개념은 문해의 상황적 특성을 강조하는데, 이것은 항상 사회적인 맥락에 존재한다.

—Barton & Hamilton(1998: 7)

각각의 장면에서 어떻게 텍스트가 생산되고 사용되는지를 밝히는 것은 문해 연구의 핵심 주제이다. 쓰기가 항상 특정한 문화 활동 영역과 관련되어 있다는 가정은 학교, 가정, 이웃, 직장에서 사람들이 실제로 어떻게 글을 쓰는지를 민족지학적 연구 방법으로 상세하게 설명해야 입증할 수 있다. 즉, 이러한 가정은 전통적인 연구 방법이 아니라, 새로운 연구 방법으로 문해 활동을 연구해야 함을 의미한다고 할 수 있다.

〈인용 2.3〉 문해 연구에 대한 Baynham의 견해

실천적 활동으로서 문해를 연구하는 것은 사람들이 문해로 어떤 활동을 수행하는지를 탐구하는 것뿐만 아니라, 자신이 활동하는 것을 어떻게 생각하는지, 그것에 어떤 가치를 두며, 그것을 둘러싼 이념은 무엇인지 등 '구체적인 인간 활동'으로 문해를 다루는 것도 포함한다.

—Baynham(1995: 1)

Barton & Hall(1999)에서는 편지 쓰기, 문화적 신념, 서로 다른 맥락에 포함된 가치와 같이, 일상적인 문해 사건이 가지는 특성을 중점적으로 분석하였다. 그러나 일반적으로 연구자들은 문해 활동을 사람들이 일상에서 겪는 사건으로 기술하려는 경향을 보인다. 이러한 한 예는 Jones(2000)에서 살펴볼 수 있다. Jones(2000)는 농림부

공무원이 웨일스의 소 경매장에서 농부들과 대화할 때 관료적인 영어를 토착적인 웨일스어로 바꾸어 말하는 사례를 분석하였다.

최근 연구로는 Barton et al.(2007)을 꼽을 수 있다. Barton et al.(2007)은 마약 중독 지원 센터, 노숙자 임시 숙소, 가정 폭력 피해자 보호 시설 같은 사회교육원에 참여한 성인을 대상으로 하여 사례 연구를 수행하였다. 이를 통해 참여자의 삶과 학습이 맺고 있는 복합적인 관계를 탐구하였다. Jones(2000), Barton et al.(2007)의 연구는 쓰기가 사람들 사이의 상호작용 안에 위치하고 있으며, 텍스트는 그것이 생성되고 해석되는, 개별적이고 제도적인 맥락에서 분리될 수 없음을 보여준다.

활동의 사회적인 측면에 결부되어 있는 언어의 이면을 보면, 우리는 쓰기가 일반적으로 다른 어떤 목적에 대해서는 부차적이라는 것을 알 수 있다. 가령 편지 쓰기는 멀리 있는 친구와의 연락이라는 주된 목적을 실현해 주지만, 대출 신청서 쓰기는 이러한 목적에 대해 부차적이다. 사회적 문해 연구는 이러한 환경에서 대화가 텍스트와 얼마나 밀접한 관련을 맺고 있는지를 잘 보여준다. 문해 교육을 받지 못한 사람들은 행정 기관처럼 공식적인 기관에서 사용하는 언어를 알지 못해 소위 '관료 문해'의 사각지대에 놓여 있다. 사회적 문해 연구에서는 친척이나 친구, '전문적인 문해 중개인'2)들이 이들을 돕는 다중 언어적 공동체의 사례를 보여주기도 한다. 예를 들어, Shuman(1993)은 미국에 있는 푸에르토리코인 10대 여학생들이 영어로 된 정부 문서를 얼마나 자주 스페인어 바꾸는 과제를 받는지

---

2) (옮긴이) 법률 문서를 대신 작성하여 처리해 주는 행정사나 법무사, 변호사 등이 전문적인 문해 중개인에 해당한다.

를 다루었다. 영국의 구자라트인[3] 가정에서 태어났지만 구자라트어를 모르는 아이들이 인도에 있는 다른 가족들에게 구자라트어로 편지를 써야 할 때에는 엄마가 문해 활동의 중개 역할을 맡는다 (Barton & Hamilton, 1998: 183).

이러한 연구들은 사람들이 일상생활에서 텍스트를 사용하는 다양한 방법을 보여주며, 문해 활동이 가정이나 공동체에서 세대나 성별에 따른, 서로 다른 사회적 관계를 어떻게 반영하는지를 보여준다. 결국 이것은 사람들이 특정한 텍스트나 담화에 대한 접근 기회가 공평하지 못하다는 것을 보여준다. 교육, 법, 학교, 다른 전문직종과 같이 사회적으로 영향력 있는 제도는 지배적 문해 활동을 옹호하는 경향이 있다. 반면, 지역이나 가정에서 이루어지는 문해 활동은 거의 주목을 끌지 못할 뿐만 아니라, 가치가 적다는 평가를 받기도 한다.

〈개념 2.3〉 문해 활동과 권력

모든 문해 활동이 동등한 것은 아니다. 국가에서는 문해 활동을 규정하고, 문맹이라는 구별 표식을 붙이며, 특정 집단으로의 진입을 규제하고, 지식에 대한 접근을 제한하는 강력한 권력을 가지고 있다. 가치 있는 텍스트의 접근과 생산은 현대 사회에서 권력과 통제의 중심적인 개념이다. 지배적인 문해 활동의 의미는 교육, 법과 같이 우리 사회에서 상당한 권력을 가진 맥락에서 구성되었다. 이러한 통제 기관은 특정한 고급 활동을 확립하고 옹호한다. 그런 다음, 이와 구별되는 다른 문해 활동을 배제하여 사회적인 불평등을 견고하게 유지한다. 이에 비해 일상적인 쓰기 활동은 별로 지원도 받지 못할 뿐만 아니라, 영향력도 적다.

---

3) (옮긴이) 인도 서부에 있는 구자라트 주 출신 영국인을 말한다.

특정 문해 관습이 권력과 권위를 부여받았다는 사실은 그 문해 관습이 특정한 세계관을 정당화하는 기제로 작용한다는 것을 의미한다. 이것은 언어가 생각의 중립적인 전달 도구가 아니라, 다른 사람들과의 관계를 구성하는 원리이자 세상의 경험을 이해하는 기제라는, 앞에서 언급했던 관점을 뒷받침해 준다. 이처럼 우리 사회와 우리 자신에 대한 이해를 어떻게 협상하고 변화시키는지가 가장 중요하다.

서로 다른 문해 사건을 살펴보면, 단일한 하나의 문해 활동만 있는 것이 아니라, 서로 다른 여러 가지 문해 활동이 있다는 점이 명확해진다. 학술적 문해 활동, 법적 문해 활동, 업무적 문해 활동 같은 것이 이러한 예에 해당하는데, 이러한 문해 활동은 삶의 여러 측면을 인식하고 명명하고 관련짓는 서로 다른 맥락에 놓여 있다. 문해 활동에 대한 요구가 증가하는 현대 사회에서 유능한 사람으로 살아가려면 지배적인 제도(관습)와 관련을 맺어야 한다. 이를 위해서는 일상생활에서 흔히 사용하는 친숙한 언어 수행을 지속적으로 극복해 나가야 한다. 한 예를 고등교육에서 찾아볼 수 있다. 학생들은 고등교육 기관에서 교과 지식이나 기능을 배울 때, 학생들이 지금껏 접해 왔던 것과는 전혀 다른 문해 활동에 직면하게 된다. 학생들이 이 기관의 교육을 온전히 마치려면 여기에서 사용하는 전문 용어, 관습, 표현 양식을 충실히 익히지 않으면 안 된다(Bartholomae, 1986).

〈인용 2.4〉 학술적 문해 활동

대학생들은 어떤 텍스트를 쓰려고 할 때 자신이 몸담고 있는 곳이 대학이라는 점을 전제로 삼아야 한다. 대학, 즉 역사학, 인류학, 경제

학, 영문학 같은 전공을 떠올리며 글을 써야 한다. 대학생들은 우리의
언어로 말하는 것을 배워야 하고, 우리가 하는 것처럼 말해야 하며,
우리 공동체의 담화를 이해, 선택, 평가, 보고, 판단, 논쟁하는 특정한
방법을 시도해야 한다.

—Bartholomae(1986: 4)

일반적으로 학술적인 능력은 전문적인 쓰기 능력으로 평가되므로,
학생들이 자신이 속해 있는 집단이나 기관의 언어로 텍스트를 작성하면
전문가들이 공유하는 표준 양식에는 접근할 수 없게 된다. 그러나 문해
활동에 대한 제도적 관점은 표준적 양식의 학술적 문해 활동이 학문공동
체에 참여하는 본질적인 방식인 것처럼 오해하게 만드는 경향이 있다
(Candlin & Plum, 1998). 이러한 관점은 대학의 모든 학과, 모든 학위
과정에 적용될 수 있는 단 하나의 일반적인 학술 영어와 전략이 있다는
잘못된 믿음을 심어준다. 표준적인 양식의 문해 활동이 존재한다는
관점을 따르면, 쓰기 지도는 당연히 학생들이 안고 있는 언어 사용의
오류를 '교정'하는 연습이 되고 만다. EAP는 이와 같은 '단일 문해'의
관점을 약화시키고, 쓰기 지도를 학생들의 쓰기 수행에 대한 '치료적'
관점으로 바라보게 해 주는 대안적인 방법이라고 할 수 있다.

그러므로 이러한 문해 활동에 대한 관점은 전문 지식의 개념과
쓰기 능숙도에 대해 시사점을 제공해 준다. 우리는 더 이상 텍스트
를 자율적인 객체로 간주했던 관점처럼 맞춤법, 문장론, 구두법에
능숙한 사람을 '좋은 필자'로 여기지 않는다. 좋은 필자는 전문가의
글을 모방하는 사람도 아니고, 과정 모형에서처럼 텍스트를 작성하
는 동안 자신의 생각을 수정하면서 '지식 변형'을 시도하는 사람도
아니다. 문해 활동의 현대적 개념에서는 전문 필자를 '담화공동체

〈개념 2.4〉 전문 지식의 특징

교육심리학 연구에서는 초보자에서 전문가로의 전환을, 특정 상황에서 능숙한 수행을 할 수 있도록 틀을 제공하는 점진적인 경험의 획득으로 간주한다. 초보자들은 구체적 영역에서 어떻게 수행해야 하는지를 점진적으로 배우면서 높은 수준의 스키마와 절차적 지식을 발전시켜 나간다. 어떤 과제 수행을 시작할 때 초보자들은 일반적인 전략을 활용하는데, 상황이 익숙해지면 일반적 전략의 필요성이 약화되기는 하지만, 그렇다고 완전히 사라지지는 않는다. 일반적인 지식이 점점 더 구체적인 맥락에 적용되는 것처럼, 전문 지식은 최종적인 상태가 아니라 점점 발전해 가는 연속체라고 할 수 있다. 이것을 쓰기에 적용해 볼 때, Carter(1990)는 점점 더 맥락 특수적 전략들, 전략적 유연성의 한계, 무의식적인 수행의 다섯 단계를 통한 전문 지식의 발달을 설명하였다.[5] 전문가들은 직관적으로 친숙한 상황에 반응하는데, 규칙이나 전략에 의존하지 않고 경험에서 얻은 이해를 바탕으로 과제를 수행한다.

의 일원으로서, 글을 쓸 수 있게 하는 국지적 지식local knowledge을 획득한 사람'으로 정의한다(Carter, 1990: 266).[4]

전문 분야가 어떤 것이든 그 분야의 전문 지식은 쓰기 능력을 통해 드러난다. 쓰기 능력이 곧 전문 지식의 징표가 된다는 뜻이다. 그래서 전문 영역의 필자는 기관이나 제도가 요구하는 언어 사용의 특징에

---

4) (옮긴이) 원문에는 페이지가 226으로 표기되었으나 266의 오기이다.

5) (옮긴이) Carter(1990: 271~272)는 전문 지식 발달 과정을 다섯 단계로 나누고 각 단계의 특징을 설명했다. 첫째 번 단계(novice)에서는 넓은 범위의 상황에 걸쳐 적용할 수 있는 전체 전략에 기반을 둔 수행이 이루어진다. 둘째 번 단계(advanced beginner)에서는 일반적인 전략을 특정 상황에서 적용하면서 형성된 정교한 전략을 습득한다. 셋째 번 단계(competence)는 특정 영역의 경험을 바탕으로 하여 일반적인 전략 의존도를 줄이면서 위계적인 의사 결정 절차에 대한 의존이 높아진다. 넷째 번 단계(proficiency)에서는 익숙한 상황적 양상에 대한 인식을 기반으로 한 수행이 이루어지며, 마지막 다섯째 번 단계(expertise)는 의식적으로 깊이 생각할 필요 없이 상황에 적절하게 대응하는 가변적인 수행이 이루어진다.

초점을 맞추게 된다. Candlin(1999)은 전문 영역의 필자가 고려해야 할 특징에는, 독자의 요구와 배경지식에 맞게 내용의 정보적 측면과 표현의 대인 관계적 측면 모두를 갖출 수 있는 능력, 교섭이나 고안, 중재 같은 미시적 추론 활동을 포함하여 전문 지식을 특징짓는 수많은 거시적 특징이 있다는 점을 확인하였다. 쓰기 전문가에게 일반적 지식과 국지적 지식 모두가 필요하다고 해서 전이 가능한 전략이 없다고 말하기는 어렵다. 학생들은 텍스트 장르와 대상 공동체의 요구에 친숙해질수록, 그러한 요구의 충족을 이끌어줄 경험의 축적은 더욱 더 늘어날 것이기 때문이다. 물론 이를 좀 더 명확하게 하기 위해서는 이러한 국지적 능력을 더 폭넓게 탐구해야 할 것이다.

2.3. 쓰기와 문화

공동체의 문해 활동에서 필자들의 경험은 언어 선택에 영향을 줄 것이다. 이는 교사들이 학생의 쓰기에 문화가 영향을 미친다는 사실을 고려해야 함을 시사한다. 문화는 보통 역사적으로 전해 온, 세상에 대한 우리의 지식과 믿음을 이해하고 발전시키며 소통을 가능하게 하는 체계적인 의미망으로 정의할 수 있다(Lantolf, 1999). 결과적으로, 언어 및 학습은 문화와 따로 떼어 구분할 수 없는 밀접한 관련이 있다(Kramsch, 1993). 이것은 부분적으로 우리의 문화적 가치가 언어를 통해 반영되고 수행되기 때문이며, 문화는 학습과 의사소통을 위해 쓰기를 활용할 수 있도록 해 줄 뿐만 아니라, 우리의 인식과 요구를 조직하는 방식을 이용할 수 있도록 해 주기 때문이다. 이것은 쓰기 연구와 지도에서 비교수사학6)의 영역이 된다.

〈인용 2.5〉 비교수사학(contrastive rhetoric)

비교수사학은 제2언어 필자들이 작문에서 직면하는 문제를 확인하고, 제1언어에 대한 수사학적인 전략과 관련하여 이들을 해명하려는 연구 영역이다 … 비교수사학은 언어와 쓰기가 문화적인 현상들이라는 것을 내세운다. 직접적인 결과로, 각 언어는 그 특유의 수사학적인 관습을 가진다.

—Connor(1996: 5)

비교수사학 분야는 교사들에게 언어와 쓰기에서의 수사학적인 선택에 대해 흥미로운 질문을 제기한다. 그 질문은 담화 특성이 언어 사용자들 간에 어떤 차이가 있는지, 그러한 차이는 제2언어의 쓰기에 어떤 영향을 주는지에 대한 것이다. 비교수사학의 기본적인 아이디어는, 학생들이 자신의 문화에서 학습했던 쓰기에 대해 선입견을 가지고 있으며, 영어를 제1언어로 사용하는 환경에서 부적절하게 활용했던, 즉 효과적인 의사소통을 저해했던 쓰기에 대해 선입견을 가지고 있다는 점이다. 텍스트 분석에서 도출해 내고 대학 맥락에 초점을 두고 있는 이 연구는 영어와 다른 언어의 차이를 비교·입증하였다.

〈인용 2.6〉 제2언어와 제1언어 학생들의 쓰기에 관한 연구

• 조직상의 선호와 논항 구조에 대한 접근의 차이

---

6) (옮긴이) 'contrastive rhetoric'은 직역하면 '대조수사학'이지만 이 책에서는 '비교수사학'으로 번역하였다. 일상적으로 사용하는 '비교'라는 단어에는 '대조'의 의미가 포함되어 있다.

- 자신의 쓰기에 자료를 통합하기 위한 접근의 차이(의역하기 등)
- 독자 지향, 주목을 끌기 위한 장치, 독자의 지식 측정에 대한 관점의 차이
- 특정한 어휘 결합을 약하게 만드는 응집 장치 활용의 차이
- 명시적인 언어적 특성 사용의 차이(소수의 종속 관계, 다수의 접속사, 소수의 수동태, 소수의 자유 수식어, 소수의 명사 수식, 소수의 구체적 어휘, 어휘 다양성 부족, 예측 가능한 어미 변화와 보다 단순한 문체 등)

—Grabe & Kaplan(1996: 239)

그러나 비교수사학은 최근 큰 비판을 받았다. 한 가지 이유는 '수사학에 대한 문화적 패턴'이 무엇인지, 그것들이 어디에 존재하는지, 또 어떻게 배울 수 있는지가 전체적으로 분명하지 않았기 때문이다. 인지와 쓰기 간에 강한 관계가 없다는 비교수사학의 초기 견해(Kaplan, 1966)에 대해서도 '화자나 필자들이 일반적으로 인정하는 다양성, 변화, 이종적 언어'(Cassanave, 2004: 39)를 무시한다는 비판이 제기되었다. 좀 더 구체적으로 살펴보자면, 이러한 접근은 텍스트 분석에 지나치게 의존하고, 한두 가지 텍스트 장르를 토대로 전 세계의 언어, 인식적 규준이나 문화적 규준을 일반화시켰다는 점에서 비판을 받았다(Kubota, 1998; Leki, 1997).

이론적으로 비교수사학은 차이를 가정하는 데에서부터 시작하였으므로 비평가들은 주로 제1언어의 수사적 패턴을 제2언어 쓰기로의 소극적 전이에 대한 문제처럼 제2언어 쓰기를 바라보는 경향이 있다는 점을 지적한다(Cassanave, 2004: 41). 이러한 관점에 따르면, 제2언어 쓰기를 어떤 결손 상태로 보게 될 뿐만 아니라, 제2언어

학생들이 문해 활동에 대해 가지고 있는 풍부하고 복합적인 역사와, 학생들이 가지고 있는 지식이나 경험을 무시할 위험이 있다 (Horner & Trimbur, 2002).

비교수사학은 문화를 안정적이고 동질적이며 개인의 행동을 결정하는 모든 규범의 체계(Atkinson, 1999a; 2004)로 보는, 범박하고 거친 관점을 가지고 있는데, 이에 대해서도 많은 비판이 뒤따랐다. 문화는 국가적 독립체들을 융합시키며, 문화 '내적'으로는 합의가 전제되고, 문화 '사이'에는 차이가 대조되는 특징을 보인다. 비교수사학 연구자들은 문화적 영향을 서술할 때 불공정한 권력 관계와 갈등의 역할을 간과했다. 그래서 문화에 대해 '일반적으로 인정되는 관점'은 개개인을 한데 묶어 텍스트에서 문화를 읽어낼 수 있도록, 쓰기 선호를 고정된 특성의 결과물로 바라보게 한다.

〈인용 2.7〉 비교수사학에 대한 Canagarajah의 견해

ESL의 교육적 전통은 교사들에게 유용한 가치가 있는데, 비교수사학은 이러한 전통을 잇는 연구 중의 하나이다. 그런 점에서 비교수사학은 교사들에게 유용한 점이 있지만, 학교에서 그 유용함을 계속 누리려면 원문의 차이에 대한 좀 더 복합적인 유형의 설명을 전개해야 한다. 쓰기에서 차이는 늘 존재하고, 대부분의 차이는 문화로부터 도출될 수 있지만, 이러한 영향이 발생하는 방식은 긍정적일수도, 부정적일수도 있으며, 합법적일 수도 있고 제한적일 수도 있다. 교사들은 학생들에게 쓰기를 가르칠 때 이러한 모든 가능성이 있다는 것을 잊지 말아야 한다. 더 중요한 것은, 교사들이 언어와 문화로 인해 볼모로 잡혀서는 안 된다는 것을 명심해야 한다는 점이다. 학생들은 자신의 장점에 비추어 서로 경쟁하는 수사적 구조를 협상하는 것을 배울 수 있다.

—Canagarajah(2002: 68)

서로 다른 언어 배경을 가진 초보 필자들은(제1언어를 포함하여) 고정 관념을 부정하는 방식으로 글을 쓴다. 그러나 선행 연구에 따르면, 제1언어 필자들과 제2언어 필자들은 텍스트의 조직 방법, 수사학적 목적의 달성 방법 등에서 일관성 있는 차이가 발견된다. 이러한 이유로 인해, 비교수사학에서는 특정한 쓰기 선호가 결손이 아니라, 사전 학습의 결과일 수 있음을 보여주며, 이에 따라 사전 학습을 통제할 수 있는 쓰기 교사에 대해 지속적인 관심을 기울이고 있다.

학생들은 언어와 문화 이상의 개인적인 정체성을 가지고 있으므로 대강 나눈 문화적 이분법을 따르는 고정관념을 피해야 한다. 문화는 유동적이고 다양하며 미결정적이다. 사람들은 어떤 문화적 형태에 저항할 수도 있고 그것을 무시할 수도 있다. 그러나 이전의 경험은 지식의 도식을 형성하는 데 도움을 주고 학생들의 쓰기 방법과 교실 맥락에 대한 반응에 영향을 준다. 우리가 살펴보았던 것처럼, 이것은 규준이나 사회적 실천, 그리고 잘 정의된 역할과 계층과 같은 사회화 방법을 갖춘 '작은 문화'처럼 공동체를 바라볼 때 특히 더 잘 들어맞는다.

이러한 접근법은 쓰기 수행을 파악할 수 있는 통찰을 제공하고, 학생들의 문해 경험을 이해할 수 있는 기회를 제공한다. 예를 들어, Casanave(2004: 53~54)는 교사들이 학생들로 하여금 자신의 교육 배경과 쓰기 경험, 쓰기 선호의 원인, 믿음, 좋은 글에 대해 생각하도록 격려하면서, 학생들을 위한 질문을 만들 때 비교수사학을 사용할 수 있다고 지적한 바 있다. '의식 함양'에 기초한 EAP의 지도법은 새로운 학문적 쓰기 맥락에서 이중 언어 사용 경험을 가진 학생들이 이익을 얻을 수 있도록 비교수사학 연구를 활용한다(Swales &

Feak, 2000).

능숙한 필자들이 쓴 글의 내용, 이들이 글을 쓴 방법, 이들이 사용한 예문이나 채택한 논증 방식은 이들의 이전 쓰기 경험이나 이들의 문화가 영향을 미쳐 차이가 있을 수 있다. 이러한 차이를 뒷받침하는 한 가지 설명은 이러한 차이가 독자의 참여 범위와 관련된 필자의 기대와 관련되어 있다는 것이다. Hinds(1987: 143)에 따르면, 영어 같은 언어에서는 의사소통을 책임지는 사람은 필자이지만, 일본어에서는 독자이다. 이와 유사한 관점에서 Clyne(1987)도 영어에서는 명확성의 책임을 필자에게 지우지만, 독일어에서는 의미를 찾아내는 책임을 독자에게 지운다고 지적하였다. 이것은 왜 영어가 텍스트의 내용에 대한 표지('결론을 내리자면, 요약하자면'과 같은 담화 표지), 텍스트 개관에 대한 표지('여기에서 우리가 논의할 것은'과 같은 표지), 논의를 명확하게 구조화하기 위한 표지('나는 다음과 같은 세 가지 사항을 지적하고자 한다.'와 같은 표지) 같은 메타적 신호를 더 많이 사용하는지를 설명하는 데 도움을 준다. 영어가 가지고 있는 이러한 특성은 독자의 이해를 돕는 면이 있지만(Hyland, 2005), 효과적인 의사소통의 책무가 독자에게 있는 문화에서 온 제2언어 학생 필자들에게는 명확하게 받아들여지지 않을 수도 있다(Crismore et al., 1993).

비교를 바탕으로 하여 관점을 수립하면, 쓰기 수행을 여러 가지 양식 사이의 편차를 재는 규준이 아니라, 역사적이고 문화적 요인의 결과로 이해하는 데 도움을 준다. 다시 말해서, 제2언어 쓰기 지도의 목표를, 제2언어로 글을 쓰는 학생들에게 모어 화자들이 쓰는 수사학적인 패턴을 차용하도록 권장하여 제2언어 학생 필자들의 행동 변화를 도모하는 데 두어서는 안 된다. 제2언어 쓰기 지도의 비교수사학에 대한 교육적 대응은 제2언어 화자들의 사고와 쓰기 방식을, Philipson(1992)가 '언어적 제국주의' 개념으로 비판한 바 있는, 영국계 미국인의 관습에 초점을 맞추도록 하는 것이었다. 그러나 Yamuna Kachru(1999: 84)는 전 세계에서 영어를 사용하는 사람들을 한 가지 기준으로 교육하는 것이 불가능하다는 점을 지적한 바 있다. Kachru는 한 가지 기준으로 교육하는 대신에 독자들, 특히 영어 교사들이 서로 다른 수사학적 관습을 인식하고, 학생 과제에 그러한 관습을 반영해야 한다고 제안했다. 이러한 제안은 매우 설득력이 있는데, Kachru는 이러한 제안에서 더 나아가 우리가 영어라는 하나의 쓰기 관습에 집착하면 많은 사람들이 세상 지식을 확장하고 공유하는 데 기여할 수 있음에도 불구하고 그것을 막아 버리는 상황을 초래할 수 있다고 주장하였다.

목표를 차용과 모방으로 인식하는 것은 언어 제국주의에서나 가능한 일이다.

2.4. 쓰기와 전자 매체 기술

오늘날 문해 능력이 있는 사람이라는 말은 인쇄 매체와 전자 매체를 모두 다룰 줄 안다는 것을 의미한다. 전자 매체는 우리가 글을 쓰는 방법, 생산하는 장르 유형, 우리가 가정하는 권위의 실체와 완성한 결과물의 형식에 영향을 미쳤으며, 우리가 독자들과 관계 맺는 방법에도 큰 영향을 미쳤다. 이들 중 뚜렷하게 확인할 수 있는 사항을 〈개념 2.6〉에 제시하였다.

지금은 매우 친숙해졌지만, 전자 매체 기술의 등장이 초래한 가

〈개념 2.6〉 쓰기에서 전자 매체 기술의 효과

- 내용 생성, 편집, 교정, 글을 완성하는 절차를 변화시킨다.
- 텍스트에 시각적 매체, 청각적 매체를 쉽게 결합할 수 있게 해 준다.
- 하이퍼텍스트 연결을 바탕으로 비선형적인 쓰기와 읽기를 이끈다.
- 저자, 저작권, 지적 재산의 전통적인 개념을 새로운 관점으로 보게 해 준다.
- 필자가 텍스트 작성에 필요한 정보를 쉽게 접할 수 있게 해 주고, 새로운 방식으로 정보를 연결해 준다.
- 독자들이 '답장'이나 '답글'을 쓸 수 있으므로 필자와 독자의 관계를 변화시킨다.
- 장르의 범위와 독자의 범위를 확장한다.
- 구어체와 문어체의 경계를 해체한다.
- 새로운 사회적 정체성을 형성하고 기획할 수 있게 해 준다.
- 새로운 온라인 담화공동체의 등장을 가능하게 한다.
- 새롭게 등장한 전자 매체로 텍스트를 작성하지 못하는 필자들의 소외감을 증가시킨다.
- 쓰기 교사들에게 새로운 방식으로 과제를 구안하고 수업할 수 있는 기회를 제공한다.

장 분명한 특징은 아마도 전자 텍스트가 쓰기 행동을 촉진했다는 점, 특히 우리의 쓰기 습관을 극적으로 변화시켰다는 점이다. 워드 프로세서는 잘라내기와 붙여넣기, 삭제하기와 복사하기가 가능하고, 철자법과 문법을 체크해서 알려주고, 사진이나 그림과 같은 이미지를 다룰 수 있게 해 주는 등 쓰기의 전반적인 측면을 변화시켰다. 이로 인해 우리는 이제 글을 더 쉽게 수정할 수 있게 되었고 더 깔끔하고 더 길게 쓸 수 있게 되었다.

이러한 변화는 전자 매체가 비교적 쉽게 사진이나 그림 같은 이미지를 텍스트와 통합할 수 있다는 데에서 비롯되었다. 사실 전자 매체 기술은 텍스트보다는 이미지를 선호하게 만드는 경향이 강해 텍스트와 이미지가 결합된 복합 양식 텍스트를 이해하고 생산하는 능력을 점점 더 크게 요구하게 되었다. 이는 과학, 교육, 경영, 매체 등 어떤 영역이든 동일하다. 이제 쓰기는 새롭게 시각적 디자인으로 구성된 '텍스트와 이미지의 조합'을 의미한다. 그러므로 필자는 텍스트 양식, 이미지 양식, 텍스트와 이미지의 결합으로 이루어진 복합 양식 등 각각이 요구하는 구성 및 표현의 특징을 이해할 필요가 있다. Kress(2003)에 따르면, 각각의 양식은 의미 면에서 서로 다른 행동 유도성, 가능성, 한계점을 가지고 있다.

<인용 2.8> 행동 유도성(affordances)

텍스트와 이미지, 이 두 가지 양식은 서로 다른 논리의 지배를 받으며 서로 다른 행동 유도성을 갖는다. 텍스트의 조직은 시간 논리와 배열하는 요소 논리의 영향을 받는다. 이와 달리, 이미지의 조직은 공간 논리의 지배를 받으며, 공간에 시각적, 묘사적 요소가 배열되는 동시성 논리의 지배를 받는다. 예를 들어, 우리는 말을 할 때 반드시 한 가지를 말한 다음에 다른 것을 말해야 한다(시간의 논리) … 의미는 '첫 번째 것'과 '마지막 것' 등과 관련되어 있다(요소의 논리). 이미지의 표현에서는 표현 공간, 즉 지면, 캔버스, 스크린, 벽에 제시되는 요소의 배치가 의미를 구성한다. 공간의 중심에 어떤 요소가 자리를 잡고 있다면 그것이 중심의 의미를 지니게 되고, 다른 것은 주변적 의미를 지니게 된다. 가장 높은 곳에 어떤 요소가 제시된다면 다른 것들이 아래에 있다는 것을 의미한다. '중심'와 '위'라는 두 가지 위치는 다음과 같은 의미를 구성한다. 중심에 있는 것이 '중심'을, 위에 있는 것은 '우위'를 뜻한다.

—Kress(2003: 2)

그러므로 이미지는 텍스트와 비슷한 하나의 구조를 가지고 있고,

시각적 문법으로 분석할 수 있다(Kress & van Leeuwen, 2006). 예를 들어, '특정한' 정보나 '새로운' 정보는 공간적으로 표현할 수 있다. 일반적으로 광고에서는 알려진 정보나 문제점을 왼쪽에 제시하고, 새로운 것이나 해결책을 오른쪽에 제시한다. 치아 미백 광고나 체중 감량 광고를 생각해보자. 웹 페이지, CD-ROM 같은 전자 텍스트는 이미지를 많이 사용하여 의미를 전달함으로써 독자들이 이전과는 다른 기호학적 작업을 수행하도록 요구한다. 여러 형태로 구성된 도입 '페이지', 한 문장 안에 제시된 단어의 순서는 독자들에게 서로 다른 읽기 경로를 제공하고, 그 결과 독자들에게 그 자체의 텍스트적 질서를 설계할 수 있는 기회를 제공한다. Kress & van Leeuwen(2006)이 지적한 것처럼, 전자 매체는 우리가 읽는 방식의 변화, 의미를 구성하는 권위의 변화, 그리고 세상에 참여하는 방식의 변화를 이끈다.

시각적 디자인의 문화적 차이를 고려해볼 때, 쓰기 수업에서 멀티미디어를 활용하면 학생들의 쓰기 능력 향상을 지원할 수 있을 뿐만이 아니라, 화면에 텍스트와 이미지가 어떻게 배열되는지, 그리고 요소와 요소는 어떻게 연계되어 표현되는지를 인식할 수 있게 하여 새로운 형식의 쓰기를 효과적으로 지도할 수 있다. 이러한 연계를 잘 보여주는 것이 바로 '하이퍼텍스트'이다. 인터넷과 연결된 하이퍼텍스트는 활발한 접속이 일어나는 곳으로, 현재 제시된 텍스트의 다른 부분을 연결하기도 하고 현재 텍스트를 넘어서서 다른 텍스트, 이미지, 자료를 연결하기도 한다. 하이퍼텍스트는 필자들에게 디지털화된 그래픽, 비디오, 사운드, 애니메이션, 그리고 다른 텍스트 자료의 링크를 제공하여 텍스트를 작성하는 데 필요한 정보에 쉽게 접근할 수 있도록 해 주며, 독자들에게 자신의 흥미와 결정을 반영하고 있는 텍스트를 거치는 다양한 경로를 구성할 수 있도록 해 준다.

이렇게 상호 연결된 텍스트 요소들은 중요한 의미를 함축하고 있는데, 그것은 우리에게 익숙한, 인쇄된 쓰기 공간을 변형시킨다는 점, 그리고 독자들에게는 텍스트에 다양한 경로로 접근할 수 있는 더 큰 자유를 준다는 점이다. 그렇다면 하이퍼텍스트의 주된 효과는 독자들이 자신의 필요나 관심이 반영된 텍스트에 직접적으로 접근하도록 함으로써 텍스트 간의 잠재적인 접속을 실재로 전환시키면서 상호텍스트성을 실현한다는 데 있다. 하이퍼텍스트가 가진 많은 장점이 공격적인 인터넷 상업주의에 의해 훼손되어 왔지만, 그럼에도 불구하고 하이퍼텍스트는 분명히 존재하는 다른 목소리, 다른 해석을 활용하도록 해 줌으로써, 재귀적이고 상대적인 방법으로 주장을 표현하고자 하는 필자들에게는 커다란 이점을 제공한다.

인쇄 매체에서 전자 매체로 이동할 때 나타나는 근본적인 차이는 필자가 쓴 텍스트의 불변성이 약화될 것이라는 사실이다. 우리가 여러 가지 텍스트를 자유롭게 선택할 수 있고 그 텍스트의 필자들이 상상하지 못하는 방식으로 붙여넣기가 쉬워지면, 본래의 텍스트는 더 이상 존중되지 않을 것이고 표절을 감시하기가 어려워질 것이다. 어떤 텍스트가 전자 매체에 놓이는 순간, 그것이 비록 원본일지라도 다른 시간, 다른 맥락에서 유동적으로 파생된 여러 가지 복잡한 텍스트의 일시적인 구조로 남을 뿐이다. 게다가 텍스트가 언제 완성되었는지 분별하기도 어려워진다. 그 텍스트를 읽은 독자가 그 텍스트를 수정하거나 변형할 수 있기 때문이다. 어떤 경우에는 텍스트가 어떤 독자에게 도달하기도 전에 변화가 일어난다. 이러한 특징은 어떤 개인이 자신의 아이디어를 게시하고 다른 사람들이 수정하도록 하는 위키wikis의 구성 방식에서 잘 드러난다(온라인 백과사

전인 '위키피디아Wikipedia'는 누구라도 편집할 수 있다).[7] 온라인이라는 전자 매체에 존재하는 텍스트는 필자가 통제할 수 없는 다양한 버전의 텍스트가 존재한다. 다시 말하면, 전자 매체의 쓰기가 예고하는 것은 저자[8]의 죽음이자 정전의 죽음이다.

〈인용 2.9〉 하이퍼텍스트에 대한 Douglas의 견해

하이퍼텍스트의 장점은 …… 인쇄 매체로 대표되는 '양자택일(either/or)'의 정돈된 세계로부터 언제나 무엇이든 추가할 수 있는 '대안들(and/and/and)'이 있는 가능성의 우주로 우리를 나아가게 한다는 점이다. 하이퍼텍스트는 우리를 더욱 상대적인 철학과 분석으로 이끄는 환경이라고 할 수 있는데, 이 환경에서는 어떤 다른 것들보다 특권을 가진, 권위적인 단일한 설명이 존재하지 않는다. 필자는 하이퍼텍스트를 코드로 기록함으로써 독자들이 더 쉽게 여러 가지 논쟁적 풍경을 넘나들 수 있도록 보장해 줄 뿐만 아니라, 텍스트와 텍스트 사이에 독자 자기만의 연결을 만드는 것을 보장해 준다.

—Douglas(1998: 155)

하이퍼텍스트에는 새로운 문해 기능이 관련되어 있다. 하이퍼텍스트로 작성된 글을 읽고 쓰는 능력은 단지 선형적인 텍스트에서 요구되던 능력을 확장한 것이 아니다. 여기에는 매우 다른 능력을 요구한다. 가령, 아직 확립되지는 않았으나 추가적으로 고려해야 할 중요한 능력에는 텍스트를 걸러내는 능력이 포함되는데, 웹사이

---

7) (옮긴이) '위키'의 특징에 대해서는 이 책 제8장에서도 따로 다루고 있다.

8) (옮긴이) '저자(author)'는 권위적인 의미를 생산할 수 있는 필자를 일컫는다. '저작권'은 권위적 의미 또는 저자의 현대적 표상이라고 할 수 있다.

트를 비판적으로 평가하는 기능은 중요한 쓰기 기능이자 읽기 기능이 될 수 있다. 교사들은 학생들이 학기말 리포트에서 인용한 텍스트의 질과 장르 모두가 기대에 크게 못 미친다는 사실을 발견했다 (Stapleton, 2003). 학생들이 텍스트를 선별할 수 있는 능력이 부족했기 때문인데, 따라서 교사들은 쓰기 수업 시간에 이에 대서 지도할 필요가 있다는 점을 점차 깨닫게 되었다.

기술 혁신이 필자들에게 매체 활용 기능을 익히도록 부담을 지운 면이 있지만, 필자로서 새로운 정체성을 수립하고, 새로운 장르, 새로운 공동체를 형성할 수 있도록 해 주었다는 점에서는 의의가 있다. 예를 들어, 새로 출현하여 크게 인기를 누리고 있는 블로그, 채팅방, 리스트서브[9]는 인터넷 공간의 대화적 양식을 촉진함으로써 이전과 달리 읽기 활동과 쓰기 활동이 직접적이고 신속하게 이루어질 수 있도록 해 주었다. 단일 페이지에 블로그를 함께 링크하고, 블로그 등록 목록(주요 텍스트 옆에 있는 블로그 리스트)을 만들고, 특정한 위키와 리스트서브를 만드는 필자의 능력은 필자 및 텍스트와 관련된 새로운 공동체를 만드는 데 기여한다.

컴퓨터를 매개로 한 의사소통CMC, Computer Mediated Communication에서는 의사소통 참여자가 물리적으로 같은 공간에 존재하지 않는다. 이러한 특성은 필자가 온라인에 자기 자신을 바라보는 방식에도 매우 큰 영향을 미쳤고, 다른 사람들과 상호작용하는 방식에도 매우 큰 영향을 주었다(Beatty, 2010). Bloch(2008)가 풍자적으로 지적한 것처럼, 이러한 상황은 개 한 마리가 컴퓨터 앞에 앉아 인터넷을 하고

---

9) (옮긴이) '리스트서브(listserve)'는 특정 집단 전원에게 전자 우편을 자동으로 전송하는 전자 시스템을 뜻한다.

〈개념 2.7〉 컴퓨터를 매개로 한 쓰기 지도

오늘날 대학이나 기관에서는 교사들에게 〈Blackboard〉나 〈WebCT〉와 같은 상업적 강의 관리 시스템을 활용하여 강의 자료나 전달 사항을 온라인에 게시하도록 권장하고 있다. 그러나 이제는 교사들이 온라인을 통한 학생 지원의 가치를 깨달으면서 상업적인 시스템을 '활용'하는 정도를 넘어 자신이 직접 '운영'하는 웹 사이트를 개발하고 있다. 학생들은 이를 활용하여 새로운 온라인 문해 기능을 연습할 수 있게 되었다. 아마도 지난 몇 년간 가장 흔히 사용된 매체 기술은 교사를 지원하는 리스트서브와 전자우편 리스트일 것이다. 전자우편은 특히 제2언어 수업에서 새로운 관계를 형성하고 새로운 텍스트를 작성할 때 유용하다. 서로 도움을 주고받는 공동체를 구성했을 때 학생들의 친숙함을 이끌어내는 데에도 크게 기여한다.

교사들은 텍스트를 작성할 때 학생들의 의견 표현을 촉진하기 위해 학급 블로그를 사용하기도 한다(Bloch, 2008). 컴퓨터를 매개로 한 의사소통이 가지고 있는 동시 발생적인 방식, 가령 'MOOS'와 '채팅방' 같은 방식은 학생들이 더 많이 참여할 수 있도록 만들어준다. 이를 통해서 학생들은 자신의 아이디어를 신속하게 처리할 수 있다(Herring, 1999). 이러한 방식은 빠른 속도로 글이 올라오기 때문에 처음 접하는 사람에게 혼란스럽거나 당황스럽지만, 교사들이 이후의 학습을 위해서 활동한 내용을 기록하는 데 도움을 준다. 이러한 방법을 다른 장면에서 활용하려면 후속 연구와 실천적 경험이 요구된다.

있고 '인터넷상에서는 아무도 당신이 개라는 것을 모른다.'고 한 〈뉴요커〉지의 만화를 떠올리게 한다. 실제로 2007년에 〈Read Write Web〉에서 실시한 온라인 설문에서 응답자의 55%가 인터넷이 실제 공간에 없어도 의사소통이 가능하다는 점을 악용하여 일상적으로 가공의 인물을 만들어 위장한다는 것을 인정한 바 있다.[10] Turkle

---

10) http://www.readwriteweb.com/archives/fake_web_identity_poll_results.php 2008.07.28에 검색

(1995)은 참여자로 하여금 인터넷에서 본래의 자기 정체성과는 다른 성격을 '시험해 보도록' 했는데, 그 시험의 범위가 가벼운 정이든 심각한 정도이든 온라인에서 자기 자신을 더 많이 표현하고 싶어 하는 사람들, 즉 과묵하거나 자의식이 강한 언어 사용자에게는 인터넷이라는 장치가 실제로 유익한 것으로 나타났다(Bloch & Crosby, 2006).

이러한 새로운 장르와 매체 기술은 학생들에게는 새로운 종류의 쓰기를 요구하며, 쓰기 교사에게는 쓰기 수업에 대한 새로운 대응을 요구한다. 우리는 학생들이 워드프로세서를 잘 다루도록 돕는 정도를 넘어서(Hyland, 1993) 매체 기술이 제공하는 여러 가지 기회를 학생들이 잘 활용할 수 있도록 해 주어야 한다(Snyder, 1998; Tyner, 1998).

2.5. 쓰기와 장르

1장에서 논의한 대로 장르는 의사소통 행위의 유형인데, 이것은 개인이 어떤 사회적 사건에 참여하려면 자신이 접하고 있는 장르에 친숙해야 함을 의미한다. 장르는 현대의 언어교육에서 매우 중요한 개념 중 하나이다. 그러나 관습적으로는 장르를 다음과 같은 세 가지 접근법에 따라 설명하곤 한다(Hyon, 1996; Johns, 2002).

(a) 체계 기능 언어학의 전통에 따른 호주의 연구
(b) 특정 목적을 위한 영어 지도ESP, English for specific purpose
(c) 쓰기 맥락에서 발전한 북미 지역의 신수사학 연구

(a) 체계 기능적 관점

체계 기능 모형에서 장르는 '단계적인, 목표를 지향하는 사회적 과정'(Martin, 1992: 505)으로 간주되는데, 이러한 관점에서는 각각의 장르는 그 나름의 목적이 있고 순차적이라는 특징이 있음을 강조하고 있으며, 언어가 체계적으로 맥락에 연결된 방법에 관한 Halliday의 관심을 반영하고 있다. 문화 구성원들이 목표를 달성하기 위해 상호작용한다는 점에서 장르는 사회적 과정이고, 목표를 달성하기

〈개념 2.8〉 학교의 두 가지 장르

설명문explanation
* 설명문은 현상이나 현상에 포함된 과정을 설명하거나 무슨 일이 어떻게 작용하는지를 설명하기 위해 작성된다.

설명문의 구성
* 화제를 소개하기 위한 일반적인 진술
* 무슨 일이 왜 혹은 어떻게 일어나는지를 설명하는 일련의 논리적 단계

설명문의 특징
* 단순 현재 시제
* 시간 순서 혹은 인과관계를 나타내는 접속사 사용
* 주로 '행동'을 나타내는 동사를 사용

설명문은 대개 과학, 지리, 역사, 사회과학 교과서에서 쓰임.

안내문instruction
* 안내문은 무엇이 어떻게 끝나야 하는지를 기술하기 위해 작성된다.

안내문의 구성
* 성취되어야 하는 것에 대한 진술
* 목표 달성에 필요한 재료/용품의 목록
* 목표 달성을 위한 일련의 단계

안내문의 특징
* 단순 현재 시제 또는 명령형 시제
* 순차적으로 배열
* 개인보다는 일반적인 집단에 초점을 맞춤
* 주로 행위·행동을 나타내는 동사를 사용

안내문은 보통 취급 설명서, 결제정보, 그리고 요리책에서 쓰임.
—Skills for life network(2008)

위해 점진적으로 발달한다는 점에서 장르는 목표 지향적이다. 그리고 의미는 단계적으로 만들어지고 필자는 목표를 달성하기 위해 한 단계 이상으로 나아간다는 점에서 장르는 단계적이다. 텍스트들이 같은 목적을 공유할 때, 그 텍스트들은 같은 구조를 공유할 것이므로 같은 장르에 속한다. 〈개념 2.8〉은 학교에서 핵심적으로 다루는 두 가지 장르의 구조, 목적, 특징을 보여준다.

이 접근법은 세 가지 방향 중에서 교육학적으로 가장 발달된 것으로, 호주에서 모어 사용자와 이주자들에게 막대한 영향을 주었다 (3장 2절 참조). 이 접근법은 성공적인 쓰기가 수사학적 구조와 문법에 대한 통제 이 두 가지 모두를 인식하도록 요구한다는 점을 상기시킨다. 그러나 이는 목표 지향법처럼 쓰기에서 분리한 오래된 문법이 아니라 장르의 특정 목표와 연결된 것이다(Hyland, 2004b).

〈인용 2.10〉 장르 기반 문법에 대한 지도

문법이란 텍스트를 생산하기 위해 한 언어 체계의 언어 사용자가 이용할 수 있는 자원을 일컫는 명칭이다. 화자나 필자가 언어를 사용할 때 암시적이고 무의식적이었던 문법적 지식이 언어를 의식적으로 조작하고 적절한 텍스트를 선택하는 것으로 바뀐다. 장르 중심 문법은 텍스트에서 언어 과정이나 장르가 변별적으로 구별되는 방식에 초점을 둔다. 글의 목적, 예상독자, 의미는 텍스트의 전체와 관련을 맺고 있는데, 장르 중심 문법에서는 우선 이러한 수준에서 텍스트가 어떻게 구조화되고 조직되는지를 고려한다. 다음으로 문단이나 문장과 같은 텍스트의 부분이 텍스트를 구성하기 위해 어떻게 구성되고 조직되고 부호화되는지를 고려한다.

—Knapp & Watkins(1994: 8)

(b) 특정 목적을 위한 영어(ESP)

이 접근법은 형식적인 특성과 장르의 의사소통적 목적을 강조하는 체계 기능 언어학을 따르지만, 장르를 협소한 개념으로 본다는 점에서 차이가 있다. 이 접근법에서는 장르를 문화적 관점에 따라 이용 가능한 자원으로 바라보는 것이 아니라, 특정한 담화공동체의 특징으로 간주한다.

〈인용 2.11〉 담화공동체와 장르

담화공동체는 회의 진행, 보고서 작성, 활동에 대한 홍보 같은 다양한 언어활동에 대해 공동체의 자체적인 관습과 전통을 형성해 왔다. 이렇게 반복적으로 이루어지는 의사소통 경험의 종류가 바로 언어생활을 조직화한 장르를 의미한다. 장르는 과거와 현재를 연결하고, 전통과 혁신 사이에서 힘의 균형을 맞춘다. 담화공동체는 광범위한 체계 내에서 개인의 역할을 구조화하고, 개인들이 의사소통 계획을 세우고 목적을 실현하는 데 도움을 준다.

—Swales(1998: 20)

ESP의 목적이 학술적 맥락과 직업적 맥락에서 쓰기 수행의 제약과 집단적 실천을 서술하는 것이라는 점을 고려할 때, ESP의 중심 아이디어는 사람들이 직업 집단의 구성원으로 행동하는 과정에서 텍스트로 쓰인 언어를 습득하고 사용하고 수정한다는 데 있다고 할 수 있다. 그렇다면 여기서의 장르는 구성원들이 의사소통 목적을 공유하는 특정 담화공동체에 의해 활용되는 의사소통 경험의 종류로 구성된다(Swales, 1990: 45~47). 이러한 목적은 장르의 근거가 될 뿐만 아니라, 장르가 구조화되는 방식을 형성하는 데에, 그리고 내

용과 문체의 선택을 형성하는 데에 도움을 준다. 이렇게 장르를 보는 것은 교육적 응용에 의해 동기화된 언어의 관점인데, 이러한 장르 설명 방식은 대학생과 직장인을 위한 방법과 자료에서 폭넓게 활용되어 왔다(Hyland, 2003; Johns, 1997; Swales & Feak, 2004).

아마도 가장 잘 알려진 ESP 장르 모형은 Swales(1990: 141~148)가 연구 논문의 서론을 다룬 서술에서 찾아볼 수 있다. 연구 논문의 서론은 연구자가 자신의 연구 결과를 정당화하기 위해 창조해 낸 연구 공간CARS, Create A Research Space이라고 할 수 있다.

〈인용 2.12〉 학술적 논문의 서론을 설명하는 Swales의 CARS 모형

차례 1 영역 수립
  1단계: 중심 역할 주장하기
  2단계: 일반화하기
  3단계: 선행 연구 검토하기
차례 2 역할 조성
  반대 주장하기, 차이 소개하기, 의문 제기하기, 또는 관례 따르기
차례 3 역할 수행
  1단계: 목적의 개요를 서술하기 또는 현재 수행하는 연구에 대해
      알리기
  2단계: 논문의 주요 결과에 대해서 알리기
  3단계: 논문의 구조를 나타내기

—Swales(1990: 141)

식물들이 빛과 영양분을 차지하기 위해 경쟁하는 것처럼, 연구 논문도 연구의 지위와 예상독자를 위해 경쟁한다. Swales(1990)에 따

르면, 이러한 상황은 논문의 필자로 하여금 세 가지 차례로 구성된 서론을 작성하도록 만드는데, 각각의 서론은 서로 다른 방식으로 표현될 수 있다. 첫째로 이미 알려진 선행 지식을 강조함으로써 독자의 관심을 끌고, 아래에 제시한 기계 공학 분야의 사례처럼, 이러한 선행 지식이 다소 불완전하다는 것을 보여줌으로써 현재의 연구가 필요하다는 점을 강조한다. 둘째 번 문장은 필자의 연구가 새롭다는 것을 입증하는 근거로 쓰인다.

(2) 강판은 여러 공학 구조물에서 흔히 사용된다(예, 선박의 갑판, 선박의 상부구조, 항공우주 구조물 등). 강판이 이렇게 광범위하게 쓰이고 있음에도 불구하고 그것의 작용 방식에 대해서는 알려진 것이 거의 없다.

다음으로 필자는 현재 논문에 대한 정확한 의견을 진술함으로써 '역할 수행하기'를 진행한다. 구조의 도식적 분석이 텍스트 이해에 매우 중요하다는 것이 알려져 있지만, 우리가 텍스트의 단위를 단일한 기능으로 가정하면 지나치게 단순화할 위험이 있다. Bhatia (1999: 2004)는 "사회적으로 인정된"것과 동시에 표현될 수 있는 간접적 목적, 또는 '사적인 의도'를 지적하였다. 제안된 구조에는 분석한 사람의 의도가 반영될 수 있다는 문제도 있다. 이는 구조가 품고 있는 언어적 특징 및 그러한 텍스트를 사용하는 사람들의 해석이라는 두 가지 측면에서 신중히 타당화할 필요가 있음을 강조한다 (Crookes, 1986). 이후 점차적으로 분석가들은 어떤 텍스트 전체 또는 일부를 규정하는 것처럼 보이는 특성을 식별하기 위해 일반적으로 단계화하는 것 이상으로 나아갔다. 한 연구에 따르면, 학술적 텍스트에서 거리두기, 명령문의 중요성, 그리고 '~ 관해, ~을 하는 과정 중에, ~와 부합하게'는 법률 텍스트를 나타내는 경향이 있는 반면, '~의 결과로서, ~에 주의할 것, ~확인할 수 있는 것처럼'과 같은 단어 결합은 학술적 장르에 속하는 텍스트를 식별하는 데 도움을 준다(Hyland, 2008).

장르의 특징에 대한 연구는 언어활동이 어떻게 직관에 의한 이해를 대체하고 수업 활동에 정보를 제공하는지에 대한 가치 있는 정보를 제공해 주었다. ESP에서 사용되는 지도법은 체계 기능 언어학SFL의 지도법보다 훨씬 다양하고 특정 목표 집단에 맞춰져 명확한 편이지만, 학생들에게 다양한 장르를 제공하는 것과 학생들의 장르 수행에 이것을 반영하도록 요구하는 것을 매우 강조한다는 특징이 있다. 이 방법은 학생들이 글로 써야 하는 장르의 수업 분석을 통해, 일반적으로는 텍스트의 비교나, 혼합 장르 포트폴리오의 구성을 통해 수사학적 의식의 증가를 강조한다(Johns, 1997; Swales & Feak, 2000).

(c) 신수사학

이 접근법은 장르를 유동적이면서도 명료하지 않아 지도하기 어려운 대상으로 보았던 앞의 두 접근법과는 차이가 있다. 이 접근법에서는 장르가 발달하고 차이를 드러내는 방식에 큰 관심을 두고 있는데, 이것은 장르의 개념에 대한 더욱 더 잠정적인 이해를 이끌어낸다(Freedman & Medway, 1994). 신수사학은 장르의 형식보다 그 형식을 완수해 내는 행위에 더 집중한다. 따라서 수사학적 관습을 서술하기보다는 텍스트와 맥락 간의 관련성을 탐색하는 질적 연구 방법을 사용하는 경향이 있다(Miller, 1984).

> **〈인용 2.13〉 신수사학적 장르에 대한 Coe의 견해**
>
> 장르는 텍스트 유형과 수사학적 상황 사이의 동기화된 관계이자
> 기능적인 관계이다. 다시 말해서, 장르는 텍스트 유형도 아니고 상황
> 도 아니며, 텍스트 유형과 상황 유형 사이의 기능적인 관계이다. 텍스
> 트 유형은 그들이 운영되고 되풀이되는 상황에 효과적으로 대응하기
> 때문에 지속된다.
>
> —Coe(2002)

신수사학 연구에서는 장르의 역사적인 진화(Atkinson, 1999b), 과학
기사 쓰기에서 수정하기의 과정과 비평가들에 대응하기(Berkenkotter
& Huckin, 1995), 다른 목적을 지니고 새로운 맥락으로 장르를 전환하
는 사회적 영향력(Freedman & Adam, 2000), 직장에서 사용되는 장르
에 대한 연구(Pare, 2000; Dias et al., 1999)와 같은 문제를 고찰한다.
신수사학은 장르 교육에 대해 독특한 관점을 지니고 있다. 신수사학
에서는 ESP와 체계 기능 언어학을 비판하는데, 그 이유는 ESP와 체
계 기능 언어학이 복합적이고 역동적 맥락으로부터 장르를 추상화
하고(Freeman 1994), 장르가 실제적으로 쓰이는 상황 이외의 장르에
대한 연구를 탐색하고(Bleich, 2001), 장르를 필자가 이미 알고 있는
특징으로 한정하는 접근법(Bazerman, 2004)이라고 보았기 때문이다.
　장르는 매우 불안정하고 학교 환경은 장르 형식을 지도하기에는
매우 인위적이지만, 학생들은 실제 활용 상황에서 장르를 관찰할
수 있는 기회를 제공받아야 한다. '소규모 민족지학적 연구'를 통해
자신을 스스로 관찰하거나, 공동체의 특정한 사건을 집중적으로 탐
색하는 방법을 바탕으로 학생들은 능동적으로 각각의 강의에서 적

어도 하나의 장르를 익혀야 한다(Devit et al., 2004). 그러므로 장르 분석과 관찰 및 면담을 연결한 쓰기 수업은 학생들이 언어 사용을 위한 실제적 맥락에 접근할 수 있는 기회를 제공해 준다.

<인용 2.14> 신수사학에서 텍스트 장르를 가르치는 것에 대한 Mary Jo Reiff의 설명

첫 번째 과제로서, 나는 학생들에게 현장에서 연구를 수행하게 하였고 참여자들과 그들의 상호관계를 관찰하고 기술하였다. 다음 과제에서 학생들에게 그 장소에서 나타나는 언어 사용 패턴과 장르의 사용을 분석하도록 했다. 세 번째 과제를 위해, 학생들은 공동체의 구성원들을 인터뷰하였고, 이는 이전의 연구들을 통합한 최종적인 민족지학적 프로젝트가 되었다. 학생들이 단체의 소식지나 회사의 직원 매뉴얼을 검토하는, 민족지학적 탐구의 중심점인 장르 분석하기는 그들의 의사소통 행동과 맥락을 연결하고 수사적 행동이 어떻게 사회적 행동의 양식과 불가분하게 연결되어 있는지를 학생들에게 설명할 수 있게 해 준다.

—Johns at al.(2006)

다시 말해, 이 접근법의 강조점은 장르의 맥락적 특성에 대한 학생들의 인식 향상과 그것을 활용하는 공동체에 주목하는 것이다 (Bazerman, 1998: 323). 이것은 텍스트에 생명력을 부여하는 사회 맥락에 대한 지식이며 공식적 양식보다 더욱 중요하다. 그런데 여기에서 잊지 말아야 할 점은 장르의 유연성을 과대평가하지 않아야 한다는 것이다. 장르는 많은 사람들이 큰 관심을 기울이고 있으므로 매우 천천히 변화하고, 개인의 자격으로, 특히 그 개인이 학생이라면 조절할 수 있는 범위가 매우 제한적이다.

신수사학 지지자들은 우리로 하여금 장르 간의 차이를 인식하도록 주의를 주었다는 점에서는 옳았다. 장르 간의 차이를 분석한 연구에 따르면, 장르 간에는 중복이 발생하기도 하고 순서가 뒤섞이는 일이 일어나기도 하여, 우리가 기대하는 것보다 훨씬 더 균질적이지 못하다. 그 이유는 필자가 선택 가능한 요인 중에서 서로 다른 것을 선택했기 때문일 수도 있고, 지역적 공동체가 일반적인 구조를 무시하고 특정한 용법을 취했기 때문일 수도 있다.

좀 더 중대한 차이는 상호 담론적 결과(또는 다른 장르의 관습 활용), (취업 공고에서 어떤 기관의 광고처럼) 상업 판촉과는 무관한 장르에 판촉적인 요소가 증가하거나, (지방 정부 관청의 편지처럼) 공식적인 장르에서 '합성적 개인화synthetic personalisation'가 증가하는 결과에서 비롯된다(Fairclough, 1995). 이러한 방식의 혼합 장르는 장르의 명확한 구분, 때로는 공동체에서 새로운 장르라고 인정한 것의 구분마저도 모호하게 만든다(예를 들어, 교육용으로 제작된 오락 프로그램, 기사 형태로 작성된 광고, 다큐 형식의 드라마 등). 결론적으로 장르는 우리가 사회 세계를 이해하는 방식이자 사회와 세계에 참여하는 방식이며, 언어의 단일한 활용을 인식할 수 있는 능력이 아니라, 우리가 텍스트를 쓰는 맥락에 따라 우리의 선택을 조정하는 능력이다.

2.6. 쓰기와 정체성

최근 연구에서는 쓰기와 필자의 정체성 간의 밀접한 관계를 강조하고 있다. 넓은 의미에서 '정체성'은 '사람들이 서로에게 내보이는 방식'(Benwell & Stokoe, 2006: 6), 즉 절한 언어적 자원을 통해서 성취한 사회적 수행을 일컫는다. 그러므로 정체성은 우리가 관여하는 텍스트와 우리가 하는 언어적 선택 모두에 의해 구성되는 것으로 보인다. 이에 따라 정체성은 사적 영역에서 공적 영역으로, 암묵적인 인지 과정에서 담화의 사회적 구성 및 역동적 구성으로 변화한다. 다시 말하면 이러한 관점은 담론 뒤에 완벽하고 불변하는 자아가 숨겨져 있다는 생각에 이의를 제기하고 정체성은 곧 언어적 자원을 활용한 사회적 수행이라는 점을 주장하는 것이다. 우리는 특정 사회 집단의 구성원으로서 자아를 구성함으로써 '정체성의 활동'을 수행하므로, 정체성은 우리가 '행하는' 무엇이지 우리가 '가지고' 있는 무엇이 아니다. 사실, 우리가 말하고 쓰는 거의 모든 것이 우리 자신에 대해, 그리고 우리가 다른 사람들과 맺고자 하는 관계에 대해서 말해준다.

Bloemmaert(2005)가 지적한 것처럼, 우리의 정체성은 오직 다른 사람에 의해 인식되는 범위 내에서만 지위를 얻을 수 있다. 그러므로 우리의 정체성은 우리가 직면하는 현존 담화를 채택하고 활용하고 변형하는 것을 통해 드러난다(Bakhtin, 1986). 필자들은 무한대로

〈개념 2.9〉 쓰기와 정체성

정체성에 대한 최근의 시각에 따르면, 정체성은 필자가 담론에서 취하는 선택을 통해 사회적으로 정의되고 협의된 다원적인 개념으로 정의된다. 필자의 선택은 부분적으로는 공동체에서 특권을 가진 문해의 지배적 이념에 의해 영향을 받고, 부분적으로는 필자의 개인적, 사회·문화적 경험에 따른 결과로서 필자 자신의 해석에 의해 영향을 받기도 한다. 따라서 정체성은 맥락에 따라 필자가 채택한 '자아', 공동체와 필자의 연결 과정, 그리고 공동체에 제도적으로 새겨져 있는 강력한 관계에 대한 필자의 반응과 관련되어 있다.

펼쳐진 가능성을 바탕으로 자신을 표현하는 것이 아니다. 단지 이용 가능한 문화적 자원 중의 일부를 선택하여 표현하는 것일 뿐이다. 그러므로 우리가 정체성을 수행하는 방식은 문해 사건의 관습적 행위와 참여자들이 이전에 겪은 문화적 경험, 가치, 신념 간의 상호작용과 관련되어 있다.

그러므로 '정체성'은 표현주의 문학에서 말하는 필자의 '목소리'라는 개념과 구별될 필요가 있다. 필자의 목소리는 다양한 의미와 함축이 들어있는 복합적인 개념이며, 근본적으로 필자의 독특한 개성, 즉 필자가 텍스트에 남기는 개인적인 흔적을 뜻한다(Elbow, 1994). 이러한 관점을 따르는 쓰기 교사들은 필자의 개인적 권한 행사에 가치를 두고 있으며, 글을 쓰는 학생들이 '그들 자신만의 고유의 목소리를 발견'하고 자신의 글에 자기만의 표현을 달성하도록 촉구한다. 다시 말해서 이러한 관점에 따르면 정체성은 개인적 자아의 구현으로 정의된다. 정체성을 개인적 자아의 구현으로 보는 인식적 경향은 주류 서구 문화에 깊이 박혀 있으며, 집단주의 문화권에서 온 ESL 학생들의 의사소통적 규범과는 대조를 이룬다(Ramanathan & Atkinson, 1999a).

텍스트에 드러나는 필자의 개인적 자아를 강조하는 정체성의 개인적 관점과 달리, 사회적인 관점에서는 정체성은 사회에 위치해 있다고 보고, 정체성을 공동체 구성원으로서 글을 쓸 때 필자가 구성해 내는 역할, 그리고 '예상독자에 대한 필자의 표상, 주제, 맥락의 다른 요소'로 정의한다(Cherry, 1988: 269). 이러한 사회적 관점에서는 필자의 공동체 구성원으로서의 자격membership이 텍스트에 반영되어 있는 수사학적 흔적을 정체성으로 간주한다. 여기에서 말하는 공동체 구성원으로서의 자격이란, 공동체의 내부자로서 세상을 인식하는 방식에 대한 사회적 약속이자, 그 인식을 다른 사람에게 표현하는 방식에 대한 사회적 약속이다.[11]

우리는 공적인 삶의 영역에서 가게 주인, 회사 간부, 인지심리학자로서 상호 거래에 필요한 담론을 이용하여 글을 쓰면서 우리 자신의 직업적 역할을 드러내고 직업적 정체성을 표현한다. 그러므로 이러한 관점의 정체성은 쓰기가 어떻게 특정 문화의 담론적 특징과 인식론적 특징을 채택하는지에 관심을 두고 있다. 다시 말하면, 사회적 관점의 정체성은 필자가 자신의 내적 정서를 어떻게 표현하는지, 그리고 공동체의 구성원으로서 필자가 말하고 싶어 하는 권리를 어떻게 표현하는지에 관심을 두고 있다.

〈개념 2.10〉 공동체 구성원으로서의 자격(Membership)

공동체 구성원으로서의 자격은 공동체의 유기적인 구조, 현재의 관심사, 수사학적 실천을 인식하고, 복제하며, 제한된 범위 내에서 혁신할 수 있 필자의 능력을 일컫는다. 공동체 구성원으로서의 자격은 필자가 내부자로서 자신의 지위를 투영해 내기 위해 글의 인상을 조절하는 관습을 포함하며, 공동체가 제공하는 이러한 특징적 관습을 공유하는 것을 포함한다. 우리는 주제를 선택하고 탐색하는 상호텍스트적인 지식을 바탕으로 동료에게 표현하는 능력, 공유된 지식을 언급하고, 우리의 내용과 독자와 상호작용하고, 전문 용어를 사용하는 방식을 통해 동료에게 표현하는 능력이 공동체 구성원으로서의 자격이라는 점을 주장하였다. 그래서 당신이 회계사, 물리학자, 프로그램 제작 관리자로서 글을 쓴다면, 이것은 공동체가 용인한 적절한 담론 형식을 채택하여 당신이 속한 공동체 내에 당신의 위치를 자리매김한다는 것을 의미한다.

---

11) (옮긴이) 공동체의 구성원이라면 공동체가 요구하는 사회적 약속을 따라야 한다는 뜻이다. 이것을 따를 때 공동체 구성원으로서의 자격이 유지된다.

어떤 맥락에서 하나의 담론이 지배적일 수 있고, 이런 이유로 인해 그 담론이 더욱 더 잘 드러난다. 그래서 필자는 의식적으로든 무의식적으로든 이러한 특권적 담론을 이용 가능하게 만들어 주는 주체적인 선택을 활용하게 된다(Wertsch, 1991). Scollon & Scollon (1981)은 교육에서 특권화되어 있는 특정 문해 활동을 일컬어 '에세이스트 문해essayist literacy'이라는 용어를 사용한 바 있다.

대학에서는 필자가 자기 자신을 익명화하는 방식과, 합리적, 객관적, 비사교적으로 진리를 탐구하는 방식의 쓰기를 적용하는데, 학생들은 바로 이러한 방식을 따르도록 지도를 받는다. 에세이스트 문해의 단계로 들어서면, 필자는 명료성이라든가, 논의하는 주제에 대한 공감을 포기해야 하고, 어떤 학술적 변화를 역동적 과정으로 표현하는 우를 범하지 말아야 한다. 대신 필자들은 추상적인 대상과 그 관계를 논의할 수 있는 능력을 얻게 되고, 자신이 속한 학문의 관점에 따라 대상을 평가·수량화·범주화할 수 있는 능력을 얻게 된다. 그런데 이러한 능력의 획득은 바로 그 능력의 획득을 가능하게 해 주는 문해 활동의 가치를 학생들이 인식할 때, 그리고 그것을 가능하도록 도와주는 교사의 가치를 학생들이 인식할 때에만 가능하다.

학생들은 자신이 작성하는 텍스트에서 개인적 입장 표현을 제약하는 학술적 관습이 있다는 사실을 깨닫곤 한다(Hyland, 2002). 이와 관련하여 Ivanic(1998: 9)의 지적을 살펴보자.

대학 같은 고등교육 기관에서 소외감을 느끼거나 자신이 충분히 좋은 평가를 받고 있지 못하다고 느끼는 학생들이 종종 있다. 이 학생들은 이러한 상황으로 인해 정체성이 위협을 받지만, 다음과 같은 두 가지 방식으로 반응하기도 한다. 하나는 자신이 진입하려고 하는 공동체의 확립된 가치나 맥락을 수용하기 위해 노력하는 것이고, 다른 하나는, 좀 더 급진적인 방법인데, 공동체의 지배적인 가치와 실천적 활동에 이의를 제기하고 도전하는 것이다.

이러한 상황에서 학생들은 자신이 어떤 존재가 될 것인지에 대해 확신이 없으며, 자신이 텍스트를 구성하는 것이 아니라, 오히려 텍스트에 의해 자신의 정체성이 구성된다고 느낀다. 우리는 정체성을 부문별하게 채택하지 않는다. 필자가 속해 있는 공동체는 단지 하나만 있는 것이 아니다. 하나가 아니라, 오히려 여러 공동체에 속해

〈개념 2.11〉 필자의 정체성에 대한 Ivanic의 견해

1. '자서전적 자아'는 필자를 쓰기 행위로 이끄는 자아로서, 필자 개인의 삶의 역사에 의해 사회적으로 구성되거나 제한된다. 여기에는 필자의 생각, 의견, 믿음, 책무와 같은, 필자의 입장이 포함된다. 텍스트의 인용 자료에 대한 필자의 평가, 글을 쓰기 위해 선택한 주제에 대한 필자의 평가에서 이러한 자아가 잘 드러난다.
2. '담론적 자아'는 필자가 의식적으로든 무의식적으로든 텍스트에서 자기 자신을 표현하는 인상이다. 이것은 필자가 자신을 어떻게 그려내는가의 측면에서 보면 필자 자신의 목소리와 관련이 있다. 필자가 구성원으로서의 자격을 드러내기 위해 담화 관습을 채택하여 글을 쓰는 상황에서 잘 드러난다.
3. '작가적 자아'는 필자가 자신이 쓴 것에 대한 권위의 정도를 스스로 보여준다. 필자가 텍스트에 침범하고 자기 자신을 내용의 원천으로 주장하는 것이다. 이러한 자아는 인칭 대명사의 사용이나, 논쟁과 주장에 기꺼이 나서는 정도를 보면 잘 드러난다.
   —Ivanic(1998), Ivanic & Weldon(1999) 참조.

있다. 그 결과, 필자의 책무와 경험은 중복되기도 하고 상충되기도 한다. 성별, 사회적 지위, 나이, 종교, 민족성, 지역적 배경 등 사회·문화적 요인은 우리의 경험에 매우 중요한 측면인데, 이러한 요인은 우리의 권위적 정체성을 드러내는 데 도움을 준다.

필자가 자기 스스로를 표현하고 발견하는 방식은 Ivanic가 탐구해 온 담론적 정체성 구성에 근거를 두고 있다(Ivanic, 1998; Ivanic & Weldon, 1999). Ivanic은 필자의 정체성이 쓰기 맥락에서 이용할 수 있는 원형적인 '자아의 가능성'에 의해 사회적으로 구성된다고 주장하였다. 이것은 어떤 텍스트를 작성할 때 실제 필자가 가지는 정체성의 세 가지 불가분한 측면이 있다.

이것은 글을 쓰는 장면에서 제도의 담론과 개별적 필자가 만날 때 발생하는 긴장 상태를 강조하는 정체성에 대한 역동적인 관점이다. 특정 장르의 관습과 쓰기의 어떤 행동을 둘러싼 수행에 의해 구성되는 지배적 학문, 전문성, 성별 또는 정치적 정체성에 의해 사람들은 제약을 받지만 이것이 확정적인 것은 아니다. 우리는 지배적 정체성을 따르게 하는 압력에 저항할 수 있는 잠재력을 수반하는 쓰기 행동의 다양한 가능성을 모두 살펴보았다.

2.7. 결론

이 장에서는 현재의 쓰기 연구와 이론에 관한 중요한 문제를 검토하였다. 이것은 필수적인 내용이어서 선택되었다고도 볼 수 있지만, 나는 이 주제가 최근 매우 큰 관심을 끌고 있을 뿐만 아니라, 텍스트와 쓰기에 대한 현재의 연구 성과를 가장 잘 설명할 수 있다는 점, 그리고 이 주제가 우리가 도달한, 쓰기에 대한 최근의 이해를 반영하고 있다는 점에서 이것을 선택하였다.

다시 한 번 말하지만, 나는 쓰기가 단순히 인지적이고 개인적인 행위가 아니라, 사회적이고 상호작용적 행위라는 점을 강조해 왔다. 텍스트는 생산 과정과도 분리할 수 없고, 궁극적으로 텍스트를 만들어 내는 해석과도 분리할 수 없다. 다음 장을 보면 알겠지만, 쓰기 지도 및 쓰기 연구에서는 이러한 관점을 점점 더 반영하는 방향으로 변화해 왔다.

Clark, R. & Ivanic, R.(1997). *The Politics of Writing*(London: Routledge). 이 자료는 필자의 정체성, 필자와 독자의 관계에 대한 쟁점을 집중적으로 논의하고 있다.

Barton, D. & Hamilton, M.(1998). *Local Literacies: Reading and Writing in One Community*(London: Routledg). 이 자료는 사회적 문해 활동의 주요 쟁점을 명료하게 설명하고 있는 탁월한 연구서이다. 이 쟁점의 개요를 파악하는 데 도움을 얻을 수 있다.

Block, D.(2007). *Second Language Identities*(London: Continum). 이 자료는 서로 다른 제2언어 학습 맥락에서 정체성이 왜 문제가 되는지를 밝힌 연구서이다.

Bloch, J.(2008). *Technologies in the Second Language Composition Classroom*(Ann Arbor, MI: Univ. of Michigan Press). 최근 정보 통신 기술을 활용하여 쓰기를 지도하려는 교사가 늘고 있는데, 이 자료는 이들에게 도움을 주기 위해 집필된 매우 유용한 연구서이다.

Casanave, C.(2004). *Controversies in Second Language Writing*(Ann Arbor, MI: Univ. of Michigan Press). 이 자료는 제2언어 쓰기 지도의 핵심적인 문제를 논의하고 있는 연구서이다.

Connor, U.(1996). *Contrastive Rhetoric*(Cambrideg: CUP).[12]

Hyland, K.(2004). *Genre and Second Language Writers*(Ann Arbor, MI: Univ. of Michigan Press). 이 자료는 장르의 개념적 변화를 살펴보고, 영어를 제2언어 또는 외국어로 학습하는 학생들에게 쓰기를 지도하는 교사들이 장르를 어떻게 활용하는지를 개관하고 있는 연구서이다.

Kress, G. & van Leeuwen, T.(2006). *Reading Images: the Grammar of Visual*

---

12) (옮긴이) 소개하는 글이 제시되어 있지 않다.

Design(2nd edition)(London: Routeldge).[13]

Johns, A. M.(ed.)(2002). *Genre and the Classroom*(Mahwah, NJ: Erlbaum). 이 자료는 쓰기 수업에서 장르를 활용하는 것과 관련된, 이론적 및 실제적 문제를 폭넓게 다루고 있는 연구서이다. 이 자료는 여러 연구자의 논문을 선별하여 묶었다.

---

13) (옮긴이) 여기에도 소개하는 글이 제시되어 있지 않다.

3장 연구 기반 쓰기 강의

이 장에서는
- 연구가 네 가지 영어[1] 강의 지도에 어떻게 기여하는지 제시하고,
- 이 강의의 지도 방법, 학습 자료, 이론적 전제를 검토하며,
- 각 강의가 제1장에서 설명했던 주요 방향을 어떻게 반영하고 있는지 살펴볼 것이다.

3.1. 연구와 쓰기 교육

앞의 1장과 2장에서 여러 가지 연구 관점에 따라 쓰기 지도가 어떻게 영향을 받는지를 살펴보았다. 필자에 대한 연구를 통해서, 우리는 의미 구성이 비선형적이고 목표 지향적이라는 점, 학생들은 표현 전략과 수정 전략을 통해 글을 쓸 때 도움을 얻을 수 있다는 점을 알 수 있었다. 텍스트에 대한 연구를 통해서는 형식적 언어의 가치와 언어 유창성의 긍정적 영향을 알 수 있었다. 텍스트에 대한 연구는 어휘적 선택과 문법적 선택, 그리고 담화 구조를 바탕으로

---

1) (옮긴이) 이 책에서 말하는 '영어'는 우리나라의 '국어'(제1언어) 또는 '한국어'(제2언어)에 해당한다. 원문에 따라 '영어'라고 번역하였지만, 의미는 '국어'나 '한국어'로 이해하는 것이 적절하다.

언어 지식과 언어 관계의 부호화가 중요하다는 것을 일깨워 주었다. 독자에 대한 연구를 통해서 우리는 독자 관점, 상호작용적 전략, 공동체 특유의 텍스트 관습에 대한 적정한 고려가 중요하다는 점을 알 수 있었으며, 비판적 담화의 연구를 통해서는 대상 담론의 구체적인 형식을 의미 구성의 권위적인 (그리고 경쟁적인) 방식으로 간주할 필요가 있음을 알 수 있었다.

쓰기 연구가 수업 활동에서 겪는 모든 문제를 해결할 수 있는 만능적인 방법을 제공해 준다거나, 비법과 같은 유일한 쓰기 지도 방법을 알려주는 것이 아니다. 교사들이 쓰기를 지도할 때 쓰기의 요인 중 오직 한 가지에만 매달린 적도 없었고, 교사의 신념이나 지도 맥락이 다양하다고 해서 배경이 다른 접근법을 혼합하여 지도하는 것이 보편적인 원리로 간주되었던 적도 없었다.

학생들의 선행 경험과 미래 요구(예를 들어, 여러 가지의 자원, 지식, 선호 등), 교사의 전문성(관점이나 방법론의 특징 등), 당면한 사회적 맥락에 대한 쓰기 강의의 관련성은 상황마다 모두 다를 수 있다. 우리는 쓰기 연구의 핵심 내용을 학습에 단순히 적용할 수는 없지만, 수업을 결정할 때에는 쓰기가 무엇이며 사람들이 쓰기를 어떻게 배우는지에 대한 이론이나 신념에 의존할 수밖에 없다.

우리는 항상 학생들에게 이론을 적용할 필요가 있다. 그리고 학생들이 문화적 경험 및 사회적 경험에 따라 구성한, '좋은 글'에 대한 자기 나름대로의 생각을 가지고 있을 것이라는 점을 기대할 필요가 있다. 학생들이 외국어로 글을 쓰거나 익숙하지 않은 장르로 글을 쓸 때 특히 이러한 기대가 요구된다. 이러한 인식에 따르면, 학생들이 글을 잘 못 쓰는 현상은 학생 개인의 실패가 아니라, 새롭게 목표로 삼은 공동체의 관습을 다루는 데 어려움을 겪고 있음을 뜻한다. 이러한 관점은 영어가 제1언어가 아닌 학생들을 지도할 때 특히 중요하다.

<인용 3.1> 영어가 제2언어인 학생의 배경

대학에서 영어를 제2언어로 학습하는 학생들에게 기대하는 사항을 명료하게 결정하기가 어렵기 때문에 우리는 그 학생들이 써 낼 수 있기를 바라는 글을 예시하곤 한다. 우리는 이 학생들의 선행 경험이 무엇인지를 밝혀내야 한다. 배경이 다르다면, 학생들은 각기 다른 접근법을 요구할 것이기 때문이다. 예를 들어 보자. 일본 학생과 아랍 학생에게 표현적인 글을 쓰도록 지도하기 위해 예시문을 제시한다고 할 때, 이 학생들의 배경에 맞는 방법을 적용해야 한다. 논증을 가르칠 때에도 아랍 학생과 일본 학생에게 각기 다른 접근법을 적용해야 한다.

—Liebman(1992: 157~158)

성공적으로 쓰기를 지도하려면 인지 요인과 사회 요인 모두가 중요하다는 점을 인식해야 한다. 성공적으로 쓰기를 지도하는 교사들은 학생들에게 적절한 주제를 제공하고, 동료와의 협력을 권장하며, 다양한 종류의 모둠 활동을 결합할 수 있도록 돕는다. 그래서 교사들은 쓰기 워크숍에 주목하곤 하는데, 그 이유는 쓰기 워크숍이 학생이 현재 작성 중인 텍스트에 대해 동료와 대화하거나 동료의 지원을 받을 수 있는 기회를 제공해 주기 때문이다. 많은 교사들이 학생들에게 특정 맥락의 제약이나 특정한 독자의 요구에 따라 텍스트를 어떻게 구성해야 하는지를 조언하면서 다양한 상황에서 적용할 수 있는 쓰기 전략, 즉 브레인스토밍, 초고 쓰기, 수정하기를 지도한다.

이러한 지도 방법을 통해서 우리가 알 수 있는 것은 다음과 같은 사실이다. 학생들은 글을 쓰는 활동을 통해서 쓰기를 학습하지만, 그렇다고 해서 아무 글이나 쓰게 하는 것은 의미가 없다는 점이다. 학생들이 쓰는 글은 학생들이 참여해야 하는 글의 장르와 맥락에 관련된 것이어야 한다. 이를 통해서 독자에 대한 관심이 필수적이라는 점, 교사 및 동료의 피드백과 적절한 독서가 특정한 독자의 기대를 예측하는 데 도움이 된다는 점을 알 수 있다(Grabe, 2003; Johns, 1997).

　이론과 연구는 교육적 실제를 형성하는 데 큰 영향을 미친다. 그러므로 쓰기 연구가 쓰기 교육에 어떻게 기여하는지를 살펴보는 것은 우리의 교육적 실제를 향상시키는 데 도움을 준다. 이 장에서는 쓰기와 학습에 대한 여러 가지 개념이 어떻게 쓰기 지도 활동에 영향을 미치는지를 보여주는 사례를 제시하고자 한다. 이 절은 연구와 이론에 의해 제기된 몇 가지 쟁점을 개관하고, 매우 큰 차이를 보이는 뉴질랜드, 오스트레일리아, 파푸아뉴기니, 영국의 쓰기 강의의 사례를 살펴보고자 한다. 이를 통해서 쓰기 지도 및 학습의 맥락에 따라 쓰기 지도가 어떻게 다른 영향을 미치는지를 알아볼 수 있을 것이다.

3.2. 쓰기 기초 강의: 실제 과정

이 첫 번째 사례는 앞의 1.2에서 논의했던 것처럼, 쓰기 교육의 과정 연구 및 수사학적 연구를 적용한 것이다. 뉴질랜드 대학생들의 학술적 글쓰기 능력 발달을 돕기 위해 설계된 쓰기 기초 강의 (Writ 101)[2]는 핵심 과제를 통해 장르와 의미 구성에 대한 인식을 높여가면서 쓰기의 개인적·사회적·회귀적 특성을 명료하게 이해할 수 있도록 하고 있다. 이 강의는 내용 생성하기, 초고 작성하기, 초고 수정하기, 다양한 텍스트에 반응하기의 기능 발달을 촉진한다는 미명 아래 형식과 장르에만 초점을 맞추는 협소한 태도를 거부하고, 쓰기가 필자와 독자를 중재한다는 관점을 적극적으로 수용하고 있다. 이 강의는 텍스트의 구조를 강조하며 독자에 대해서는 구성주의적 관점을 따르고 있지만, 강의의 주요 자원은 여기에 머물지 않고 쓰기를 문제 해결 과정으로 본 Flower의 관점, 사전 쓰기, 수정하기, 동료 반응을 강조한 Elbow의 관점, 쓰기를 학습의 수단으로 본 Murray의 관점을 모두 아우르고 있다(Holst와 나눈 개인적인 대화). 이 강의가 주는 교육적 의의는 초보 필자들이 전문 필자들의 모습을 따라올 수 있도록 내용 생성 전략, 다양한 초고 쓰기 및 수정하기를 지도할 수 있다는 것이다.

---

2) 쓰기 기초 강의(Writ 101)에 대한 정보와 자료를 제공해 준 빅토리아 대학의 Janet Holst 에게 감사를 표한다. 쓰기 기초 강의 교재인 'Writing English'(Holst, 1995)는 뉴질랜드 웰링톤에 있는 빅토리아 대학교 출판부에서 구입할 수 있다.

<개념 3.1> 쓰기의 과정적 관점

- **쓰기는 문제 해결 과정이다**: 필자는 쓰기 과제에 제시된 수사적 문제를 해결하기 위해 내용 생성 전략 및 광범위한 계획하기를 활용한다.
- **쓰기는 생성적이다**: 필자는 글을 쓰면서 아이디어를 탐색하고 발견한다.
- **쓰기는 회귀적이다**: 필자는 글을 쓰면서 자신이 쓴 글을 끊임없이 검토하고 수정한다. 어떤 경우에는 초안을 여러 편 반복적으로 작성하면서 최종본을 완성한다.
- **쓰기는 협력적이다**: 필자는 다양한 경로로 제공되는 피드백에서 도움을 얻는다.
- **쓰기는 발달적이다**: 최종 결과물로만 필자를 평가해서는 안 되며 발달 정도를 함께 평가해야 한다.

접근법

쓰기 기초 강의는 학생들이 자신의 쓰기 경험을 대학 학과 공부의 요구로 연결하도록 함으로써 전공, 쓰기 능력 수준, 학년을 불문하고 모든 학생들이 선택할 수 있게 한 과목이다. 그래서 이 강의에서는 자서전 쓰기에서 시작하여 학생들이 배경 지식을 활용하여 쓸 수 있는 주제로, 여러 가지 자료를 활용해서 써야 하는 주제로 확대해 나간다. 이러한 체제는 교사를 위한 쓰기에서 점점 동료를 위한 쓰기, 잘 알지 못하는 공적인 독자를 위한 쓰기로 진행되는 것과 비견할 만하다.

쓰기 기초 강의는 학생들을 계획하기, 초고 쓰기, 검토하기, 평가하기, 수정하기의 회귀적 과정에 참여하도록 함으로써, 그리고 학생을 지원하는 환경을 제공하고 다양한 피드백의 활용에 학생들을 참여하도록 함으로써(Raimes, 1987) 수업을 과정 중심으로 운영한다

(Holst와 나눈 개인적인 대화). 이 강의에서는 학생들이 글을 작성할 때 정확성과 완결성을 성취해야 한다는 부담에서 벗어날 수 있도록 하는 데에 역점을 두고 있다. 과정 중심 쓰기에 대한 강조는 쓰기 기초 강의 교재인 〈Writ 101: Writing English〉의 서문에서 잘 파악할 수 있다(Holst, 1995).

〈인용 3.2〉 쓰기 기초 강의

다른 기능을 배우는 것처럼, 쓰기 학습에서도 지도와 활동 수행, 그리고 비판적 피드백은 중요하다. 쓰기 기초 강의에서 '지도'는 강의, 워크숍 활동, 교재를 통해 제공된다. '활동 수행'은 워크숍에서 과제 해결을 위한 활동으로 이루어지고, '비판적 피드백'은 동료 평가에 참여하는 동료나 과제 수행을 점검하는 교사가 제공해 준다. 학급 동료의 글이나 자신이 쓴 글을 수정하면서 글을 비판적으로 보는 방법을 효과적으로 배울 수도 있다. 무엇보다도 이 강의에 참여하는 당신은 글을 쓰는 활동을 통해서 자신의 의사를 효과적으로 전달하는 방법을 익힐 수 있을 것이다.

—Hoist(1995: v)

구조

이 강의는 주당 1시간의 강의와 3시간의 워크숍으로 구성되며, 한 학기 14주 동안 진행된다. 이 강의는 쓰기 과정 및 필자로서 자기 자신의 수행에 주목하게 하는 것으로 시작된다. 이 강의에서는 Elbow 나 Murray와 같은 능숙한 필자들이 남긴, 자기 자신의 쓰기에 대한 비평을 먼저 토론한 후에 내용 생성, 초고 작성, 수정의 기능을 수행하는 데에로 넘어간다. 이 강의를 지도하는 교사는 학생들에게 쓰기

〈개념 3.2〉 쓰기 기초 강의의 단계

- **쓰기 전 활동**: 브레인스토밍, 자유롭게 쓰기, 다발 짓기, 주제 분석, 조직하기, 계획하기
- **쓰기**: 초고 쓰기, 방법 제시하기
- **편집하기**: 무의미한 어구 자르기, 문장 보강하기, 문체 개선하기
- **고쳐 쓰기**: 중심 내용과 구조 확인하기, 다양한 수준에서 수정하기, 동료 피드백, 발표를 위한 텍스트로 각색하기
- **출판하기**: 교정하고 다듬기, 최종본 평가하기, 출판하기

수행의 점검을 위한 쓰기 과정 일지를 작성하게 하여 이 강의가 가지고 있는 예비적이고 반성적인 접근을 준비하게 한다.

이 강의에서는 학생들에게 쓰기 과정의 이해를 도모한 후에 글에 대한 반응 방법, 좋은 글의 특징 파악 방법, 동료 수정 방법을 지도한다. 이 강의에 참여한 학생들은 내용, 목적, 독자, 형식을 갖춘 정도, 문장 길이, 단어 선택 등을 바탕으로 예시 글을 살펴보고 소집단에서 평가한 것을 토의한다. 이러한 활동은 학생들에게 동료의 글에 비판적인 평가를 내리는 방법을 알려주는 데에만 목적이 있는 것은 아니다. 학생들이 정확성, 표현, 조직에 좀 더 민감해지고 학생들이 글을 쓸 때 독자에 대해 더 많이 의식하도록 하는 데에도 목적이 있다. 쓰기 기초 강의는 강의 초기에 제시되는, 서사문, 설명문, 논설문, 연구 보고서의 네 가지 핵심 과제로 구성된다.

〈인용 3.3〉 쓰기 기초 강의의 활동

- 사전 준비: 수업 시간에 자기 자신에 대한 글을 쓴다. 이 글에는 필자로서 자신의 장단점, 이 강의에서 이루고 싶은 목표를 포함한다.
- 과제 1: 서사문 쓰기(700단어)
- 과제 2: 설명문 쓰기(700~900단어)
- 수정: 과제 1, 2 중 1가지를 선택하여 교재의 수정 지침에 따라 수정한다.
- 과제 3: 논설문이나 비평문 쓰기(800~900단어)
- 과제 4: 연구 보고서 쓰기(1,000단어). 과제 2나 3에서 썼던 주제 중 하나를 선정하여 개선하는 보고서를 쓴다. 이 때 근거 3~4가지를 더 보강하여 주장을 입증한다.
- 말하기: 이 강의나 다른 강의에서 연구하고 있는 주제에 대해 소집단 구성원들에게 3~4분 동안 이야기하기
- 에세이 쓰기 시험: 수업 중 2시간 동안 쓰기 시험
- 포트폴리오: 적어도 평가가 가능한 글 4개를 포함하되, 이 4가지 글의 초고 및 소개하는 글도 포함한다.

—Holst(1995: 6)

이 강의의 워크숍에서 학생들은 동료들과 함께 이러한 과제를 수행한다. 워크숍 과정 중에는 Orwell의 서사문, Thurber의 설명문, 국제 사면 위원회에서 작성한 논설문뿐만 아니라, 교수나 소설가, 이전 강의에 참여했던 학생들이 작성한 텍스트를 선정하여 논의하기도 한다. 이러한 글은 학생 반응과 논의의 모범을 제공하기 위한 것이 아니라, 반응과 논의를 자극하고 활성화하기 것이다. 학생들은 글을 쓰기 전에 주제 문장, 문장을 긴밀하게 잇는 연결어, 근거

및 내용 조직의 패턴 등을 정해 두어야 할 수도 있다. 강의의 과제는 선정한 텍스트에 대해 학생 모두가 토의하고, 그 텍스트의 맥락을 분석하며, 자유롭게 쓰기 등을 먼저 수행하도록 요구하지만, 점점 장르의 핵심적인 특성에 초점을 맞추거나 쓰기 과정의 특정한 측면을 강조하는 방향으로 점점 발전해 간다.

이 강의를 이끌어가는 텍스트의 장르는 목적 및 독자에 따라 구분된다. 이 강의에서는 앞머리 글자를 따서 만든 RAFT(필자의 역할, 목적, 독자, 초점, 글의 전체적인 느낌)[3]가 매우 강조된다. 학생들은 텍스트를 작성할 때 이러한 요소를 반영해야 하며, 완성한 글을 제출할 때 이러한 요소를 글에 어떻게 반영했는지를 자세하게 기록해서 같이 제출해야 한다.

주별로 이루어지는 강의에서는 써야 할 글의 장르에 대한 특성, 그리고 그 장르의 구성 요소의 중요성을 강조한다. 예를 들어 서사문을 쓸 때에는 화제에 대한 내용 생성의 방법, 고쳐쓰기를 위한 독자와 전략의 구체화 방법에 초점을 둔다. 설명문을 쓸 때에는 사전 쓰기, 어휘 선택, 주제 문장, 적절한 구조를 마련하기 위한 좀 더 구체적인 탐색 과정을 강조한다. 논설문을 쓰는 과제에서는 논증 구조, 근거의 활용, 논리적인 배열, 적절한 관습을 강조한다. 마지막으로 연구 보고서 쓰기 과제에서는 연구 문제 확인, 조사 방법, 자료 활용, 다른 사람들의 아이디어 종합에 초점을 둔다.

---

3) 이에 대응하는 영어 단어는 'Role, Purpose, Audience, Focus, Tone'이다. RAFT는 이 단어의 앞머리 글자를 모아 만든 것이다.

능숙한 필자는 글을 쓰기 전에 실제적인 삶의 맥락에서 다음과 같은 중요한 질문을 고려한다.

1. 이 글을 쓰는 목적이 무엇인가? 이것은 필자가 맡은 역할이나, 필자가 쓰는 글의 기능機能과 관련이 있다. 예를 들어, 어떤 것의 작동 방식에 대한 설명이 목적이 될 수도 있고, 독자의 설득이나 행동 변화에 대한 자극이 목적이 될 수도 있다.

2. 이 글은 누구를 위해 쓰는가? 글이 의도하고 있는 독자를 분석해 보면 쓰기 과제의 요구 내용과 초점을 명확히 할 수 있다. 내가 쓰는 글의 독자는 누구인가? 그들은 이 글이 다루는 주제에를 얼마나 많이 알고 있는가? 독자에게 새로운 내용은 무엇이며, 주제에 대해 어떤 태도를 갖고 있는가? 목적과 독자를 명확하게 인식하면 쓰기 과제를 더욱 구체적으로 파악할 수 있다.

3. 글이 갖추어야 하는 모습은 어떠해야 하는가? 이것은 독자 및 목적과 관련되어 있으며, 글의 형식에도 영향을 미친다. 글의 형식은 보서인가, 메모인가, 연구 과제인가, 아니면 특집 기사인가? 나는 내용을 조직하거나 개요를 작성할 때 어떤 관습을 따라야 하는가?

4. 이 글에서 어떤 목소리를 내야 하며 어떤 어조를 취해야 하는가? 어조는 글의 공식성이나 주제에 대한 필자의 태도와 관련이 있다.

—Holst(1995: 111)

피드백과 평가

교사 피드백과 동료 피드백은 모두 이 강의의 핵심 요소이다. 이 강의에서 작성한 모든 글은 장르적 측면에서 독자 요소를 강조한 평가기준에 따라 동료 비평이 이루어지는데, 이를 통해서 글이 다루고 있는 중요한 쟁점에 대한 학생들(필자인 학생 및 독자인 학생 모두)의 인식을 높일 수 있다. 설명문 과제 수행에서 활용하는 학생용 활동지는 〈개념 3.3〉에서 확인할 수 있다.

　글을 쓴 학생은 동료 비평을 반영하여 자신의 글을 고쳐 쓴 후, 동료 논평에 대한 반응을 첨부하여 수정한 글을 교사에게 제출해야 한다. 첨부하여 제출하는 반응에는 학생들이 동료 독자의 비평에서 무엇을 배웠으며 글을 고쳐 쓸 때 그 비평을 어떻게 반영했는지를 담아야 한다. 이 강의를 지도하는 교사는 학생이 작성한 글의 장점

〈개념 3.3〉 설명문 쓰기 과제를 위한 동료 비평 활동지

○ 독자: 동료 학생의 글을 읽은 후, 각 문단을 간략하게 설명하는 개요를 작성하고 다음 질문을 바탕으로 비평하시오.

• 글에서 필자가 말하고 있는 것은 무엇인가?
• 글의 주제를 충분히 이해하고 있는가?
• 제시한 내용은 흥미롭고 가치가 있는가?
• 설명이 더 필요했던 부분이 있었는가?
• 설명이나 사례 또는 비유로 내용을 더 풍부하게 할 수 있는가?
• 도입문은 내용을 이해하는 데 도움이 되었는가?
• 내용은 주제에 초점이 맞추어져 있었는가?
• 어조가 잘 드러나는가?
• 명확하고 간결하였는가?
• 같은 사항에 주목했는가?
　◦ 삭제해도 될 만한 불필요한 단어가 있는가?
　◦ 명사나 동사를 대신하여 대용 표현을 쓰는 것이 더 효과적인 부분이 있는가?
　◦ 활용이 효과적이지 못하거나 수정이 필요한 지점이 있는가?
• 글의 특징으로 꼽을 만한 인상적인 부분이 있었는가? 점이 인상적인가?
• 만약 이 글이 당신이 작성한 것이었다면, 당신은 무엇을 수정하고 싶은가?

—Holst(1995: 45)

을 논평하고 약점을 어떻게 개선하는 것이 좋은지를 제안하지만, 마지막 쓰기 과제(과제 4)인 연구 보고서를 작성할 때에는 학생들에게 서면 피드백을 제공하지 않는다. 연구 보고서를 쓸 때 학생들은 교사의 서면 피드백 없이 편집하고 수정해야 한다. 학생들은 교사와 협의하거나 구두로 비평을 들을 수는 있지만, 오직 동료 지원만으로 연구 보고서를 발전시키고, 편집하고, 수정해야 한다.

이 강의의 마지막 활동은 포트폴리오를 작성하여 제출하는 것이다. 포트폴리오는 학생들이 연구하는 능력, 글을 쓰는 능력, 다른 글에 반응하는 능력을 기르고자 하는 이 강의의 목적이 반영되어 있다. 포트폴리오는 이 강의에 참여하는 동안 수행한 4개의 과제로 구성되는데, 여기에는 4개의 과제마다 최종적으로 완성한 글, 초고, 글을 완성하는 과정에서 받은 교사 피드백과 동료 피드백을 같이 첨부해야 한다. 그리고 포트폴리오 앞부분에는 이 강의에 참여하면서 수행한 활동 전반을 반성적으로 성찰하는 글(서문)을 넣어야 하며, 현재의 쓰기 능력을 잘 보여준다고 생각되는, 자신이 작성한 글(어떤 글이든 무방하다)도 포함할 수 있다. 이렇게 구성한 포트폴리오는 학생들의 쓰기 능력이 얼마만큼 향상되었는지를 잘 보여주며, 교사 피드백이나 동료 피드백이 어떻게 영향을 미쳤는지를 잘 보여준다. 연구 보고서는 교사의 피드백이 없이 작성해야 하므로(그래서 포트폴리오를 평가할 때 큰 비중을 둔다), 동료 비평에 반응하는 형태로 작성한 2개의 초고를 첨부하여 제출한다. 이러한 특징으로 인해 연구 보고서는 동료 피드백의 영향을 더욱 명료하게 파악할 수 있다.

결론

종합해 보건대, 이 강의는 수많은 과정 중심 쓰기 연구가 지향하는 교육적 초점을 명확하게 제시하고 있는, 매우 인기 있고 성공적인 강의이다. 이 강의는 학생들에게 반성 및 피드백의 기회를 제공해주며, 학생들이 많은 쓰기 수행에 참여하도록 이끈다. 그 결과, 학생들은 쓰기 능력을 기를 수 있을 뿐만 아니라, 좋은 글에 대한 비판적인 인식을 기르고 특정한 장르의 요구 조건을 충족하면서 효과적으로 표현할 수 있는 능력을 기를 수 있다. 이 강의에서는 학생들이 초고를 고쳐 쓰는 과정에서 얻는 이점이 많다는 점을 인정하고 교사들에게 집중적인 피드백을 제공하고 협의 활동을 하도록 요구하고 있어 교사에게 주는 부담이 매우 크다. 그러나 이 강의를 신청하는 학생이 항상 정원을 초과할 정도로 열렬히 선호하고 있으므로 교사들은 이러한 노력에 대한 보상을 확실하게 받고 있다고 볼 수 있다.

3.3. 초등학교 수업에서의 장르
: 뉴사우스웨일스(NSW) 주 K-6 교수요목

쓰기는 학생들의 지적, 사회적, 정서적 발달의 핵심을 이루며, 학습에서도 결정적인 역할을 한다. 그러므로 쓰기의 초기 지도는 학생들이 각 단계에서 써야 하는 글의 장르4)를 다룬 연구에 기반을 둘 필요가 있다. 호주 뉴사우스웨일스 주의 K-6 영어5) 교수요목에서는

---

4) (옮긴이) 저자는 '유형(type)'이라는 단어를 사용하였지만, '장르(genre)'와 의미 차이가 없고, 뒷부분에서는 '유형' 대신 '장르'를 혼용하고 있어 '장르'로 통일하였다.
5) (옮긴이) 앞에서도 지적했던 것과 같이 이 책에서 말하는 '영어'는 우리나라의 '(한)국

장르 중심의 접근을 통해 이를 추구하고 있다(Board of Studies, 2007a; 2007b). 이 교수요목은 언어 체계 기능 모형(〈개념 3.4〉 참조)과 학교에서 이루어지는 학생 쓰기 연구(Martin, 1993; Fees, 2001)에 기반을 두고 있으며, 필자가 목적 달성을 위해 언어를 어떻게 선택하고 글을 어떻게 조직하는지를 밝힌 연구에서 강조하는 지도법을 따르고 있다.

〈개념 3.4〉 쓰기의 기능^{機能} 모형

- 언어는 의사소통을 위한 체계이다.
- 의미는 글로 조직되며 목적에 따라 변별적인 특징이 있다.
- 글은 개별적으로 존재하지 않으며, 항상 사회적 맥락이나 다른 글과 관련을 맺는다.
- 맥락은 분야(무엇을), 화자(누가), 유형(어떻게)의 관습을 통해 글 내부에서 실현된다.
- 글을 쓰는 데 필요한 자원에 대한 지식은 글을 좀 더 효과적으로 쓰는 데 기여한다.
- 모든 글은 형식과 기능 두 가지 면에서 설명할 수 있다. 예를 들면, 의미 구성 요소의 조직과, 의미 구성에 기여하는 목적이다.

K-6 영어 교수요목[6]

시드니 대학의 Rothery(1986)는 초등학생들 글에 어떤 장르가 담겨 있는지를 분석하였는데, 이 교수요목은 바로 이 연구 결과를 바탕으로 삼고 있다. 그 결과, 이 교수요목에서는 의미 구성의 자원으로서 언어를 강조하고 장르를 쓰기 발달의 핵심적인 요인으로 간주

어'에 대응한다. 원문에 따라 '영어'로 번역하였지만, 의미는 '(한)국어'로 이해하고 해석할 필요가 있다. 'K-6'은 유치원에서 6학년까지를 뜻한다.

6) 전체 교수요목은 http://k6.boardofsudies.nsw.edu.au/files/enlglish/k6_english_syl.pdf에서 확인할 수 있다.

하고 있다.

교수요목에 제시된 장르

이 교수요목에서는 초등학교 내에서 이루어지는 학습뿐만 아니라, 학교 밖에서 이루어지는 생활 참여의 핵심에 바로 장르가 있다고 보고 있다. 초등학교에서는 기본적으로 문학 장르와 사실 장르를 세분하여 다룬다. 전자에서는 인간 경험의 탐색과 해석을, 후자에서는 설명이나 설득의 목적 아래 정보나 내용의 제시를 강조한다. 이러한 글의 장르는 실제 세계에서 흔히 볼 수 있는 혼합 장르의 측면을 잘 반영하고 있지는 못하지만, 학생들이 글을 쓸 때 목적에 따라 달라지는 조직의 양상이나 문법적 특징을 익힐 수 있는 발판을 제공한다.

〈인용 3.5〉교수요목에서 다루는 장르

글의 유형			
문학적		사실적	
서사	문학적 묘사	사실적 묘사	사실적 경험 이야기 서술
문학적 경험 이야기	개인적 반응	정보 보고	설명
관찰	비평	절차	해설(exposition)
		절차적 열거	토의

—Board of Studies(2007b: 66)

초등학생들에게 지도할 장르의 사회적 목적, 구조, 문법적 특징에 대한 내용은 교수요목에 첨부한 문서를 통해서 확인할 수 있다.

〈인용 3.5〉에서 제시한 장르 중 하나인 '경험 이야기Recount'의 예를 〈인용 3.6〉에 제시하였다.

〈인용 3.6〉 경험 이야기의 일반적 특징

· 사회적 목적

경험 이야기는 '무엇이 일어났는지를 말하는 장르'이다. 사실적 경험 이야기factual recount는 사건을 기록하는 데 목적을 두고 있으며, 일부 그 사건의 중요성을 평가하는 데에도 목적을 두고 있다. 이에 비해 문학적 경험 이야기literary recount, 즉 서사적 경험 이야기story recount의 목적은 사건 제시를 통해 독자에게 즐거움을 주는 데 두고 있다. 서사적 경험 이야기는 보통 사건을 서술하는 서술자가 만들어 내는 태도와 감정 표현을 담고 있다.

· 구조

경험 이야기는 다음과 같은 사항을 포함하여 조직한다.
○ 개요에는 '누가', '어디에서', '언제'에 대한 정보를 제공한다.
○ 사건 서술은 보통 시간 순서에 따라 나열한다.
○ 개인적 논평이나 평가적 논평은 사건 서술 전반에 배치한다.
○ 개요를 조정하여 사건 서술을 다듬는다.

· 문법

경험 이야기의 공통적인 문법 패턴은 다음과 같은 사항을 포함한다.
○ 사건에 관련된 사람, 동물, 사물을 식별하기 위해 명사와 대명사를 사용한다.
○ 사건을 표현할 때 행위 동사를 사용한다.
○ 서술자나 필자의 시간과 구분하기 위해 사건을 배열할 때에는 과거 시제를 사용한다.

교수요목이 의도하고 있는 학습 결과

이 교수요목에서는 각 장르마다 학생들이 성취해야 하는 학습 결과를 3개의 단계로 구분하여(초등학교는 6학년제이므로 각 단계는 2년씩으로 구성) 제시하고 있는데, 교수요목이 표방하는 학습 결과는 학생이 쓰기를 계획할 때 참조할 수 있을 뿐만 아니라, 교사가 학생 글을 평가할 때에도 준거로 참조할 수 있다. 학습 결과는 교수요목을 구성하고 있는 2가지 하위 영역을 반영하고 있다. 첫째는 언어를 효과적으로 '사용'하는 능력이고, 둘째는 사용한 언어에 대해 '설명'할 수 있는 능력이다.

교수요목의 첫째 번 영역은 쓰기 학습에 관련된 기능을 반영하고 있다. 즉, 초고 작성, 수정, 협의, 편집, 교정, 출판 기능이 포함되며, 컴퓨터를 활용하는 기능, 손글씨를 읽기 편하도록, 그러면서도 정확한 문장으로 구성하여 쓰는 기능을 포함하고 있다. 이에 비해 둘째 번 영역은 다른 데 관심을 두고 있다. 글을 쓴 학생이 자신의 글에 사용한 언어를 설명하거나, 정확성, 의미, 효과의 관점에서 그 글을 평가하려면, 동료 학생이 이를 듣고 이해할 수 있도록 설명의 언어를 서로 공유하고 있어야 한다. 설명하는 언어를 공유하고 있지 않으면 전달과 수용이 효과적으로 이루어지지 않기 때문이다. 교수요목의 둘째 영역에서는 바로 이러한 설명의 언어를 발달하도록 하는 데에 초점을 두고 있다. 이런 의미에서 볼 때 문법은 교수요목의 중심을 이룬다고 할 수 있다. 문법은 학생들에게 문장이 어떻게 구성되는지를 이해하도록 함으로써 의미적으로나 구조적으로 문장을 정확하고 명료하게 사용할 수 있도록 해 주며, 글과 맥락 사이의 관계에 대해서, 그리고 언어가 시간의 흐름이나 상황의 변화에 따라 어떻게 변화하는지를 이해할 수 있도록 해 주기 때문이다.

〈인용 3.7〉 2단계의 학습 결과(3~4학년)

- 글을 쓰는 데 필요한 기능의 학습(learning to write)
  - 글 작성하기: 주제, 독자, 문어적 특성에 부합하도록 글의 초고를 작성하고 수정하고 교정하고 출판한다.
  - 문법과 구두점: 글 유형의 문장 구조, 문법적 특징, 구두점 관습에 따라 글을 명확하고 효과적이며 정확하게 작성한다.
  - 철자: 글자와 말소리의 대응에 대한 지식, 일반적인 글자 패턴 및 이외의 다른 전략을 활용하여 친숙한 단어뿐만 아니라 친숙하지 않은 단어도 철자에 알맞게 사용하여 글을 쓴다.
  - 손글씨나 컴퓨터 사용: 글을 쓸 때 뉴사우스웨일스 재단이 제공하는 서체를 사용하고, 컴퓨터의 편집 기능을 활용하여 다른 동료도 읽을 수 있도록 출판한다.

- 쓰기를 이루는 요소에 대한 학습(learning about writing)
  - 글: 글을 쓸 때 독자를 어떻게 고려해야 하는지, 주제를 어떻게 발전시키고 글의 목적을 실현하려면 어떻게 해야 하는지를 설명하고 토의한다.
  - 문법 구조와 특성: 목적 달성을 위해 글을 어떻게 구성했는지, 글의 유형에 따라 문법적 특징을 어떻게 고려했는지를 설명하고 토의한다.

—Board of Studies(2007b: 19)

수업 활동

앞에서 언급한 것처럼, 교수요목에는 각 단계마다 학생들이 학습해야 하는 각 장르의 구조와 내용, 문법과 용어를 제시하였을 뿐만 아니라, 이를 익힐 수 있도록 구안한 학습 과제를 복합적으로 구성하여 제시하다 보니 수많은 지원 문서가 첨부되어 있다. 그러나 친숙하지 않은 장르를 학생들이 익히도록 하려면 주의를 기울여 지도해야 한다. Martin et al.(1987)이 지적했듯이, 친숙하지 않은 장르를 지도할 때에는 동료 학생 및 교사와의 상호작용, 구체적인 시범을 제공할 필요가 있다.

〈인용 3.8〉 학교 수업에서 장르의 시범

1. 장르 소개하기: 수업 목표로 삼은 장르의 글을 학생들에게 글을 읽어 주거나 직접 읽게 하여 장르를 간접적으로 익히도록 한다(암시적 시범).
2. 장르 초점 맞추기: 장르의 구성 단계에 이름을 붙이는 활동을 하여 장르를 직접적으로 익히도록 한다(명시적 시범).
3. 장르 협의하기: '장르 초점 맞추기' 활동을 바탕으로 교사와 학생들이 함께 장르를 구성한다. 교사는 학생들이 장르를 완성해 갈 때 구성 단계마다 질문이나 비평을 제시하여 활동을 촉진하고 안내한다.
4. 자료 조사하기: 글을 쓰기 전에 읽기 자료를 선택하여 주요 내용을 메모를 하거나 요약하고 더 필요한 정보를 모은다.
5. 초고 쓰기: '장르 초점 맞추기' 활동을 바탕으로 학생이 개별적으로 장르를 구성한다.
6. 협의하기: 글의 의미에 대해 교사와 학생이 협의한다.
7. 출판하기: 수업에서 출판할 글의 최종 원고를 작성한다.

—Martin et al.(1987: 68~69)

이 교수요목 지도에 필요한 정보를 원한다면 Gibbons(2002)를 살펴보기를 권한다. Gibbons(2002)는 이 교수요목을 지원하기 위해 개발된 자료에 대한 정보를 제시하고 있다. Derewianka(1990)에서는 2학년 학생들에게 '경험 이야기'를 수업한 사례도 살펴볼 수 있다. 일부 내용을 다음 〈인용 3.9〉에 제시하였다.

〈인용 3.9〉 경험 이야기의 구성

4반 학생 몇 명은 주중에 교사 Alix의 교실을 방문하여 최근에 참여한 학교 캠프의 경험을 쓴 글에 대해 모둠 토의하였다. 며칠 후 Alix는 학생들에게 시범을 보기 위해 정육점 포장지에 대해 자신이 직접 쓴 경험 이야기를 읽어준 다음, 그 글을 교실에 전시해 두었다. Alix는 이러한 활동을 통해서 학생들이 곧 있을 수학여행에 대해 글을 쓰는 것을 좋아하게 될 수 있다고 생각했다.

여행 당일 Alix는 학교의 비디오카메라를 가지고 갔다 … Alix는 비디오카메라에 담은 장면을 경험 이야기로 꾸민 후, 학교로 돌아오는 길에 경험 이야기를 구술하면서 학생들에게 보여주었다. 학생들은 비디오카메라의 녹화 장면을 보면서 벌써 잊고 있었던 경험을 떠올리며 즐거워했다. Alix는 비디오카메라를 순간순간 '일시정지'하면서 학생들에게 수학여행의 여정을 반영하여 내용 전개도를 완성해 보도록 안내했다. 이 내용 전개도는 학생들에게 사건의 연쇄에 대한 시각적인 아이디어를 제공했으며, 수학여행의 경험 이야기 수업에서는 활동지로 쓰였다. Alix는 아래의 예처럼, 학생들에게 여행하는 동안 무슨 일이 일어났는지, 여행 장소에서 살펴본 것은 무엇인지 등에 대해 질문을 제시하면서 말한 내용을 글로 써 보게 안내했다.

◦ 처음 가 본 곳은 어디인가요?
◦ 그곳에 발견했던 식물은 어떤 것이었나요?

- 그 식물은 어떻게 생겼나요?

학생들이 활동지 답을 작성하면, Alix는 학생들에게 누가 수학여행에 참여했는지, 왜, 언제 갔는지를 독자에게 설명하는 형식으로 글을 시작할 수 있다고 알려주었다. Alix는 경험 이야기를 어떻게 구성했는지, 즉 사건 연쇄의 개요를 간략히 검토한 후 경험 이야기 쓰기 수업을 마무리했다. 다음날 학생들은 가족들에게 수학여행을 소개할 목적으로 새롭게 경험 이야기 쓰기를 시작했다.

—Derewianka(1990: 11~12)

결론

학교생활을 시작하면 학생들은 면대 면으로 이루어지는, 친숙하고 자연스러운 대화의 언어 양식이 내용을 구조화하여 표현하는 쓰기로 변화하는 상황에 직면하게 된다. 쓰기에서는 대화처럼 상대방의 즉각적인 반응을 기대할 수 없으므로, 학생들은 이러한 상호작용 없이도 글로 독자를 안내할 수 있는 방법을 익혀야 하고, 목적 달성을 위해 글의 내용을 짜임새 있게 구성하여 표현하는 방법을 익혀야 한다.

이 교수요목에서는 '쓰기 기능의 학습learning to use language'과 '쓰기에 대한 학습learning about language'을 구분함으로써, 그리고 학생들에게 주의를 기울여 구성한 학습 비계를 제공함으로써, 학생들이 장르를 구성하는 데 필요한 언어를 신장할 수 있도록 돕고, 이를 위해 언어를 어떻게 활용할 것인지를 생각하도록 돕는다. 결론적으로 말하자면, 장르는 쓰기 학습[7]의 토대를 제공한다.

---

7) (옮긴이) '쓰기 학습'은 '쓰기 기능의 학습', '쓰기 방법의 학습'과 같은 의미이다. '작문 학습'으로 부르기도 한다.

모든 교사들이 이러한 접근법에 익숙한 것은 아니다. 그러나 이 접근법은 호주의 다른 지역에서 채택하고 있는, 다른 유사한 교수 요목과 함께 환영을 받고 있다. 호주의 K-6 초등 영어 교수요목은 쓰기 지도의 성공적인 모형으로 볼 수 있는데, 이 교수요목의 밑바탕에도 과학적인 연구가 깔려 있다. 이것은 의심의 여지가 없다.

3.4. 강의명 '금광 개발 계약 체결'8): 이유에 대한 쓰기

이 절에서는 과정이나 장르 중심의 강의가 아니라, 쓰기를 종합적인 의사소통 과정의 일부분으로 다루는 강의에 대해 논의하고자 한다. 여기에서 쓰기는 글과 상호작용의 순환에서 의사소통 목적에 부수적으로 뒤따르는 사회적 활동이다. 사회적 활동으로서의 쓰기는 실제적인 독자와 결부되어 있는 어떤 구체적인 목적을 성취하기 위해서 수행이 이루어진다.

이러한 경향의 강의는 쓰기를 상호작용으로 간주하는 연구(Nystrand, 1989)에 기반을 두고 있다. 사실, 글쓰기 강의인 '금광 개발 계약 체결'도 근접발달영역의 상호 지원 환경과 협동학습의 가치를 강조하는 교육 연구를 바탕으로 삼고 있다(Bruffee, 1984). 잘 알려져 있다시피, 근접발달영역은 학생이 혼자의 힘으로 도달할 수 있는 지점과 유능한 타자의 지원을 받아 도달할 수 있는 지점 사이의 공간을 일컫는다

---

8) (옮긴이) '금광 개발 계약 체결'(Go for Gold)은 파푸아뉴기니 기술 대학에서 경영학을 전공하는 2학년생을 위해 개설한 ESP(English for specific purpose) 중의 하나이다. '금광 개발 계약 체결'은 강의 명칭이다. 뒤에서 언급하겠지만, 파푸아뉴기니에서 금광 개발 은 사회적 논란이 있는 쟁점 중의 하나인데, 강의의 실제성을 높이기 위해 이를 강의 명칭으로 삼았다.

(Vygotsky, 1962). ESPEnglish for specific purpose는 학생의 수행을 통한 학습을 강조한다. 이 강의에서는 학생 수행을 강조하기 위해 학생들에게 다른 사람과의 실제적인 의사소통 과정에서 목적 달성을 위해 능동적으로 참여하고 반응하도록 요구한다(Hyland & Hyland, 1992).

〈인용 3.10〉 학생의 참여

학생이 문제를 문제로 인식하지 않거나, 학습 내용을 배울 만한 가치가 있다고 여기지 않거나, 문제를 해결하는 데 적극적인 역할을 하지 않는다면, 학생을 도울 수 있는 방법은 전혀 없다. 이것은 평범한 진실이자 변하지 않는 진실이다. '진보주의 교육'을 재탕하는 것처럼 들린다 하더라도 이 말은 사실이다.

—Raymond Williams(1962)

앞에서 인용한 것처럼, 교육 원리에 대한 Williams(1962)의 관점에 따르면, 학습은 학생들의 적극적인 참여와 밀접하게 관련을 맺고 있다. 이러한 관점은 과정 중심의 교수요목(Breen & Littlejohn, 2000), 학생의 주체적 결정 이론9)(Pierce, 1995)에도 영향을 미쳤다. 과정을 강조하는 강의에서는 학습 결과에만 초점을 맞추지 않는다. 오히려 과정 중심의 강의에서는 학생들이 참여하는 상호작용 및 협의 활동에서 학습이 이루어진다고 믿는다.

강의 '금광 개발 계약 체결'은 말하기와 쓰기 모두를 권장하는 가상 환경을 조성하여 둘 사이의 균형을 강조한다. 이 강의에서는 학

---

9) (옮긴이) 학생이 학습 과정에서 스스로 자신이 선택하고 결정할 수 있도록 허용하는 것을 말한다.

생들이 과제를 해결할 때 필요한 구조화된 문제 해결의 틀을 제공하며, 학습 내용, 학습 자료, 개략적인 형태의 학습 결과를 제공한다. 그리고 학생들이 목표 성취를 위해 어떤 방법을 사용할 것인지를 결정할 때 재해석하거나 의사를 결정할 수 있는 기회도 제공한다. 이렇게 함으로써 학생들이 자신이 직면한 상황을 숙고해 볼 수 있도록, 쓰기를 통해 독자에게 전략적으로 반응할 수 있도록 해 준다. 〈개념 3.5〉에서는 이러한 접근법이 가지고 있는 장점을 요약하였다.

〈개념 3.5〉 가상 상황의 쓰기가 지니는 장점

- **담화 상황 연습**: 학생들이 실제 현실의 사건으로 모의 연습을 해 봄으로써 구어와 문어 의사소통에 참여하는 방식을 익힐 수 있다.
- **쓰기 학습**: 학생들에게 실제적인 상황에서 글의 장르를 활용해 볼 수 있는 기회를 제공한다.
- **수사적 상황에 대한 인식 증진**: 학생들이 독자의 요구를 이해할 수 있도록 도와주며, 쓰기가 사회적 목적이나 설득적 목적을 성취하는 수단이라는 점을 이해할 수 있도록 도와준다.
- **동기화된 참여**: 학생들에게 자신의 요구에 따라 글을 쓰거나 현재의 관심에 따라 글을 써야 하는 이유를 제공한다.
- **협력적 참여**: 학생들이 자료를 수집하고 정보를 교환하고 의사를 결정할 때 동료 학생과 협력하도록 요구한다.
- **학생의 주체적 결정**: 학생들에게 모의 상황에서 수립한 목표를 달성할 수 있는 자신만의 방법과 전략을 선택하고 결정할 수 있는 기회를 제공한다.
- **실제적인 피드백**: 학생들에게 자신의 의사소통 효과를 평가할 수 있도록 돕고 독자 인식 능력을 기를 수 있도록 안내하면서 동료 학생이 작성한 글에 즉각적이며 실제적으로 반응하도록 요구한다.

배경

강의 '금광 개발 계약 체결'은 파푸아뉴기니 기술 대학의 영어 강의에서 경영학 전공 2학년생을 위해 개설한 ESP 중의 하나이다. 이 강의를 수강하는 학생들은 언어 배경이 매우 다양하며, 영어를 제2언어나 제3언어로 사용한다. 영어 능력은 중상 또는 상 수준이다.

이 강의에서는 파푸아뉴기니 해안에서 떨어져 있는 작은 섬에서 세계적인 수준의 매장량을 자랑하는 금광에서 금 채굴 계약을 가상으로 체결하는 것이다. 이 강의는 한 학기 14주 동안 56시간 이상 진행이 이루어진다. 이 강의에서 학생들은 대략적으로 등급이 구분된 의사소통 과제에 역할을 맡아 참여해야 한다. 강의에서 제시되는 의사소통 과제는 정보를 수집하고 의사를 결정하고 문제 해결을 위해 협력하고 다양한 장르로 글을 쓰거나 말하는 것이다.

학생들이 해결해야 하는 과제는 미래의 직업적 요구와 밀접한 관련을 맺고 있어서 강의에서 쓰이는 언어는 매우 실제적이며 목적의식도 잘 반영하고 있다. 파푸아뉴기니에서 다국적 기업이 추진하는 천연 자원 개발 사업은 매우 중요한 정치적 쟁점이다. 파푸아뉴기니에서 학교를 졸업한 후 영향력 있는 사회적 지위에 오르려면 능통한 영어 의사소통 기능을 갖추는 것이 매우 중요한데, 이 강의에 참여하는 학생들은 바로 이를 노리고 있다. 그러니 이 강의는 매우 실제적인 상황과 목적을 바탕으로 삼고 있다고 할 수 있다.

강의 구성

'투입 단계'는 학생들이 과제 수행 과정 중에 접하게 될 역할과 활동을 준비하게 하는 데 목적이 있다. 이 단계에서는 BBC에서 1983년에 제작한 업무용 영어 비디오 'Bid for Power'를 활용하여

〈개념 3.6〉 강의에 대한 설명

◈ **투입 단계**
• **정보 투입**
  ◦ 영상 자료(예, Bid for Power, BBC, 1983)
  ◦ 공개 강연
  ◦ 신문 기사, 보고서, 연구 자료 등
• **언어 투입**
  ◦ 영상 자료
  ◦ 장르 및 언어 형식에 초점 맞추기
  ◦ 역할 정보 카드

◈ **활동 단계**
• **준비**
  ◦ 모임을 마련하고 개최하기
  ◦ 모둠 내 및 모둠 간의 토론
  ◦ 개인별 및 모둠별 자료 수집하기(각자 준비해 온 자료 및 원자료)
• **제공**
  ◦ 장관의 정책 발표문, 이해관계에 대한 지역 정치인의 진술
  ◦ 정부의 설명 보고서
  ◦ 회사의 입찰 제안서
  ◦ 보고서의 구두 발표
  ◦ 의사 결정 결과의 공지
  ◦ 그 결정에 대한 반응

◈ **피드백 단계**
• **활동 평가**
  ◦ 과제에 대한 토의
  ◦ 저널 쓰기
• **언어 평가**
  ◦ 언어 사용에 대한 토의
  ◦ 평가지
  ◦ 글 수정 작업
  ◦ 발표에 대한 토의
  ◦ 영상 다시보기

—Hyland & Hyland(1992: 228)

과제 수행에 필요한 개념, 특징, 장르 및 언어 형식을 먼저 제공한다. 이 비디오는 '금광 개발 계약 체결' 강의의 시나리오와 유사한 쟁점을 다루고 있으며 실제적인 맥락에서 쓰이는 언어의 모습도 잘 보여준다.

이 단계에서 학생들은 공식적 발표, 업무 목적의 글을 쓰는 방법, 조사 방법 및 협동 작업의 방법에 대해 교육을 받았다. 학생들이 익혀야 할 장르는 면밀히 검토한 보고서, 회의록, 메모와 같은 실제 문서를 통해 소개가 이루어졌으며, 학생들은 이들 문서의 수사학적 구조에 대해 논의하였다. 또한 학생들은 채굴 회사 대표의 공개 강연, 여러 가지 정책 문서, 신문 기사, 회사 보고서, 예비 조사들, 지도, 인구조사 자료, 경제 전망 자료 등을 바탕으로 채굴 사업에 대한 정보를 수집하였다.

교사들은 이 단계에서 학생들의 학습을 중재하기 위해서 많은 노력을 기울인다. 글의 장르를 시범 보이거나 학생들에게 쓰기 활동을 안내할 때에는 학습 중재를 위해서 특히 더 많은 노력을 기울인다. 그러나 활동이 시작되면, 교사의 책무는 학습 중재로부터 의사소통이 가능하도록 환경을 구축하거나, 진행 중인 활동을 자문하고 점검할 수 있도록 조건을 수립하는 데에로 옮겨간다.

'활동 단계'에서 학생들은 '정치 집단, 회사 집단, 자문 집단' 중에서 맡고 싶은 역할 하나를 선택해야 한다. 정치 집단은 장관, 마을 대표, 주지사로 구성되고, 회사 집단은 서로 경쟁 관계에 있는 여러 협회로 구성되며, 자문 집단은 정부에 의견을 전달하는 위원들로 구성된다. 어떤 역할을 맡는가에 따라 강의에서 설정한 상황을 인식하는 관점과 태도가 다르고, 필요로 하는 정보나 장르도 다르다. 어떤 역할은 서로 협력하고 정보를 공유해야 하지만, 어떤 역할은 서로 경쟁해야 하고 정보를 공개하지 않은 채 비밀을 유지해야 한다.

학생들은 활동 목표 성취에 필요한 정보를 수집하거나 도서관에서 자료를 수집하면서, 아니면 다른 사람과 대화하면서 자신이 선택한 역할을 서서히 받아들인다. 그렇게 한 후, 세 집단 간의 회의와 같은 협력적인 방법으로 활동의 초점이 이동한다. 이때 이들의 상호작용을 촉진하기 위해 매우 많은 양의 글을 쓴다. 그 글은 노트, 공문과 같은 공식적인 편지, 메모, 회의록과 같은 형식으로 작성한다.

역할에 대한 정보는 최종적으로 완성하는 글이 어떠해야 하는지를 바탕으로 교수요목을 구조화하는 데 도움을 준다. '정치 집단'에서는 채굴, 자금, 환경 보호, 지방 정부의 이익, 지역 사회의 요구에 대한 정부의 입장을 드러내는 보고서, 요약문, 언론 성명서를 작성한다. '회사 집단'에서는 상세하게 작성한 입찰 제안서를 작성하고, '자문 집단'에서는 금광 개발 사업자가 제출한 제안서에 대한 분석 보고서, 정부의 의사 결정 결과에 대한 발표문을 작성한다. 글의 내용이나 수준은 이와 관련된 여러 가지 문제, 예를 들면 자원 개발의 최선의 방법은 무엇인지, 치솟는 개발 비용을 어떻게 조달할 것인지, 지역 공동체의 이익이나 주 정부의 이익, 더 나아가 국가 차원의 이익을 어떻게 균형을 이룰 것인지 등을 학생들이 어떻게 풀어 가느냐에 달려 있다.

그러므로 이 강의의 목표는 단순히 글을 완성하는 데 있다고 보기 어렵다. 이보다는 다른 역할을 맡은 학생들에게 금광 채굴 사업과 관련된 핵심적인 정보를 제공하고 이 사업을 위해 모인 집단이 최종적으로 계약을 얻어 내는 결과에 이르도록 하는 데 있다고 할 수 있다. 글을 쓰는 것은 이러한 방법을 익히는 가장 효과적인 방법이다.

〈개념 3.7〉 '금광 개발 계약 체결' 강의에서의 쓰기

* **학습지원 단계**
  * 공개 강연, 비디오 영상, 원자료(보고서, 신문 등에서 오려낸 기사 등)에 대한 노트 작성
  * 목표 어휘 설정 및 구조에 대한 연습
  * 목표로 잡은 장르에 대한 연습
* **활동 단계**
  * 다른 모둠에게 전달할 메모와 편지
  * 회의와 토의에 대한 메모나 회의록
  * 여러 가지 보고서, 언론 성명서, 발표문

'피드백 단계'는 학습 과정에서 필수적이다. 여러 선행 연구에 따르면 피드백은 학생들에게 자신의 수행을 평가하고, 자신의 행동을 수정하며, 자신의 이해를 다른 형태로 전이할 수 있게 해 준다(Brinko, 1993; Hyland & Hyland, 2006). 강의 '금광 개발 계약 체결'에서는 이러한 피드백이 활동 중이나 활동 후 모두에서 이루어진다.

이 강의에 참여하는 학생들은 토의 과정에서 반응할 때, 문서 자료를 읽고 반응할 때, 발표를 듣고 발표자에게 질문할 때, 의사소통이 효과적으로 이루어졌는지에 대해 지속적으로 동료 학생의 피드백을 받는다. 독자의 관점에서 볼 때 보고서, 메모, 회의록에는 중요한 정보가 담겨 있으므로, 그 글을 쓴 학생들은 해당 쟁점에 관심을 가지고 있는 독자의 역할을 하는 동료 학생으로부터 매우 면밀한 피드백을 받게 된다. 이러한 동료의 피드백은 학생들이 글에 잠재해 있는 어떤 막연함이나 모호함을 제거하고 더욱 더 명료하고 구체적으로 자신의 아이디어를 표현할 수 있도록 도와준다.

이후에 교사는 학생들에게 사건의 의미를 해석하고 사건의 연쇄

관계를 발견하도록 안내하면서 학생들이 자신의 학습을 반성적으로 검토하도록 피드백을 제공한다. 사건의 의미를 해석하고 사건의 연쇄 관계를 발견하는 활동은 학생들이 자신의 학습 경험을 다른 형태로 전이할 수 있게 해 준다. 물론 학생들은 자신이 쓴 글에 대해서 첨삭이나 협의와 같은 형식으로 관습적인 형태의 피드백을 받기도 한다.

결론

이 강의의 주요 이점은 내용의 실제성과 다양한 과제를 바탕으로 언어 사용의 실제적인 상황을 조성해 준다는 점, 이를 통해서 학생들이 의사소통의 실제적 목적과 이론적 목적 모두를 충족하게끔 언어를 사용하도록 이끌어준다는 점을 꼽을 수 있다. 특히 학생 수행 활동을 다양하게 구조화함으로써 상호작용의 가능성을 극대화하였다는 점, 언어, 내용이나 기능機能 중 어느 하나에 집중함으로써 활동이 분절적으로 끊기는 문제를 회피할 수 있다는 점은 이 강의의 특별한 매력이라고 할 수 있다.

강의 자료는 학생들이 졸업 후 사회에 접하게 될 실제적 자료와 실제적 활동, 예를 들면 토의에 참여하고 문서를 읽고 메모를 작성하고 보고서를 쓰는 활동 등을 선정·구성하였다. 그러므로 이 강의에서는 쓰기를 실제적인 의사소통의 요구와 상호작용에서 분리된, 인위적인 활동이 아니라, 실제적인 현실 문제를 다루는 가운데 다른 사람과 관계를 맺고 협력하는 핵심적인 방식으로 간주한다. 강의에 참여하는 학생들은 다양한 수준, 다양한 형태의 여러 가지 언어 자료를 접하며, 모둠 활동을 통해서든, 개인적으로든 여러 가지 글을 결과물로 완성한다. 이를 통해서 학생들은 글이 실제적인 목적과 실제적인 독자를 지향한다는, 쓰기의 매우 중요한 특징을 배우게 된다.

학생들과 교사진의 강의 평가는 긍정적이다. 이 강의를 맡아 온 교사들은 학생들이 자신감과 쓰기 능력이 크게 높아졌다는 점에 대해서 매우 만족스러워하고 있다. 물론 단점이 없는 것은 아니다. 교사들이 보기에 이 강의에서는 가상의 상황 아래에서만 작성한 글에 대해서 피드백을 하고 있으며, 그것도 오류를 지적하고 수정하게 하는 첨삭 지도의 형태로 제공하고 있다. 이 점에서 이 강의는 한계가 있다고 교사들은 우려를 표명한다. 교사가 글의 정확성을 강조하면 학생들의 쓰기 유창성이 약화된다. 교사의 시범이나 교정과 같은 방식으로 이루어지는 학습 중재는 간섭이 될 수도 있고 부적절할 수도 있다.

'금광 개발 계약 체결' 강의에서는 학생들에게 사업 제안서, 회의에 대한 메모, 회의록, 보고서와 같은 매우 많은 장르로 글을 쓰도록 요구한다. 그런데 이러한 장르는 이 강의를 수강하는 학생들이 졸업 후에 자신의 직업 세계에서 접하게 될 것이 분명하지만, 매우 수소의 사람들만이 접하는, 일종의 비법과 같은 장르여서 강의 초기부터 이러한 장르를 강의에 편성하는 것이 적절하지 않게 보일 수도 있다. 그러나 이러한 장르의 글을 작성하려고 노력하면서 학생들은 글의 목적과 수사적 기능機能 사이의 관계를 인식할 수도 있고, 글을 분명하고 적절하고 설득력 있게 쓰는 것이 중요하다는 사실을 깨달을 수도 있다. '금광 개발 계약 체결' 강의는 참여 학생들에게 글을 쓰는 데 유용한 맥락을 제공하고 목적 및 독자와 수사적 구조 간의 관계에 대한 인식을 제공함으로써 풍성한 쓰기 학습 환경을 조성해 준다.

전반적으로 볼 때, 이 강의는 쓰기 학습을 위한 교수요목의 성공적인 운영 사례라고 할 수 있다. 이 강의는 교사가 학생들의 쓰기 동기를 높일 수 있는 효과적인 방법이 무엇인지, 글을 성공적으로 완성하는 데 필요한 핵심적인 요소를 학생들이 이해할 수 있도록 돕는 방법이 무엇인지를 잘 보여준다.

3.5. 전문적이고 학문적인 텍스트에 대한 이해

넷째 번 사례 연구로는 영국 대학의 직업 훈련 학위 과정에서 글쓰기 센터가 주관한 '직업 및 학문 텍스트의 이해'를 살펴보고자 한다. 이 프로그램은 앞의 1.3절에서 논의한 아이디어에 바탕을 두고 있다. 직업 훈련 학위 과정은 2001년 영국에서 고등교육 수혜를 높이기 위해 도입된 제도이다. 전통적으로 대학 교육을 받을 수 없었던 많은 학생들이 이 제도를 통해서 대학 교육을 받을 수 있었다.

〈개념 3.8〉 영국의 직업 훈련 학위 과정

2년으로 이루어진 이 과정에서는 학생들에게 고등교육에 대한 대안적 프로그램을 제공하며, 이미 취업한 학생들에게는 일을 하면서 자신의 직업적 발전을 위해 대학이 제공하는 연구 프로그램에 참여할 수 있는 기회를 허용한다. 학생 대부분이 교육, 경영, 예술, 디자인을 전공하고 있지만, 이외의 다른 전공 분야의 강의도 수강할 수 있다. 이 과정에서는 전업 학생, 생업과 학업을 병행하는 학생들이 직접 출석하여 수강하는 경우가 대부분이지만, 온라인으로 원격 학습을 할 수 있도록 유연한 교육 방법을 채택하고 있다. 2007~2008학년도에는 이 과정에 72,000명 등록했는데, 2010년이 되기 전에 97,000명으로 증가할 것으로 예상된다.

이 제도를 통해서 대학은 이론 기반의 학습과 직업 기반의 학습을 통합할 수 있는 기회도 누릴 수 있었다.

강의의 목표

'직업 및 학문 텍스트의 이해UPAT: understanding professional and academic texts'10)라는 강의는 직장에서 일을 하면서 교육을 받는, 1학년 학생들을 위한 혁신적인 프로그램이다. 이 강의는 런던 교육연구소의 '직업 및 학문 문해 활동 센터'에서 주관하고 있다. 학생들은 보통 직장에서 교육 보조사, 보육 교사, 청소년 선도원, 학습 도우미와 같은 역할을 수행한다. 학생들은 이러한 일을 하는 데 필요한 지식이나 기능을 익히기 위해 이 과정에 다니고 있다. 학생들은 일반적으로 직장에서 일을 하면서 수강하고 있으며, 공식적 자격증이나 고등교육의 경험을 거의 가지고 있지 않다. 이런 점에서 '직업 및 학문 텍스트의 이해'라는 강의는 학생들이 생애 처음으로 접하는 고등교육이라고 할 수 있으며, 학생들이 대학에서 성공적으로 학습하는 데 필요한 능력을 길러주는 핵심 교육이라고 할 수 있다. 본질적으로 이 프로그램은 학생들이 쓰기를 잘 익혀 직장과 대학 양쪽 모두에서 능동적으로 활동할 수 있도록 하는 데 목적이 있다.

〈인용 3.11〉 '직업 및 학문 텍스트의 이해'의 학습 결과

이 강의를 수강하면, 당신은 다음과 같은 것을 할 수 있을 것이다.
(a) 직업 맥락과 학습 맥락의 관계를 더 잘 이해할 수 있다.

---

10) 자료 이용을 허락해 준 '직업 및 학문 문해 센터'의 Stephen Hill에게 감사드린다.

(b) 예상독자와 목적이 언어 표현에 미치는 영향을 바탕으로 직장에서 쓰는 텍스트를 이해할 수 있다.

(c) 직장에서 쓰이는 텍스트를 분석하고 평가하는 적절한 틀을 구성할 수 있다.

(d) 소규모 직장을 조사하는 연구를 수행할 수 있다.

(e) 예상독자와 목적, 언어 표현의 관점에서 학문적 텍스트를 이해할 수 있다.

(f) 자신의 전공 학습에 필요한 규범적 학문 과제물을 작성할 수 있다.

이 강의는 직장에서 접하는 텍스트 장르와 대학에서 접하는 장르를 비교하고 통합하는 데 핵심이 있다. 이 강의를 지도하는 교사는 학생들이 텍스트를 사회적 맥락에서 이해할 수 있도록, 그리고 목적과 예상독자에 따라 텍스트의 조직과 표현이 어떻게 달라지는지를 이해할 수 있도록 돕는다. 이 강의에서는 소규모 연구 과제 및 쓰기 과제를 활동 과제로 부여하는데, 이러한 활동 과제를 통해서 학생들은 직장의 직업적 맥락 및 대학의 학문적 맥락에 따라 언어가 어떻게 달리 쓰이는지를 파악할 수 있으며, 과제를 부여한 교사의 기대를 충족할 수 있는 능력도 동시에 기를 수 있다. 이 강의에서는 교수 지원, 반성적 학습, 그리고 교육에서 직업적 수행과 같은 읽기 자료뿐만 아니라, Bazerman의 상호텍스트, Crème & Lea의 과제에 따른 쓰기, Johns의 학습 독서 및 학습 작문과 같은 읽기 자료가 제공된다.

강의의 구조

이 강의는 다섯 개의 단원으로 구성되어 있으며, 2시간 동안 2개의 수업으로 진행된다. 첫 번째 수업은 아침에 이루어지고, 보통 읽기 자료에 대해 논의하기나 교사 주도의 상호작용적인 강의를 통해 다양한 종류의 학습 지원이 제공된다. 두 번째 수업은 같은 날 오후에 이어지고, 학습 지원 중에 제시된 과제와 활동을 바탕으로 삼는다. 구체적인 진행은 다음과 같다.

A. 1~2단원: 텍스트, 관찰 및 반영

이 단원은 이 강의의 이후 과정에서 직업 기반 과제를 수행할 때 필요한 텍스트 장르를 익힐 수 있도록 기회를 제공하면서 좀 더 세련된 방식으로 텍스트를 관찰할 수 있도록 돕는 도구를 학생들에게 제공한다. 이 단원에는 다음과 같은 쟁점도 같이 다룬다.
- 관찰과 관련된 여러 가지 방법들
- 질적인 현장 연구 자료를 수집할 때 지켜야 할 윤리
- 직업 기반 텍스트의 분석: 정책 문서, 매뉴얼의 지침 등

B. 3~4단원: 에세이 계획 및 학문적인 글 구조화하기

이 단원은 학문적인 글쓰기의 계획 및 발표에 초점을 둔다. 이를 위해 학문적 글쓰기의 형식, 문체, 조직 등을 다룬다.

C. 5~6회기: 비평 및 논증

이 단원에서는 학생들이 대학에서 사용하는 핵심 용어들의 의미를 탐구하고, 이 용어를 어떻게 자신의 학문적인 글쓰기에 포함할 수 있는지를 구체화하게 한다.

D. 7~8회기: 자료 사용하기

이 단원에서는 학생들이 어떻게 자료를 평가하는지, 수집한 학문적 글과 연구 자료의 정보를 어떻게 자신의 글로 가져오는지를 관찰에 초점을 둔다. 따라서 인용 표시의 방법, 글 요약하기 및 참고 도서 목록 작성하기를 포함하여 다룬다.

E. 9~10회기: 교정하기 및 편집하기

마지막 단원은 학생들이 편집과 교정, 동료 평가 활동을 어떻게 수행하는지, 학문적 글쓰기에서 특히 문법, 철자, 구두점 등을 얼마나 정확하게 사용하는지에 초점을 둔다.

이 강의에 참여한 학생들은 이전에 대학에서 공부를 해 본 적이 없으며, 의무교육 이후에 학교에서 교육을 받은 기간도 고작 3년 미만이다. 이러한 사실은 학문적 환경의 측면에서 볼 때, 이 학생들이 불리하다는 것을 뜻한다. 학생들은 학문적 환경에 익숙하지 않고, 쓰기와 같은 의사소통에 대해서도 자신감이 부족하다. 그러나 이 강의에 참여한 학생들은 이 강의가 제공하는 비계를 통해 쓰기가 발달해 가는 모습이나 쓰기 지식이 발달해 가는 모습을 보여준다.

과제와 평가

비록 강의는 비교적 짧고 투입되는 자료가 상당히 많지만, 교사가 제공하는 맥락 내에서 학생들이 서로 협력할 수 있는 기회를 충분히 제공해 준다. 이 강의에서 학생들은 텍스트에 대해 논의하고, 활동을 계획하고, 다른 모둠이나 다른 사람과 소규모 연구 과제를 수행해야 한다. 이러한 강의 방법은 협력을 통해 학습이 이루어진다는 교육 이론(Vygotsky, 1962)이나 조사 연구(Gere, 1987)에 바탕을 둔 것이다. 이러한 학생 중심 학습 맥락은 상호작용과 협상의 기회를 제공하고 언어 학습을 촉진한다(Pica, 1987).

이 강의는 텍스트에 대한 동료의 협동적 반응을 채택하고 있는데, 텍스트에 대한 동료의 협동적 반응에서는 학생들이 수동적으로 아무 생각 없이 모형을 따르는 것보다는 필자로서 자신감을 쌓고 쓰기 활동에 능동적으로 참여하게 하기 위하여 실제 독자를 경험하도록 하는 것이 중요하다고 본다(Caulk, 1994). 이 강의에서는 학생들의 일상 상황을 차용한 학습 지원과 활동을 강조하는데, 강의가 진행될수록 점차 난도가 증가하고 과제는 수업 활동에서 완성하도록 편성한다.

이 강의에 대한 평가는 직업 기반 포트폴리오(50%)와 1,500~2,000자의 학문적 글쓰기(50%)로 구성된다. 포트폴리오는 텍스트에 반영된 생각을 포함한 세 가지 직업 분야에서의 관찰(대략 800자 분량으로 작성)과 각 텍스트에 대해 비판적 분석을 400자로 작성한 세 가지 직업과 관련된 글을 요구한다. 이 과제는 학생들이 수행해야 하는 것의 관련성을 학생들이 인식할 때 쓰기가 향상된다는 아이디어를 바탕으로 한다. 결과적으로 학생들은 직장 환경에서 익숙한 장르로 시작하여 학생들의 다른 과목 지도 교사가 기대하는 보고서 쓰기 과제에 대한 더욱 생소한 학문적 장르로 이동해 간다. 포트폴리오에 대한 몇몇 사례는 〈인용 3.12〉에 제시되어 있다.

- 직업 기반 포트폴리오 과제 1
  직장에서 당신의 역할을 조사하기 위한 관찰일지를 설계하기 바랍니다. 당신은 직장에서 다른 사람의 역할과 당신의 역할과 비교할 수 있습니다. 이러한 관찰일지는 표의 형태이어야 합니다(사례 제시). 제목은 활동, 당신의 역할, 다른 사람의 역할 등을 포함해야 합니다. 관찰을 진행하고(빈 칸에 체크하기), 당신이 발견한 것(최대 세 가지의 활동을 선택한다)과 스스로 생각한 것을 관찰일지(당신이 읽은 것을 포함해서)에 반영해야 합니다. 다음은 보조 교사를 위한 예시입니다. …

- 직업 기반 포트폴리오 과제 2
  활동에 함께 참여하는 사람들을 관찰하고 맥락, 누가 참여했는지, 보통 어떤 말을 하고 무슨 일이 일어났는지 등 세부 사항을 기술합니다. 이 활동에 대해 반성해 보고(이 활동이 성공적인지, 전형적인지, 보편적이지 않은 어떤 것인지에 대해 설명을 포함한다) 당신의 생각에 당신의 읽은 것을 통합해 보십시오.

- 직업 기반 포트폴리오 과제 4
  분석을 위해 세 가지 직업 기반 텍스트(전자우편, 보고서, 안내문 등)를 수집합니다. 텍스트의 길이가 충분한지, 충분히 많은 세부 내용을 포함하고 있는지 확인합니다. 이 세 가지 텍스트는 서로 상당히 달라야 합니다. 텍스트에 대한 분석에서 의도한 예상독자, 사용된 언어, 그리고 텍스트의 (직·간적접인) 목적에 대해 논평합니다. 당신의 분석에 충분한 맥락을 부여하는 것을 잊지 마십시오.

포트폴리오 자료에 더하여 학생들은 위에서 언급한 직업 기반 연구 과제와 꼭 들어맞게 구성된 세 가지 에세이 주제 중 하나를 선택해서 긴 글을 작성해야 한다. 세 가지 에세이 주제는 다음과 같다.

a) 직업적 텍스트와 학술적 텍스트가 어느 정도 다른가?
b) 직장에서 관찰한 것과 함께 당신이 주로 윤리적인 문제라고 여기는 것에 대해 논의하라.
c) 당신의 역할과 직장에서 당신과 가까운 다른 사람의 역할 사이의 차이가 갖는 의미를 논의하라.

에세이 과제에 대한 지원은 수업뿐만 아니라, 비슷한 주제로 이전에 수행한 에세이에 대한 분석, '에세이 지침 패키지essay advice pack'에 포함된 제언도 포함된다. 이 에세이 지침 패키지에는 에세이 계획, 유용한 구절, 추천받은 읽을거리, 그리고 에세이에서 다룰 주제에 대한 아이디어가 포함되어 있다. 따라서 예를 들어 'b)'의 윤리적 관찰과 관련된 주제로 글을 쓰는 학생은 직장에서 자녀에 대한 정보, 권한을 얻는 것, 익명성과 기밀성, 관찰자의 역설적인 상황, 그리고 서로 다른 기록 매체의 간섭을 포함하여 고려하도록 조언을 받는다.

결론

'직업 및 학문 텍스트의 이해UPAT'는 쓰기의 특정 이론이나 여러 가지 연구에 명시적으로 연결되어 있지 않음에도 불구하고, 여러 가지 교육적 원리와 학술적인 글쓰기에 대한 연구 결과를 이끌어 냈다. 특히 '직업 및 학문 텍스트의 이해'는 학생들의 쓰기 유창성의 정도, 학습 배경, 직업 경험을 고려함으로써 '학생들이 있는 곳에서 시작하기'의 가치를 인정하였으며, 학문적·직업적인 요구에 따라

정의된 것처럼, 교육이 미래의 요구나 당면한 문제에 결부될 때 제기되는, '왜 이 학생들이 쓰기를 학습하는가?'라는 질문의 가치를 인식하였다는 점에서 의의가 있다.

Johns(1997)가 지적한 것처럼, 학생들은 구체적 맥락에서 특정한 장르에 노출됨으로써 사회적 문해 기능을 습득한다. 학생들은 장르가 어떻게 공동체에서 작용하는지를 이해함으로써 특정 공동체에 참여하는 기능을 계발하고, 여기서 논의된 강의는 소개, 수행 그리고 텍스트에 대한 논의, 그리고 그들의 직장에서 발견하고 그들의 연구에서 요구되는 쓰기 수행을 통한 노출과 같은 비계를 안내해 준다.

Carter, R., Goddard, A., Reah, A., Sanger, K. & Bowring, M.(2001). *Working with texts*(2nd edition)(London: Routledge). 이 자료는 언어 분석을 소개하고 있는 연구서이다. 이 언어 분석은 학생들이 언어의 다양성과 목적을 효과적으로 이해하는 데 도움을 준다.

Derewianka, B.(1990). *Exploring How Texts Work*(Newtown, NSW: Primary English Teachers Association). 이 자료는 초등학교 교사들이 학생들에게 장르 중심의 쓰기를 지도할 때 도움을 얻을 수 있는 연구서이다. 창의적인 방법이 소개되어 있으며, 교사 친화적으로 서술되어 있다.

Elbow, P.(1998). *Writing with Power: Techniques for Mastering the Writing Process*(Oxford: Oxford University Press). 이 자료는 과정 중심 쓰기의 바이블과 같은 책이다.

Hyland, K.(2004). *Disciplinary Discourses: Social Interactions in Academic Writing* (Ann Arbor, MI: University of Michigan). 이 자료는 학술적 맥락에서 필자와 독자의 상호작용을 이해하는 데 필요한 이론적 틀을 제공해 주는 연구서이다.

Johns, A.(1997). *Text, Role and Context*(Cambridge: Cambridge University Press). 이 자료는 대학 수준의 학술적 문해 지도를 위한 지도 방안을 다루고 있는 연구서이다. 이 자료에서는 다루는 내용은 사회 문해적 접근을 통한 학습의 촉진을 강조하고 있다.

Nunan, D.(2005). *Task Based Language Teaching*(Cambridge: Cambridge University Press). 이 자료는 언어 수업에서 과제를 계획, 설계, 시행 방안을 폭넓게 다룬 연구서이다.

4장 연구 기반 지도 자료, 방법론 그리고 자원

이 장에서는
- 교과서, 컴퓨터 소프트웨어, 수업 지도, 평가 방법과 같은 수업 지원이 쓰기 연구에서 어떻게 도출되었는지를 논의하고,
- 새로운 기술이 쓰기 수업과 학습에 기여할 수 있는 방안을 검증하며,
- 장르, 용어 색인, 학술적 어휘, 및 자율성에 관한 현재의 연구가 수행에 어떻게 적용되어 왔는지를 서술할 것이다.

4.1. 쓰기 연구: 중급 EAP[1] 교과서

Swales & Feak(2000)의 〈ETRW/English Today's Research World〉[2]는 비원어민 화자인 대학원생과 예비 연구자들을 위한 중급 학술적 글쓰기 안내서이다. 이 책은 최근 등장한 학술적 담화 분석에 기반을 두고 있으며, 학생들이 각 학문 분야에서 요구되는 쓰기의 의사소통적 필요성을 명확하게 인식할 필요가 있음을 잘 보여준다. 학술적 담화 분석이나 학문 분야의 의사소통적 필요성을 바탕으로 하여

---

1) (옮긴이) EAP(English for academic purpose)는 고등교육을 위한 준비 단계에서 학습하는 영어 교육을 뜻한다.
2) 'Writ 101'을 위해 정보와 자료를 이용하도록 허락해 준 Wellington의 Victoria University의 Janet Holst에게 감사드린다.

<개념 4.1> EAP 쓰기 수업에서 지향하는 장르

- 학술적 글쓰기는 대상이 되는 공동체에 수용되어야 하고 학문적 전통과 관습의 다양성을 반영해야 한다.
- 연구와 관련된 장르는 문화적 다양성의 영향을 드러내야 한다.
- 학술적인 글을 쓸 때 필자들은 수사적인 판단과 전략적인 판단의 범위에 대해 답해야 한다.
- 학생 지도 자료는 대상 담화의 대표적인 사례 분석에 기반을 두고 있어야 한다.
- 이상적인 글 분석과 쓰기 수업은 지시적이거나 교과서 중심적이기보다는 서술적이고 해석적이어야 한다.
- 기술어는 담화의 특징들에 대한 기능적인 사항에 대해 제공하여야 한다.
- 쓰기 수업은 수사적 제약이나 언어적 제약에 대한 인식을 높이고, 다양한 장르를 활용할 수 있는 기회를 높여야 한다.

ETRW에서는 실제 의사소통의 특정 측면들이 어떻게 작동하는지를 해석하고 이를 수업에 적용하였다.

접근법

이 접근법은 필연적으로 과제에 기반을 두고 있으며, 연구 논문과 같은 학술적 글을 써야 하는 초보 필자들에게 다양한 학술 장르에서 사용되는 언어와 대상 학문 분야의 관습에 대한 이해를 돕는 데 목적이 있다. 이는 주로 학생이 텍스트 특징을 추출하고 분석하게 하는 과제를 통해 글에 대한 학생의 의식을 향상시킨다.

수업 지도 자료를 보강하는 몇 가지 가정과 원리가 있다. 첫째, 이는 장르 기반 접근법으로서 가치가 있다. 특히 이는 느슨하게 결합된 유형적 네트워크의 학술적 의사소통으로 이해할 수 있다. 둘째, 우리는 단순히 더 나은 학술적 텍스트가 아니라, 더 나은 학술적 필자를 길러 내는 데 집중해야 하므로 이러한 접근 방식을 취한다. 우리는 수업에 참여하는 학생들에게 기능과 전략을 제공하는 것을 목표로 하는데, 이는 교육과정의 특정 분야에 한정되지 않고 일반화하는 것이 가능하다. 다시 말해, 이는 수사적 의식 함양과 언어적 인식을 매우 강조해야 한다는 것을 뜻한다. 이를 위해 언어적 상위 인지 수준 향상을 위한 활동에서 학생 스스로 자신의 텍스트 분석 활동에 참여해야 한다.

ETRW 활동은 학생이 지닌 기능의 향상을 돕기 위해 수사적 활동 수행에 대한 연구와 분석 기능을 연결하도록 한다. 이를 통해서 학생은 텍스트에 대한 탐구 태도를 기를 수 있다. ETRW 활동은 중급 쓰기 수업에 참여하는 학생들이 1.3.2절에서 논의한 학술적 글쓰기의 사회적, 상대주의적 특성을 강조하는 비교주의적 접근을 잘 이해할 수 있도록 다양한 학문 분야를 경험하도록 하는 데 중점을 두고 있다. 학생은 텍스트에 대한 연구에서 논의된 지도 자료와 학생 스스로의 경험 공유를 통해 협동적으로 학습할 수 있다. 다양한 수사 전략과 의사소통 공동체의 사회적 실천은 수업을 위한 지도 자료가 된다. 내용적 측면에서 ETRW는 핵심인 연구 장르와 학회의 포스터, 선행 논문의 비평, 논문과 같은 장르의 특징을 기준으로 조직되어 있다. 이때 문법과 어휘는 이러한 장르의 수사적 특징에 종속되어 있다. 예를 들어, 선행 연구 비평에서는 일반적으로 인용을 표시하는 동사3)가 나타나며, 방법론에 대해 논의할 때에는 원형 분사의 형태가 나타난다.

지도 자료로부터 인용한 부분

과제의 시작부는 특정한 장르에 초점을 두기보다는 연구 논문 쓰기의 다양한 사회 수사적 측면을 경험하게 한다는 특징이 있다. ETRW는 학문 분야에 대한 수행을 위해 쓰기에 대한 학생의 인식 향상에 초점을 둔 여러 과제로 구성되어 있다. 또한 이는 장르 분석을 위한 기본 개념을 소개하고, 연구 논문의 의사소통에 쓰이는 언어를 여러 가지 방식으로 반영하고 있다. 연구 문헌을 과제에 반영하는 방법에 대한 예는 여러 언어 연구를 요약한 〈인용 4.2〉에서 살펴볼 수 있다. 〈인용 4.2〉에서는 단원 1의 과제를 예시하였다.

〈인용 4.2〉 연구 쓰기에서의 문화 간 차이점(ETRW: 1: 5)

다른 언어를 사용한 연구와 비교했을 때, 미국의 학술적 언어의 특징은 다음과 같다.

1. 구조와 목적이 보다 명시적이다.
2. 논제에서 벗어난 내용에 상대적으로 엄격하다.
3. 문법적으로 복잡하지 않은 짧은 문장을 사용한다.
4. 제목으로 장이나 절을 구성하는 엄격한 관습이 존재한다.
5. 인용의 비중이 높다.
6. 최신 자료의 인용 비중이 높다.
7. 단어 수 측면에서 보면 문단이 길다.

---

3) (옮긴이) 'say, state, suggest, claim'처럼 선행 논문을 검토할 때 사용하는 동사를 말한다.

8. 선행 연구와의 '차이'나 연구의 '제한점'을 명시적으로 지적한다.
9. '그러나'와 같은 접속어의 비중이 높다.
10. 논문을 명확하고 이해 가능하게 쓰는 책임을 필자에게 묻는다.

〈과제 8〉
당신이 처음으로 학술적 언어로 작성한 연구 논문을 떠올려 보시오. 학술적 글쓰기에서 당신이 사용한 언어와 미국의 학술적 언어의 차이를 표시하시오. 만약 차이가 없다면 빈 칸으로 두시오. 논의해야 한다고 판단되는 다른 어떤 차이가 있는가? 만약 예상독자가 미국인이라면, 당신은 얼마나 미국 형식을 따라야 한다고 생각하는가? 이때 당신의 학술적 글쓰기에서 완전히 '미국화'된 쓰기를 해야 한다고 생각하는가? 아니면 당신만의 학술적 문화를 따라야 한다고 생각하는가?

질문에 대한 대조적 반응은 영어로 된 학술적 글쓰기의 수사적 특징에 대한 학생의 인식 향상과, 자신의 모어와 문화에 친숙한 학생이 수행한 결과의 차이를 파악하는 데 유용하다. 이와 같은 반응은 학술적 글쓰기의 특징을 명시적으로 드러내는 데 넓게 활용되며, 논증 구조, 독자 인식, 지식의 역할, 적절한 상호작용 및 문화적 정체성과 같은 최근 연구에서 관심을 가지는 분야에서 더욱 폭넓게 나타난다.

다른 과제는 언어 그 자체에 관심을 기울이며 텍스트 분석 연구에 바탕을 둔다. 각각의 경우, 형식은 학술적 장르를 수행할 때의 기능과 관련되어 있다. 방법론에 관한 장을 설명할 때 언급했던 것처럼. 논문의 목적을 잘 표현하도록 하려면 학생들에게 〈인용 4.3〉에 제시한 것처럼 좌향 전이 구문을 활용하게 한다.

a) 이 연구에서는 좋은 향기가 스트레스를 완화하는 효과가 있는지를 평가하기 위하여 연구 참여자들은 ⋯ 수행하였다.

b) 연관된 가능성을 검증하기 위하여 ⋯ 참여자들은 추가 과제도 수행하였다.

c) 향기에 대한 감각 적응을 막기 위해 연구는 두 부분으로 나뉘어 수행되었다.

d) 사용된 두 개의 향기의 지속성 때문에, ⋯는 필수적이었다.

e) 향기 조작 효과를 추가적으로 검증하기 위해 참여자들에게 ⋯가 요구되었다.

〈과제 14〉

우선 진술된 목적의 위치에 대한 문체 및 담화의 효과에 대해 생각해 보시오. 더 구체적으로, 독자가 인지하는 데 좌향 전이 구문은 어떠한 영향을 미치는가? 진술된 목적의 형식을 다르게 표현할 수 있는 방법이 있는가?

결론

ETRW는 연구 쓰기에 대한 의사소통적 요구는 전문적인 요소이며 상당히 어렵다는 것을 인정한다. 미국의 전통적 쓰기와 대학원생 연구에 편향되어 있기는 하나 ETRW는 학술적 목적을 위해 특정 분야의 쓰기 연구를 활용하는 좋은 방법을 제공한다. 쓰기 연구는 ETRW의 토대를 형성하며, 독자가 속한 분야의 관습을 탐색할 수 있는 방법으로도 활용된다. 이는 또한 교육적 수행에 텍스트가 중점이 놓인 연구를 토대로 한 학술적 글쓰기에 대한 특별한 관점을 제공한다.

4.2. WordPilot 2000: 쓰기 지원 코퍼스

최근 쓰기 수업은 지식 전달에서 학생 중재적 방식으로 변화하고 있다. 그 결과, 학생들은 학습에서 더 활동적이고 반성적인 태도를 취할 수 있게 되었다. 이러한 움직임을 지원하기에는 기술의 발전이 너무 느리다. 그래서 컴퓨터에 대한 관심은 '수업자'가 아니라 '정보원'으로 전환되었다. 이는 컴퓨터가 가지고 있는 자료 저장과 인출의 장점을 더욱 명확하게 드러내어 준다. WordPilot 2000(Milton, 1999)[4]은 코퍼스에 포함된 자료의 탐색과 활용을 바탕으로 어떻게 기술이 학생들이 글을 잘 쓰도록 도울 수 있는지를 보여주는 좋은 예이다.

⟨개념 4.2⟩ 코퍼스 분석

> 코퍼스란 언어 연구를 위하여 자연적으로 발생한 텍스트를 모은 집합체를 말한다. 코퍼스가 언어에 대한 어떠한 새로운 이론을 포함하지는 않지만, 익숙한 언어 사용을 새롭게 이해할 수 있는 통찰을 제공함으로써 쉽게 알아채기 어려운 언어 사용의 특성을 '직관'이 아니라 '근거'를 바탕으로 파악할 수 있도록 해 준다. 전자 코퍼스를 써서 텍스트 인출 및 색인을 지원하는 응용 프로그램을 활용하면 충분히 가능하다. 이런 방식으로 대량의 텍스트로부터 특정 단어나 단어 조합을 '묶음'으로 분리하여 처리하면 특정 장르의 전형적인 특징이나 언어 형태나 언어 사용 패턴을 파악할 수 있다. 코퍼스는 쓰기 수업이 빈도가 높고 전형적으로 쓰이는 언어 패턴(단어가 다른 단어와 조합되는 방식)에 기반을 두고 있다는 점을 보장하는 매우 중요한 연구 결과물이다. 그러므로 코퍼스는 쓰기 연구에서 매우 중요하다.

---

[4] WordPilot은 개발자의 웹사이트(http://home.usi.hk~aviolang)에 접속하면 이용할 수 있는데, 이 사이트는 hint, 활동지, 다른 유용한 사이트 링크 등이 포함되어 있다. 프로그램을 이용하는 데 도움을 주고 화면 갈무리를 허락해 준 John Milton에게 감사드린다.

용어 색인과 쓰기 지도

용어 색인은 최근 지도 방법에 영향을 미치기 시작했으나(Hafner & Candlin, 2007; Patington, 1998; Wichman et al., 1997), 사전 활용 지도를 대체하고 언어 연구의 초점이 언어의 정확성에서 전형성이나 유창성으로 전환하는 계기를 마련했다는 점에서 가치가 있다(Sinclair, 1991). Leech는 용어 색인 방법의 장점에 대해 언급한 바 있다.

〈인용 4.4〉 Leech가 제시한, 쓰기 수업에서 용어 색인의 장점

1. 자동 검색, 분류, 점수 부여. 컴퓨터는 낮은 수준의 과제 수행에서 매우 빠르고 정확하게 학생에게 자료를 전달한다. 용어 색인과 빈도 목록이 그 예이다.
2. 학습자 중심 접근법 지향. 컴퓨터는 시간과 공간의 제약 없이 학생의 요구와 동기를 충족시키는 데 적합하다.
3. 개방적인 언어 자료 공급 체계. 이처럼 컴퓨터는 학습에 대해 탐색적, 발견적으로 접근하도록 한다.
4. 개별적 학습 과정 설정 가능. 컴퓨터는 표준적인 예를 제시하거나 자료를 단순히 제공하는 것을 넘어서서 학생 개인의 필요와 욕구에 맞는 개별화된 학습 과제를 제공할 수 있다.

코퍼스를 지도 자료의 자원으로 활용할 때 더 효과적인 방법은 학생이 이를 스스로 탐색하게 하는 것이다. 이러한 방법을 취하면 실제 텍스트의 탐색을 통해 귀납적인 학습을 조장하고, 쓰기에 대한 패턴 인식을 향상시킬 수 있다(Aston, 1997). 코퍼스를 지도 자료의 자원으로 활용하는 방법은 학생들에게 다음과 같은 두 가지의 심화된 접근을 하게 한다. 하나는 글을 쓰는 과정에서 어떤 문제를

겪을 때 그 문제를 해결하기 위한 '참조 도구'로 코퍼스를 활용하는 것이고, 다른 하나는 언어 사용에 대한 좀 더 거시적인 인식을 얻고자 할 때 '탐색 도구'로 활용하는 것이다.

WordPilot은 이 두 가지의 접근법을 모두 충족할 수 있다. 특정 텍스트에 대한 색인, 사전, 유의어 사전, 검사 문항, 개별적 단어 목록, 강조 부분을 읽어 주는 기능을 통합한 WordPilot은 관련된 실제 텍스트를 탐색하거나, 글을 쓰는 도중에 활용할 수 있도록 검색하는 기능을 포함하고 있다. WordPilot은 현재 유럽, 오스트레일리아, 홍콩, 중동의 중등교육과 대학교육에서 사용된다.

연구 도구

Krishnamurthy & Kosem(2007)은 최근 코퍼스 검색 기능의 복잡성을 비판하면서 교실에서 이를 활용하려면 화면을 더 간단하게 구성할 필요하다고 지적한 바 있다. WordPilot은 색인 목록을 제공함으로써 학생에게 상대적으로 쉽게 의미를 제공하며, 텍스트 간에 가장 공통적인 패턴을 확인하는 것을 가능하게 한다. 검색어나 구절을 입력하면, 코퍼스 검색을 거쳐 화면 중앙에 핵심어 목록을 보여 준다. 이는 수평적으로 읽을 때 언어 '사용'의 예를, 수직적으로 읽을 때에는 '체계'에 대한 근거를 제공한다.

또한 WordPilot은 사용자가 놓칠 수 있을 법한 규칙을 파악하게 해 준다. 사용자는 즉각적으로 각 예시에서 공통적인 언어 사용 맥락을 파악할 수 있으며, 밑줄을 더블클릭하여 더 폭넓은 맥락을 파악할 수 있다. 이러한 방법으로 장르에서 전형적으로 쓰이는 언어 사용 패턴의 단서를 수집할 수 있다. 〈그림 4.1〉은 색인 목록의 예로, 이러한 실제적인 예시를 보여주는 것은 학생이 'besides'가 언제

추가적인 정보를 제공하는지, 어디서 강조되고 있는지를 학습하는
것을 가능하게 한다.

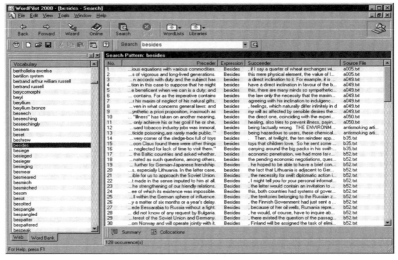

〈그림 4.1〉 학생들이 쓴 에세이 코퍼스에서 'besides'에 대한 WordPilot 색인

학생이 어떤 단어가 일반적으로 가장 많이 검색되는지를 파악하
고자 한다면 화면 하단에 위치한 '연어聯語, collocations5)' 버튼을 클릭하
면 된다. 패턴의 규칙을 통해서 학생은 쓰임이 일반적인 단어는 무
엇인지, 문법적 패턴은 어떠한지, 관용적 표현은 무엇인지, 연어의
양상은 어떠한지 등에 대한 정보를 대량으로 파악할 수 있다. 예를
들어 'since'와 'for'와 같은 어휘의 빈도는 상대적으로 어떠한 차이가
있는지, 'sheer'와 'pure'에 수반되는 의미는 무엇인지, 통상 어떤 단

---

5) (옮긴이) 빈번하게 나타나는 단어의 결합을 말한다. 가령 '기염'이라는 단어는 '토하다'
  라는 단어와 빈번하게 결합하여 쓰이고, '옷'이라는 단어는 '벗는다.'는 단어와 결합하
  여 '어떤 직책을 그만두다.'라는 관용적인 표현을 쓰인다.

어가 'put'과 같이 쓰이는지를 파악할 수 있다(〈그림 4.2〉 참조).

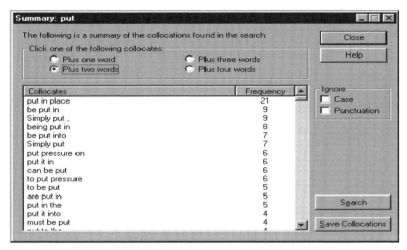

〈그림 4.2〉 put에 대한 색인 요약

　학생들이 혼자 글을 쓸 때 이러한 방식으로 코퍼스를 활용하면 자신이 써야 하는 텍스트 장르에서 어떤 특징이 빈번하게 나타나는지를 효과적으로 파악할 수 있다. 코퍼스를 사용하면 학생에게 탐구 참여를 촉진하고 독립적 학습을 장려하고 친숙하거나 전형적인 언어 사용 양상을 보여줄 수 있지만, 이는 오로지 요청한 것만을 보여줄 뿐이다. 텍스트 형식에 대한 지식이 거의 없는 학생들은 자신이 무엇을 검색해야 할지를 알지 못할 뿐만 아니라, 검색 수행에 필요한 언어에도 흥미가 없다. 코퍼스의 활용은 언어에 대한 호기심이 필수적이다. 하지만 대부분의 학생들에게 언어는 오직 의사소통을 할 때에만 중요하다. 그러므로 다양한 기능을 갖춘 WordPilot은 이러한 학생들에게도 참조 도구로 더 유용하게 쓰일 수 있다.

참조 도구

WordPilot은 글을 쓸 때처럼 참조 도구가 가장 필요한 시점에서 학생들에게 단어나 구절 검색을 제안해 주는 참조 도구로서의 기능을 수행한다. 워드프로세서에 매크로를 자동적으로 설치하여 WordPilot은 학생이 문서를 작성할 때 단어나 구절을 더블클릭하면 용어 색인을 제공한다. 즉, 학생에게 필요한 단어의 빈도나 표현의 용법에 대한 정보를 보여준다. 만약 'possible for'나 'possible that' 중 어느 것을 써야할지 궁금할 때 색인 목록을 작동시키면 선택에 대한 확신을 가질 수 있도록 다양한 용례를 제공해 준다. WordPilot은 'different to'가 더 적합한지 'different from'이 더 적절한지를 결정할 때에도 도움을 준다. '학습은 학생이 정보에 직접적으로 접근하고 즉각적으로 조언을 제공받을 때 더 효과적이다'(Milton, 1997: 239).

WordPilot은 온라인 영어 사전 외에도 다른 언어의 사전을 제공하고 여러 가지 검색 사이트도 제공한다. 다른 코퍼스에도 빠르게 접근할 수 있다. 이와 같은 온라인 기반 접근성은 장르적 관습에 대한 학생의 인식을 향상시키는 데 매우 유용하다. WordPilot은 학생이 자신만의 개별적인 단어 목록을 만드는 것이 가능하고, 팝업 창에 나타난 색인에 주석을 다는 것도 가능하다. 한편, WordPilot는 선택한 코퍼스를 자료로 활용하여 선택형 문항을 구성해서 제시하는 기능도 있다. 학생이 문제를 다 풀면 점수도 계산하여 알려준다. 〈그림 4.3〉은 학생들이 자주 혼동하는 단어 목록의 일부인데, 이를 익힐 수 있도록 코퍼스에서 자동적으로 생성해 낸 선택형 문항의 예를 보여준다.

〈그림 4.3〉 중복 답안 기능이 포함된 단어 목록과 검사 문항

결론

WordPilot은 초보 학생 필자 연구에 유용하게 쓰일 수 있다. WordPilot은 실제 텍스트를 통해 초보 학생 필자가 글을 쓰는 데 필요한 통찰을 얻을 수 있게 해 주기 때문이다. WordPilot은 현재 교과서 중심적인 지도법, 정보를 제공하지 않는 인쇄물 위주의 CALL 프로그램의 한계를 극복할 수 있게 해 준다.

WordPilot은 장점은 어휘 데이터베이스, 텍스트 코퍼스, 하이퍼링크, 워드프로세서 내에 탑재하여 학생 스스로 의문을 가질 수 있도록 돕는 색인 기능의 결합에 있다. 그러나 WordPilot도 단점은 있다. 최대 단점은 학생들에게 좀 더 친숙한, 명시적 지시 중심의 서술 모형이 아니라, 자발적 탐색 중심의 절차 모형에 기반을 두고 있다는 점이다. 그 결과, 쓰기 학습 방법에 대한 일반적인 인식을 수용하기가 어렵다. 이런 점에서 WordPilot가 지시적인 쓰기 학습에 친숙한 학생에게 위압감을 제공할 수 있으나, 학생들을 효율적이고 독립적인 필자로 발달시키는 데에는 WordPilot와 같은 기술이 혁신적인 접근법으로서 상당한 이점이 있다고 할 수 있다.

4.3. 학습을 위한 어휘? 학문적 단어 목록

학문적 단어에 대한 아이디어는 대학의 쓰기 지도에서 오랫동안 논의되어 왔다. 학문적 '보조 전문 어휘'(Yang, 1986), '준전문 어휘'(Farrell, 1990), '특수 비전문 어휘' 등으로 다양하게 쓰이는 이 개념은, 다른 장르의 텍스트에서는 일반적이지 않으나 넓은 범위의 학문적 장르에서는 고빈도로 나타나는 단어를 뜻한다(Coxhead & Nation, 2001). 이러한 단어는 학문적 글쓰기를 구성하는 중요한 특징으로 간주된다. 대학에서 영문 자료를 읽을 때 학생들이 일반적으로 직면하는 2,000~3,000개의 핵심적인 단어 수준 이상의 '고급 어

〈개념 4.3〉 학문적 단어

학문적 단어는 타 영역에서보다 학문적인 텍스트에서 더 빈번히 나타난다. 학문적 어휘의 아이디어는 일반적으로 수업이 대상 집단에 특화된 언어의 특징과 의사소통적 기능에 기반을 두고 이루어져야 한다는 EAP의 관점에 부합한다. 학문적 어휘는 일상적으로 사용되는 어휘, 특정한 분야에서 사용되는 전문 용어와 차이가 있다. 그러나 학생이 일반적인 학문적 어휘를 습득하는 것이 유용한가에 대해서는 논쟁의 여지가 있다. 왜냐하면 학습에 들이는 노력보다 학문적 단어를 익히는 데 들이는 노력의 효과가 미미하기 때문이다.

휘'(Jordan, 1998)로 간주되기도 한다(Carter, 1998).

학문적 단어 목록

다양한 단어 목록은 학문적 텍스트의 코퍼스에서 수집한 것이며, 여기에 포함된 단어는 여러 학문 분야 및 여러 학문 장르에서 고빈도로 나타난다(Coxhead, 2000; Farrell, 1990; Xue & Nation, 1994).[6] 무엇을 단어로 정할 것인가가 논란을 겪을 수 있는데, 이 문제를 해결하기 위해 일반적으로 단어족word families에 중점을 둔다. 기본 단어에 빈도가 높으면서 규칙적으로 결합하는 접사(접두사)를 더한다(Bauer & Nation, 1993). 이러한 방식은 기본 단어의 지식은 그 형태에 대한 이해를 도우며 '머릿속 어휘 사전mental lexicon'에서 동일한 단어군과 함께 저장된다는 관점을 토대로 두고 있다(Nation, 2001).

학문적 단어 목록AWL, Academic Word List(Coxhead, 2000)은 최근의 아이디어인데, 어떤 연구 영역이든 관계없이 대학생들이 필수적으로 고려해야 하는 항목을 포함하고 있다.[7] 항목은 빈도와 학문 분야 간 범위를 기준으로 선택되었으며, 이를 위해 예술, 상업, 법, 과학 등 28개의 학문 분야의 다양한 장르로부터 35만 개의 학문적 단어를 활용하였다(Coxhead, 2000: 221).

---

6) 650만 단어 British Academic Written English(BAWE) 코퍼스는 연구자들이 이용할 수 있다. BAWE는 영국 고등교육에서 채점된 글을 바탕으로 장르를 조사하기 위해 Warwick 대학, Reading 대학, Oxford Brookes 대학에서 개발하였다. 자세한 내용은 9장을 참고할 수 있다.

7) 하위 어휘와 함께 학술적 어휘 목록에서 단어족의 표제어는 Massey 대학 웹사이트 (http://language.massey.ac.nz/staff/awl/headwords.shtml)에서 이용 가능하다. (옮긴이) 검색일자 2017.08.31. 현재 해당 사이트에 접속이 불가하였다.

> ## 〈인용 4.5〉 Coxhead의 학문적 단어 목록(2000: 213)
>
> 학문적 단어 목록은 학문적 텍스트에서 활용되는 35만개의 어휘를 토대로 수집하였다. 이를 위해 먼저 고빈도 단어 2,000개를 제외한 후, 단어의 범위와 빈도를 조사하였다. 학문적 단어 목록은 570개의 단어군을 포함한다. 이는 학문적 텍스트에서는 총 단어의 약 10.0%를 설명할 수 있지만, 같은 크기의 허구적 텍스트의 어휘 목록에 대해서는 단지 1.4%의 설명력을 지닌다. 텍스트 장르에 따라 이렇게 설명력의 차이가 나타나는 것은 Coxhead의 학문적 단어 목록이 다른 텍스트 장르의 단어와 구분되는 학문적 단어 목록임을 입증하는 근거가 된다.

학문적 단어 목록은 현재까지 이루어진, 핵심적인 학문적 단어를 찾기 위한 가장 광범위한 연구에 바탕을 두고 있다. 학문적 단어 목록은 상업용 지도 자료로 발행되어 널리 쓰이고는 있지만(O'Regan, 2003; Schmitt & Schmitt, 2005), '학문적 담화'의 어휘 하나하나에 대해 얼마나 설명할 수 있는가는 명확하지 않다. 그러므로 모든 학문 분야의 모든 학생에게 가치가 있다고 말하기는 어렵다.

영역 간 단어 분포

Hyland & Tse(2007)는 학문적 연구에서 공통적 핵심 단어가 있을 것이라는 가정을 검증하기 위하여 학문적 단어 목록 내의 단어가 생물학, 언어학, 경영학, 전자 공학과 같은 다양한 학문 분야에서 어느 범위까지 학생들에게 유용한지를 조사하였다. 학생 및 연구 분야 장르를 바탕으로 33만 개 단어로 구축된 코퍼스를 활용하여 분석한 결과, 우리는 학문적 단어 목록이 전반적으로는 코퍼스의 10.6%의 범위를 제공하지만, 목록의 각 어휘는 범위, 빈도, 연어,

의미의 측면에서 학문 분야 간에 발생 빈도 및 활용 방법이 차이가
난다는 것을 밝힌 바 있다.

우리의 텍스트에서는 학문적 단어 목록 중 3분의 1만이 나타났는
데, 그나마도 '처리, 분석, 연구, 데이터, 방법'과 같은 매우 일반적으
로 쓰이는 연구 용어였다. 그러나 더 우려스러운 것은 빈도가 높은
단어 50개 중에서 15개 정도는 1~2개의 학문 분야에 집중되어 있다
는 점이다. 이러한 단어는 한 분야의 텍스트 중 70%에 달하는 텍스
트 모두에서 나타난다. 실제로 학문적 단어 목록은 규칙적인 분포
를 보이지 않고, 자연과학, 사회과학, 기술공학 분야 어휘가 대부분
이다. '참여, 의사소통, 산출, 태도, 갈등, 저작권, 관점, 모의실험'과
같은 단어의 90%는 오직 한 분야에서만 나타난다. 이러한 단어가
특정 영역에 몰려 있는 군집화는 이를 활용하고자 할 때 학문 한정
적인 현상을 초래한다. 학문적 단어 목록의 16%를 차지하는 컴퓨터
과학 전공의 학생에게는 이 목록이 유용할 수 있겠지만, 6.2%만 관
련이 있는 생물학 전공 학생에게는 그다지 유용하지 않을 것이다.

단어의 의미와 활용

'공통 핵심' 어휘 수집에서 나타나는 다른 문제는 학문 분야의 범
위를 공통적인 수준으로 정해야 할 뿐만 아니라, 방식도 동일하게
해야 한다는 데 있다. 이는 목록에 수록된 단어는 학문 분야가 다를
지라도 전혀 다른 의미로 쓰여서는 안 되며 전혀 다른 사용 패턴을
보여서도 안 된다는 것을 뜻한다. 그러므로 목록의 단어는 단어군
의 일부가 아니라, 개별적으로 대상으로 분리하여 학습해야 한다.

그러나 우리가 활용한 코퍼스에 따르면, 대부분의 단어는 하나
이상의 의미를 가지고 있고, 학문 분야에 따라 특정한 의미로 쓰이

거나 특정한 연어의 패턴을 보이기도 한다. 실제로 동음이의어(영어의 'major'는 '중요하다'는 뜻도 있고 '소령'이라는 군대 계급의 뜻도 있는 동음이어인데, 둘의 의미는 전혀 관계가 없다)의 의미를 고려했을 때, 학문 분야별로 매우 큰 차이가 있다. 〈표 4.1〉은 선택된 단어의 주된 의미와 학문적 단어 목록의 분포, 순위 및 빈도를 보여 준다.

〈표 4.1〉 학문적 단어 목록에서 선택한 단어군의 의미와 학문 분야별 분포(%)

단어군	의미	과학	기술 공학	사회과학
Consist (41위)	유지하다(stay the same)	34	15	55
	구성되다(made up of)	66	75	45
Issue (46위)	흘러나오다(flow out)	7	6	18
	화제(topic)	93	94	82
Attribute (93위)	특성(feature)	83	35	60
	기인하다(ascribe to)	17	65	40
Volume (148위)	책(book)	1	7	50
	양(quantity)	99	93	50
Generation (245위)	발달 단계(growth stage)	2	2	36
	생성하다(create)	98	98	64
Credit (320위)	인정하다(acknowledge)	0	60	52
	지불(payment)	100	40	48
Abstract (461위)	요약/초록(précis/extract)	76	100	13
	이론상의(Theoretical)	14	0	87
offset (547위)	상반된(counter)	0	14	100
	중심선을 벗어난(out of line)	100	86	0

사회과학 분야의 학생들은 'consist'를 '유지하다'의 의미로 사용하는 경향이 있으며, 자연과학 분야의 학생들은 'volume'을 책의 의미로 사용하는 경우는 매우 적다. 이를 고려하면 학문 분야에 따라 단어를 사용하는 방식이 서로 다른 것으로 보인다. 특히 사용 빈도가 낮은 단어일수록 학문 분야에 따라 의미의 차이가 컸다.

이러한 의미론적인 의미의 차이 외에도 문법적 의미의 차이가 발견되기도 한다. 단어 'process'는 명사, 동사, 형용사의 세 가지 품사로 모두 쓰일 수 있는데, 자연과학 분야나 기술공학 분야에서는 주로 명사로 쓰인다. 이는 명사화, 즉 '문법적 은유'(Halliday, 1998)의 결과다. 자연과학 분야의 필자들은 새로운 개념적 객체를 창안해 내기 위해 자신의 경험을 추상 명사로 전환하여 표현하는 경향이 있다. 'process'는 다음과 같은 예로 나타난다.

- 일정한 양의 연소 과정은 …
- 긴급 전화 알림 과정은 …
- 포화점을 연결하는 요인 간의 과정은 …
- 도식화 과정을 처리하는 장치는…

학문적 단어 목록은 학생들이 단어의 의미를 이해하는 데 도움을 주는 것은 아니다. 어떤 단어가 다른 단어와 함께 쓰이면서 의미가 부가된다는 사실을 쉽게 이해하게 해 주는 것도 아니다(Arnaud & Bejoint, 1992). 예를 들어, 컴퓨터 과학에서 'value'는 'value stream'(총 사례의 21%), 'multiple-value attribute mapping'(총 사례의 7%)의 패턴으로 나타난다. 'strategy'와 같은 고빈도 단어조차도 경영학에서는 총 사례의 11%가 'marketing strategy'로 쓰이고, 응용언어학, 즉 언어교육에서는 9%가 'learning strategy'로 쓰인다. 사회학에서는 31%가 'coping strategy'의 패턴으로 쓰인다. 이처럼 학문 분야에 다라 단어의 의미도 다르고 쓰이는 패턴도 다르다.

결론

지금까지의 논의를 요약해 보자. '학문적 단어'라는 용어는 지나치게 간소하게 지칭하는 면이 있어 학생들이 학문적 문해 활동을 단 하나의 수행으로 오해할 수 있다. 그 결과, 단 하나의 단어 모음만을 학습하면 모든 것이 다 된다는 잘못된 생각을 학생에게 심어줄 가능성이 있다. 학문적 단어 목록처럼, 단어 목록은 지도 방법을 안내하기도 하지만, 학문 분야에 다라 단어가 쓰이는 빈도나 패턴이 다르므로 우리는 학문 분야별 관습이 중요하다는 점을 지적해 두고자 한다. 대학에서 다양한 맥락의 쓰기를 깊이 있게 학습함으로써 우리는 특정 학분 분야의 단어의 쓰임과 같은 언어적 특징을 이해할 수 있게 된다. 그러므로 학생들을 지도하는 적절한 방법은 광범위하게 쓰이는 단어를 찾아내는 것이 아니라, 학생들이 각각의 진로 과정에서 경험하는 담화의 특징을 이해할 수 있도록 돕는 것이다.

4.4. 문해 기능에 대한 비계 제공: 쓰기의 틀

지도 과정의 비계scaffolding는 새로운 개념이나 기능을 지도할 때 학생들의 학습을 촉진하기 위해 제공하는 지원을 의미한다. 이러한 지원은 학생이 과제에 적응하는 정도에 따라 점차 제거되며, 이를 통해 학생들은 새로운 인지적, 정서적, 심동적 기능과 지식을 습득할 수 있다. 쓰기 지도에서 '비계'는 학생이 유능한 타자와 협력함으로써 이해의 폭을 넓히는 것과 관련되어 있다.

이 개념의 원천은 아동의 학습에서 경험이 많은 능숙한 타자와의 상호작용을 강조한 Vygotsky(1978)에 있다. Vygotsky(1978)는 학생이

〈개념 4.4〉 비계

Bruner가 은유적으로 사용한 '비계'라는 용어는 일반적으로 성인과 아동의 대화 형태로 나타나는 상호작용적인 지원을 나타낸다. 비계는 아동의 기능 학습에 따른 통제와 지원의 점진적 제거를 나타낸다. Bruner(1978)는 이를 '아동이 습득해야 하는 기능에 집중하도록 하기 위해 과제를 수행할 때 아동의 자유로움 정도를 줄이는 단계'라고 보았다. 따라서 비계는 학생이 새로운 기능, 개념, 이해를 지향하도록 돕는 특별한 방식이라고 할 수 있다.

타자의 도움 없이 완성할 수 있는 실제적 수행 수준에서부터 잠재적 수행 수준까지를 '근접발달영역'이라고 불렀는데, 학생을 이 근접발달영역까지 움직이게 하려면 경험이 많은 능숙한 타자와의 상호작용이 절대적으로 중요하다고 주장하였다.

아동들은 먼저 숙련된 타자와의 협업 과정에서 특별한 인지 활동을 경험한다. 처음에는 인지 과제 수행이 부모나 교사에 의해 이루어지므로 아동은 관찰자로 수행에 참여한다. 이후 아동이 과제 수행 능력을 키우면 숙련된 타자는 안내자로서 아동의 문제 해결을 지원하면서 아동에게 학습의 책임을 이양한다. 최종적으로는 전적으로 아동이 과제 해결의 책임을 지며 숙련된 타자는 도움을 주는 지지자의 역할을 맡는다.

이러한 도제적 접근을 활용할 때 아동은 자신의 수준보다 약간 더 높은 수준의 과제를 수행하게 된다. 이러한 도전적 과제는 아동에게 충분한 수준의 흥미를 제공한다. 그렇다고 해서 언어 '발달'을 위해 꼭 친숙하지 않은 과제만을 수행하도록 해야 하는 것은 아니다(Gibbons, 2002).

쓰기의 틀

교사가 세밀하게 조정하는 활동에서 학생이 자율적으로 글을 쓰는 활동으로 이동해 가는 교사 지원의 축소 과정에서 교사 개입의 정도와 과제의 유형은 핵심적인 역할을 한다(3.3절 참조). '쓰기 틀'은 교사가 학생들에게 새로운 장르를 가르치는 쓰기 지도의 초기 단계에서 흔히 적용하는 비계 중 하나이다.

쓰기 틀(Wray & Lewis, 1997; Lewis & Wray, 1997)은 아동이 논픽션 쓰기를 시작할 때 논픽션이라는 장르의 이해를 매우 유연하게 돕는다. 아동은 자신의 쓰기 목적에 맞는 장르를 인식하는 데 어려움을 겪는다. 논증이나 보고의 목적으로 글을 써야 하는 상황에서도 서사문 쓰기나 경험담 쓰기처럼 친숙한 장르로 되돌아가곤 한다. 학생들에게 '실제로 경험한 일'을 쓰게 하는 전통적인 방법은 개인적 이야기를 쓰는 데에는 도움이 되나, 학교 교육과정을 벗어난 다른 분야에서 직면할 수 있는, 공식적이고 관념적인 장르를 다루는 데에는 필요한 수사적 자원을 제공해 주지 않는다.

쓰기 틀은 뼈대만 있는 개요로서 학생들의 쓰기를 유도하고 이끌

〈개념 4.5〉 쓰기의 틀

쓰기 틀은 여러 가지의 개요로 구성되어 있는데, 학생이 글을 쓰면서 내용을 전개해 갈 때 문법적 연결을 긴밀하게 해 주는 응집 장치를 어떤 순서로 적용해야 하는지를 알려주는, 학생의 쓰기를 돕는 비계로 쓰인다. 각각의 개요에는 장르 특성에 따라 여러 가지 단어나 핵심적이 구절이 포함되어 있다. 쓰기 틀은 학생들에게 글의 구조를 제공함으로써 형식에 몰두하지 않고 글의 내용에 집중할 수 있도록 해 준다. 계획 단계나 초고 단계처럼 다양한 쓰기 과정을 반영한 쓰기 틀, 다양한 장르의 특성을 반영한 쓰기 틀이 개발되어야 할 것이다.

〈개념 4.6〉 쓰기 틀이 주는 이점

- 학생에게 '그리고 나서(and then)'와 같은 상투적인 연결어 이외에도 글의 내용을 이어갈 수 있는 여러 가지 연결어 및 문장 첫머리를 제공한다.
- 응집 장치를 활용한 구조를 제공하여 학생이 글의 내용을 잘 유지할 수 있도록 돕는다.
- 글의 특성을 파악하고자 할 때 쓰기 틀을 활용하여 학생의 관심을 돋운다.
- 문학 작품이나 학생의 경험에 반응하는 데 필요한 여러 가지 방법을 모형화해 준다.
- 교사의 안내에 따라 글을 읽은 후 글에 대한 반응을 재검토하거나 수정하도록 돕는다.
- 학생들이 글을 베끼는 것이 아니라, 정보를 재배열하게 함으로써 자신의 학습에 대해 반성적으로 성찰하도록 해 준다.
- 학생들이 성공적으로 글을 완성할 수 있도록 도와주어 쓰기 효능감 및 학습 동기를 향상시킨다.
- 백지에서 상태에서 시작해야 한다는 막막함이나 백지를 다 채울 수 없을 것이라는 좌절감을 피하게 해 준다.

어 준다. 쓰기 틀을 통해서 학생들은 자신이 말하려는 내용에 집중하면서 쓰기를 시작하고, 내용을 적절하게 연결하며 전개해 간다. 쓰기 틀은 바로 이러한 쓰기 활동을 돕는 장르의 견본을 제공한다. 쓰기 틀은 장르, 쓰기 목적, 학생의 능력에 따라 여러 가지 형식을 활용하여 상황에 맞게 수정할 수 있는 구조를 제공한다. 하지만 교사는 기본적으로 학생이 쓰려고 한 내용을 글에 온전히 담아내고 있는지를 확인하여 이를 풀어갈 수 있도록 음성 언어로 안내를 제공해야 한다.

쓰기 틀의 활용

보통 쓰기 틀은 읽기, 교사의 시범, 텍스트의 특성에 대해 논의한 뒤에 소개한다. 쓰기 틀은 의미 있는 경험을 살필 때 효과적이며, 탈맥락적인 기능 중심 수업보다는 오히려 학생의 실제적인 쓰기를 돕는 데 활용된다. 그러므로 학생이 새로운 장르로 쓰기를 시작해야 하거나 구체적인 이야기를 써야 할 때, '그리고 나서and then'와 같은 상투적인 연결어의 반복을 피하지 못할 때 쓰기 틀을 활용하는 것이 가장 좋다.

Wray & Lewis(1997)는 쓰기 틀이 토론문 쓰기를 계획하는 데 어떻게 활용될 수 있는지를 잘 보여 준다(〈그림 4.4〉). 쓰기 틀은 내용의 논리적인 전개가 핵심인 장르의 뼈대와 연결어를 학생에게 제공하므로 초고를 쓸 때 이용하는 것이 일반적이다(〈그림 4.5〉).

이와 같이 쓰기 틀은 학생들이 쓰기 전에 생각하게 하고, 적절한 연결어를 제공하며, 학생이 통일성이 있고 장르적 형식을 갖춘 글을 쓰도록 돕는다. Wray & Lewis는 초고 쓰기 이후에 제공하는 쓰기 틀은 학생 협의나 동료 협의에서 다루어야 할 내용을 제공해 준

The issue we are discussing is   *School uniform*

Arguments For

1. *it is smart*
2. *represents the college*
3. *parents because of washing*
4. *people might turn up to school in hundreds of kinds of clothes*
5. *expensive jewelry may get stolen*
6. *rich children could end up in fancy clothes*

Arguments Against

1. *school uniform can be expensive*
2. *make you feel the same as everyone else*
3. *people without much money can wear whatever they want*
4. *we won't get into so much trouble if we aren't wearing a jumper or something like that*

My Conclusion

I think we should wear whatever we want but not being too outrageous and it is suitable to wear!

〈그림 4.4〉 토론문 입안을 위한 쓰기 틀(Wray & Lewis, 1997: 126)

There is a lot of discussion about whether *smoking should be allowed in public buildings*

The people who agree with this idea claim that *people have rights and should be allowed to enjoy themselves*

They also argue that *there are too many laws stopping people to do what they like*

A further point they make is *smoking is an addiction and people cannot stop easily*

However there are also strong arguments against this point of view. *Most of our class* believe that *people shouldn't be allowed to smoke anywhere they like.*

They say that *smoking is dangerous even for people who do not smoke*

Furthermore they claim that *it is a bad influence to children and creates pollution and litter.*

After looking at the different points of view and the evidence for them I think *smoking should be banned in public* because *it is dangerous and dirty.*

〈그림 4.5〉 토론문 초고 쓰기를 위한 쓰기 틀(Wray & Lewis, 1997: 128~129)[8)]

다고 지적한 바 있다. 이러한 협의는 글을 최종적으로 완성하는 데 도움을 준다.

결론

쓰기 틀은 초등학교와 중학교 쓰기 교사에게 매우 유용하다. 왜냐하면 해당 학교급 교사는 학생에게 지도해야 하는 장르 지식을 활용하여 새로운 틀을 고안해서 적용할 수 있기 때문이다. 쓰기 틀을 사용하면, 학생들은 새로운 장르에 점점 친숙해지고 쓰기 목적에 따라 언어를 효과적으로 표현하는 방법을 경험할 수 있다. 쓰기 틀에 따라 글을 완성하면서 학생들이 쓰기에 대해 자신감이 붙기 시작하면 점점 쓰기 틀은 필요가 없어지고, 학생들이 써야 하는 글의 장르에 대한 자신감도 점점 더 높아진다.

8) (옮긴이) 고딕으로 처리된 부분은 쓰기 틀에서 제공하며, 학생들은 괄호 부분을 채우면서 쓰기 활동을 수행한다.

4.5. Check My Words: 컴퓨터 기술과 자율성

학습을 돕는 기술, 특히 컴퓨터의 경우에는 학생에게 자기 주도적 학습의 기회를 제공한다는 점에서 자율성과 긴밀한 관계가 있다 (Benson, 2001). 많이 알려지지는 않았으나, 학생이 글을 쓸 때 단어나 문장 패턴을 권장해 주는 컴퓨터 프로그램이 개발되었다. 이를 활용하면 학생은 교사의 지원 없이도 글을 쓸 수 있다. 연구자들은 학생이 글의 의미와 형식 모두에 주목할 때 학습이 이루어진다고 보고 있다(Ellis, 2002). 그런데 문장 수준의 오류를 바로잡는 데 노력을 기울여 온 교사들은 자신이 지금껏 기울여 온 노력이 효과적이지 못한 것처럼 치부되는 상황에 사기가 꺾인다고 토로하곤 한다(Tsui, 1996). 이러한 문제에 대한 대응하기 위해 John Milton(2006)은 〈Check My Words〉[9]와 〈Mark My Words〉[10]를 개발하였다. 이 컴퓨터 응용 프로그램은 학생과 교사에게 글을 쓰는 동안 표현 및 표기에 대한 지침이나 자료를 제시하여 글을 잘 쓸 수 있도록 도와준다.

교육을 지원하는 기술의 급속한 발전과 원격 수업의 성장으로 인해 학생들은 이제 제출한 과제물에 대해 한 번도 본 적 없는 교사나 컴퓨터가 생산된 피드백을 제공받을 수 있게 되었다. 학생 글을 스캔하여 읽어 들인 후 평가의 의견을 담은 논평을 즉각적으로 만들어 내는 정교한 컴퓨터 프로그램은 문법적 오류, 내용과 구성에 대해서도 활용할 수 있도록 개발되기 시작했다(Ware & Warschauer, 2006). 예를 들면 미국교육평가원ETS이 개발한 Criterion e-rater[11]는

---

9) Check My Words의 툴바는 http://mws.ust.hk/cmw/에서 무료로 다운로드 받을 수 있다. 이 사이트에는 튜토리얼 화면과 프로그램들에 대한 정보도 있다.

10) Mark My Words는 http://mywords.ust.hk/mmw/에서 무료로 다운로드 받을 수 있다.

학생 글을 꼼꼼히 살펴보고 문법, 어법, 표현과 조직에 대하여 실시간으로 피드백을 제공한다.

이러한 자동화 피드백 프로그램은 학급 규모 증가와 개인 지원에 대한 부담을 덜기 위해 언젠가는 교사를 보조하여 활용될 것이다. 그러나 그 결과를 신뢰할 수 없으며(Krishnamurthy, 2005), 교육학적 원리를 올바로 반영하고 있지 못하다는(Chapelle, 2001) 비판의 목소리도 거세다. 이러한 프로그램은 단지 형성 평가로만 활용되므로 학생이 전문적인 반응에 따라 글을 쓰는 데 도움을 줄 수 있을 뿐이다. 한편 이와 전혀 다른 방법인 〈Check My Words〉는 글을 쓰는 동안 초보 학생 필자를 지원하는 검색 기반의 접근 방식을 제공한다.

Check My Words

〈인용 4.6〉 Milton(2006: 125)이 제안한 〈Check My Words〉

이 방법은 학생이 글을 쓰는 동안 방대하고 실제적이며 이해할 만한 자원을 참조하여 자신의 언어를 점검하고 개선하는 수단을 제공한다. 이러한 접근은 교사가 제공하는 풍부한 자료 기반 피드백과 결합하여 글에 대한 긍정적/부정적 피드백의 양을 크게 늘릴 수 있다. 많은 연구자들은 이러한 피드백이 학습을 촉진한다고 믿는다. 그리고 이 방법이 정확하고 적절한 형식과 패턴을 선택하는 것에 대한 자신감, 책임감, 독립심을 높임으로써 학생들에게도 도움이 된다면, 학생 글을 교정하는 데 들이는 시간을 줄여줌으로써 교사를 좀 더 자유롭게 하는 데에도 도움이 될 것이다.

---

11) (옮긴이) ETS가 개발한 영작문 자동 첨삭 온라인 평가 서비스이다. 지도 교사와 학생 모두에게 영작문 성적과 분석 자료를 제공하는 웹 기반 어플리케이션으로, 영어로 작성한 에세이 초안을 온라인으로 제출하면 20초 내에 종합 점수와 진단 평가 내용이 제공되는 피드백이 이루어진다.

〈Check My Words〉는 〈MS word〉에 있는 추가 툴바로, 영어를 제2언어로 배우는 학생이 정확하고 유창하게 글을 쓸 수 있도록 돕는다(〈그림 4.6〉). 가로 막대는 대상 단어의 연어, 사전, 예문, 단어족 정보, 문법 정보를 가져 오고, 'Word Neighbors'와 같은 기능을 통해 온라인에서 제공하는 다른 자원에 접근할 수도 있다. 'My Words'는 학술적 글쓰기에서 자주 쓰이는 어휘 목록과 함께 활용할 수 있는, 학생 개인이 선정한(또는 이전에 선정해 둔) 단어 목록이다. 학생들은 현재 작성 중에 있는 글의 단어를 마우스로 클릭하면 그 단어와 관련된 문법적 설명을 살펴볼 수 있다.

〈그림 4.6〉 Check My Words 툴바

이러한 도구 2가지를 〈그림 4.7〉에 예시하였다. 학생들이 툴바에 있는 '강조highlight' 버튼을 클릭하면 오류의 가능성이 있는 것은 청색, 일반적인 오류는 적색으로 구분하여 표시해 준다. 글 위에 있는 두 개의 팝업 창은 '동의어'를 클릭한 다음, 단어 'facilitate'를 클릭했을 때 나타난 결과이다. 이러한 방법으로 동의어와 반의어의 목록, 만약 학생이 정확한 형태를 사용했을 때 확인할 수 있는 단어족, 일반적인 문법 오류를 확인할 수 있는 정보를 제공한다.

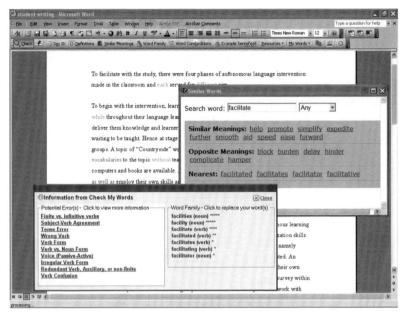

〈그림 4.7〉 Check My Words에서 단어 'facilitate' 체크하기

발생 가능성이 있는 오류 목록은 'English Grammar Guide' 기능과
하이퍼링크로 연결되어 있는데, 여기에는 영어가 제2언어인 학생들이
흔히 범하는 문법적 오류의 목록을 제공한다. 〈그림 4.8〉은 EGG[12])
의 주화면에 단어 'which'를 클릭했을 때 나타나는 팝업창을 같이 예시
한 것이다. 여기에는 이 단어의 사용법, 학생들이 공통적으로 겪는
오류를 해결할 수 있는 조언이 포함되어 있다.

---

12) (옮긴이) English Grammar Guide의 첫머리글자이다.

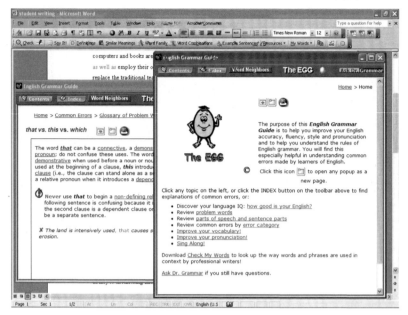

〈그림 4.8〉 English Grammar Guide

툴바에 있는 다른 버튼은 단어의 개념을 제공하는 기능, 단어를 번역해 주는 기능, 텍스트를 소리 내어 읽어주는 기능, 적절한 구절을 선택하도록 돕는 문장의 예를 제공하는 기능을 수행한다. '자원' 버튼은 유용한 웹사이트 목록을 가져오고, 선택한 장르에서 쓰고 있는 단어와 연결된, 사용 빈도가 높은 단어를 알려주는 'Word Neighbors'를 제공한다. 〈Check My Words〉는 20개 장르에서 사용하는 5천만 개의 단어를 제공한다. 학생들은 대화 상자를 통해 필요한 단어를 검색할 수 있다. 이 대화 상자는 학생들에게 대상 단어 앞과 뒤에 이어지는 4개 이상의 단어를 보여주고, 필요한 경우 연어의 목록을 보여주며, 대상 단어를 포함하고 있는 문장을 보여 준다. 〈그림 4.9〉는 품사에 따라 빈출하는 'carry'의 연어를 오른쪽에 띄운

화면이다. 실제 사례를 확인할 수 있는 이러한 기능을 통해 학생들은 'carry out'과 같은 구동사句動詞도 효과적으로 이해할 수 있다.

Word✴Neighbors

|carry|

Show 0 ∨ word(s) before □ Show all word forms Show 1 ∨ word(s) after
The phrase may span 1 ∨ word(s)

Search in:
⊞ ⊟ All available texts (141,000,000 words)

□ Link to Cambridge Dictionary ∨   Find it!!
(Audio/Video Examples NEW)

Patterns/Words			Frequency
VERB ⌗ + ADV ⌗:	e.g. "carry out"	Show results	4725
VERB ⌗ + DET ⌗:	e.g. "carry the"	Show results	2197
VERB ⌗ + NOUN ⌗:	e.g. "carry ons"	Show results	814
VERB ⌗ + PRON ⌗:	e.g. "carry it"	Show results	616
VERB ⌗ + ADJ ⌗:	e.g. "carry large"	Show results	392
VERB ⌗ + PREP ⌗:	e.g. "carry with"	Show results	342
VERB ⌗ + VERB ⌗:	e.g. "carry is"	Show results	50
VERB ⌗ + CONJ ⌗:	e.g. "carry and"	Show results	44

Total Expressions: 9180

〈그림 4.9〉 'Word Neighbors'로 'carry'를 검색한 예

Mark My Words

〈Mark My Words〉는 〈Check My Words〉의 동반 프로그램으로서 동일한 온라인 자원을 이용하여 교사가 학생 글에 상세한 피드백을 할 수 있도록 도움을 준다. 이 프로그램은 교사가 학생의 언어를 수정하지 않고 상세한 피드백을 할 수 있을 뿐만 아니라, 학생의 〈Check My Words〉 사용을 촉진한다.

Mark My Words   ▼ ✕
🔍 Mark | Comments ▾ Search | Resources ▾ | 📑 ▦ 🔍 🛠 AMS ▾ | ❓

〈그림 4.10〉 〈MS Word〉에 포함되어 있는 〈Mark My Words〉의 툴바

이 프로그램은 워드 프로세서 툴바(〈그림 4.10〉)로 설치되어 있는데, 교사가 단순히 학생 글의 단어나 구조를 강조할 때에도 사용할 수 있으며, 'mark' 버튼을 클릭해서 단어 오류나 문법 오류를 표시해 둘 수도 있다. 교사는 'comments' 버튼을 이용해서 미리 입력되어 있는 간단한(그리고 맞춤형) 논평을 학생 글에 넣을 수도 있다. 이 논평은 웹 기반의 설명, 대화형 지도, 용어 색인, 참고 자료 등과 연결되어 있다. 그리고 프로그램은 일반적인 문법적 오류 및 단어 오류를 자동적으로 식별하여 논평을 추가하는 것도 가능하다.

〈인용 4.7〉 Milton이 제안한 Mark My Words(2006: 130)

나는 어떤 언어이든 관계없이 학생들이 워드프로세서로 작성한 문서에 교사가 논평을 자유롭게 덧붙일 수 있도록 〈Mark My Words〉를 설계했다. 이 프로그램은 동일한 온라인 자원에 논평을 연결하여 학생도 이를 이용할 수 있도록 하였다. 논평 툴바는 중국어가 제1언어인 학생들의 글에서 공통적으로 반복되는 어휘 오류 및 문법 오류, 양식상의 오류 200개 정도를 포함하고 있으며 관련 자료에 대한 링크를 제공한다. 매우 다양한 문장 수준의 오류에 답해야 하는 교사들은 이 긴 목록을 스크롤할 필요가 없다. 이 프로그램을 활용하면 품사와 어휘 패턴을 확인한 후 프로그램이 제안하는 논평을 자동적으로 넣을 수 있다.

〈그림 4.11〉은 'comment' 버튼을 클릭하여 불러온 학생 글, 프로그램에 의해 생성된 여러 가지 논평, 학생 글에 입력한 교사의 논평을 보여준다. 이는 〈Word Neighbors〉와 동일한 자원을 활용하고 있다.

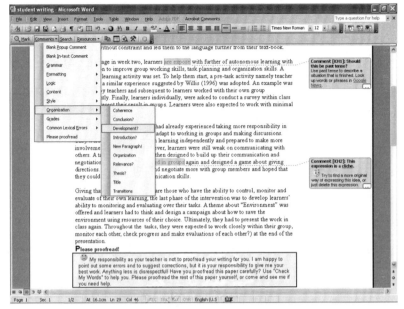

〈그림 4.11〉 학생 글과 교사가 덧붙인 논평

교사는 학생 글에 논평을 덧붙인 뒤, 'grid' 버튼을 클릭하여 학생별 또는 과제별로 학기별 누계를 만들 수 있다. 이 일지는 하나의 과제, 학기, 과정에 대해 교사가 제공한 논평 기록을 제공한다. 이런 방식으로 교사는 자주 나타나는 오류를 데이터베이스처럼 보존할수 있으며, 이를 근거로 학생의 성장을 추적할 수도 있고, 학생이 겪는 학습의 문제를 인식할 수 있으며, 학생들에게 이전에 어떤 논평을 했는지를 떠올릴 수도 있다.

결론

〈My Word〉 프로그램은 피드백과 자율성에 대한 최근의 연구 성과뿐만 아니라, 구체적인 교사의 반응과 지원을 통해 쓰기를 가능하게 하는 자동화 문법 검사 소프트웨어에 대한 최근의 연구 성과를 기반으로 하고 있다. 이러한 두 가지 연구 성과를 조합하고 있는 〈My Word〉는 실제적인 사례와 지침을 제공함으로써 문법적 정확성에 대한 판단을 학생이 떠맡아야 했던 '전통적인 오류 표시 방법'의 한계를 극복할 수 있게 해 준다.

그러나 이러한 접근법이 성공하려면, 이러한 응용 프로그램의 활용이 교육과정에 통합되어야 하고, 앞으로 발생할 수도 있는 문제를 극복해야 한다. 학생들은 오류에 대한 분명한 처방이 없으면 고쳐쓰기를 어려워한다. 교사는 새로운 지도 방법이나 온라인으로 진행하는 피드백에 익숙하지 않아 어려움을 겪을 수 있다. 그러나 학생과 교사가 이 응용 프로그램을 사용한 서버의 기록을 추적해 보면 학생들이 효과적으로 자원을 사용하고 있다는 점, 이를 화용하여 성공적으로 교정하는 비율이 늘고 있다는 점을 확인할 수 있다 (Milton, 2006). 따라서 이러한 응용 프로그램은 자율적인 쓰기 기능의 발달을 향한 첫 걸음이 될 수 있다.

4.6. 쓰기 포트폴리오: 교육과 평가

마지막으로 나는 포트폴리오를 활용한 쓰기 수행 평가에 대해 논의하고자 한다. 이 과정에서 몇 가지 사례와 핵심 쟁점을 검토해 보자.

〈개념 4.7〉 쓰기 포트폴리오

포트폴리오는 여러 편의 글을 모아 놓은 자료 철이다. 포트폴리오에 모아 놓은 글은 학생의 쓰기 능력과 쓰기 발달을 드러내고 가장 잘 쓴 글을 드러내기 위해 의도적으로 가려 뽑은 것이다. 포트폴리오는 초고, 감상, 읽기 자료를 포함하며, 교사와 동료의 반응이나 여러 형태의 완성된 글도 포함한다. 학생들은 포트폴리오를 일반적으로 하나의 폴더로 만드는데, 수업 목표에 따라 교사가 지정한 4~6개의 항목을 포함하여 구성한다. 포트폴리오의 종류는 두 가지이다. '전시 포트폴리오'는 학생이 평가를 위해 가장 잘 쓴 글만을 포함하는 것이고, '과정 포트폴리오'는 초고와 최종본을 모두 포함한다. 어떤 형태가 되었든 포트폴리오에 글을 모아 두면 글의 변화를 관찰할 수 있을 뿐만 아니라, 기록한 내용과 학습 내용을 반성적으로 성찰할 수 있다.

몇 가지 장점

쓰기 포트폴리오는 전통적 선다형 시험이 안고 있는 문제에 대한 대안으로 제시되었으며, 더 나아가 단 한 번으로 이루어지는 총체적 채점의 문제를 극복하기 위한 방안으로 제시되었다(Brown & Hudson, 1998). Yancey(1999)는 전통적 선다형 시험이 '신뢰도'를 강조한다고 하면서 신뢰도 확보를 위해 표준화 및 평가자의 상관도 분석을 바탕으로 한 반복 측정을 중시한다고 하였다. 이에 비해 쓰기 시험은 '타당도'를 강조하는 평가 방법이지만, 채점의 판단 기준이 중요한 쟁점이 된다고 지적하였다.

포트폴리오가 등장한 배경에는 여러 편의 글을 집적集積하여 평가하는 방법이 타당도를 높일 수 있으며, 포트폴리오를 사용함으로써 수업과 평가를 통합할 수 있다는 아이디어가 바탕이 되었다(Bailey, 1998). 선행 연구에서 논의된 포프폴리오의 주요 장점은 〈개념 4.8〉

에 요약하여 제시하였다.

포트폴리오는 쓰기 과정 및 결과의 일관성 있는 모형을 재현하여 수업과 평가의 통합을 돕는다. 포트폴리오의 사용을 지지하는 연구는 지금도 이루어지고 있는데, 이러한 연구에 따르면 포트폴리오는 학습 강화의 한 방법으로 학생들이 다양한 장르를 경험할 수 있도록 해 주며, 자신의 쓰기 과정에 대한 반성과 더 큰 책임감을 갖게 해 준다(Purves et al., 1995). 포트폴리오는 학생들이 다양한 과제에 참여하게 하고 교사와 학생이 쓰기 평가 과정에 관련될 수 있도록

〈개념 4.8〉 쓰기 포트폴리오의 장점

- **통합성**: 발달적이고 지속적이며 공정한 평가를 위해 시간 경과에 따른 쓰기 향상, 글의 장르, 맥락을 반영하면서 수업과 평가를 결합한다.
- **타당성**: 무엇을 가르치는지, 학생들은 무엇을 할 수 있는지와 밀접하게 관련된다.
- **유의미**: 학생들은 포트폴리오를 자신이 쓴 글과 향상에 대한 기록으로 바라본다.
- **동기 부여**: 학생들은 도전적인 장르의 글을 써 본 경험이 있고 이러한 장르 간의 유사점과 차이점에 대해 알 수 있다.
- **과정 지향**: 다중 초고, 피드백, 공동 작업, 수정하기 등에 초점을 맞춘다.
- **일관성**: 과제와 글은 무관하지 않으며 오히려 서로를 기반으로 한다.
- **융통성**: 교사는 쓰기의 다른 특징에 대한 자신의 반응을 대상으로 하여, 시간 경과에 따라 다양한 평가 기준, 평가 방법 및 반응적 실천을 채택할 수 있다.
- **반성성**: 학생들은 자신의 발달을 평가할 수 있고 약점을 비판적으로 고려할 수 있다, 그러므로 쓰기에서 보다 큰 책임감과 독립심을 북돋운다.
- **형성성**: 과정이 끝날 때까지 등급 평정을 지연하게 되어 교사는 학생들을 좌절하게 하는 평가를 일찍 시행할 필요 없으며, 초기에는 오히려 건설적인 피드백을 제공할 수 있다.

함으로써 학습의 효과를 높인다. 포트폴리오는 학생 개인의 쓰기 진행 상황에 대한 풍부한 정보를 교사에게 제공하여 교사가 보다 중심적인 역할을 맡을 수 있게 해 준다(Brown & Hudson, 1998).

사례

포트폴리오의 특징을 잘 보여주는 예로는 싱가포르에서 공립학교 졸업 시험을 준비하는 EFL[13] 상급 반 학생들에게 적용했던 것을 들 수 있다. 이 포트폴리오는 다섯 개의 핵심 항목과 반영 질문을 포함하고 있다(〈개념 4.9〉).

융통성이 큰 이러한 포트폴리오의 구성은 포트폴리오가 시험을 대비하는 수업에도 적용할 만하다는 것을 잘 보여준다. 포트폴리오에서는 학생들이 전략, 태도, 쓰기 경험과 텍스트 자체에 대한 메타인지를 신장할 수 있도록 반성적 활동을 권장한다. 학생들의 반성적 활동을 살펴보면 학생들이 작성한 글을 통해서 대상을 어떻게 바라보는지, 필자로서 자신의 발달을 어떻게 인지하는지, 쓰기의 가치를 어떻게 매기고 있는지를 효과적으로 파악할 수 있다. 그래서 이러한 학생의 반성적 활동은 포트폴리오의 가장 큰 강점으로 간주되곤 한다. 반성적 활동은 학생들이 자신이 완성한 것과 자신이 할 수 있는 것에 대한 자기 인식을 드러내게 함으로써 교사에게는 지도를 안내해 주고 학생에게는 학습을 풍성하게 해 준다.

피드백, 협의, 인식 강화의 기회를 제공하는, 교수 도구로서의 포트폴리오는 웹상에서 제공하는 것도 가능하다. 이렇게 하면 학생들

---

13) (옮긴이) EFL(English as a foreign language)은 '외국어로서의 영어'를 뜻한다. EFL을 배우는 학생들에게는 영어가 제2언어가 된다.

〈개념 4.9〉 싱가포르 GCE[14] 학급을 위한 포트폴리오(Johns, 1997: 140~141)

1. **시간제한이 있는 에세이.** 학생들은 제한 시간에 에세이 하나를 선택하여 작성한다(논설문, 설명문, 서사문). 포함할 반성적 질문은 다음과 같다. 이 문제를 어떻게 해석했는가? 단락 구분은 어떻게 결정했는가? 주요 문제는 무엇이며 어떻게 해결했는가?
2. **연구 기반 도서관 프로젝트.** 학생들은 최종 결과물에 모든 자료를 담아 제출한다. 목표는 무엇이었는가(시간 내에 작성하는 것, 아니면 다른 무엇)? 어떤 점이 어려웠는가? 무엇을 배웠는가?
3. **요약문.** 학생들은 포트폴리오에 포함할 독서 요약문 하나를 선택한다. 왜 이 요약문을 선택했는가? 이것은 어떻게 구성되어 있는가? 왜 이렇게 구성했는가? 작성한 모든 요약문의 기본 요소는 무엇인가?
4. **필자의 선택.** 제1언어 또는 제2언어에서 포트폴리오에 포함할 자료를 학생 마음대로 선택하는 것은 중요하다. 선택한 그것은 무엇인가? 그것을 언제, 어디서 쓴 것인가? 왜 그것을 선택했는가? 그것은 당신에 대해 무엇을 말해 주는가?
5. **포트폴리오의 종합적 반성.** 일반적으로 종합적 성찰에는 포트폴리에오 포함한 모든 것으로 포괄적으로 다룬다. 이 수업의 목표는 무엇이었는 가? 학생들은 포트폴리오에 포함한 각 항목에 대해, 그리고 각 항목이 추구하는 목표를 달성하는 것이 왜 중요한지 기술한다.

은 포트폴리오에 다양한 멀티미디어 형식의 자료를 자유롭게 포함할 수 있을 뿐만 아니라, 동료가 작성한 에세이에 전자적이면서도 익명으로 반응할 수 있다.

몇 가지 문제

Elbow & Belanoff(1991)는 포트폴리오에 등급을 매기는 것이 적합

---

14) (옮긴이) GCE(General Certificate of Education)는 싱가포르의 졸업 자격시험으로 영국의 시험 제도를 기반으로 삼고 있다.

한지에 대해 의문을 제기하지만, 이것은 교사에게는 필요악이기도 하다. 포트폴리오가 평가에 필요한 증거를 더 나은 방식으로 제시함에도 불구하고 포트폴리오에 포함된 복합적인 여러 가지 항목은 평가를 복잡하게 만든다. 평가 대상인 포트폴리오는 학생들마다 매우 이질적이지만, 하나로 관철할 수 있는 평가 신뢰도를 요구하기 때문이다. 학문 영역도 다르고 장르도 다르고 과제도 다르고 초고도 다른 글을 하나의 표준화된 점수로 평가한다는 것은 사실 매우 어려운 일이다. 〈개념 4.10〉에는 포트폴리오 평가에서 제기되는 몇 가지 문제를 제시하였다.

Hamp-Lyons & Condon(2000)는 포트폴리오를 책무성에 연결 지으려면 교사가 온전히 이해하고 검토할 수 있는, 설명 가능하고 공

〈개념 4.10〉 쓰기 포트폴리오의 단점

- **현실적 측면**: 교사가 감당하기 어려울 정도로 많은 양의 자료가 담길 수 있다.
- **설계 측면**: 등급 판정 기준이 모든 교사가 명확하게 이해할 수 있게 작성되어야 한다.
- **신뢰도 측면**: 장르, 평가자, 포트폴리오의 포함 항목, 수업 내용이 무엇이든 일관성 있게 적용할 수 있는 평가 절차를 표준화해야 하고, 이에 따라 평가자 연수를 실시해야 한다.
- **결과물의 다양성 측면**: 다양한 장르의 글이 포함되어 있음에도 불구하고 단일한 등급을 매기는 것은 공정성의 문제를 남긴다.
- **과제의 다양성 측면**: 어떤 과제는 더 흥미로울 수도 있고 쓰기 결과가 더 나을 수도 있다. 그래서 교사는 과제에 대한 학생 수행보다 과제 자체를 평가하게 된다.
- **진정성 측면**: 교사의 세밀하게 감독하지 않으면 학생들 중에는 표절을 범하거나 다른 사람의 도움을 얻으려 할 수도 있다.

유할 수 있으며 일관성 있는 기준이 마련되어야 한다는 점을 지적한 바 있다. 실제로 포트폴리오는 평가자에게 단일한 차원이 아니라, 총체적인 채점, 즉 글 전체에 대해 반응하는 채점을 요구한다. 〈인용 4.8〉은 미국 켄터키 주 12학년 학생의 포트폴리오 평가에서 사용하는 기준을 제시한 것이다(Callahan, 1997). Callahan(1997)은 이

〈인용 4.8〉 Callahan(1997: 330)을 요약한 12학년 포트폴리오 총체적 채점 가이드

초보	기초	능숙	우수
예상독자와 목적에 대한 인식이 잘 드러나지 않는다.	목적을 수립하여 유지하려 하고, 예상독자와 의사소통하려 시도한다.	목적에 초점을 두고 있다. 이는 목소리와 적절한 어조의 근거가 된다.	목적을 명확하게 수립하고 유지한다. 이는 우수한 목소리와 어조에 대한 근거가 된다.
아이디어 전개가 최소한에 그치고 있어 세부 내용이 부족하다.	아이디어 전개가 정교하지 않다. 세부 내용이 정교하지 않거나 중복된다.	상세한 세부 내용으로 아이디어 전개가 깊이 있게 뒷받침된다.	통찰력 있는 분석과 반성과 같은 풍부한 세부 내용으로 아이디어가 깊이 있고 복합적으로 뒷받침된다.
조직이 임의적이고 빈약하다.	조직이 초점과 일관성에서 다서 실수가 있다.	조직이 논리적이다.	조직은 신중하고 정교하다.
문장 구조가 부정확하고 효과적이지 않다.	단순하고 어색한 문장 구성	조정되고 다양한 문장 구조	문장 구조와 길이가 다양하다.
단어 사용이 부정확하고 효과적이지 않다.	단순하고 모호한 표현	허용되고, 효과적인 표현	표현이 정확하고 풍부다.
간단한 문장에서도 표면적 오류가 있다.	의사소통을 방해하지 않는 수준에서 표면적 오류가 있다.	길이가 길고 복잡한 문장에서도 표면적 오류가 거의 없다.	표면적 오류가 드러나지 않는다.

—Callahan(1997: 330)에서 요약

포트폴리오 평가가 평가자 연수가 불충분했다는 점, 등급 구분이 일관성이 없었다는 점이 주요 문제라고 지적하였다.

채점 기준은 좋은 글의 원칙처럼 수업에 반영해야 하는 주요 사항이다. 그러나 이 지침은 교육의 평가 자료 사용에 대한 기반을 전혀 제공하지 않으며, 과정 중심 교육을 지원하는 데에도 충분하지 못하다. 좀 더 비판적인 시각에서 보자면, 복합적 자료로 구성된 포트폴리오를 하나의 총체적 기준으로 채점하는 것은, 글 전체의 특징을 포착하기보다는 이 글이 저 글보다 더 나은가의 여부만을 따지는 평가자만큼이나 신뢰성 여부가 의심된다(Hamp-Lyons & Condon, 1993).

결론

포트폴리오의 적용은 교사와 학생 모두에게 장점이 있지만, 이 방법이 실제적으로 소위 시간 내에 완성해야 하는 에세이 쓰기보다 더 좋은 평가 도구가 될 수는 없다. 포트폴리오가 평가에서 요구하는 정확성을 더 높은 수준으로 드러내어 주는 것은 아니기 때문이다. 그러나 '좋은 글이 어떻게 이루어질 수 있는지', '글을 완성하는 가장 좋은 방법은 무엇인지' 등에 대한 자기 인식을 촉진할 수 있다는 점에서 큰 장점이 있다. 포트폴리오가 지도와 학습의 장면에서 적용된다면, 평가의 가치, 즉 평가의 타당도가 높아진다는 점도 장점으로 언급해 둘 수 있다. 포트폴리오를 통해 우리가 추구하는 쓰기 가치를 이해하고 포트폴리오 연구에 바탕을 둔 지도를 시행함으로써 학생들의 학습 발달을 더 효과적으로 도울 수 있다.

Ferris, D. & Hedgcock, J.(2005). *Teaching ESL Composition: Purpose, Process, Practice*(2nd edition, Mahwah, NJ: Lawrence Erlbaum). 이 자료는 제 2언어 쓰기 지도 교사 및 포트폴리오를 연구하는 데 필요한 실제적인 적용 방안을 제시하고 있어 이에 대한 아이디어를 얻을 수 있다.

Hamp-Lyons, L. & Condon, W.(2000). *Assessing the Portfolio: Principles for Practice, Theory, and Research*(Cresskill, NJ: Hampton Press). 이 자료는 다양한 맥락에서 쓰기 포트폴리오를 어떻게 적용할 것인지를 다루고 있다.

Hyland, K.(2003). *Second Language Writing*(New York: Cambridge University Press). 이 자료는 최근의 연구 성과를 바탕으로 삼아 영어를 제2언어 또는 외국어로 학습하는 학생들에게 쓰기를 어떻게 지도할 것인가를 다루고 있는 연구서이다.

Lewis, M. & Wray, D.(1997). *Writing Frames*(Reading: NCLL). 이 자료는 학생들이 다양한 장르로 글을 쓰는 것을 돕기 위한 책이다. 이 자료는 쓰기를 돕는 틀, 예를 들면 사진을 복사해서 활용하는 장치, 계획 세우기를 돕는 장치와 같은 틀을 활용하는 방법을 이론적인 설명과 함께 안내하고 있다.

Warshaver, M. & Kern, R.(ed.)(2000). *Network-Based Language Teaching: Concepts and Practice*(Cambridge: Cambridge University Press). 이 자료는 컴퓨터 매개 의사소통(CMC)의 연구와 실제를 논의한 논문을 선별하여 묶은 책이다.

Wichmann, A. et al.(ed.)(1997). *Teaching and Language Corpora*(Harlow: Longman). 이 자료는 수업에서 코퍼스를 어떻게 사용할 것인지, 예상되는 문제는 무엇이 있고 어떻게 조치해야 하는지를 종합적으로 다룬 연구서이다.

3부

5장 연구 수행과 연구 쟁점

이 장에서는
* 소규모로 연구할 수 있는 쓰기의 주요 영역을 개관하고
* 쓰기 연구에서 일반적으로 사용되는 주요 방법에 대한 관점을 제공하며
* 텍스트, 필자, 독자 변인에 따라 연구가 어떻게 이루어지는지를 논의하고자 한다.

앞 장에서 우리는 쓰기에 대해 아는 지식과 그것을 쓰기 지도에 어떻게 사용할 것인지를 개관하면서 이론과 실제의 영역을 중점적으로 검토하였다. 나는 이론, 연구, 교육이 상호작용하며, 지식은 언제나 행동에 필요한 정보를 제공한다는 점을 보여주고자 노력하였다. 그러나 교사, 학생, 연구자가 실제로 쓰기를 어떻게 연구하는지에 대해서는 거의 언급하지 않았다. 사실 교사들은 지도와 연구를 완전히 분리된 것으로, 즉 쓰기 지도는 실제적이지만 쓰기 연구는 이보다는 심오한(현실과 동떨어지게 어려운) 것으로 생각하는 경향이 있다. 그래서 교사들은 쓰기 연구를 일상생활과 관련이 없는 활동으로 여기는 나머지 쓰기 연구를 회의적으로 보기도 한다. 그러나 쓰기 연구는 텍스트가 어떻게 수행되고 작용하는지를 밝히는 실제적인 활동이며, 우리가 교사로서 실천해야 할 또 다른 핵심 사

항이다.

Stake(1995: 97)가 지적했듯이 '연구는 단지 과학자들만이 할 수 있는 영역이 아니다. 전문가와 예술가의 영역이기도 하며 더 나아가 연구하고 해석하기를 원하는 모든 사람들의 영역이기도하다.' 연구는 호기심을 자극하고 수업 관찰을 타당화해 주며 수업 실천을 비판적으로 검토할 수 있도록 해 준다. 또한 연구는 현상에 대한 개인적 이해를 전문적 인식으로 변화하게 함으로써 전문성 발달의 핵심을 이룬다. 그러므로 이 장에서는 몇몇 주요한 연구 가능 영역의 수행 지침을 제공하면서 연구를 더 세부적으로 살펴보고자 한다. 이 장에서 나는 쓰기 연구가 수행될 수 있는 다양한 방법의 개요를 제공하고, 그 다음에 몇 개의 사례를 제시하고자 한다.

5.1. 실천적 전문가의 연구

소규모 실천적 전문가의 연구는 쓰기 연구에서 중요한 지점을 점유해 왔다. 실천적 전문가로서 교사나 자료 개발자들은 수업 시간에 자신들이 제공하는 텍스트가 어떤 역할을 하는지, 학생들의 쓰기 과정은 어떠한지, 텍스트가 공동체에서 어떤 역할을 하는지에 대해 알아보려는 욕구가 강했는데, 바로 여기에서 이러한 연구가 기원했다. 실천적 활동을 다루는 연구는 이론의 반영 및 모형화의 기초를 제공함으로써 역으로 실천적 활동의 개선을 돕는다. 이러한 연구를 흔히 실행 연구라고 부른다.

Cohen et al.(2000)은 실행 연구를 수행하는 데 필요한 지침을 다음과 같이 제시했다. 사실 이러한 절차는 어떤 연구에서든 유용하지

〈개념 5.1〉실행 연구(action research)

'실행 연구'는 개인의 안내나 팀 작업으로 문제를 점진적으로 해결하는 과정이다. 실행 연구에서는 실행 국면의 문제를 해결하기 위해 데이터를 모으고 분석한다(Wallace, 1998: 4). 객관성과 통제를 강조하는 고전적 실험 연구와 달리, 실행 연구는 실용적이고 효과적인 방법으로 문제를 해결하고자 한다. 실행 연구는 실천적 활동가와 학생들이 쉽게 접근할 수 있으며, 전문성 발달의 핵심적인 형태로 간주되곤 한다. 실행 연구는 전문가로서 우리가 겪는 문제를 우리 스스로 드러낼 수 있도록 해 주기 때문이다.

만, 나는 이러한 절차가 전통적인 실행 연구보다 조금 더 넓은 관점에서 적절한 방법론으로 쓰일 수 있기를 바란다.

1. 직장의 일상에서 중요하게 보이는 문제를 판별하고 평가하고 체계화한다. 여기에는 어떤 특정 수업이나 교육과정의 변화도 포함된다.
2. 그 문제에 관심 있는 소집단(동료, 학교 관리자, 부모 등)과 상의하여 쟁점에 초점을 맞추고 목표 및 가설을 명확하게 한다.
3. 그 문제를 다룬 선행 연구를 검토하여 참조할 만한 내용을 찾는다.
4. 선행 연구를 바탕으로 그 문제에 대해 수립한 가설이나 연구 문제를 검토하고 수정한다.
5. 참여자, 연구 방법, 데이터의 출처와 같은 연구 설계를 구체화한다.
6. 이 실행 연구를 어떻게 평가할 것인지 구체화한다.
7. 이 연구를 실행하고 데이터를 수집한다.
8. 데이터를 분석하여 결과를 끌어내고, 그 결과를 평가한다.

쓰기 연구는 쓰기를 더 명확하게 이해하고 쓰기를 더 효과적으로 지도하는 목적을 두고 있다. 그러나 아직 해결되지 않은 많은 문제를 가지고 있으며, 아직도 탐구 주제가 충분히 발굴되지 않은 상태로 남아 있다. 그래서 쓰기 연구에는 여러 가지 연구 방법이 적용될 수 있을 뿐만 아니라, 전통적 실행 연구를 넘어서는 새로운 연구 방법, 예를 들면 질적 연구, 양적 연구, 국외자가 관찰하여 기록하는 '인류학적 연구'와 같은 연구 방법이 적용될 수도 있다. 실행 연구는 우리가 교실과 직장에서 일상적으로 마주치는 것에서 시작할 수 있듯이 우리가 읽는 책을 출발점으로 삼을 수도 있다. 실제적인 문제 해결을 추구하는 것이 아니라, 단지 연구자의 호기심, 흥미, 직관에서 시작할 수도 있다. 그러므로 여기에서 나는 연구자들이 즉각적 성과를 낼 수 있는 문제 중심 연구뿐만 아니라, 특정 텍스트나 실천 활동에 대한 단순한 호기심에서 출발한 연구도 다룰 것이다. 이 장에서 취하는 내 관점은 전통적으로 더 확대된 연구 문제나 연구 방법으로 간주되어 온 연구도 넘어서게 될 것이다.

쓰기 연구가 특정 연구 문제에 적절하게 어울릴 법한 연구 방법을 그냥 채택한 것이 아니라는 점을 인식할 필요가 있다. 연구 방법은 이론에서 분리될 수 없으며, 쓰기 자체를 이해하는 방법이기도 하다. 1장에서 개관한 바와 같이, 어떤 사람들에게 쓰기는 결과물이며, 특성을 분석하고 규칙을 추론할 수 있는 산물이자 필자나 독자와 분리하여 다룰 수 있는 독립된 활동의 산물이다. 다른 이들에게 쓰기는 경험, 목적, 맥락의 영향을 바탕으로 선택한 양식의 집합체이다. 다른 사람들은 쓰기를 관찰과 사고구술로 분석하여 모형으로 나타낼 수 있는 인지 수행의 한 유형으로 본다. 어떤 이들은 쓰기를 우리의 사회를 구성하기 위해 다른 사람과 연결하는 방법으로 이해하는 반면, 어떤 이들은 사회 관념이나 통제의 매개물로 본다. 즉,

〈개념 5.2〉 쓰기 연구

> 모든 연구는 이론과 실제의 상호작용에 뿌리를 두고 있으며, 어떤 상황과 이유에 대해 사람들이 분명하게 파악하고자 할 때 시작된다. 개인적인 쓰기의 방식, 필자가 글을 쓸 때 고려하는 문제, 필자가 생산하는 텍스트, 목적과 맥락의 영향, 문체의 창의성, 쓰기를 이해하고 쓰기 활동을 향상시키기 위한 필자의 전략 등이 모두 쓰기 연구의 주요 대상이다. 이러한 사항에 대해 우리가 답할 수 있는 능력, 그리고 전문 지식, 문해력, 공동체, 지도법, 그리고 이것들을 기초로 하는 글의 장르와 같은 좀 더 큰 연구 문제에 대해 우리가 답할 수 있는 능력은 쓰기 연구가 이루어지는 맥락을 바탕으로 획득하게 될 것이다. 이러한 특성을 '맥락 의존' 법칙이라고 할 수 있는데, 맥락은 모든 쓰기 연구에 영향을 미친다. 우리가 다루는 연구 문제는 반드시 특정 학생, 필자, 텍스트, 이용자, 실천적 활동과 관련이 있어야 한다. 이렇게 할 때 우리의 쓰기 연구가 비록 소규모일지라도 정부 지원을 받는 대규모 연구만큼이나 쓰기에 대한 지식을 쌓는 데 가치를 발휘할 수 있다. 우리는 특정 연구 문제에 초점을 맞춘 소규모 연구를 수행하면서도, 우리의 전문성을 발휘할 수 있는 좀 더 큰 연구 문제도 조금씩 해결을 시도해 가고 있다.

선택하는 연구 방법에 따라 서로 다른 쓰기의 본질이 드러난다. 그러므로 연구 방법의 선택은 우리가 쓰기를 어떻게 이해하고 있는가 하는, 선행적인 관점이나 이해의 영향을 받는다.

　이 장에서는 쓰기 연구에 대해 개관한 후 연구 수행의 지침을 제공하기 위해 좀 더 직접적으로 연구에 대해 설명할 것이다. 우선 쓰기 연구가 수행되는 주요한 방법을 개관한 뒤 몇 가지 연구 주제를 제안하고자 한다.

5.2. 연구 쟁점

연구는 우리가 관심이 있거나 우리를 걱정하게 만드는 그 무엇을 분리해 낸 다음, 그것에 대해 질문하는 것에서부터 시작한다. 그 뒤 우리는 연구의 핵심에 해당하는 그 주제의 데이터를 수집하고 분석하여 연구 주제에 대한 우리의 사고를 구체화한다. 이것은 일반적이고 충실한 연구의 모습이지만, 쓰기 연구나 그 밖의 다른 연구에 맞는 '딱 맞는 하나의' 공식은 아니다. 연구에 관한 의사결정에는 연구자의 사전 관점이나 사전 개념도 영향을 미치지만, 그 주제를 다루어온 선행 연구의 관점이나 맥락, 수집해야 하는 데이터, 우리에게 가용한 정도의 시간이나 자원도 영향을 미친다. 사실 참여자가 소외되거나 데이터를 잘못 처리하거나 결과를 왜곡하지 하지 않으면서 연구를 성공적으로 수행하려면 계획을 신중하게 세워야 한다. 일반적으로 연구는 다음 세 가지 사항을 고려한다.

1. 실행 가능성: 수행 가능한 실제적인 연구 방법 설정하기

연구에서는 연구 문제의 접근 가능성과 관리 가능성을 가장 중요하게 살펴보아야 한다. 선행 연구에 접근하거나 학회 및 도서관 같은 기관에 접근할 수 있는 권한의 확보, 연구 참여자의 협조 확보, 기록 보관 및 관리, 시간, 노력, 비용 등 연구 진행 상황의 추적, 데이터의 다루고 연구의 진행 정도를 주기적으로 점검할 수 있는 충분한 공간 확보가 이루어져야 한다.

2. 윤리성: 연구 참여자를 보호하기 위한 절차 마련하기

윤리적 사항도 연구의 주요 요소이다. 연구자로서 우리는 동의나 비밀 보장 없이 동료나 학생들을 악용하지 않도록 주의해야 한다. 연구 참여자들은 연구의 목적이 무엇이고, 연구자가 수집하고 있는 정보가 무엇인지, 그것을 어떻게 이용하려고 하는지, 어떤 사람들이 그 정보에 접근할 수 있는지에 대해 알 권리가 있다. 연구자는 연구 참여자들에게 익명을 요구할 권리, 연구 참여를 철회할 권리, 데이터 공개를 거부할 권리가 있다는 것을 알려야 한다(Cohen et al., 2000; Hitchcock and Hughes, 1995).

3. 타당성: 연구가 스스로 연구 문제에 답할 수 있는 연구 방법 설정하기

이것은 주로 '객관성'에 대한 연구 방법의 결정과 관련이 있는데, 연구자가 데이터를 어떻게 수집하고 분석할 것인가, 요컨대 양적 연구 방법을 취할 것인가, 아니면 그 대척점에 있는 질적 연구 방법을 취할 것인가로 귀결된다. 자연과학에서는 체계적인 통제 절차를 통해 가설을 검증하여 객관성을 보장하는 양적 연구 방법을 일반적으로 취한다. 양적 연구자들은 외부의 관점에서 연구 문제를 다루며, 상황을 측정 가능하고 비교 가능한 상태로 다룬다. 이와 반대로 질적 연구자들은 연구 참여자들의 내부적 관점으로 상황을 분석하는 것이 중요하다고 생각하며, 이것이 더 귀납적이고 탐구적이라고 믿는다. 질적 연구에서는 양적 연구처럼 맥락을 통제하려고 시도하지 않는다. 왜냐하면 행동은 주관적이며 맥락과 밀접하게 관련되어 발생하기 때문이다. 그래서 질적 연구자들은 사례에 초점을 맞추고 다른 상황에도 적용할 수 있는 일반화를 추구하지 않는다(Denzin & Lincoln, 1998).

어떤 연구 문제에 어울리는 연구 방법이 있고 쓰기를 특정한 방

〈개념 5.3〉 자연주의적 연구

쓰기 연구에서는 통제된 조건보다는 자연적으로 수집된 데이터를 더 선호하는 경향이 있다. 이것은 실증주의와는 다르며, 현실을 보는 방법, 연구 주제와 연구자와의 관계, 일반화 가능도의 문제, 인과성의 측면에서 볼 때 질적인 연구에 가깝다. 설문지나 구조화된 인터뷰, 실험을 통해 데이터를 수집하는 연구 방법이 쓰기에 대해 흥미롭고 유용한 정보를 제공하는 것은 맞지만, 실제적인 목적으로 작성한 진정한 텍스트를 관찰하거나 분석하여 데이터를 수집하는 것이 더 일반적이다.

식으로 이해할 수 있는 연구 방법도 존재하지만, 많은 쓰기 연구에서 복합적인 쓰기를 보다 완벽하게 묘사하기 위해 여러 가지 연구 방법을 결합하기도 한다. 복합적인 데이터 자료, 여러 명의 연구원, 여러 가지의 이론 및 연구 방법을 활용하는 삼각 측정법은 결과 해석의 타당성을 높일 수 있다(Patton, 1990). 그러나 양적 방법과 질적 방법은 '인위적' 데이터와 '자연적' 데이터, 즉 데이터가 통제된 조건에서 수집되는지, 아니면 통제되지 않은 상황에서 수집되는지의 차이로 대별된다.

사실 데이터는 데이터를 수집하려는 연구자의 영향을 벗어날 수 없다. 좀 더 적극적으로 맥락을 통제하는 연구 방법에서는 인위적이고 부자연스러운 상황의 결과물을 데이터로 수집하게 될 위험이 있지만, 민족지학적 연구 방법은 이러한 위험을 방지하고 실생활에서 데이터를 수집하는 것을 강조한다. 연구자의 영향을 고려한다고 하더라도 이러한 방법으로 수집한 데이터는 연구 참여자가 실제로 경험한 것이므로 믿을 만하다.

민족지학은 연구자가 일정 기간 동안 사회 집단 전체 또는 그 집단을 대표하는 개인을 연구 참여자로 삼아 그들의 행동과 목소리를 직접 관찰하여 기록하는 연구 방법이라고 간략하게 정의할 수 있다. 어떤 민족지학 연구이든 중요한 점은 언어가 작동하는 지점이다. 그러나 언어가 작동하는 지점을 강조한다고 해서 언어를 단지 고립적인 텍스트로 다루어서는 안 되며 생산과 수용의 맥락 내에서 고려해야 한다.
—Flowerdew(2002: 235)

민족지학적이고 자연주의적인 연구 방법에서는 다른 방법보다 광범위하고 맥락적인 관점에서 쓰기를 바라보며, 그 연구 현장에 지속적인 참여를 전제하는 경향이 있다(Pole & Morrison, 2003). 이러한 연구 방법에서는 설명적 관찰, 반성적이고 심층적인 면담, 초점 소집단 토론, 서사적 일기, 문서 및 텍스트의 분석과 같은 다양한 방법을 활용하기도 한다. 연구가 문제 해결에서 비롯된다는 사실은 연구 결과를 다른 집단에도 적용할 수 있는가가 핵심적인 쟁점이 아니라는 것을 뜻한다. 이러한 연구 방법이 지니는 장점은 특정 집단에 특화된 사항을 구체적으로 설명함으로써 폭넓은 이해와 적용을 허용한다는 점이다. 그래서 이러한 연구 방법은 우리의 연구가 학교 교실을 넘어서서 일상적 삶의 맥락에서 쓰기가 이루어지는 공동체로 나아가도록 자극을 준다.

5.3. 연구 방법

아래 〈개념 5.4〉에서는 쓰기 연구를 위한 주요 방법을 간략하게 정리였다(Hyland, 2003: 253).

(ⅰ) 반응 이끌어내기: 설문지, 면담, 초점 소집 집단

이것은 정보 제공자에게서 정보와 태도를 끌어내는 주요 방법이다. '설문지'는 흔히 숫자로 표시하여 분석이 용이한 자기보고 형태의 데이터를 수집하는 데 널리 쓰인다. 이에 비해 면담은 좀 더 유연하고 정교하여 상세한 정보를 얻는 데 유리하다. 면담과 설문지 둘

〈개념 5.4〉 쓰기 연구를 위한 방법

> • **설문지**: 행동과 태도에 대한 응답자의 자기 보고를 끌어내는 데 초점을 둔 방법
> • **면담**: 응답자의 자기 보고를 끌어내기 위한 상호작용적인 방법
> • **초점 소집단**: 상호작용적 소집단 환경에서 참여자들이 문제를 논의하는 방법
> • **구두 보고**: 글을 쓰는 동안의 사고 과정에 대해 사고구술하는 방법
> • **글 보고**: 개인적인 쓰기나 학습 경험에 대해 일기 또는 일지를 기록하는 방법
> • **관찰법**: 실제적인 상호작용이나 쓰기 행동을 직접 관찰하거나, 녹화한 자료를 관찰하는 방법
> • **텍스트**: 자연적인 맥락에서 사용된 쓰기의 실제 사례에 대해 연구하는 방법
> • **실험**: 통제 조건 아래 나타나는 특징을 밝히기 위해 조건을 조작하는 방법
> • **사례 연구**: 실제 상황에서 참여자들의 경험을 다양하게 포착하는 방법

다 쓰기에 대한 인간의 관점과 경험을 데이터로 만들어주는 방법이 지만, 면담은 질적이고 발견적인 특성이 있고 설문지는 양적이고 결과적이라는 특징이 있다. 설문지는 쓰기 태도와 쓰기 행동에 대한 설명적 연구에도 효과적이지만, 특히 심층적 연구를 뒷받침하는 연구 문제를 밝히는 데에도 유용하다. 쓰기 연구에서 설문지는 공동체가 요구하는 쓰기가 무엇인지를 밝히는 데 주로 쓰인다. 예컨대 Evans & Green(2007)은 홍콩 학생 5,000명을 대상으로 영어로 공부할 때 겪는 어려움이 무엇인지를 설문지를 사용하여 조사하였는데, 이 조사를 통해 문체, 문법, 응집성 등의 문제를 확인하였다.

'면담'은 좀 더 상호작용적이고 비결정적인 방식으로 정보를 이끌어낸다. 비록 면담이 구술하는 설문지에 그칠 때도 있지만, 대체로 면담은 객관적이고 표면적인 것보다는 인간의 경험을 이해하는 방법을 매우 다양하게 보여준다. 면담 참여자들은 사전에 정해진 범주에 응답하는 것이 아니라, 자신이 해석하고 인식하는 쓰기의 가치나 의미를 토론할 수도 있다. 이러한 특징으로 인해 쓰기 수행을 다루는 쓰기 연구, 가령 텍스트 사용자들이 쓰기의 특징을 어떻게 이해하고 반응하는지를 파악하기 위해 사람들은 쓰기 과제를 해결하기 위해 무엇을 하는지, 쓰기를 가르치고 배울 때 무엇을 하는지, 텍스트를 선택할 때 무엇을 하는지 등을 다루는 쓰기 연구에서 면담이 널리 쓰인다. 면담은 예측하기 어려운 연구 문제, 예를 들면 학생들이 교사의 피드백을 접할 때 겪는 어려움이 무엇인지와 같은 연구 문제를 명시적으로 드러낼 수 있다는 점, 그리고 설문지와 결합하여 제시하는 것도 가능하다는 점에서 특별한 가치가 있다(Hyland & Hyland, 2006).

'초점 소집단'은 문제를 심층적으로 논의하기 위해 모인, 유사한 특성을 공유하고 있는 사람들의 모임이다. 참여자들은 소집단의 다른 참여자들과 자유롭게 이야기할 수 있어 초점 소집단의 방법은 면담보다 더 상호작용적이라고 할 수 있다. 이 방법에서는 일반적으로 참여자들이 공유하고 있는 관점과 쓰기 활동에 대한 정보를 모으기 위해 맥락 통제는 이루어지지 않는다. 참여자들이 면담자로부터 떨어져 있는 만큼 더 풍부한 데이터를 생산해 낸다. 일반적으로 초점 소집단은 면대 면으로 이루어지지만, 컴퓨터를 매개로 삼아 진행할 수도 있다. 이렇게 하면 참여자들의 대화를 저장할 수 있어 차후에 검토가 편리하다. 초점 소집단은 학술적 글쓰기에 대한 학생들의 요구가 무엇인지를 탐구하는 연구에도 쓰일 수 있으며 (Zhu & Flaitz, 2005), 새롭게 적용한 교육 프로그램에 대한 학생과 교사의 반응을 파악하는 연구에도 쓰일 수 있다(Lo & Hyland, 2007).

(ii) 내성법: 구두 보고 및 글 보고

연구 데이터로 구두 보고를 사용하는 것은 쓰기 과정은 의식적인 집중을 요구하며 글을 쓰는 동안 사고구술을 하거나 회상적 재인을 하게 함으로써 그 과정의 일부를 밝혀 낼 수 있다는 아이디어를 반영하고 있다. 글을 쓸 때 동시에 하는 사고구술TAPs: think aloud protocols 은 평범한 필자를 참여자로 삼고 있지만 쓰기 과정에서 이루어지는 의사결정, 전략, 인식에 대한 정보를 동시적으로 구술하도록 훈련을 받는다. 사고구술 데이터는 인위적으로 구성되었을 뿐만 아니라, 쓰기의 복합적 인지 활동을 온전히 반영하고 있지 못하다는 점에서 비판을 받아왔다(1.2.2절 참고).

인지 과정은 비의도적이고 내면화된 작용이어서 언어적 서술이 불가능할 것이라는 점에서 내성법은 문제가 있다. 더 심각한 것은 구두 보고를 하는 행위가 정작 보고하고 있는 쓰기 과정을 왜곡한 다는 점이다. 그러나 이러한 비판과 신뢰도가 다소 떨어진다는 단점에도 불구하고, 사고구술은 행동 관찰에서 인지과정을 추론할 수 있게 해 주는 대안적 방법이라는 점에서 매우 광범위하게 쓰여 왔다. 사고구술은 글을 쓸 때 필자가 활용하는 전략, 특히 학생이 계획하기나 수정하기를 할 때 무엇을 하는지를 밝히는 데 효과적이다. 예를 들면 Larios et al.(1999)는 학생들이 언어적인 문제에 부딪혔을 때 무엇을 하는지를 조사하기 위해 사고구술을 활용하였다. 한편 회상적 재인 방법은 필자가 글을 쓰는 장면을 녹화한 후 그 녹화 장면을 보면서 필자의 사고 과정을 논의하는 방법이다(Bosher, 1998).

'일기'는 내성적 데이터를 다른 방식을 제공한다. 일기는 쓰기 경험을 일인칭으로 기록한 것인데, 일반적으로 규칙적인 항목으로 반복적인 양상이나 유의한 장면에 대해 작성한다. 일기를 쓰는 학생들에게 '서사'의 내용으로 학습이나 쓰기 경험에 대해 자유롭게 내성적 보고를 하거나 일기에 작성하는 내용을 제한하기 위해 지침을 따르도록 요구할 수 있다. 일기를 쓰는 학생들에게 내용을 구체적으로 요구할 수도 있고('당신은 이 화제에 대해 독자들이 안다고 생각하는가?') 느슨한 형태의 형식을 제시할 수도 있다('이 과제를 완수하기 위해 당신이 했던 모든 작업을 설명하시오.'). 연구자들은 일기를 쓰는 학생들에게 오직 자신에게 '중요한 사건'에만 집중하고 일기를 쓰는 시간이나 날짜는 단순하게 기록하라고 요구하기도 한다.

학생들 중에는 일기 쓰는 것을 싫어할 수도 있지만, 일기는 다른 방식으로는 수집하기 어려운, 쓰기의 사회적이고 심리적인 과정을 밝힐 수 있는 반성적 데이터를 제공해 준다는 점에서 의의가 있다. Marefat(2002)은 자신이 교사로 참여한 EFL 쓰기 수업에서 제1언어가 페르시아어인 학부생 80명이 학급에서 발생한 사건에 대해 어떤 반응을 보였는지를 밝히기 위해 이 일기의 방법을 활용하였다. 이러한 방법은 학생들이 어떤 지점을 어려워하고 어떤 지점을 흥미로워하는지에 대해 풍부한 정보를 제공하며, 교사가 교수요목이나 수업 자료를 수정하는 데에도 적절하게 기여한다.

(iii) 관찰법

반응 이끌어내기의 방법과 내성법은 사람들이 무엇을 생각하고 행동하는지를 '알려주는' 기록을 제공하지만, 관찰법은 쓰기 참여자에 대한 체계적인 문서로 실제적인 '근거'를 제공한다. 관찰법은 새로운 시각으로 이러한 행동을 바라보는 한 방식으로서 행동에 대한 의식적인 주목과 정확한 기록을 바탕으로 삼는다. 관찰의 방법은 일정한 시간 간격이나 매 시간마다 어떤 특정 행동이 일어나는지를 체크하는 것부터 전체 서사를 한 편의 글로 완성하는 행동까지 연구자가 데이터에서 요구하는 구조화의 정도가 다양하다. 체계화 정도가 높은 관찰법에서는 녹화 자료나 실시간 관찰에 의해 생산된 많은 양의 데이터에서 유의미한 사건을 분석해 내기 위하여 미리 설정된 분류 도식을 이용한다(Hyland, 2003).

우리는 우리가 중요하게 생각하는 것만을 기록에 남기는 것처럼, 모든 관찰은 필연적으로 어떤 특정 행동에 특권을 부여하고 그 외의 나머지는 무시하는 경향이 있다. 그러나 관찰법의 구조가 명료하면 적용하기가 쉽고 기대되지 않은 무의미한 행동을 무시할 수 있어 좀 더 다루기가 용이한 데이터를 얻을 수 있다. 경영 관리자의 담화 활동을 관찰하여 분석한 Louhiala-Salminen(2002)처럼 관찰법은 종종 다른 방법과 혼용될 때도 있다. 수집해야 할 데이터가 음성으로 되어 있다면 녹음을 한 다음 녹음을 전사하여 복사본을 만든다. 그 데이터는 면담을 통해 보완되기도 하는데, 어떤 연구자들은 전자 메일을 통해 보완할 수 있다고 보고 여기에 주의를 기울이기도 한다.

(iv) 텍스트 자료

쓰기 연구에 필요한 데이터의 주요 근원은 쓰기 그 자체라고 할 수 있다. 즉, 연구의 대상으로 텍스트를 활용할 수 있다. 앞장에서는 텍스트가 다양한 방식으로 다루어질 수 있음을 살펴보았는데, 이 중에서 주목할 만한 것은 기능적 선택의 체계로서 텍스트가 어떻게 작동하는지, 텍스트가 제도의 권력과 이데올로기를 어떻게 구현하고 실재화하는지(1장), 텍스트가 필자의 제1언어 및 다른 언어에 어떻게 간섭하는지, 텍스트가 공동체의 소속감과 사회적 정체성을 어떻게 표현하는지, 그리고 텍스트가 다른 텍스트와 어떻게 연결되고 혼합되는지(2장)에 대한 논의이다.

〈인용 5.2〉 Connor의 텍스트 분석

텍스트 분석이란 텍스트를 기술하고 텍스트의 질을 평가하는 것을 말한다. 이때 학습해야 하는 텍스트 장르의 관점과 학생이 생산한 텍스트의 관점 모두를 바탕으로 삼는다. 텍스트 분석은 ESL 연구자, 교사, 언어 학습자들이 문장, 문장 간 관계, 완성된 글과 같은 여러 수준에서 문어 및 구어 텍스트의 규칙과 원리를 밝히는 데 도움을 준다. 이 연구의 기원은 전통적인 언어학적 분석과는 다음 두 가지 방식에서 차이가 있다. 첫째, 텍스트 분석은 문장 문법의 수준을 넘어선다. 둘째, 텍스트 분석은 다차원적이며 상황에 따른 의사소통적 제약을 고려한다.

—Connor(1994: 682)

텍스트 분석은 다양한 도구와 텍스트에 대한 태도를 포괄한다. 연구자들은 단일 텍스트로 작업을 하기도 하는데, 이는 그것이 본질적으로 흥미롭거나 특정한 장르를 대표한다고 생각하기 때문이다. 가령 시장의 정책 연설문, 신문의 논평이나 에세이는 논설문이라는 형식, 특히 통사나 어휘 선택에 통찰과, 학생이 특정 형식을 어떻게 사용하는지에 대한 통찰을 제공한다. Bhatia(1993)은 맥락에 위치한 텍스트의 중요성을 강조하면서 장르 분석을 위한 몇 가지의 기본적 단계를 제안하였다.

〈인용 5.3〉 Bhatia의 장르 분석

1. 자신이 연구하고 싶은 장르를 대표한다고 생각되는 텍스트를 선택한다.
2. 그 장르가 어디서, 누구에 의해, 왜 그것이 이러한 방식으로 사용되었는지를 추측하면서 그 텍스트를 맥락 속에 넣기 위해 자신의 배경 지식과 텍스트의 단서를 사용한다.
3. 텍스트가 그 장르를 대표한다는 것을 확정하기 위해 유사한 다른 텍스트와 비교한다.
4. 텍스트의 관습을 이해하기 위해 장르가 사용된 제도적 맥락(사이트 방문, 참여자 면담, 매뉴얼 연구 등)에 대하여 연구한다.
5. 자신이 연구하기를 원하는 것(변화, 어휘, 응집성 등)을 결정하고 텍스트를 분석한다.
6. 연구 결과와 시사점을 확인하기 위하여 자신의 분석을 전문적인 정보와 대조하여 점검한다.

—(Bhatia, 1993: 22~34)

단일 텍스트 분석이 텍스트의 주요 특징을 밝히는 데 도움을 주

기는 하지만, 그 텍스트가 장르 전체 또는 필자의 글 전체를 어떻게 대표할 수 있는가에 대해서는 의문의 여지가 있다. 대표성은 여러 텍스트로부터 근거가 보장될 때 강화되기 때문이다. 이러한 근거를 얻는 방법 중에는 코퍼스 분석이 있다. 코퍼스 분석은 특정 영역에서 드러나는 화자의 언어 경험을 분석함으로써 텍스트를 설명할 수 있는 적절한 근거를 마련해 준다. 코퍼스는 언어 직관을 측정할 수 있는 자원과 언어를 생산하는 기제에 대한 자원을 제공함으로써 주관적 텍스트 분석을 넘어설 수 있는 대안을 제공해 준다는 점에서 의의가 있다.

이전 장에서 살펴본 바와 같이, 핵심적인 출발점은 '빈도'와 '연접'이다. 어떤 단어나 패턴이 어떤 한 장르에서 출현 빈도가 높다면 그것은 그 장르에서 유의미한 것이라 추측할 수 있다. 연접이란 해당 장르에서 공통 용법으로 알려진 언어 관계의 패턴에서 서로 연관도 있는 텍스트의 특징을 일컫는다.

(v) 실험 데이터

실험 연구 방법은 두 집단에 다른 요소 통제한 채 한 집단에 처치를 가하여 그 변수가 영향력이 있는지를 알아보고자 할 때 사용된다. 데이터에 대한 통계적 검증을 거쳐 통제 집단과 실험 집단 사이의 유의한 차이를 찾는다. 질적으로 자연스럽게 '풍부한' 데이터를 수집하는 방법을 선호하는 쓰기 연구에서는 실험 연구를 사용하지 않지만, 쓰기 연구에서도 실험 연구 방법이 적절할 때가 있다.

최근 사례로는 Truscott & Hsu(2008)에서 수행한, 학습에 대한 교정 피드백의 영향에 대한 연구가 있다. 이 연구에서는 수업 중에 학생들에게 서사문을 작성하게 하고, 그 다음 시간에는 수정을 하게 했다. 한 집단의 학생들은 오류에 밑줄을 그은 피드백을 바탕으로 글을 수정했고, 다른 집단의 다른 학생들을 이러한 피드백 없이 글을 수정했다. 그 결과는 밑줄 긋기 피드백을 적용한 실험 집단 학생들이 통제 집단 학생들보다 유의하게 수행 수준이 더 높았다. 선행 연구와 일치하는 결과였다. 1주일이 지난 후, 단기 학습의 효과가 유지되고 있는지를 측정하기 위해 두 집단의 학생들 모두에게 새로운 서사문을 작성하게 하였다. 두 집단 학생들의 첫째 번 서사문과 둘째 번 서사문의 오류 비율을 비교했을 때 변화는 차이가 없었다. 이러한 결과는 수정 활동 중에 나타난 수행 수준의 향상은 학습의 증거가 될 수 없음을 뜻한다.

이 연구는 실험 연구 방법이 쓰기 연구에 어떻게 적용될 수 있는지를 보여주는 좋은 사례라고 할 수 있다. 이 연구에 따라 피드백을 쓰기 지도에 도입할 수도 있을 것이다. 그러나 실험 연구 결과를 적용하고자 할 때에는 반드시 주의를 기울여야 한다. 교실은 실험실이 아니므로 둘 사이에는 변수 통제의 중대한 차이가 있을 수 있기 때문이다. 지도 방식, 학생의 선호도, 교사의 태도, 동료 관계가 서로 달라서 결과가 다르게 나타날 수 있다. 실험 연구 방법을 통해 얻는 데이터는 다른 형식의 데이터와 잘 결합될 수 있다는 장점이 있다.

(vi) 사례 연구

사례 연구는 실제적인 연구 방법은 아니지만, 사례 연구에서는 단일한 사례, 보통은 한 명의 필자, 하나의 맥락, 여러 편의 텍스트를 다양한 방법을 동원하여 탐색한다. 사례 연구에서는 행위자의 인식과 경험을 드러내기 위해 분석과 서술을 교차시키면서 실제 상황에서 이루어지는 실제 인물의 행동을 풍부하고 생생하게 묘사한다. 사례 연구의 강점은 하나의 맥락 내에서 발생하는 복합성과 상호작용을 밝힐 수 있다는 점이다. 비록 하나의 맥락을 바탕으로 한다는 점이 사례 연구의 일반화에 걸림돌로 작용하기도 하지만, 달리 생각해 보면 사례 연구에서 조명하는 행위자들의 경험이 오히려 누구나 겪을 수 있는 경험으로서 대표성을 지닌다고 볼 수도 있다.

사례 연구의 단점은 수집한 데이터가 너무 방대하고 다양해서 일목요연하게 조직화하고 체계적으로 추적하기가 어렵다는 점이다(Cohen et al., 2000: 182). 사례 연구는 여러 가지 방법으로 구성될 수 있는데, 일반적으로는 민족지학적 연구 방법과 밀접하게 관련을 맺고 있다. 민족지학적 연구처럼 '거주자의 생생한 경험에 대한 연구자의 주관적인 이해'를 전달할 수 있는 장치를 갖추고 있는 것은 아님에도 불구하고 이러한 경향은 뚜렷하다(Pole & Morrison, 2003: 16). 최근 Youngjoo Yi(2007)에서는 사례 연구의 방법으로 한국 고등학교 학생들의 학교 밖 쓰기 활동을 분석하였다. 이 연구에 따르면, 자발적인 쓰기 활동의 다양성 및 풍부성은 그 쓰기 활동이 다매체와 관련이 있는가, 어떤 장르의 글을 쓰는가와 밀접한 관련이 있다. 사례 연구 방법으로 학생들의 이야기를 제시한 이 연구는 이민자 가정 학생들이 경험하는 학교 밖 쓰기 활동을 새롭게 이해할 수 있도록 해 주었다.

5.4. 연구 주제

쓰기 연구가 여러 가지 방식, 다양한 목적으로 이루어질 수 있지만, 어떤 텍스트가 유사한지, 어떻게 사람들이 특정한 맥락에서 텍스트를 쓰고 활용하는지를 밝히는 것을 공통적으로 추구한다. 쓰기 연구 주제 중에서 어떤 것은 제1언어와 더 관련이 있고, 어떤 것은 제2언어와 더 관련이 있다. 그러나 쓰기 연구라면 그 어떤 연구이든 1장에서 다루었던 필자, 독자, 텍스트의 세 가지 요소에 대한 우리의 이해를 돕고 시사점 도출을 추구한다고 할 수 있다. 필자, 독자, 텍스트로 구분하여 접근하는 것은 중복되는 점이 있기는 하지만, 쓰기 연구의 주제를 탐색하는 데 유용한 방식이므로 다시 한번 이 세 가지 요소의 분류를 따라가 보기로 하자.

텍스트 연구

대부분의 쓰기 연구가 텍스트 분석에 몰려 있다고 해도 과언이 아니다. 그 이유는 쓰기 연구가 주로 학생의 텍스트 생산 능력 향상에 목적을 두고 있기 때문이다. 텍스트 분석은 다양한 방식으로 이루어질 수 있다. 시제나 어휘, 응집성과 같은 구체적 특성의 사용 및 빈도에 따라 분석할 수도 있고, 대인 관계의 표지와 같은 담화 특징에 주목하여 분석할 수도 있으며, 학생이 작성한 글의 질적 특성에 주목하여, 그리고 그러한 질적 특성이 시간에 따라 어떻게 변화하는지에 주목하여 분석할 수도 있다.

우리는 고립된 텍스트 하나, 가령 어떤 단일 장르, 단일 학문 영역, 단일 필자의 텍스트를 분석 대상으로 삼을 수도 있고, 능력이 다른 필자의 텍스트를 비교하여 분석하거나, 장르, 시대, 제1언어,

사회적 맥락이 다른 텍스트를 비교하여 분석할 수도 있다. 이러한 연구 문제 중에서 어떤 것들은 연구로 다루기가 매우 까다롭다. 예를 들면, '다른 문화적 배경의 장르와 우리가 관심을 두는 장르를 어떻게 비교할 수 있나?(Casanave, 2004), 텍스트의 변화는 어떻게 확증할 수 있나?(Hyland, 2004b), 언어적 정확성은 어떻게 측정하고(Polio, 1997), 쓰기 향상은 어떻게 측정할 수 있나?(Shaw & Liu, 1998)'와 같은 것이 그렇다.

연구자들은 여러 가지 이유로 학생 글을 분석하지만, 공통적인 사항은 어떤 교육적 중재의 효과, 예를 들면 에세이 쓰기에서 지시문(Kuiken & Vedder, 2008), 피드백의 유형(Ferris & Roberts, 2001), 지도 방식(Tsang, 1996), 동료의 글에 반응하는 방법의 연습(Berg, 1999) 등의 효과를 다룬다는 점이다. 많은 쓰기 실험 연구에서 지도 방식이나 피드백 유형을 독립 변인으로, 텍스트의 특징을 종속 변인으로 설계하곤 한다.

이와 다른 연구들 중에는 학생의 프랑스어 말하기 능력과 쓰기 능력의 관계를 분석하는 것처럼 두 개 이상의 종속 변인 간 상관이나 공분산을 측정하는 '상관' 연구도 있다. 상관 연구의 예로 Helms-Park & Stapleton(2003)을 꼽을 수 있는데, 이 연구에 따르면 채점자세 명의 평가에서 제1언어에서 나타나는 '어조'의 특징과 제2언어로 작성한 학술적 글쓰기의 질 사이에는 상관이 없음을 발견하였다.

그러나 텍스트 연구는 지배적인 형식의 패턴, 공식적이거나 수사적인 특징에 주목함으로써 개별적인 하나의 텍스트 또는 동일 범주에 속하는 여러 편의 텍스트를 조사하는 장르 분석 및 코퍼스 분석에 주로 의지한다. 교육적 맥락에서 볼 때, 이러한 연구는 현재의 학습 장면에서든 미래의 직장 장면에서든 학생들이 직면해야 하는 텍스트의 특징을 서술하는 데 목적이 있다. 이와 관련된 선행 연구들은 교사와 학생들이 텍스트가 조직되는 방법, 텍스트를 더 잘 쓰는 방법과 더 잘 이해하기 위한 방법에 접근할 수 있도록 돕는 수많은 모형과 텍스트 연구의 사례를 제공한다.

텍스트 연구에서 현재 관심을 끄는 주제에는 규칙적으로 쓰이는 '어휘 묶음'의 특징, 가령 학술적 글쓰기의 '보여지는 바와 같이as can be seen', 법률 텍스트의 '이 사건에서in the event of'와 같은 어휘묶음

〈개념 5.5〉 텍스트에 대해 연구 가능한 문제

- 특정 맥락(예, 직장이나 학교)에서 전형적인 쓰기 과제는 무엇인가?
- 장르가 어떻게 맥락과 연결되며, 그것은 말하기 및 읽기에 어떻게 연결되는가?
- 이러한 텍스트는 전형적인 어휘적, 문법적, 담화적 특징 중에서 무엇과 유사한가?
- 특정한 의미는 그 장르에서 일반적으로 어떻게 표현되는가?
- 그 장르의 목적(설득, 묘사, 설명, 여가, 정보)은 무엇이며, 이러한 목적은 텍스트의 구조와 언어를 통해 어떻게 달성될 수 있는가?
- 수업이나 학문 영역처럼 어떤 한 맥락에 속하는 장르는 다른 맥락에 속하는 동일 장르와 차이가 있는가?
- 특정한 텍스트의 특징은 필자의 가정이나 정체성에 대해 우리에게 무엇을 말해 주는가?
- 대상이 되는 텍스트(들)는 상호텍스트성을 담고 있는가? 그 원천은 무엇인가?
- 특정 집단의 필자들이 갖는 전형적인 특징은 무엇인가?
- 이러한 특징은 다른 필자가 작성한 텍스트의 특징과 차이가 있는가?
- 이러한 차이는 언어 유창성이나 제1언어의 관습을 다룬 선행 연구로 설명할 수 있는가?
- 제시된 맥락에서 학생들이 더 좋은 텍스트를 생산할 수 있도록 돕는 교육적 중재는 무엇인가?

의 특징 분석이 있다(Biber, 2006; Hyland, 2008). 상호텍스트성과 학생 글에서 발견되는 텍스트 차용의 특징(Abasi & Akbari, 2008; Pecorari, 2008) 등도 최근 관심을 끄는 주제이다. 선행 연구에서 적용한 연구 방법을 다른 필자, 텍스트, 맥락에 다시 적용하여 분석하는 복제 연구도 시도되고 있는데, 이러한 경향에서 보면 새로운 연구자들에게는 쓰기 연구의 범위가 폭넓게 열려 있다고 할 수 있다.

필자 연구

텍스트를 분석하는 것 외에도 필자가 글을 쓸 때 무엇을 하는지, 어떻게 하면 필자가 글을 잘 쓰게 할 수 있는지를 아는 것도 쓰기 연구의 관심사이다. 이에 초점을 맞추고 있는 연구가 바로 필자에 대한 쓰기 연구이다. 필자 연구에서는 쓰기 결과보다는 쓰기 과정에 중점을 두며, 따라서 이를 다루는 데 필요한 연구 문제와 연구 방법을 포함해야 한다. 일반적으로 대부분의 필자 연구는 글을 쓰는 동안 필자가 무엇을 하는지, 글을 쓸 때 여러 가지 형태의 피드백을 어떻게 활용하는지에 초점을 두고 있기 때문에, 글을 쓸 때 이루어지는 필자의 행동을 관찰할 수 있고 필자의 인식을 분석할 수 있는 연구 방법을 채택한다. 이러한 연구에서는 쓰기 행동에 대한 교육적 처치의 효과를 검증하는 중재 연구를 추가하여 다루기도 한다.

연구 방법 중 대다수는 심리학에 근거한 필자를 연구하기 위해 사용되며, 필자의 심리적 전략을 밝혀내는 데 목적을 두고 있다(1장 참조). 그러나 현재는 맥락 요소가 쓰기 과정의 의사결정 및 쓰기 활동에 어떻게 영향을 미치는지를 밝히는 데에도 널리 쓰이고 있다. 반半구조화 면담이나 비구조화 면담, 사고구술 프로토콜, 회상적 재인, 반성적 일기, 관찰, 그리고 동료 또는 교사—학생의 상호작용 분석은 현재 쓰기 연구에서 표준적으로 적용되고 있는 연구 방법이다. 이러한 질적 연구 방법은 필자의 어떤 점이 일반적이고 어떤 점이 특이한지를 밝히면서 맥락 의존적인 쓰기의 본질을 탐구할 수 있도록 해 준다.

<인용 5.4> Erikson의 질적 연구

질적 연구가 반드시 필요하고 최선인 상황은 기능적으로 서로 관련된 술어를 사용하여 핵심 사건을 서술하고자 할 때, 그리고 그 핵심 사건을 사회 조직의 추상적 원리가 작동하는 구체적 사례로 삼아 그 핵심 사건이 더 광범위한 사회적 맥락에서 어떤 지점을 점유하는지를 서술하고자 할 때이다.

—Erikson(1981: 22)

지금까지 필자 연구가 많이 이루어지기는 했지만, 필자가 처해 있는 상황이 각각 다르고 필자를 둘러싼 맥락 요소가 쓰기 활동과 쓰기 발달에서 영향을 크게 미치므로, 연구를 시도해야 할 지점은 아직도 많이 남아 있다고 할 수 있다. 특히 다른 상황에 놓였을 때 필자의 쓰기 수행은 어떻게 달라지는지, 쓰기 유창성, 문화적 배경, 제1언어는 쓰기에 어떤 영향을 미치는지에 대해서는 아직도 연구가 충분하지 않다. 이렇게 볼 때 교실에서 일어나는 쓰기 과정의 여러 국면을 탐구하는 것도 시도해 볼 만 하다. 예를 들어, Bosher(1998)는 회상적 재인의 방법으로 두 학생 필자의 쓰기 과정을 비교하는 연구를 수행한 바 있고, de Larios et al.(2008)은 프로토콜 분석을 활용하여 학생 필자의 유창성이 쓰기에 투입하는 시간에 영향을 미치는지를 조사한 바 있다.

면담은 과정 연구에서 인기 있는 연구 방법인데, 제2언어 필자들이 어떻게 사전을 활용하는지를 분석한 연구(Christianson, 1997), 쓰기 시험을 치르는 동안 어떻게 화제를 선택하는지를 분석한 연구(Polio & Glaw, 1996)에 사용되기도 하였다. 과학 기술도 쓰기 과정을 연구하는 데 기여할 수 있다. JEdit와 같은 컴퓨터 응용 프로그램은 글을 쓸 때 필자의 멈춤과 수정을 모두 키 스트로크key-strokes로 기록해 둘 수 있다. 이후 컴퓨터로 저장 기록에 따라 텍스트 전체를 복원하면서 글을 쓰는 동안에 이루어진 사고나 수정을 살펴볼 수 있다

⟨개념 5.6⟩ 쓰기 과정 연구

- 쓰기 과제를 완성하기 위해 필자는 어떤 전략을 사용하는가?
- 필자는 지시문, 계획, 초고, 수정 등을 어떻게 받아들이는가?
- 글을 쓸 때 필자는 어떤 읽기 자료와 메모를 사용하며, 다른 학생이 제공하는 어떤 자원을 사용하는가?
- 능숙한 필자와 미숙한 필자가 사용하는 전략은 차이가 있는가? 전략을 사용하는 방식도 차이가 있는가?
- 제2언어 학습자들은 제1언어에서 사용하는 쓰기 전략을 가져오는가?
- 글을 쓰는 동안 현재 수행하는 쓰기 활동에 대해 대화하거나, 쓰기 활동과 관련된 주변 사항에 대해 대화하는 것은 어떤 좋은 점이 있는가?
- 글을 쓸 때 읽기 활동은 어떤 역할을 하는가?
- 컴퓨터로 글을 쓰는 과정은 종이에 글을 쓰는 것과 어떤 점이 다른가?
- 텍스트를 수정할 때 필자들이 사용하는 전략은 무엇인가?
- 텍스트를 수정할 때 무엇(문장 수준, 의미, 형식적 관습, 조직)에 초점을 두는가?
- 컴퓨터 글쓰기는 수정의 양과 질에 차이가 있는가?
- 피드백을 할 때에는 어떤 영역의 어떤 자료를 활용하는가?
- 제1언어의 수정 전략과 제2언어의 수정 전략은 차이가 있는가?

(Sullivan & Lindgren, 2006). 우리가 필자 연구를 통해 맥락에 놓인 필자를 더 잘 이해할수록 쓰기에 대한 우리의 이해도 더욱 더 일반화될 수 있다.

필자 연구는 쓰기 활동과 수정 활동을 주로 다루어 왔지만, 여기에서 더 나아가 쓰기 과정에 적용할 수 있는 지도 방법이나 각 유형의 특징에 따른 피드백 방법을 다루기도 한다. 지도법이 효과가 있는지를 알아보는 데에는 실험 연구 방법을 쓴다. 실험 연구에서는 임의로 학생들을 두 집단으로 나누고 각 집단의 학생들을 서로 다른 방법으로 지도한 다음, 어느 지도 방법이 더 효과적이었는지를 판단한다. 예를 들어 Song & Suh(2008)에서는 과거 사건을 반(反)사실적으로 다루는 조건에서 학습할 때 두 가지 유형의 쓰기 과제가 각각 다른 효과를 내는지를 검증한 바 있다.

실험은 피드백 연구에서도 인기 있는 연구 방법이다. Lundstrom & Baker(2009)에서 언급했듯이 Truscott & Hsu(2008)의 연구에서는 동료 피드백을 주는 것과 받는 것 중 어느 것이 더 이득인지를 실험의 방법으로 검증하였다. '피드백을 주는 학생'은 익명의 글을 검토하지만 수업 내내 다른 동료의 피드백은 받지 않으며, '피드백을 받는 학생'은 피드백을 받기는 하였으나 다른 학생의 글을 검토하지는 않았다. 학기 초와 말에 수집한 분석 결과에 따르면, 피드백을 주는 학생은 학기 내내 피드백을 받았던 학생보다 글 평가에서 더 높은 점수를 얻었다. 쓰기 능력이 낮은 학생조차도 피드백을 주는 역할을 맡았을 때 역대 가장 좋은 점수를 얻었다.

일반적으로 질적 연구는 중재 연구, 특히 교사 및 동료 피드백의 효과를 분석하는 연구에서 우위를 점유하고 있다. 예를 들어 Lee & Schallert(2008)은 교사-학생 관계가 교사의 피드백에 어떤 영향을 미치는지, 학생들이 글을 수정할 때 그 피드백의 활용 방식에는 어떤 영향을 미치는지를 분석하였다. 이를 위해 면담과 교실 관찰의 방법을 적용하였으며 교사의 피드백이 기록된 학생 글을 활용하였다. Jones et al.(2006)은 동료 개인 지도에서 대면 방식과 온라인 방식의 효과 차이를 알아보기 위해 면대 면으로 이루어진 대화 전사본과 온라인의 대화 기록을 분석하였다. 분석 결과, 대면 방식에서는 둘 사이에 위계적인 관계가 뚜렷했으며 쓰기에 관한 관심사를 '폭넓게' 다루는 경향은 상대적으로 적었다.

이러한 유형의 질적이면서도 해석적인 연구를 수행하는 연구자들은 조직하고 분석하고 범주화해야 할 어마어마한 양의 예측 불가능한 데이터를 마주해야 한다. 연구자들은 연구를 수행한 중간에 여러 가지 절차도 고려해야 하며, 연구 방법에서 비롯된 고유의 어려움에도 맞서야 한다. 그러므로 쓰기 과정 연구는 학생 관찰 데이터와 학생 자기 보고 데이터에서 의미 있는 결과를 이끌어내려면 필연적으로 조건적 접근법을 따를 수밖에 없다.

필자 연구에서 관심을 두는 마지막 연구 주제를 살펴보기로 하자. 필자 연구에서는 일상에서 사람들이 글을 어떻게 쓰는지, 읽고 쓰는 문해 활동에 어떻게 참여하는지를 다룬다. 사회적 문해 접근법(2.2장 참고)은 국지적 맥락에 쓰기를 연결하며, 읽기와 쓰기 활동이 어떻게 특정 시간과 장소와 관련을 맺는지를 조사한다. 이러한 연구에서 참여자, 참여자들이 수행하는 활동, 쓰기가 이루어지는 상황, 관련된 자료에 대한 충분한 이해에 도달하려면 매우 많은 노력을 기울여야 한다. 이러한 '구체적인 근거'는 연구자들이 맥락을 이해하고 쓰기 활동의 표면 아래에 놓여 있는 지식, 감정, 목적, 가치 등을 추론하는 데 도움을 준다. 따라서 민족지학적 연구 방법은 사회적 문해

〈개념 5.7〉 필자에 대한 지도 효과 연구

1. 교사 피드백은 어떤 방식으로 이루어지고 반응하게 되는가?
• 학생의 쓰기 행동에 대해 교사가 피드백을 글로 하는 것과 말로 하는 것은 어떤 효과의 차이가 있는가?
• 교사가 사용하는 반응 형식은 어떤 유형이며, 그것은 글 수정에 어떠한 영향을 주는가?
• 교사는 피드백에서 무엇에 초점을 두는가?
• 현재의 맥락에서 더 효과적인 피드백 유형이 있는가?
• 교사-학생 협의에서 일어나는 상호작용은 무엇이며, 그것은 글 수정에 어떠한 영향을 주는가?
• 직접적 표현과 완곡한 표현은 글 수정에 어떤 영향을 미치는가?
• 개인, 문화, 유창성의 차이가 피드백에 미치는 영향은 무엇인가?
• 피드백의 유형 중 특정 학생이 선호하는 것이 있는가? 그 이유는 무엇인가?
• 구두 협의가 글 피드백보다 학생 글을 향상시키는 데 더 효과적인가?
• 온라인 피드백의 영향은 어떠하며, 대면 피드백과는 어떻게 다른가?

2. 동료 피드백은 어떻게 주어지고 반응하게 되는가?
• 동료 피드백을 글로 하는 것과 말로 하는 것은 어떤 효과의 차이가 있는가?
• 동료 피드백의 초점은 무엇이며 수정하기에서 무엇을 다루는가?
• 동료 비평을 장려할 수 있는, 더 효과적인 활동지 유형은 무엇인가?
• 쓰기 유창성의 수준에 따라 동료 상호작용 및 의견 수용에 차이가 있는가?
• 동료 비평과 수정 활동에서 연습은 어떤 차이를 만들어내는가?
• 수정 활동을 변화시키는 데 말과 글의 피드백 중 어느 것이 더 효과적인가?
• 동료 피드백을 주고받는 것에 문화적 차이가 있는가?
• 동료 협의에서 어떤 상호작용이 일어나며, 이것이 글 수정에 어떤 영향을 미치는가?
• 학생들은 교사와 동료 피드백 중 어느 것을 더 선호하는가? 그 이유는 무엇인가?
• 교사 피드백이나 동료 피드백 중 어떤 것이 쓰기 과정 및 텍스트 향상에 더 효과적인가?

연구 분야에서 참여자 활동의 의미를 참여자 자신의 관점으로 파악하기 위해 매우 폭넓게 사용되었다. 면담, 사진, 사례 연구, 관찰, 텍스트 분석은 이러한 연구에서 친숙한 연구 방법들이다.

2.2에서 몇몇 선행 연구를 통해 살폈다시피, 사람들은 소규모 연구로 접근할 수 있을 만한, 여러 가지 방식으로 문해 활동에 참여한다. 예를 들어 Hamilton(2000)은 사람들의 의복과 문신에 쓰인 단어를 텍스트와의 상호작용으로 간주하고, 다양한 범위의 문해 활동이 매일 이루어진다는 증거를 사진이 어떻게 제공할 수 있는지에 대해 논의하였다. Barton(2000)은 학생들이 수행한 많은 연구를 영국 Lancaster 대학교 문해 수업 웹사이트에 게시하였다.[1] 이 연구에 따

〈개념 5.8〉 사회적 문해 활동에 관한 연구

- 특정한 사회적 맥락에서 텍스트가 어떻게 생산되고 활용되는가?
- 특정 필자의 쓰기 수행이 서로 다른 사람들과 어떻게 연결되는가?
- 서로 다른 상황의 쓰기 활동에서 사람들은 각각 어떤 언어를 사용하는가?
- 복잡한 쓰기 과제는 어떻게 조직되는가?
- 필자의 활동 영역 내의 목표와 다른 사건들이 쓰기와 어떻게 관련되는가?
- 어떤 특정 맥락에서 읽기 및 말하기는 쓰기와 어떻게 관련되는가?
- 필자의 쓰기에 대한 태도와 필자의 삶에서 쓰기에 대한 태도의 역할은 무엇인가?
- 필자는 어떻게 개인적 정체성과 한 맥락 내의 집단의 공동체 의식을 드러내는가?
- 필자는 현재 글을 쓰고 있는 제도적 장르에 대해 어떻게 느끼는가?
- 쓰기 활동이 특권을 가지는(반대로 특권이 떨어지는) 사회적 맥락이 존재하가?

---

1) Lancaster 문해 수업을 위한 웹사이트 주소는 'http://www.literacy.lancs.ac.uk/resources/ studentprojects.htm'이다.

르면, 어떤 학생들은 주방 식탁에서 아침 신문 기사를 읽고 논의하는 자신의 일상적 생활을 분석하였고, 다른 학생들은 어버이날 카드를 쓰거나 복권을 구입하는 것과 같은 일상 활동을 분석하였으며, 또 다른 학생들은 주점, 교회, 도서관, 서점, 비디오 가게 등의 구체적인 장소에서 촉발되거나 그 장소에서 이루어지는 활동을 조사했다. 이러한 연구 방법은 텍스트를 수집하고, 그런 다음 행동에 대하 참여자를 면담하고 참여자들이 그것을 어떻게 바라보는지를 파악하는 과정을 따르고 있는데, 이를 통해 그 사건을 외부자의 시선으로 관찰해 보려는 노력을 담아내고 있다. 〈인용 5.5〉는 Barton(2000)이 이러한 연구 방법의 단계를 요약한 것이다.

〈인용 5.5〉 Barton의 문해 활동에 대한 연구 단계

1. 연구 영역을 확인한다.
2. 시각적 환경을 관찰한다.
3. 관심을 두고 있는 문해 사건을 확인한 다음 그것을 기록한다.
4. 텍스트를 확인하고 텍스트를 둘러싼 활동을 분석한다.
5. 활동에 대해 사람들과 인터뷰하고 그 활동의 의미를 구성한다.

—Barton(2000: 170)

독자 연구

예상독자, 즉 독자의 기대에 관한 연구 문제는 쓰기 연구에서 그 영역이 좁게 형성되어 있다. 쓰기에서 성공적인 의사소통을 위해 예상독자를 설정하는 능력이 필수적임에도 불구하고, 학생들은 독자에 대한 아이디어를 형성하는 데 어려움을 겪는다. 사람들은 서로 다른 필요에 따라 글을 읽으며, 따라서 그것이 얼마만큼 충족되었는가에 따라 서로 다른 가치 판단을 내린다. 그러므로 독자 연구에서는 해당 맥락에서 독자의 요구와 평가가 무엇인지, 초보 필자로서 학생들이 그것을 어떻게 수용하도록 도울 것인지를 다루어야 한다. 그러나 이러한 분야의 연구는 주로 대학 교수들에 의해 과제 요건과 학생 글에 대한 인식, 전문적 학문 영역이나 다른 영역에서의 읽기, 학생의 독자 인식 강화를 위한 지도 활동의 평가에 초점을 두고 있다.

특정 연구 방법은 연구자의 연구 방향 및 연구 문제에 따라 채택 여부가 좌우될 것이다. 예를 들어 설문지는 교사들이 학생들에게 글을 쓰도록 요구하는 장르가 무엇인지를 파악하고자 할 때 활용할 수 있다. Horrowiz(1986)에서는 쓰기 과제 지시문과 시험 문제가 어떠한 차이가 있는지를 분석하였으며, Jenkins et al.(1993)에서는 공과 대학원에서 쓰기가 어떤 역할을 하는지를 파악하기 위해 교수들에게 설문지를 배부하는 방법을 적용했다. 프로토콜과 면담의 방법은 필자가 글을 쓰는 동안 의도한 예상독자를 심리적으로 어떻게 표상하는지를 탐구할 때(Wong, 2005), 전문가가 글을 읽는 방식을 탐구할 때(Berkenkotter & Huchkin, 1995) 쓰이곤 한다. 연구자들 중에는 사례 연구 방법과 프로토콜 분석을 활용하여 글을 쓰는 동안 예상독자에 대한 필자의 인식을 분석하기도 하며, 동일 학생이 작성한 제1언어의 글과 제2언어의 글을 비교하기 위해 독자 논평을 분석하기도 하였다(Hinkel, 1994).

실험적 연구 방법이나 준실험적 연구 방법은 독자에 대한 필자의 인식 연구에서도 사용되었다. 예를 들어 Roen & Willey(1988)는 실험 연구 방법을 적용하여 수정 전에 예상독자를 고려하는 것과 수정 중에 예상독자를 고려하는 것이 쓰기의 질에 미치는 영향이 차이가 있는지를 검증하였다. Schriver(1992)는 실험 연구 방법을 적용하여 독자가 어떤 지점에서 이해에 어려움을 겪을지를 예측하는 제2언어 필자의 능력에 독자 프로토콜이 어떤 영향을 미치는지를 검증하였다.

앞에서 언급한 바와 같이, 한 가지 특징의 유무를 분리·검증하기 위해 독립 변인은 일정하게 유지한 채 쓰기에 영향을 줄 수 있는 외부 요인을 통제하는 것은 매우 어려운 일이다. 교실과 교무실은 연구 결과에 영향을 미치는 여러 가지 변인이 상존하는 공간이다. 그래서 많은 쓰기 실험 연구에서는 특별히 만들어 낸 인위적인 맥락을 활용하였다. 그러므로 교실 실험을 수행하는 연구자들이 자신이 연구하는 쓰기 현상의 모습을 온전히 얻으려면 몇 가지 데이터 수집 방법을 잘 정립해 둘 필요가 있다.

사실 실험 연구의 방법이나 준실험 연구의 방법은 어떤 연구에서든 참여자들의 관점을 반영하면서도 가능한 한 많은 맥락 정보를 수집하려는 연구자들에게 가장 좋은 규칙일 것이다. 연구자들은 여러 가지 연구 방법을 통제하면서 연구 과제를 관리할 수 있어야 한다. 각각의 연구 방법은 그 방법에 따른 참여자의 행동 유도성을 지니고 있다. 따라서 연구 방법이 달라지면 결과적으로 얻게 되는 텍스트의 의미도 달라지고, 그리고 실제 생활에서 그 텍스트가 사용되는 방식에 대한 정보도 달라진다. 따라서 텍스트 분석, 면담, 초점 소집단, 설문지, 쓰기 및 쓰기 학습의 행동 관찰, 사진이나 그 밖의 산출물, 사고구술 및 회상적 재인 등과 같은 방법을 다양한 동원하면, 우리는 쓰기에 대해, 그리고 쓰기 학습에 대해 더욱 더 상세하게 이해할 수 있을 것이다.

〈개념 5.9〉 독자에 대해 연구 가능한 몇 가지 문제

- 특정 집단의 필자에게 대상이 되는 예상독자는 누구인가?
- 이러한 독자들이 일반적으로 텍스트에서 기대하는 것은 무엇이며, 그들은 텍스트를 어떻게 읽는가?
- 성공적인 글쓰기를 위해 필자들은 예상독자에 대해 무엇을 알아야 하는가?
- 특정 독자와 관련짓는 데 필요한 중요한 상호작용적 특징은 무엇인가?
- 특정 장르에서 담화공동체는 어떻게 표상되는가?
- 독자를 고려하는 것은 쓰기에 어떻게 영향을 미치는가?
- 능숙한 필자와 미숙한 필자는 독자를 고려하는 것이 어떤 차이가 있는가?
- 특정한 맥락에서 독자들이 효과적인 텍스트라고 여기는 것은 무엇인가?
- 맥락 전체에 걸쳐 필자들이 적용할 수 있는 독자에 대한 일반적 원리가 존재하는가?
- 학생들이 독자를 수용하도록 하려면 교사는 어떤 도움을 주어야 하는가?

지금까지의 논의를 요약해 보자. 특정한 텍스트 장르의 특징을 알려주는 연구, 특정 필자들의 쓰기 수행을 분석하는 연구, 지도법과 쓰기 능력의 관계를 분석하는 연구에 대한 요구가 있는데, 교사와 학생이 수행한 연구를 통해서 이러한 쓰기 연구 분야를 조명해 볼 수 있다. 이러한 연구는 현존하는 실천적 수행과 분석을 탐색하고 정당성을 입증함으로써, 그리로 이를 특정한 맥락에 위치를 지음으로써 우리가 쓰기에 대해 좀 더 많은 것을 알 수 있도록 돕는다. 보다 즉각적으로는, 이러한 연구는 개별적인 실천가들이, 우리가 경험하는 쓰기 유형을 이해하는 데에, 그리고 그러한 이해가 우리의 전문적 활동에 기여할 수 있도록 하는 데에 매우 큰 실제적 성과를 올릴 수 있게 해 준다.

Burns, A.(1999). *Collaborative Action Research for English Language Teachers* (Cambridge: Cambridge University Press). 이 책은 교실에서 적용할 수 있는 연구 방법을 안내해 주는 교사용 지침서이다.

Cohen, L., Manion, L., & Morrison, K.(2000). *Research Methods in Education*(제 5판)(London: Routledge). 이 자료는 주요 연구 문제와 방법을 명료한 언어로 광범위하게 다루고 있는 책으로서 권위도 인정을 받고 있다.

Edge, J.(2001). *Action Research*(Alexandria, VA: TESOL). 이 자료는 실제적인 실행 연구를 바탕으로 실행 연구에 대한 풍부한 아이디어를 제공하고 있는 책이다.

Lofland, J. & Lofland, L.(1995). *Analyzing Social Settings: A Guide to Qualitative Observation and Analysis*(Belmont, CA: Wadsworth). 이 자료는 사회과학 분야의 질적 연구에서 데이터의 수집과 분석에 대해 깊이 있는 내용을 담고 있는 고전적인 책이다.

Pole, C. & Morrison, M.(2003). *Ethnography for Education*(Maidenhead: Open University Press). 이 자료는 민족지학적 연구 방법과 이론을 명쾌하게 개관하고 있는 책이다. 민족지학적 연구 방법을 교육 연구에 어떻게 적용할 것인가에 대한 논의도 살펴볼 만하다.

6장 연구 사례

: 관찰과 보고

이 장에서는
- 관찰과 자기보고 방식으로 수집된 자료를 바탕으로 소규모 출판된 연구 프로젝트 사례 5개를 제시하여 평가하고,
- 이러한 사례를 활용하여 최근 쓰기 연구의 몇 가지 핵심적인 주제와 실천적 수행을 검토하며,
- 연구자들이 연구 과정에서 이 사례의 방법과 결과를 어떠한 방식으로 발전시켜나가는지 살펴보고자 한다.

앞 장에서는 소규모 연구에서 다룰 만한 몇 가지 주제를 제시하였고, 쓰기 연구에서 이러한 주제를 일반적으로 어떻게 다루는지 개괄적으로 서술하였다. 이 장과 다음 장에서는 후속 연구를 견인할 수 있는 여러 편의 연구 사례를 제시하여, 이러한 방법과 주제를 좀 더 구체화해 보고자 한다. 나는 필자, 텍스트, 독자에 관한 연구를 포함하여 좀 더 다양한 연구 분야와 연구 방법론을 제시하기 위하여 이러한 사례를 선정하였다. 대개 실행 연구처럼 여기에서 제시한 사례는 일반적으로 자연적인 상황에서 발생한 것으로 교사와 관련된 국지적이면서도 구체적인 문제에 집중되어 있다. 사례는 모두 하나의 질문에서 출발하였으며, 데이터와 해석으로 뒷받침되어 있다. 그리고 이 사례는 연구자, 교사, 학생이 수행한 것이다. 이 장에서는 교사들에게 보다 친숙한 연구 방법에 초점을 맞출 것이다.

여기에는 사람들의 행동을 관찰하는 방법과 사람들이 말한 것들을 기록하는 방법이 있다.

6.1. 교수진의 신념과 실천적 활동에 관한 설문 연구

◆ 요약

Leonora, J., Wilhelm, M., & Parkinson, J.(2005). A study of the writing tasks and reading assigned to undergraduate science students at a South African University. *English for Specific Purposes*, 25: 260~281.

이 연구는 남아프리카 지역의 대학교 중 3개 캠퍼스의 14개 자연과학 전공 학과 교수진에게 설문으로 조사하여 학부생들에게 부여된 읽기와 쓰기 과제를 알아내고자 하였다. 설문 분석을 통해 학술적 문해 활동에 대한 교수들의 인식과 학생들에게 요구한 읽기 및 쓰기의 주요 장르에 관한 정보를 얻었다.

학술적 글쓰기에 관한 설문 조사는 독자의 요구를 이해하는 데에도 중요한 역할을 할 뿐만 아니라, 대학에서 제1언어 및 제2언어 학생들 모두를 위한 수업 자료를 개발하는 데에도 중요한 역할을 한다. Jackson et al.(2005)은 1년짜리 과학 기금으로 학술적 문해 활동 강의를 진행하면서 이 문제에 관심을 갖게 되었다. 과학 기금으로 운영된 이 강의는 고등 전문 과정에 입학하기에는 아직 자격이 충분하지 않은 학생들을 위해 설계된 것이다. 여기에 참여한 학생들은 빈민 지역 학교 출신의 아프리카계 흑인으로 대개 가정환경이 열악하다. 이들은 1학년 과정에 필요한 지식과 기능을 기를 수 있도록 수학, 화학, 물리학, 생물학, 의사소통 강의를 수강해야 한다. 이 연구는 학술적 문해 활동 강의를 재설계하기 위한 준비 과정의 일부로 이루어진 것이지만, 수집한 정보를 바탕으로 자신들의 연구가 견고한 연구의 토대를 갖추었다는 점을 명확하게 하고자 하였다.

연구 목적

이 연구의 주된 목적은 자연과학 강의에서 요구하는 쓰기 및 읽기 활동의 유형과 수준을 알아보는 데 있다. 이를 설문지는 다음 세 가지 주요 영역으로 구성되었다.

1. 자연과학 전공 학생들에게 기대되는 읽기와 쓰기의 분량
2. 교수가 생각하는 읽기와 쓰기의 본질과 학생들이 겪는 어려움
3. 학생들이 가지고 있는 학술적 문해 활동의 문제에 대한 교수 개인의 인식

연구 방법

설문지는 6개의 질문만으로 위의 3개의 주제를 다루었다. 우선, 쓰기의 다양한 측면에 관해 안내와 피드백을 학생들에게 얼마나 주는지를 응답자들에게 물었다. 학생 글을 교정했는지 안했는지, 비평을 서면으로 간단하게 했는지 구체적으로 했는지, 구두로 피드백을 했는지 전혀 하지 않았는지를 선택해서 답하도록 하였다. 다음 질문에서는 조직, 문법적 정확성, 인용과 표절, 어조와 문체의 동일한 언어 특성에 대해 물었는데, 글 점수에 영향을 미치는 미숙한 정도를 4점 척도로 응답하게 하였다. 나머지 질문들은 이전 학기에 설정했던 쓰기 과제의 빈도와 유형, 읽기 과제의 빈도, 학생들이 쓰기 과제를 일반적으로 얼마나 잘 수행하는지에 대한 교수의 인식에

관한 것이다.

쓰기 과제의 범주화는 Braine(1995)과 Horrowitz(1986)에서 활용한 방식을 따랐다. 이들의 범주화는 읽기에 대한 요약/반응, 실험(실험실) 보고서, 실험 보고서(설계), 사례 연구(문제 해결을 위한 이론적 지식), 연구 논문(수많은 자료에서 추출한 정보의 종합)이다. 그리고 여기에 더하여 자연과학 교수들이 종종 사용하는 에세이 장르도 추가하였다. 설문지는 남아프리카의 규모가 큰 대학교 캠퍼스 3곳의 자연과학 전공 교수들에게 발송되었고, 14개 학과에서 47개가 회수되었다(회수율은 25%). 대부분의 응답은 1학년 과정에 관한 것이었으나 일부는 2, 3학년 수업에 해당하는 것이었다. 설문 응답은 기술 통계 분석만 이루어졌고 통계적 유의성은 계산하지 않았다.

연구 결과

연구 결과에 따르면, 강의를 담당한 교수들이 학기당 평균 3~4개의 쓰기를 계획하였는데, 그 과제 특징은 학과에 따라 결정되었다. 보고서Report는 대부분 자연과학 전공에서 가장 일반적인 장르로서 과제의 66%를 차지한다. 상대적으로 비중이 적은 것은 읽기 자료의 요약(16%)이었고 에세이(10%)가 그 뒤를 이었다. 실험 과학 전공의 교수들은 연구 보고서 형식으로 과제를 부과하였는데, 이와 달리 수학 전공 및 물리학 전공의 교수들은 쓰기 과제를 거의 계획하지 않았고, 글쓰기보다는 수학적 정확성을 바탕으로 성적을 부여하였다.

교수들은 성적을 부여할 때 다른 어떤 요소보다도 쓰기 과제의 조직에 가치를 부여하였다. 그 다음 순위로는 관습에 따라 올바로 인용하고 출처를 표시하는지, 표절을 회피하기 위해서 주의를 기울이고 있는지에 대한 것이었다. 문법적 정확성은 내용, 어조, 문체보다 점수에 영향을 미치는 정도가 조금 적었다. 과제에 관한 피드백은 주로 문법 일반에 대한 교정으로 간략한 논평 형식으로 제시하였다. 설문지의 마지막 질문은 읽기 과제에 관한 것이었는데, 설문 결과 수업 교재가 가장 일반적인 읽기 자료였다. 그리고 2순위는 다른 교재에서 복사한 읽기 자료였는데, 1순위와 격차가 크지는 않았다. 학생들은 논문을 읽는 과제는 전혀 부여받지 않았다.

〈개념 6.1〉 설문지 연구

설문지는 쓰기와 읽기 수행에 관한 자기보고 형태의 데이터를 주집하는 데 매우 유용해서 독자의 선호나 태도, 판단을 분석한 연구에서 광범위하게 쓰여 왔다. 설문지 방법은 면담법보다 관리가 용이하고 빠르게 많은 정보를 수집할 수 있다는 장점이 있다. 설문지로 수집한 데이터는 분석과 수량화가 상대적으로 용이하며, 수집하는 정보를 질문으로 통제할 수 있어 정확성과 명확성도 높다. 그러나 설문지가 오로지 사람들이 자신의 사고나 행동에 대해 스스로 보고한 것만 제공할 뿐이므로 절대 직접적인 증거가 될 수 없다는 점을 잊어서는 안 된다. 그래서 설문지법은 응답자 중 일부를 선택하여 심층 면접하는 등의 다른 연구 방법과 함께 적용하여 타당화할 필요가 있다.

어떤 사례 연구에서는 설문지가 신중하게 구성되어야 한다. 진술의 모호함을 피하고 신뢰도를 보장하기 위해서 예비 조사를 실시해야 하며, 충분한 데이터를 확보할 수 있도록 하되 응답자에게 과중한 부담을 주지 않도록 적절한 균형을 유지해야 한다. 통계적인 검증은 결과의 유의성을 확인하기 위해 사용된다. Brown(1988), Hatch & Lazaraton(1991)에서는 응용 언어학 분야에서 활용할 수 있는 여러 가지 통계적 검증에 대한 정보를 간단하고 이해하기 쉽게 제공하고 있다. 그러나 소규모 연구에서는 응답자의 일반적인 특성을 밝히기 위해 평균이나 빈도와 같은 기술 통계량만을 사용하기도 한다.

논평

이 연구는 설문지 연구의 강점과 약점을 모두 보여주는 좋은 사례이다. 수집된 정보는 연구자들에게 학생들이 생각하는 쓰기의 필요성과 직접적인 예상독자 예측에 관한 유용한 정보를 제공하였다. 이러한 연구 결과를 통해 실험 보고서가 학생들이 과학 글쓰기를 배웠던 주된 방식이라는 점과, 쓰기 과제와 학생이 읽은 텍스트 장르 사이에 심각한 괴리가 있다는 점을 알 수 있었다. 수업 교재는 연구 보고서 쓰기의 적절한 모델이 아니었는데, 연구 보고서가 취하는 독자와의 상호작용 방식이 연구 논문과 매우 유사하기 때문이다(Hyland, 2004a).

한편 이 연구에서 학생들과 어떠한 후속 면담도 하지 않은 것, 한 질문을 제외하고 모든 질문에 대해 개방형 논평을 제공하지 않은 것은 응답자들이 연구 초기의 인식에 얽매여 있음을 의미한다. 연구 보고서의 형식과 내용이 학문마다 다르다는 것과 같은 흥미로운 주제를 더 탐색하지 않았으며, 특정 쓰기 과제의 구체적인 특성을 분석하지도 않았다.

후속 연구

Jackson et al.(2005)은 자신들이 수행한 연구를 명확하게 설명하였으며, 다른 연구자들이 활용할 수 있도록 설문지도 부록에 첨부하였다. 그러므로 이 연구에서 적용한 방법은 맥락을 달리하여 복제 연구를 시도해 볼 수도 있는데, 이를 통해서 쓰기 교실이 아닌 곳에서 학생들에게 쓰기를 가르치는 사람들의 지도 활동과 관점에 대한 정보를 파악할 수 있다. 학문 분야가 다르거나 교육 수준이 다른 학생들은 쓰기를 배울 때 각기 다른 도움이 필요하다는 사실은 밝혀졌지만, 구체적으로 쓰기를 배울 때 필수적인 요소는 무엇인지, 많은 학생들이 겪는 보편적인 문제는 무엇인지는 아직 밝혀지지 않은 채로 남아 있다. 이는 후속 연구의 가능성이 매우 풍부한 영역이며, 유사한 연구를 맥락을 달리하여 적용하면 과제, 평가 준거 및 예상독자의 기대를 판단하는 데에도 유용할 것이다.

이러한 연구는 학생들이 당면한 쓰기의 주요 쟁점이 무엇인지를 우리에게 보여줄 수 있을 뿐만 아니라, 강의 교수들이 생각하는 쓰기의 중요성과 실천적 수행에 대한 인식을 향상시키는 데 도움이 될 것이다. 그리고 아마도 진정한authentic 쓰기 경험을 학생들에게 제공함으로써 전공 강의 교수와 학술적 문해 활동 강의 교수들이 더 긴밀하게 협력하도록 이끄는 데에도 기여할 수 있을 것이다. 일반적으로 볼 때 이러한 유형의 설문 조사는 특정 학문 영역의 쓰기 활동에 대한 그림을 그리는 데 매우 유용하며, 이러한 쓰기 활동이 제도에 따라 어떻게 달라지는지를 파악하는 데에도 유용하다. 이러한 설문 조사를 통한 정보는 학제 간 쓰기의 차이, 교수들의 태도와 지도 활동, 특별 쓰기 프로그램에 대한 요구를 파악하는 데 도움을 준다.

이와 비슷하게 설문 조사 연구는 보다 구체적인 독자 중심적 맥락의 특징을 목적으로 삼을 수 있도록 도와준다. 예를 들어 설문 조사의 방법을 동원해 보면 학생들이 실제로 써야 하는 것이 무엇인지를 분명하게 파악할 수 있으며, 이를 통해서 우리는 매우 일반적인 수준을 넘어 교수들이 요구하는 구체적인 과제로 나아갈 수 있다. 이것이 가능한 이유는 설문 조사를 통해서 학생 글의 예상독자, 즉 강의 담당 교수가 생각하는 '학기말 보고서', 에세이, 실험 보고서'가 무엇인지를 정확하게 파악할 수 있으며, 제1언어 학생 글과 제2언어 학생 글에 대해 교수들이 보이는 인식의 차이는 어떠한지, 학생 글에 존재하는 여러 가지 특징에 대해 교수가 부여하는 상대적인 중요도는 어떠한지를 파악할 수 있기 때문이다.

설문지는 우리가 필요로 하는 모든 정보를 단독적으로 제공해 주지는 않지만, 연구자들은 쓰기 수행의 복합성과 쓰기 수행의 요구를 분석하기 위해 질적인 방법으로 설문지를 보충할 수 있다. 응답자를 선택하여 면담하는 방법, 학과별 문서 및 양식의 틀을 분석하는 방법, 목표로 하는 담화를 분석하는 방법이 설문지와 함께 결합될 수 있다. 설문지를 다른 방법과 결합할 때 우리는 우리가 가르치는 것, 학생들이 하는 것, 실제 독자들이 원하는 것 사이의 관계에 대하여 보다 많은 것을 알 수 있다.

6.2. 동료 반응 훈련에 관한 실험 연구

◆ 요약

Berg, E. C.(1999). The effects of trained peer response on ESL students' revision types and writing quality. *Journal of Second Language Writing*, 8(3): 215~237.

Berg(1999)는 동료 반응에 대해 훈련받은 ESL 학생들이 피드백을 제공했을 때 동료들이 작성한 텍스트의 장르와 질이 향상되었는지를 검증했다. Berg(1999)는 실험 연구 방법을 적용하였는데, 먼저 총체적 채점을 통해 훈련을 받은 집단과 훈련을 받지 않은 집단을 비교하고, 수정한 글도 비교하고, 의미와 형태의 변화도 비교했다. 그 결과, 훈련받은 집단의 동료 반응은 수정 텍스트의 질과 수정 활동의 양상에 긍정적 영향을 미치는 것으로 확인되었다.

동료 반응은 지도 과정의 일부이며, 학생 필자의 초고를 향상시키는 수단이자 독자 요구에 대한 인식을 향상시키는 수단이다. 그래서 제1언어 및 제2언어 수업 상황에서도 널리 쓰인다(1.2절 참조). 그러나 동료 반응의 장점은 특히 ESL 수업에서 실증적으로 확인하기가 매우 어렵고, 많은 연구에 따르면 학생들은 동료 반응의 가치를 의심하면서 교사의 피드백을 압도적으로 선호한다. 제1언어 연구에서는 동료 협의를 시행하려면 교사의 신중한 계획이 필요하며, 학생들이 어떻게 동료의 글에 반응하여야 하는지를 가르쳐야 한다는 점을 지적하고 있다.

동료 반응 훈련은 제2언어 수업 맥락에서 유익한 효과가 있는 것으로 보인다. 왜냐하면 학생들은 수정하기를 단순히 오류의 교정으로 여길 뿐만 아니라, 동료 글에 대해 비판하는 것을 문화적으로 불편하게 느끼기 때문이다. 따라서 Berg(1999)의 독자 연구에서는 수정한 텍스트의 전체적인 질과 수정 활동의 양상 모두를 고려하여, 제2언어 쓰기 학습 상황에서 동료 반응 훈련이 미치는 영향을 탐색하고자 하였다.

연구 목적

이 연구에서 다룬 주요 주제는 훈련된 동료 반응이 수정 활동의 양상을 일관성 있는 형태로 수립하는 데 기여하는지, 그리고 ESL 학생의 쓰기 결과에 영향을 미치는지의 여부이다. Berg(1999)가 설정한 세 가지 연구 문제는 다음과 같다.

1. 훈련된 동료 반응은 글의 의미 변화를 이끌어내는 데 기여하였는가?
2. 훈련된 동료 반응은 글의 점수를 더 높이는 데 기여하였는가?

3. 유창성 수준이 높은 글에서도 훈련된 동료 반응의 상대적 영향이 있었는가?

연구 방법

Berg(1999)는 대학 영어 집중 강의에서 중급 2개 집단과 상급 2개 집단을 연구하였다. 수준별 1개 집단은 각 12명의 학생들로 이루어 졌으며, 둘 중 한 집단은 동료 반응에 참여하기 위하여 훈련을 받았 다. 이 학생들은 언어적 요구(예, 질문하기, 구체적 단어 사용하기, 의견 제시하기 등) 및 논의의 중점(의미의 수사적 측면)에 대한 지도를 받았 다. 훈련 집단과 비훈련 집단 모두 같은 글을 사용하여 유사한 형태 의 쓰기 지도를 받았으며, 유사한 형태의 쓰기 및 수정하기 활동에 참여하였다. 두 집단 모두 동료 피드백을 받았다. 중급 수준의 학생 들은 기억에 남는 개인적 경험을 주제로 삼아 글을 썼으며, 상급 수준의 학생들은 개인적 의견을 드러내는 글을 썼다. 교사는 학생 초고에 대해 논평을 하지 않았다.

〈개념 6.2〉 실험 연구 방법

실험 연구 방법은 통제 조건 아래에서 표집 집단의 언어 행위의 특징을 밝히기 위해 사용된다. 질적이며 자연스럽고 '풍부한' 데이터의 수집을 지지하는 쓰기 연구와는 거리가 멀지만, 실험 연구가 적절한 맥락도 존재한다. 실험 연구는 동일한 상황에서 검사 점수, 유창성, 지도법 등을 조사하여 두 변수의 관련성을 탐색한다. 실험 연구의 아이디어는 연구자가 다른 요인을 통제한 후 두 집단에 서로 다른 처치를 가하여 한 변인이 다른 변인에 영향을 주는지를 밝히는 것이다. 실험은 연구의 타당도와 신뢰도를 위협하는 요인을 최소화하여 데이터를 수집하도록 설정된다. 그 후 통계 검증을 거쳐 통제 집단과 실험 집단의 차이가 유의한지를 밝힌다.

동료 반응 전 초고와 동료 반응 후 수정본을 수집하여 두 가지 절차에 따라 수정하기를 연구하였다. 첫째, 변화의 개수를 파악하기 위해 각 학생의 초고와 수정본을 나란히 놓은 다음, 새로운 내용의 추가, 기존 내용의 삭제와 같은 모든 의미 변화를 일일이 표시하고 단위별로 개수를 세었다. 타당도 확보를 위해 2차 채점자들이 확인하는 과정을 거쳤다.

둘째, 동료 반응 훈련이 글의 질에 영향을 미쳤는지의 여부를 판단하기 위해 각 학생 글을 두 명의 훈련된 채점자들이 19점 척도로 총체적 채점을 실시하였다. 채점자들은 미시적인 문법적 변화에 초점을 두는 것이 아니라, 글 전체의 질에 초점을 두었다. 수정하기의 질은 초고와 수정본에 대한 두 채점자의 평균 점수 간 차이로 측정하였다.

연구 결과

이 연구의 주요 연구 결과는 세 가지이다. 첫째, Berg(1999)는 동료 반응 훈련을 받은 학생들이 그렇지 않은 학생들보다 좀 더 의미 있는 수정하기를 했다는 점을 확인하였다. 둘째, 훈련받은 학생들은 그렇지 않은 학생들이 작성한 두 개의 글 이상으로 쓰기가 향상되었다. 셋째, 유창성 수준에 따른 쓰기의 질 향상은 뚜렷한 차이가 발견되지 않았다. 따라서 연구 결과를 종합적으로 고려할 때, 적절한 훈련은 보다 의미 있는 수정하기를 할 수 있도록 하며 전체적으로 글의 질을 더 높인다는 것을 보여준다. 이러한 결과는 성공적인 동료 반응을 위한 훈련의 장점을 확인해 주었다.

논평

이 연구는 어떻게 연구가 실제로 환류될 수 있는지를 보여주는 좋은 사례이다. Berg(1999)의 연구는 학생의 글을 향상시키는 동료 협의의 가치와 동료 훈련의 장점을 제안함으로써 현장 교사의 요구와 관련된 연구 주제를 다루었다. 이 연구에서 얻은 교육적 성과는 비교적 명확하다. 결과로만 보자면, 학생 훈련이 글을 향상시킬 수 있으므로 우리가 연구와 동일한 결과를 얻고자 한다면 동료 피드백을 전부 없앤 채 수정하기 기능을 학생들에게 지도할 수도 있을 것이다.

그러나 Berg(1999)는 동료 피드백이 의미 중심의 수정을 수행하도록 학생들을 도울 수 있으며, 학생들은 글의 어느 지점에서 이렇게 수정해야 하는지를 알아야 할 필요가 있다고 주장하였다. 글을 쓰는 데 관여하지 않았던 동료는 학생 필자가 가지고 있는 부가적 지식에 접근하기가 어려우므로 글의 불명확한 지점을 더 잘 포착할 수 있다. 그러나 우리는 각 변수를 통제하는 것이 어려우므로 실험 연구 결과를 지나치게 신뢰하는 것을 주의해야 한다. 교실은 실험실이 아니라는 점, 지도 방식의 차이, 학생의 선호, 학생 간 관계 등이 결과에 영향을 줄 수 있다는 점을 인정해야 한다.

후속 연구

이 연구는 후속 연구를 자극할 수 있는 많은 영역을 함의한다. 첫째, 후속 연구는 다른 맥락의 다른 학생들에게 이 연구 결과를 적용해 볼 필요가 있으며, 그러한 맥락에서 훈련 과정과 수정하기 간의 관계를 더 정밀하게 규명해 볼 필요가 있다. 예를 들어, 다양한 언어적 배경의 필자들이 다양한 지도법에 따라 반응하는 방식을 살펴볼 수도 있고, 훈련 방법을 어떻게 선정하고 그 훈련이 글을 어떻게 변화시키는지를 살펴볼 수도 있다. 이를 통해서 훈련의 어떤 측면이 학생의 수정하기를 향상시키는 데 유용한지, 이러한 지도가 어느 정도로 필요한지를 알 수 있게 될 것이다. 우리는 장기간에 걸친 훈련이 이점이 있는지, 이러한 이점들이 시간이 흐르면서 약화되는지에 대해서는 아직 분명하게 알지 못한 상태에 있다. 그러므로 후속 연구에서는 훈련 효과를 한 편 이상의 글로 조사하면서 이러한 주제를 다루어 볼 수 있을 것이다. 이러한 후속 연구 주제는 Berg(1999)의 실험 연구 방법을 유사하게 적용함으로써 효과적으로 다룰 수 있다.

한편 동료 간 협의에서 어떤 일이 벌어지는지, 훈련 집단과 비훈련 집단 간 차이가 어떠한지, 훈련을 받은 학생들은 자신이 준 반응을 어떻게 이끌어내는지, 이러한 훈련이 수정에 어떻게 영향을 미치는지를 밝히는 것도 매우 중요하다. 이를 밝히는 데 필요한 데이터를 확보하려면 질적 연구 방법을 결합할 필요가 있다. 가령 이러한 주제를 다루기 위해 동료 반응 수업의 비디오 녹화를 활용한 관찰 기법, 상호작용에 초점을 맞춘 참여자 면담, 면담 전사본이나 협의 전사본에 대한 정밀 분석, 면담이나 협의에서 한 발화를 바탕으로 한 학생 초고의 정밀한 분석과 같은 방법들을 활용할 수 있을 것이다.

6.3. 과학자의 쓰기 수행에 관한 면담 연구

◆ 요약

Okamura, A.(2005). Two types of strategies used by Japanese scientists when writing research articles in English. *System*, 34(1): 68~79.

이 연구에서는 비영어권 환경에서 필자들이 어떻게 영어로 과학적 담화에 숙달해 가는지를 조사하였다. Okamura(2005)에서는 13명의 다양한 경험을 지닌 일본인 연구자를 대상으로 그들이 겪은 어려움과 그 난관에 대처하기 위해 사용한 전략에 초점을 두고 면담하였다. 연구 결과, 예상독자의 인식 학습 전략이 숙련된 연구자와 그렇지 않은 연구자를 갈랐다. 모두가 자신의 학문 영역에서 일반적인 쓰기 패턴을 익히기 위해여 학술적 텍스트를 읽지만, 단지 5명만이 영어권 발화자의 언어 사용을 숙달하고자 했던 것으로 나타났다.

영어는 현재 의심할 나위 없이 국제적인 학술 언어이자 전 세계에서 비영어권 화자들이 학술적으로 의사소통하는 중요한 도구이다. 그래서 영어 실력이 부족한 비영어권 과학자들은 큰 어려움에 직면하곤 한다. 능숙한 연구자와 미숙한 연구자를 대상으로 이들이 겪는 어려움을 밝혀내기 위해 면담과 설문지 조사가 널리 쓰였다.

그렇지만 어떤 학술 공동체이든 어려움 없이 영어로 연구 논문을 출판할 수 있는 연구자들이 있다. 물론 이들도 저절로 된 것이 아니라, 그 어려움을 극복하면서 그러한 경지에 도달한 것이다. Okamura (2005)는 일본 중등학교에서 영어를 배우는, 즉 언어적으로 이점이 적은 환경인 일본에서 연구자 간의 차이를 조사하였다. 이 연구는 언어적 조건이 불리함에도 불구하고, 연구자들이 영어 논문 쓰기에 성공하는 데에 어떠한 요소가 영향을 미쳤는지를 분석하고자 하였다. 이를 위해 과학 분야의 신진 연구자, 중견 연구자, 국제적으로 활약하고 있는 숙련된 연구자들에게 초점을 조사를 진행하였다.

연구 목적

이 연구는 일본인 연구자들이 겪은 언어적 난관을 밝히는 것을 목적으로 하며, 연구 논문을 쓰면서 어려움을 극복하는 데 도움을 준 전략을 비교하고자 하였다. 이 연구는 다음의 두 가지의 연구 질문을 다루었다.

1. 비영어권의 전문 연구자들이 영어로 연구 논문을 작성할 때 인식한 어려움의 유형은 무엇인가?
2. 이러한 어려움을 극복하기 위해 연구자들이 활용한 학습 전략이나 쓰기 전략은 무엇인가?

연구 방법

Okamura(2005)는 대학에서 이공계 분야의 일본인 연구자(강사 2명, 조교수 3명, 교수 8명) 13명을 면담하였다. 이들은 모두 일본에서 박사 수준의 교육을 받았으며, 활발히 미국, 유럽, 일본 학술지에 연구 논문을 영어로 게재하고 있었다. 3명의 교수들은 일본 외 지역에서 2~3년을 일했으며, 자신의 연구 분야에서 주도적인 인물로 국제 학회에 초대되기도 했다. 이에 따라 면담 대상 연구자를, 5명의 신진 연구자(강사, 조교수), 5명의 중견 연구자(교수 5명), 3명의 능숙한 연구자(교수 3명)의 3개 집단으로 분류하였다. 참여자들은 게재

〈개념 6.3〉 면담 연구

연구 참여자들은 면담을 통해 세계에 대한 자신의 이해와 상황을 바라보는 방식을 표현한다. 이 방법은 인간의 상호작용이 이해의 핵심이라는 점을 인정하고 연구 데이터의 사회적 상황성situatedness을 강조한다. 면담은 쓰기 연구에서 널리 사용되어 왔는데 주요 목적은 세 가지이다. 첫째, 데이터 수집의 원천이고, 둘째, 가설 검증하고 새로운 가설을 생성하는 수단이며, 셋째, 정보의 삼각 측정이나 자료의 교차 검증을 위해 다른 연구 방법과 연계하는 방법이다.

면담은 형식의 구조화 정도에 따라 다음과 같은 유형으로 구분할 수 있다. 1) 구조화된 형식, 연구자가 면담의 의제를 정한 후 미리 정해 놓은 질문에 따라 면담할 때 사용하는 형식이다. 2) 반半구조화된 형식, 연구자는 자신이 다루고 싶어 하는 의제가 있지만 그것을 논의하기까지 응답자에게 상당한 자유를 주는 형식이다. 3) 비구조화된 형식, 면담이 연구자의 의제보다는 응답자의 반응에 따라 진행되는 형식이다. 연구자가 기대하지 않았던 주제나 화제를 다루게 되는 일이 많다.

—Cohen et al.(2000: 267~272)

된 자신의 논문 2편을 복사본으로 제출하였으며, 이 논문은 반구조화 형식으로 면담할 때 참조하였다. 면담은 45~90분 간 이루어졌으며, 각각 일본에 있는 연구자의 연구실에서 수행되었다. 모어인 일본어로 면담을 진행한 점, 면담을 진행한 사람들이 영어 화자가 아니었다는 점, 면담 진행자가 관심을 가지고 면담에 임한 점은 영어 논문 쓰기의 어려움을 연구자들이 이야기할 때 라포를 형성하는 데 도움을 주었다.

연구 결과

영어 논문 쓰기에서 연구 결과를 서술하고 주장을 전개할 때 겪는 어려움으로 어휘력의 부족을 공통적으로 언급했다. 두 명의 생물학자는 다른 과학 분야보다 수학 공식이 적다는 것을 마치 무엇인가 부족한 점이 있는 것인 양 여기기도 했지만, 이들은 스스로도 가시적으로 겪는 어려움은 적은 것으로 인식하고 있었다.

각 분야의 주요 학술지에 논문이 게재되려면 독자를 고려해야 한다는 데 동의하면서도 신진 연구자들과 중견 연구자들은 정작 특정 독자를 염두에 두지 않았으며, 독자 설득을 위한 섬세한 언어 형식을 고려하지 못했다고 고백하였다. 사실 두 명의 신진 연구자들은 논문을 작성할 때 문법적 정확성에 너무 사로잡힌 나머지 독자를 고려하지 못했다고 하였다. 이와는 대조적으로 3명의 능숙한 필자들은 자신이 목표로 하는 독자에 대해 설명할 수 있었으며, 그들의 관심을 이끌어 내기 위한 전략에 대해서도 서술할 수 있었다.

모든 연구 참여자들은 경력을 쌓던 초기에는 예외 없이 자신의 영어 논문에 써 먹기 위해 선행 연구를 읽을 때마다 유용해 보이는 어구나 표현을 모아 두는 '주제 지식 기반 전략'을 적용했다. 그 어구나 표현을 내면화하여 논문을 쓰면서는 시간 압박 때문에 영어를 갈고 다듬는 데 충분히 시간을 쓸 수 없다고 생각하면서도 영어 화자처럼 유창하게 논문을 쓸 수 있기를 바라는 양면적인 태도를 보이는 경향을 보였다. 어떤 참여자들은 영어 화자처럼 유창성하게 영어 논문을 쓸 수 있어야 하지만 자신이 속한 담화공동체가 비영어권 화자에 대해서는 영어 논문에 대해 다소 관용적이라는 것을 깨달았던 경험에 대해 언급하기도 했다.

연구 참여자 13명 중 7명은 단문이나 단순 구조로 논문을 쓰는 것만으로도 만족하게 여겼지만, 나머지 연구자들은 논문의 영어 사용에 대해 영어권 화자와 자주 대화하는 등 자신의 영어 논문 쓰기 기능 발달을 위해 지속적으로 노력하였다. 전략 학습에 외에도 연구 참여자들은 쓰기 전략 활용에서도 차이를 보였다. 신진 연구자들과 중견 연구자들은 구상은 일본어로 하고 논문을 작성할 때에만 영어를 쓴다고 보고하였으나, 숙련된 연구자들은 영어로 생각하고 영어로 글을 쓴다고 보고하였다.

논평

이 연구는 특정 집단의 쓰기 활동을 복잡하지 않게 효과적으로 분석한 연구라고 할 수 있다. 이 연구에서는 영어로 과학 논문을 쓸 때 필자들이 사용하는 전략을 기술하고 그들이 겪는 어려움을 규명하였다. 연구 결과, 신진 연구자들과 중견 연구자들은 자신의 연구 결과가 게재될 만한 가치가 있다는 점을 동료 연구자에게 설득해야 한다는 것을 인식하고 있었지만, 독자를 가시화하는 데 어려움을 겪었다. 반면 숙련된 연구자들은 연구 논문의 게재에도 관심을 기울었을 뿐만 아니라, 예상독자가 자신의 논문을 어떻게 읽게 될 것인가에도 관심을 쏟았다. 숙련된 연구자들의 학습 및 쓰기 전략은 영어 논문 쓰기 실력이 부족한 채 연구 자체에서 즐거움을 추구하는 연구자들의 전략과는 차이가 있다. 영어 논문 쓰기 실력을 기를 수 없는 것은 이들이 그것을 길러야 할 이유를 찾지 못하기 때문일 수도 있다.

논문 쓰기의 성공 여부가 영어 능력과 결부되어 있다고 결론을 내리기는 어렵다. 그러나 학술적 글기에서 성공하려면 언어 기반 전략의 적용이 필수적이라는 것을 이 연구의 면담이 시사하고 있다.

후속 연구

이 논문은 일본인 연구자들이 경험하는 어려움 중 일부를 규명하였으며, 그들이 영어로 과학 논문을 쓸 때 사용하는 대처 전략을 기술하였다. 이 논문은 이 분야의 본격적인 논문으로 보기는 다소 어렵다. 그러나 담화공동체에서 겪은 필자들의 경험이 언어적 문제를 인식하고 전략을 선택하는 데 관여한다는 발상은 흥미롭다. 후속 연구로 다루어 볼 만한 가치가 있다.

다른 필자 집단의 경험과 배경을 탐색하는 것, 단점을 극복하는 데 활용하는 전략을 밝히는 것도 후속 연구로서 가치가 있다. 예를 들어 다른 학문 영역이나 다른 언어 집단에 속한 필자는 어떠한지를 이 연구에서 조명한 일본인 연구자들과 비교해 볼 수도 있다. 흥미로운 연구가 될 것으로 기대된다. 이러한 후속 연구는 교사가 학생들의 전문적 경험과 학생들이 요구하는 안내의 유형을 파악하는 데 도움을 줄 수 있고, 필자에게 특화된 전략을 가르치는 데에도 도움을 줄 수 있다.

6.4. 쓰기 과정에 대한 프로토콜 연구

◆ 요약

Wong, A.(2005). Writers' mental representations of the intended audience and of the rhetorical purpose for writing and the strategies that they employed when they composed. *System*, 33(1): 29~47.

이 연구는 필자가 의도했던 예상독자에 대한 심적 표상과 글의 수사적 목적에 따라 상급반 제2언어 필자 4명이 활용한 쓰기 전략을 분석하였다. 참여 학생들에게는 쓰기 과제를 수행할 때 마음에 떠오른 모든 사고를 언어로 보고하도록 하였으며, 비디오로 녹화한 프로토콜을 전사하고 코딩한 다음, 학생들이 완성한 초고 및 사후 면담 데이터와 함께 함께 분석하였다. 연구 결과에 따르면, 필자들은 유사한 유형의 쓰기 전략을 활용하지만, 필자마다 서로 다른 쓰기 단계에서, 각각 다른 목적을 위해, 각각 다른 방식으로 쓰기 전략을 활용하였다.

이 연구는 인지 연구의 전통에서 필자들이 쓰기 과정에서 활용하는 전략을 이해하도록 돕는다(1.2.2절 참조). 이 연구는 쓰기가 단순한 행동이 아니라, 필자가 목적을 설정하고 그 목적 달성을 위해 전략을 선택하는 의사결정의 과정이다. Wong(2005)은 제2언어 쓰기에서 활용되는 전략을 이해하는 데 관심이 있으며, 특히 필자가 의도한 예상독자와 쓰기의 수사적 목적을 인지하는 것과 글을 쓰는 방식 사이에 상관이 있는지를 조사하는 데 관심이 있다.

연구 목적

이 연구는 글의 목적과 예상독자에 대한 인식의 정도가 필자의 쓰기 전략에 어떤 영향을 미치는지를 밝히고자 하였다. Wong(2005)

은 다음과 같은 세 가지 연구 문제에 답하고자 하였다.

1. 학술적 맥락에서 글을 쓸 때 상급 수준의 제2언어 필자들이 활용하는 전략은 무엇인가?
2. 상급 수준의 제2언어 필자들은 예상독자와 쓰기의 수사적 목적의 심적 표상이 각기 다른가? 만약 그렇다면 이러한 표상은 어떠한 방식으로 달라지는가?
3. 상급 수준의 제2언어 필자들의 예상독자 및 쓰기 과제 수행의 목적에 대한 심적 표상은 그들이 사용한 쓰기 전략과 부합하는가?

연구 방법

비슷한 학술적 배경을 지니고 있고 영어 유창성은 모어 화자에 근접한 네 명의 중국인(제1언어는 중국어) 영어 전공 교육 실습생들에게 자신의 지도 경험에 대해 쓰도록 과제를 제시했다. 이 주제는 글을 써야 하는 바로 그 시점에 알려주었다. 참여 학생들에게는 문법 수업이 있으니 이 수업에 쓸 참고 자료를 가져오도록 안내했다. 글을 쓰는 시간은 제한이 없었으며 500단어 내외의 길이로 작성하도록 하였다. 그리고 연구 참여 학생들이 글을 쓰는 동안 마음에 떠오르는 모든 사고를 말하도록 하여 데이터를 수집하였다. 사고구술 프로토콜 분석은 필자들의 쓰기 행동을 녹화한 비디오 자료, 사후 면담, 과제를 수행하며 생산해 낸 개요와 초고를 결합하여 삼각 측정의 방법으로 보완하였다.

참여 학생들에게는 몇 가지 간단한 훈련을 하고 예비 과제로 훈련한 사항을 점검하였다. 참여 학생들에게는 다음과 같은 지시 사항이 주어졌다.

1. 마음에 떠오른 생각은 무엇이든 말하십시오. 직감, 추측, 이미지, 의도를 억누르지 마십시오.

2. 가능한 한 지속적으로 말하십시오. 매 5초마다 적어도 한 번 이상, '나는 쓸 것이 없어요.'라는 말도 좋으니 무엇이든 말하십시오.

3. 들을 수 있게 말하십시오. 글에 몰두해서 목소리가 작아지는 것에 주의하십시오.

4. 문장 완성이나 수식을 걱정하지 말고 마음 내키는 대로 전보를 치듯 간결하게 말하십시오.

5. 설명하려고 하거나 입증하려고 하지 마십시오. 어떤 분석을 하더라도 일상적으로 하는 것 이상으로는 하지 마십시오.

6. 과거의 사건을 자세히 말하지 마십시오. 당신이 지금 생각하고 있는 것을 말하십시오.

7. 영어이든 중국어이든 혼합한 형식이든 당신이 편한 방식으로 말하십시오.

이 과정은 비디오카메라 2대로 녹화되었는데, 한 카메라는 학생 참여자의 정면을 찍었고, 다른 카메라는 위쪽에서 펜의 움직임을 포착하였다. 이후의 쓰기 수업 관찰 기록은 글을 쓰는 동안 학생들이 특정 방식으로 행동한 이유, 특정 쓰기 전략을 적용한 이유, 그들이 과제의 목적으로 생각했던 것, 글을 쓸 때 의도했던 예상독자가 누구였는지 등을 밝히기 위한 면담의 기초 자료로 활용되었다. 프로토콜은 Raimes(1987)가 제안한 형식을 활용하여 코딩하였으며 코딩이 적절했는지 알아보기 위해 평가자 내 신뢰도를 검증하였다. 그리고 그 중 10%를 선택하여 평가자 간 신뢰도를 확인하기 위해 다른 평가자가 코딩하였다(1.2.2절에서 살펴본 바와 같이). 프로토콜은 인위적이며 불완전하다는 점, 추론 의존적이라는 점, 필자의 일반적인 쓰기 과정을 왜곡할 수도 있다는 점으로 인해 비판을 받아왔지만, 이는 매우 풍부한 데이터를 만들어내는 방법이기도 하다.

<인용 6.1> Smagorinsky의 프로토콜 분석

프로토콜은 자동적 정보 처리의 기계적인 절차처럼 보인다. 그러나 사실 프로토콜은 본질적으로 인간의 경험에 해당하는데. 이 경험은 개인적 결점과 예측불허의 변화, 사회적 상호작용의 손상으로 인한 불행 등으로 가득 차 있으며 모든 단계마다 관련되어 있는 의사결정에 대한 고민으로 점철되어 있다. 자신의 과업의 중요성과 잠재적 위험을 알고 있는 연구자들은, 타당한 연구 맥락에서 수집할 수만 있다면, 이러한 프로토콜을 통해서 쓰기 과정에 대해 알려주는 유일하면서도 중요한 데이터를 풍부하게 제공하고자 할 것이다.

—Smagorinsky(1994: 16)

연구 결과

4명의 참여 학생들은 예상독자에 대한 심적 표상을 풍부하고 다양하게 보여주었다. 학교에서 지원하는 쓰기와 지식의 일반적인 특성이 나타났는데, 두 명은 자신이 참여한 강의의 교사를 예상독자로 인식하였다. 그 중 한 명은 교사를 피드백을 구해야 하는 코치로, 다른 한 명은 교사를 평가자로 인식했다. 다른 참여 학생은 교육 실습생으로서 자신이 가르치는 교실의 학생들을 예상독자로 보았는데, 그러한 이유 때문인지 문법에 중점을 둔 채 자신이 지도하는 학생들보다 더 쉬운 영어로 글을 썼으며 그 학생들이 보조 동사를 더 잘 학습할 수 있도록 표현하였다. 마지막 참여 학생은 자신의 지도 활동의 향상을 위해 경험을 반영한다는 수사적 목적을 인식했고, 그 결과 자신을 독자로 삼아 글을 썼으며, 최종적으로는 동료들과 글을 공유했다. 이러한 연구 결과는 예상독자에 대한 심적 표상이 쓰기 과정에서 의사결정을 내리는 데 영향을 미친다는 보여준다.

프로토콜은 참여 학생들이 읽기, 다시 읽기, 계획하기, 목적 설정하기, 편집하기, 수정하기와 같은 일반적인 범위의 전략을 사용하였으며, 글쓰기를 잘하기 위해 질문하기와 자기 평가하기와 같은 전략도 사용하였다는 것을 보여주었다. Wong(2005)은 필자가 맥락을 바라보는 방식과 그들의 전략 간의 일치를 발견하였다. 예상독자로서 교사를 평가자로 인식한 참여 학생의 글은 한정적인 전략을 사용하고 있으며, '연구자가 종이에 단어를 단번에 바르게 쓰기' 위해 사용하는 전략도 거의 활용하지 않았다.

교사를 코치로 생각했던 학생 참여자는 피드백을 구하기 위한 기회로 쓰기 과제를 바라보았다. 그 결과, 이 학생 참여자는 글의 주요 부분에 대한 수정하기가 높은 비율로 이루어졌다. 자신이 가르치는 교실의 학생들을 예상독자로 떠올린 참여자는 과제의 개요를 구성할 때 수사적 수준에서의 계획하기가 매우 중요하다는 것을 알았고, 반면 자기 자신을 예상독자로 인식한 반성적인 참여 학생은 가장 높은 빈도로 쓰기 전략을 광범위하게 활용했다.

논평

이 연구는 학생들이 글을 쓸 때 고려해야 할 사항이 다층적이라는 점을 보여줌으로써 쓰기 과정의 복합적 특성을 강조하였다. 특히 이 연구는 수사적 목적 및 예상독자에 대한 인식이 특정 쓰기 전략에 영향을 미친다는 점을 규명하였다는 점에서 가치가 있다. 이 연구 결과는 실제 세계의 언어 사용에서 일어나는 것을 반복하면서 의도하는 예상독자를 명확하게 하는 것이 중요하다는 점, 그것을 학생들에게 설명하는 것이 중요하다는 점을 일깨워준다. 흥미롭게도 참여 학생들은 글을 쓰면서 자신의 쓰기 행위를 반영하는 생각을 말로 표현함으로써 오히려 쓰기 전략에 대한 인식이 보다 깊어진 것처럼 보인다. 이러한 사실을 통해 쓰기 수업에서 제한적으로라도 사고구술을 활용하는 것이 유익할 수 있음을 알 수 있다.

이러한 유형의 연구는 우리가 글을 쓸 때 어떤 일이 일어나는지, 글을 쓸 때 우리가 왜 그러한 일을 하는지에 대한 이해를 넓혀 준다는 점에서 의의가 있다. 그러나 프로토콜 분석이 유용한 것은 틀림없지만 신중하게 다루어야 한다. 특히 제2언어 환경에 있는 초보 학생 필자들이 글을 쓰면서 동시에 말로 사고를 구술하는 것은 과중한 과제이기 때문이다.

후속 연구

쓰기 과정을 다룬 연구 방법론은 쉽게 수업에 적용할 수 있다. 사고구술 프로토콜을 통해 학생의 쓰기 과정에 대해 '들을 수' 있으므로 제시한 과제를 학생들이 다루는 방식, 지시문 차이에 따른 효과, 글의 특정 지점(가령 서론, 본론의 첫째 단락, 결론 등)에서 하는 전략의 선택을 살펴볼 수 있다. 프로토콜은 필자들이 자신의 글을 계획하기 및 수정하기, 피드백에 반응하기, 읽기 자료를 텍스트로 통합하기, 주제와 논증을 선택하기, 이전의 수사적 경험을 바탕으로 삼기 등과 같은 쓰기 전략을 검증하는 데 쓰인다.

프로토콜은 쓰기 과정을 보다 더 잘 알 수 있도록 우리를 도와줄 뿐만 아니라, 쓰기 전략 지도의 효과에 대해서, 그리고 필자의 목적과 전략에 영향을 미치는 특정한 사회 요소에 대해서 더 잘 이해할 수 있도록 우리를 도와준다. 프로토콜에는 수사적 맥락, 이전의 지도 방법, 학술적 관습에 대한 지식, 장르에 대한 초기 경험 등도 포함될 수 있다. 여기서 살펴본 바와 같이, 예상독자의 중요성을 조사할 때 이 프로토콜의 방법은 특히나 유용한데, 이는 프로토콜을 통해서 필자가 독자의 기대를 예측하는 지점이 어디인지를 밝힐 수 있기 때문이다.

6.5. 연구 과정에 관한 일지 연구

◆ **요약**

Nelson, J.(1993). The library revisited: exploring students' research processes. In A. Penrose & B. Sitcoe(eds.), *Hearing Ourselves Think: Cognitive Research in the College Writing Classroom*(New York: Oxford University Press).

이 연구는 3명의 제1언어 학생들이 산업심리학 수업에서 연구 논문 과제를 해석하고 완성하는 방식을 조사하였다. Nelson(1993)은 참여자들에게 자신들이 수행하는 연구와 쓰기 활동을 매일 일지에 기록하도록 하였으며, 학생들이 쓴 노트, 개요, 초고 모두를 제출하게 하였다. Nelson(1993)의 결과는 필자의 목적과 과제 정의가 글에 영향을 미치는 주요 역할을 한다는 점을 보여주었다.

이전의 사례와 같이, 이 연구는 학부생들이 탐구 과제 수행에 필요한 자료를 어떻게 발견하고 활용하는지에 초점을 맞추고 있는데, 이때 이루어지는 쓰기 수행을 탐색하기 위해 내성적 연구 기법을 활용하였다(1.2.2절 참조). 대학에서는 자료 기반의 탐구 과제를 학생들에게 흔히 부과하지만, 과제를 준비하는 과정에서 연구 자료를 어떻게 수집하고 해석하고 통합하고 활용해야 하는지에 대해서는 주목을 끌지 못했다. 전공 강의를 담당하는 교수도 이를 적극적으로 지도하지 않았으며, 연구자도 이 문제를 규명하려고 노력하지 않았다. 능숙한 학생 필자들은 자료의 위치를 탐색하는, 목적 지향적 전략을 가지고 있었지만, 초보적인 학생 필자들은 그렇지 않았다. Nelson(1993)은 참여 학생들이 종이에 글을 쓰는 활동을 녹화하여 학생의 쓰기 과정을 기록한 후, 이를 분석하여 이러한 주제를 탐색하고자 하였다.

연구 목적

이 연구의 주된 목적은 이러한 탐과 과제를 받은 학생들이 연구 논문을 어떻게 완성해 갔는지를 밝히기 위한 것이었다. 이 연구에서 다룬 주요 연구 질문은 다음과 같다.

1. 학생들은 언제 자료를 수집하고 읽기 시작하는가?
2. 학생들은 부여받은 과제를 어떻게 해석하였는가?
3. 학생 3명이 생산한 초고는 어떻게 다르며, 자료를 어떤 방식으로 활용하였는가?
4. 학생들이 의존한 자료들(과제 안내문, 이전의 경험, 친구, 교사)은 무엇인가?
5. 학생들이 설정한 목적은 무엇이며, 이 목적 달성을 위해 어떤 절차를 따랐는가?
6. 각각의 학생들이 쓴 논문은 어떤 종류이며 어떻게 평가되었는가?

연구 방법

Nelson(1993)은 연구 참여자들의 일지가 전면에 나타나는 사례 연구 방법을 활용하였다. 참여 학생 3명의 메모, 개요, 초고, 과제에서 수행한 모든 작업을 기록한 일지에서 데이터를 수집하였다. 일지 연구는 쓰기 연구에서는 일반적이지 않다. 그래서 최근의 논문을 인용하지 못하고 좀 오래 전에 발표된 Nelson(1993)을 선택할 수밖에 없었다. 일지는 언어 연구에서 중요한 내성법의 도구로서 좀처럼 얻기 어려운, 언어 사용의 이면에 깔린 정보를 통찰할 수 있게 해 준다. 사고구술과는 달리 일지는 회상적인 특징이 있다. 사고구술은 필자들이 글을 쓰는 동안 왜 그렇게 행동했는지, 맥락은 쓰기 활동에 어떤 영향을 미쳤는지에 대한 인식을 그 자리에서 보여주지만, 일지에서는 쓰기 수행이 이루어진 뒤에 반성적으로 보여준다.

Nelson(1993)은 참여 학생들에게 각자의 일지에 규칙적으로 항목을 만들어 적도록 지시하였으며, 심지어 '글을 쓰지 않는' 날에도 기록하도록 했다. Nelson는 일주일에 적어도 3회 이상 자신에게 일지를 전송하도록 학생들에게 요구했다. Nelson은 일지의 항목으로

〈개념 6.4〉 일지/과정 기록log

> Bailey(1990: 215)는 일지 연구를 '1인칭으로 언어 학습이나 지도 경험을 설명하는 것, 규칙적으로 기록한 것, 솔직하게 기재한 개인의 일기에서 되풀이되는 패턴이나 현저한 사건을 분석한 것'으로 정의하였다. 일지 연구에서는 학생들에게 일상의 모든 관련 있는 활동을 포함하도록 권장한다. 상당한 양의 자료가 만들어지면, 연구자들은 일지의 패턴을 조사하고 해석하며 학생과 이에 대해 논의한다. 일지는 다른 방식으로는 수집하기 어려운 사회적 과정과 심리적 과정 모두를 통찰해 볼 수 있는 단서를 제공해 준다.

는 도서관 열람 기록, 자료에 대한 평가 및 메모, 다른 사람과 나눈 대화, 어느 시간이든 떠오른 아이디어, 논문에 대한 계획과 기타 등등이 포함될 수 있다고 참여자들에게 안내하였다. 다소 번거롭지만 이러한 기록을 통해서 탐구 과제를 받았을 때부터 논문을 완성해서 제출할 때까지 참여 학생들의 논문이 어떻게 발전해 가는지를 가능한 한 구체적으로 설명할 수 있다.

연구 결과

이 연구에서 적용한 일지는 학생의 선택, 행동, 그 행동의 이유뿐만 아니라, 학생의 태도와 관심에 대한 정보를 제공해 주었다. 또한 일지는 각 학생들이 과제에서 요구하는 사항에 대해 다양한 아이디어들을 전개해 나가는 것과 과제에 대한 학생들의 정의가 과제 수행을 위한 전략 선택에 영향을 주었다는 것을 보여주었다. 가장 중요한 것은 일지를 통해 학생들이 서로 다른 방식으로 쓰기 과제를 해석했다는 점이 드러났다는 사실이다. 즉, 학생들은 자신만의 탐구 방법을 생각해 내고, 자신만의 목적을 설정했으며, 목적 성취를 위한 자신만의 방식을 결정했다.

참여 학생 중 한 명은 과제가 단순히 자료를 조합하고 재생산하는 것이라는 검증되지 않은 추론에 전적으로 의지하여 소수의 자료를 짜깁기한 최종본을 만들었다. 이에 비해 다른 두 명의 참여 학생들은 많은 자료를 활용하여 과제를 정의하고자 하였으며, 과제를 정의하고 해석할 때 좀 자기 의식적이고 비판적으로 접근하기 위해 노력했다. 일지는 이 두 명의 학생들이 시간이 흐르면서 목적을 발전시키고, 자료를 신중하게 조사하고, 동료에게 피드백을 구하고, 더욱 더 과제를 내면화하고, 경험에서 배우고, 좀 더 만족스러운 과제를 탐색한다는 것을 보여주었다.

논평

이 연구는 학생의 인식과 쓰기에 대해 조사되지 않았던 측면에 중점을 둔 흥미로운 쓰기 과정 연구 중 하나이다. 이 연구는 학생들이 지닌 신념을 드러내고, 학생들이 수행하고 있는 활동을 밝히며, 현재 적용하는 전략과 적용하지 않는 전략을 구분함으로써 학생들이 써야 할 논문의 주제에 대해 탐구할 때 활용하는 다양한 가정과 전략의 이면에 깔린 내적 의미를 구체적으로 보여 준다.

연구 결과에 따르면 제1언어 학생들 중에도 논문 쓰기 목적에 대해 적절하지 않은 가정을 세우고 있으며 그 목적을 달성하는 데에도 적절하지 않은 전략을 가지고 있다는 것을 알 수 있는데, 이러한 결과는 교실 수업에 대한 분명한 시사점을 제공한다. 교사들은 학생들이 이러한 가정을 극복하여 과제 해석 방식을 재고해 볼 수 있도록 해 주어야 하며 성공적인 학생 탐구 전략에 대해 시범을 보여 주어야 한다. 예를 들면, 성공적인 탐구 전략에 속하는 자료 검색하기와 노트 메모하기를 장려하기 위해 이 전략을 효과적으로 적용하고 있는 다른 동료 학생의 일지를 공유할 수 있다. 이러한 방식으로 우리는 학생들이 탐구 논문을 쓸 때 비판적이고 반성적인 태도로 전략을 선택을 할 수 있도록 학생들에게 동료 기반의 실제적인 지원을 제공할 필요가 있다.

후속 연구

학생들이 글을 쓰거나 특정한 쓰기 과제를 수행하는 방식에 대한 연구, 학생들의 쓰기 전략에 영향을 주는 요소에 대한 연구, 학생들이 이에 대해 가지고 있는 가정에 대한 연구는 성공적인 쓰기 이해와 성공적인 쓰기 학습 모두에 분명히 중요하다. 그러므로 이를 근간으로 하면서 학생, 과제, 텍스트의 장르를 달리하는 후속 연구는 충분히 다루어 볼 만하다. 학생들이 쓰기 과제를 해석하고 처리하는 방식에 영향을 주는 연령, 유창성, 사전 학습, 다양한 문화적 배경, 다양한 지도 유형도 후속 연구를 통해 탐색해 볼 수 있는 주제들이다. 이 외에도 종단 연구를 통해 학생의 과제 해석이 시간의 흐름에 따라 어떻게 변화해 가는지, 그리고 연구자와 필자로서 그들이 결정하는 선택에는 그러한 해석이 어떠한 영향을 미치는지를 규명해 보는 것도 충분히 가치가 있다. 필자의 의사결정 방식이나 쓰기 활동 참여 방식을 다루는 연구도 중요한데, Nelson(1993)은 이에 대한 답을 찾는 것보다는 탐구 논문의 특정 유형에 대해서 더 많은 관심을 기울였다.

지금까지 일지는 쓰기 연구에 널리 쓰이지는 않았지만, 일지가 감추어져 있는 쓰기와 학습의 요소에 접근할 수 있게 해 준다는 점이 드러나면서 수업 기반 연구나 실행 연구에서 매우 인기를 끌고 있다. '학습자-과정 일지'를 통해 우리는 쓰기 전략에 대한 통찰을 얻을 수 있을 뿐만 아니라, 학생들이 쓰고 있는 글, 학생들이 설정해 놓은 과제, 학생들이 받고 있는 수업에 대한 인식도 파악할 수 있다. 따라서 일지는 인지적 측면뿐 아니라 영향 관계 및 실제적 수행 모두를 연구할 수 있게 해 주는 막강한 도구라고 할 수 있다.

일지는 교사들이 자신의 쓰기 경험을 기록하고 수업 활동을 기록하는 내성법의 도구로도 활용되어 왔다. 효과적인 쓰기 지도는 추상적인 이론적 원리가 아니라, 학생들이 글을 쓸 때 무엇을 하는지에 대한 구체적인 정보를 근거로 삼아야 한다. 그런데 바로 일지가 이에 대한 정보를 제공해 준다. 일지에서 수집한 정보는 쓰기 과정 연구의 풍부한 데이터를 제공해 주며, 교사가 쓰기의 지도 및 학습의 문제를 해결하고자 할 때 학생의 관점에서 풀어갈 수 있도록 하는 특권적 수단을 제공해 준다.

6.6. 결론

이 책에서 나는 쓰기에 대한 이해와 쓰기 지도의 실제에 대한 연구의 중요성을 강조하고자 하였다. 지금까지 이러한 연구는 텍스트, 글쓰기, 쓰기 지도 및 쓰기 학습 중 적어도 어느 하나에 관심이 있는 교사, 학생, 전문가 등에 의해 소규모로만 수행되었다. 그래서 이장에서 나는 초보 연구자들에게 친숙한 사례를 활용하여 그 초보 연구자들이 탐구 과제를 어떻게 수행하는지를 집중적으로 다루어보고자 하였다. 다음 장에서는 연구 방법의 결합을 통해서 쓰기와 쓰기 수행에 대해 좀 더 폭넓은 이해의 그림을 얻을 수 있는 다른 접근법을 다루어보고자 한다.

5장 및 7장에서 제시한 심화 독서 자료를 같이 살펴보기 바란다.

Brown, J. D.(2001). *Using Surveys in Language Programs*(Cambridge: Cambridge University Press). 이 책은 제목에 서술되어 있는 것처럼, 설문지를 활용한 언어 지도 연구의 지침서이다.

Brown, J. D. & Rodgers, T. S.(2002). *Doing Second Language Research*(Oxford: Oxford University Press). 이 자료는 제2언어 학생 연구 수행에 필요한 지침을 제공하는 연구서이다. 이 분야를 연구할 때 실제적인 도움을 얻을 수 있다.

Dornyei, Z.(2007). *Research Methods in Applied Linguistics: Quantitative, Qualitative, and Mixed Methodologies*(Oxford: Oxford University Press).[1]

Gass, S., Sorace, A. & Selinker, L.(1999). *Second Language Learning Data Analysis*(2nd edition, Mahwah, NJ: Lawrence Erlbaum).[2]

Hatch, E. & Lazaraton, A.(1991). *The Research Manual: Design and Statistics for Applied Linguists*(Boston, MA: Heinle & Heinle). 이 자료는 응용 언어학 및 TESOL의 양적 연구를 다룬 주요 서적이다.

Nunan, D.(1992). *Research Methods in Language Teaching*(Cambridge: Cambridge University Press). 이 자료는 실제적인 사례를 바탕으로 연구 방법의 이해를 돕는 개론서이다.

---

[1] (옮긴이) 소개하는 글이 제시되어 있지 않다.
[2] (옮긴이) 여기에도 소개하는 글이 제시되어 있지 않다.

7장 연구 사례

: 텍스트와 맥락

이 장에서는
- 텍스트 및 텍스트를 둘러싼 맥락의 분석을 다룬 다섯 가지 연구 사례를 제시하여 평가하고,
- 몇 가지 핵심 주제를 살펴보고 현재의 쓰기 연구에서 좋은 실제의 사례를 검토한 후,
- 다른 주제로 이러한 연구를 확장하는 아이디어를 다루고자 한다.

이전 장에서 나는 기본적으로 관찰 및 자기보고의 방법을 적용한 몇 가지 선행 연구를 예시하였다. 이 장에서는 조금은 난해한 연구 방법의 선행 연구를 살펴보기로 하자. 코퍼스를 수집하고 이를 기반으로 텍스트를 분석하고, 분석 결과를 토대로 상호작용의 양상에 대해 탐구하는 방법은 교사 양성 과정에서 흔히 다루어지지 않았다. 코퍼스는 교사보다 연구자들이 더 많이 다루어왔다. 아마도 일부 이유로는 단일 연구임에도 불구하고 코퍼스를 다루려면 여러 가지 데이터 수집 방법을 결합해야 해서 연구자들에게는 무리가 없지만 교사들에게는 다소 벅찬 일이었기 때문일 것이다. 그러나 좀 더 근본적인 이유는 이 방법이 수집한 담화, 텍스트, 의사소통의 데이터를 매우 미시적으로 분석할 수 있는 능력과 태도를 요구하기 때문이다.

이 장에서는 이전 6장처럼 선행 연구의 개요를 먼저 제시한 후 목적, 방법, 결과, 연구 설계 및 의의에 대한 논평의 순으로 요약하고자 한다. 그리고 후속 연구를 위한 몇 가지 간단한 제안을 사례에 덧붙여 제시하고자 한다. 이 제안은 이러한 주제를 이러한 방법으로 다루어야 한다고 강제하려는 것이 아니다. 오히려 그 의도는 독자들이 이 책을 활용하여 우리가 쓰기에 대해 알고 있는 정도를 더 확장할 수 있도록 하는 데 있다.

7.1. 과학 분야의 초록에 관한 텍스트 장르 분석 연구

◆ 요약

Ayers, G.(2008). The evolutionary nature of genre: An investigation of the short texts accompanying research articles in the scientific journal *Nature*. *English for Specific Purposes*, 27(1): 22~41.

이 연구는 과학 전문 학술지 '네이처'에 1991~2005년에 수록된 논문 초록을 대상으로 초록의 배열 구조move structure와 홍보 요소promotional element를 분석하고, 그 기간 동안에 이들이 어떻게 변화했는지를 규명하였다. 연구 결과, 초록은 초록의 규범 모형에 따라 양상이 달랐는데, 1997년 '네이처'의 인터넷 전자 출판의 도입에 따라 '대중적 독자'에 대해서도 관심을 기울이면서 초록이 표준화되는 경향을 보였다. 이는 과학 공동체의 '대중화'로 받아들여졌다.

논문의 초록은 장르 연구에서 많이 연구된 분야 중 하나이다. 논문 초록은 구성이 간결하고 목적이 명료하다 보니 장르 연구의 이상적인 대상으로 간주되어 왔다. 어떤 연구자들은 초록이 연구에 대한 정보를 알려주는 뉴스로서의 가치뿐만 아니라, 논문의 장점을 강조하여 독자의 관심을 묶어 두려는 홍보 장치로서의 가치도 지니고 있다고 주장하기도 한다. 일반적으로 연구자들이 보인 이러한 관심은 독자들이 중요한 정보에 쉽게 접근할 수 있도록 논문의 앞에 배치하는 구조적 특징과 논문의 참신성 및 직접성을 강조하는 문법적 특징에 초점을 두고 있다. Ayers(2008)의 연구는 세계 최고의 과학 분야 학술지인 '네이처'에 수록된 논문의 초록에서 나타나는 변화를 추적하였다.

연구 목적

이 연구는 1.1.2절에서 논의했던 장르 연구의 전통을 따르고 있다. 이 연구는 세계적으로 유명한 과학 학술지에 수록된 논문 초록이 14년 간 어떻게 변화해 왔는지를 알아보기 위해 설계되었다. Ayers(2008)는 특히 다음 연구 질문에 관심을 두고 있다.

1. 과학 학술지 '네이처'의 초록은 전통적인 초록 모형과 얼마나 다른가?
2. 인터넷 전자 출판 체제를 도입한 이래로 '네이처'의 초록은 어떤 방식으로 변화했는가?

이 연구는 14년 간 초록의 변화 과정을 살펴보면서 과학 연구자들이 선호하는 초록이 '무엇'이며 '어떤' 특징이 있는지를 모두 설명하고자 했다.

연구 방법

이 연구에서는 인터넷 전자 출판을 도입한 1997년을 기준으로 삼아 그 이전과 이후를 대조하기 위해 두 개의 소규모 코퍼스를 구축하였다. 1991~1992년과 1996년에 인쇄 출판된 '네이처'에서 61개의 초록을, 1999~2005년에서 인터넷으로 출판된 '네이처'에서 32개의 초록을 수집하였다. 1997년 이후의 초록은 이전 초록보다 길이가 두 배였으므로 공정한 대조를 위해 동일한 양으로 초록을 수집하였다. 이 연구의 결과에 따르면, 초록의 배열은 일반적으로 시제, 어조, 어휘의 용법에 따라 표시되며, 1997년 이전의 초록에서 발견되

〈개념 7.1〉 장르 분석

장르는 장르를 어떤 방식으로 이해하는가에 따라 수많은 분석 방법이 존재한다. 어떤 방법은 전적으로 텍스트 구조에만 초점을 두기도 하고, 어떤 방법은 사회·문화적 요소에 더 관심을 기울이기도 하며, 어떤 방법은 필자의 실제적인 쓰기 활동을 조사하기도 한다. 이외에 독자의 기대에 관해 조사하는 방법도 있다. 어떠한 접근법이든 언어 사용 모형을 사회적, 문화적, 제도적으로 설명하고자 한다는 점에서 목적이 동일하다. 장르 분석은 언어가 맥락과 연결되어 있다는 관점을 제공해 주며, 분석 과정에서 텍스트의 관습적 측면을 드러냄으로써 장르가 교사와 실제적인 관련을 맺을 수 있도록 해 준다. 장르 분석은 다음과 같은 사항을 탐색하고자 한다.

- 기능적 배열의 측면에서 텍스트가 어떻게 구조화되는지 밝히는 것
- 텍스트를 특징적으로 만드는 요소가 무엇인지 밝히고 그 목적을 실재화하도록 돕는 것
- 장르를 읽고 쓰는 사람들의 이해를 검증하는 것
- 장르가 어떻게 사용자의 활동과 관련이 있는지를 밝히는 것
- 사회, 문화, 심리적 맥락의 관점에서 언어 선택을 설명하는 것
- 언어 지도를 위한 통찰을 제공하는 것

는 상대적 간결성은 서론과 연구 방법을 하나의 단일한 배열 구조에 융합한 데에서 비롯되었다.

1997년 이후의 초록은 그 이전의 초록보다 복잡했고, 배열을 구조화하는 데 따른 어려움은 해당 논문에 관심을 불러일으키는 방식으로 해결하고자 하였다. 초록의 단계, 즉 하위 배열sub moves은 구분이 이루어지기는 했으나, '네이처'가 요구하는 '논문 저자 지침'의 요구를 따랐다. 이 연구의 초록 분석에서는 이 지침에 담긴 권고 사항, 편집 위원장 및 다른 분야 과학자 4명과의 인터뷰를 보충적으로 다루었다.

연구 결과

이 연구에 따르면, '네이처'의 초록은 전통적 초록 모형에서 크게 벗어나 있으며 최근에 변화가 나타나기 시작했다. 1997년까지의 초록('네이처'에서는 '머리말'이라고 불려오던)은 구조와 시제의 조절, 설득적인 언어 사용, 유보적인 표현1)의 제거를 통해 초록에서 일반적으로 인식되는 것보다 뉴스로서의 가치를 강조하였다. 1997년 e-버전 도입에 따라 초록은 '요약/초록'이라는 이름을 달고 보다 관습적으로 변화하였다. 초록의 분량은 50~80단어에서 150~180단어였다. 전공 분야 이외의 독자들을 위해 명확한 논문 요약이 강조되면서 해당 논문과 무관하게 존재할 수 있는 독자적인 관계로 변화했다. 그 결과, 초록만 읽어도 무방한 자족적인 특성을 보이기 시작했다. e-버전이든 아니든 두 버전은 모두 현재 시제, 서술 형용사와 같은

---

1) (옮긴이) 유보적인 표현(hedging)은 '~ㄹ 것이다.', ' ~ㄹ 것으로 추측된다.', '~ㄹ 것으로 예상된다.'와 같은 단정적이지 않은 표현을 말한다.

설득적인 단어가 우세하게 쓰였다. 이는 독자들의 시선을 논문에 묶어 두려는 초록의 홍보적 요소라고 할 수 있다.

그러나 1997년 이후의 초록은 해당 연구의 중요성을 독자에게 명료하게 제시하고, 초록의 구조를 표준화하고, 연구 방법을 설명하는 부분은 제거하고,[2] 연구 결과를 결론으로 통합하는 결론 부분을 제시하고, 결론 부분에서는 논평을 더 많이 포함하고, 그 분야에 해당 연구가 미치는 영향에 대한 논의를 더욱 더 확대하고, 그리고 서론 부분에서는 정의의 포함하는 등 '설명'을 위한 노력이 더욱 더 뚜렷해졌다. 이러한 변화를 통해서 해당 논문이 '그 연구 분야의 진보'에 어떻게 기여하는지를 좀 더 명확하게 보여줄 수 있게 되었다. 이것은 곧 과학을 선도하겠다는 '네이처'의 목적을 홍보하는 데로 이어졌다.

Ayer(2008)는 이것이 일반적인 독자에 대한 관심과 학술지의 복합 학문적 성격이 점차 확대되고 있음을 증명하는 것이라고 주장하였다. 그러나 이 연구에 따르면 사실 '네이처'에 수록된 논문의 연구 방법은 일반적인 독자가 따라잡기에는 너무나 방대하고 전문적이다. 그럼에도 불구하고 연구 결과를 종합하는 결론부에서 비전문적 독자를 위한 '해석'이 증가하고 있다는 점, 서론부에서 연구의 개념이나 상황에 대한 '정의'가 증가하고 있다는 점은 일반적 독자에 대한 관심이 커지고 있음을 상징적으로 보여준다.

논평

이 연구는 표집이 소규모이고 대상을 단일하게 설정했다는 점에

---

2) (옮긴이) 초록에 연구 방법을 포함하면 구구절절 설명이 길어지므로 초록에 연구 방법에 대한 설명을 포함하지 않게 되었다는 뜻이다.

서 탐색적인 성격을 지닌다. 대상으로 '네이처'를 선택한 것은 일반적이지는 않은데, 그 이유는 '네이처'가 상위 수준에 포진한 학문 복합 학술지 중에서도 최상위에 속할 뿐만 아니라, 세계적인 과학자들 사이에서도 높은 명성을 자랑하고 있기 때문이다. 그러나 오히려 이러한 특성으로 인해 '네이처'가 전문적인 연구 결과를 대중에게 홍보하는 독자 친화적인 시도를 강화하고 있음을 더 잘 보여줄 수 있다. Ayers(2008)는 이러한 예상독자의 확장이 과학 공동체의 '대중화'를 상징한다고 분석하면서, 언론이 과학 연구에 대한 소식을 대중에게 알리듯이 자신의 학술지에 수록된 연구 논문을 홍보하는 전략을 취하고 있다고 주장하였다.

이 연구에서는 인터넷 출판이라는 논문 배포 방식의 변화, 점점 심화되는 과학계 논문의 전문성 및 독자층의 확대라는 필요성에 대응 방안으로서 논문의 저자들이 초록에서 적용한 텍스트적 특징과 수사적인 특징을 분석하였다. 이러한 변화는 연구 방법의 정보를 중시하는 독자층이 점점 위축되고 있으며, 따라서 과학계에서도 독자층을 확대해야 한다고 하는 학술적 압력과 직업적 압력이 커지고 있는 변화된 사회적 상황을 반영한다.

후속 연구

이 연구는 복잡한 것처럼 보이지만 사실은 매우 간단해서 다른 장르에도 쉽게 복제하여 적용할 수 있다. 물론 Ayers(2008)가 발견한 특징이 과학 학술지만의 주류적 방식인지, 아니면 다른 학문 분야의 논문 초록에서도 확인할 수 있는 방식인지는 의문의 여지가 있다. Ayers(2008)는 1991~2005년 사이에 발생한 논문 초록의 변화를 추적하고 특징을 규명하였다. 그러나 우리는 장르 분석을 우리 학생들과 더 관련을 짓기 위해 연구 논문의 초록이 아니라, 학생들이 작성해야만 하는 텍스트, 가령 회사에서 상품 매매를 위해 주고받은 업무용 메일, 회사 내에서 사원들이 주고받은 전자우편, 상품에 관한 기술 보고서나 다른 장르의 텍스트를 분석할 수도 있다. 이러한 연구는 각각의 학문 분야와 직장에서 이러한 장르의 텍스트를 작성해야 하는 필자들에게 효과적으로 의사소통하는 데 필요한 자원을 제공하는 교육적 의의가 있다.

7.2. 유보적 표현과 강조 표현3)에 관한 비교수사학 연구

> **◆ 요약**
>
> Hyland, K. & Milton, J.(1997). Qualification and certainty in L1 and L2 students' writing. *Journal of Second Language Writing*, 6(2): 183~205.
> 이 연구는 컴퓨터 코퍼스를 분석하여 나이와 교육 수준이 동일한 영국 학생과 영어를 제2언어로 하는 홍콩 학생의 텍스트를 대상으로 '의문'과 '확신'의 표현을 비교하였다. 비교 결과, 광둥어가 제1언어이고 영어가 제2언어인 홍콩 학생들은 상대적으로 한정적인 범위의 인식적 수식어epistemic language를 사용하고 있으며, '확신'을 적절한 수준으로 표현하는 데 큰 어려움을 겪고 있다는 특징이 발견되었다.

이 연구는 학생들이 의문과 확신을 영어로 표현하고자 할 때 겪는 어려움을 분석하는 데 목적이 있다. 이 연구에서 인상 깊게 본

---

3) (옮긴이) 강조 표현은 연구 논문의 저자가 논문의 내용을 강조하기 위해 사용하는 '매우, 반드시, 항상, 뚜렷한, 거의, 결코, 진실로' 등과 같은 표현을 일컫는다.

점은 홍콩 학생들이 자신의 주장을 과잉 진술하는 경향이 있으며, 일반적으로 학술적 글쓰기에서 흔히 보이는 유보적 표현과 강조 표현을 적절히 사용하지 못한다는 것이었다. 사실 이러한 형식은 학술적 글쓰기의 관습으로 통하면서도 명확하게 실재한다고 보기는 어려운데, Hyland & Milton(1997)에서는 제2언어 학생들이 이러한 형식을 숙달하기 위해 노력을 기울인다는 점에도 관심을 기울였다. 제2언어 학생들은 학술적 글쓰기를 요구하는 공동체에 속해 본 적이 없으므로 이에 대한 공동체의 요구를 접해 본 적이 없다.

Hyland & Milton(1997)은 나이와 교육 수준이 비슷한 홍콩 학생들과 영국 학생들이 작성한 텍스트의 특징을 비교하였다. Hyland & Milton(1997)은 사람들이 어떻게 제2언어로 글을 쓰는지를 분석하고 있다는 점에서 비교수사학의 원리에 기반을 둔 연구이며, 학생들이 2언어(영어)로 작성한, 진정한 언어 데이터, 즉 학습자 코퍼스의 분석을 토대로 한 연구이다.

연구 목적

이 연구는 담화 분석(1.2절) 및 비교수사학(2.3절)에서 다루어 온 주제에 중점을 두고 있다. 이 연구는 다음 세 가지 연구 질문을 관심을 두고 있다.

1. '의문'과 '확신'을 표현하기 위해 각 집단에서 가장 높은 빈도로 사용한 형식은 무엇인가?
2. 각 집단의 학생들은 내용 서술에서 유보적 표현이나 강조 표현을 어느 정도까지 사용하였는가?
3. 두 집단은 이러한 표현을 사용하는 방식에 차이가 있는가?

이 연구의 목적은 영어로 학술적 목적의 텍스트를 작성할 때 보이는 두 집단의 진술 방식의 차이를 확인하는 데 있다.

연구 방법

최근 몇 년 간 쓰기 연구에서 가장 중요한 혁신은 학생의 쓰기 코퍼스를 수집하는 것이었다. 코퍼스 분석은 제2언어 학생들이 초보 모어 필자가 겪는 어려움을 공유하지만, 모어 필자와 구별되는 문제도 가지고 있다는 점을 분명하게 보여준다. 코퍼스는 특정 집단의 학생들이 일반적으로 어떤 표현 방식을 주로 선택하는지, 어떻게 수사적 문제를 해결해 나가는지를 실제적인 정보를 통해 알려준다.

이 연구의 목적을 실현하려면 유사한 두 집단의 학생들이 작성한, 신뢰할 수 있는 비교 데이터가 필요하다. 이 데이터를 바탕으로 학생 텍스트에서 일반적으로 관찰할 수 있는 표현의 과잉, 결핍, 오류와 같은 특징이나, 학생들이 이러한 특징을 사용하는 방식의 차이를 파악할 수 있다. 이를 위해 Hyland & Milton(1997)은 학생들이 겪는 어려움이나 학생들이 범하는 부적절한 표현을 조사하기 위해 특정 학생들의 언어 사용을 모어 화자들의 언어 사용과 비교하는 방법을 적용하였다.

이 연구는 두 개의 대규모 코퍼스로 구성되었다. 코퍼스1은 고등학교 입학을 위한 GCE^{General Certificate of Education} A level 'English Use' 시험(6개 등급으로 채점)에서 홍콩 학생들이 쓴 900개의 텍스트를 모은 것으로 총 500,000개 단어로 구성되었다. 코퍼스2는 나이와 교육 수준 유사한 영국 학교 졸업생들이 쓴 GCE A level 'General Studies' 의 텍스트로 역시 500,000개의 단어로 구성되었다. 이렇게 코퍼스를 구성한 후 모어 화자의 언어 사용에서 의문과 확신을 나타내는 단어 75개를 연구 및 교육 문헌에서 빈도순으로 수집하였다.

그리고 이러한 단어가 'English Use' 시험에서는 등급별로 어느 정도의 빈도로 쓰이는지, GCE 데이터에서 어느 정도의 빈도로 쓰이는지를 파악하기 위해 코퍼스를 분석하였다. 이러한 단어가 포함된 50개의 문장(50회 발생 가정)이 텍스트 인출 프로그램을 통해 영국 학생의 코퍼스와 홍콩 학생의 코퍼스에서 무작위로 추출되었다. Hyland & Milton(1997)은 모든 대상 단어를 문장의 맥락에 따라 분석하였으며 이를 바탕으로 전체 코퍼스의 특징을 추정하였다.

〈인용 7.1〉 학습자 코퍼스에 대한 Leech의 견해

다음과 같은 상황을 가정해 보자. 교사 X는 비영어권 국가의 대학에서 매주 영어를 가르치고 있으며, 그때마다 매우 자주 학생들에게 에세이 쓰기를 시키고 영어 글쓰기 과제를 내 줄 때도 있다. 교사 X는 학생 에세이에 논평을 달아 돌려주는 대신에 자신의 컴퓨터에 에세이를 저장하여 매주 점진적으로 학생 에세이를 대표할 수 있는 코퍼스를 구축하고 있다. 교사 X는 용어 색인 패키지 같은 컴퓨터 프로그램을 활용하여 이 코퍼스에서 단어 빈도에 관한 정보나 자신에게 필요한 데이터를 추출할 수 있는데, 이를 분석하여 수준에 따른 집단별 학생들의 향상 정도를 파악할 수 있다. 이때 중요한 것은 실재하는 코퍼스를 여는 연구 질문이다.

—Leech(1998: xiv)

연구 결과

연구 결과를 종합해 보자. Hyland & Milton(1997)에 따르면, 두 집단 학생들 모두 가능성, 허락, 의도 등을 표현하는 조동사 및 형용사를 제한적인 범위 내에서만 사용하는 경향이 있었으며, 이러한 특징은 특히 홍콩 학생들의 텍스트에서 뚜렷했다. 홍콩 학생들은 통사적으로 더 단순한 구조를 사용하였으며, 유보적 표현이나 강조의 표현이 매우 제한적이었다. 특히 자신의 확신을 적절한 수준으로 전달하는 데에서 좀 더 심각한 문제를 노출했다. 더 중요한 것은 홍콩 학생들이 쓴 텍스트에는 영국 학생들의 텍스트보다 확고한 주장, 권위적인 어조, 강한 책임감이 더 과하게 쓰였다는 점이다. 홍콩 학생들은 수식어의 단지 3분의 1만을 유보적 표현을 사용했지만 영국 학생들은 약 3분의 2를 의존했을 만큼, 영국 학생들은 홍콩 학생들보다 확실성을 유보하고 주의를 기울이는 텍스트 표지를 더 많이 사용하였다. 흥미롭게도 홍콩 학생 중 광둥어가 어눌한 학생들은 전반적으로 유보적 표현을 더 적게 사용했으며 매우 강한 어조로 텍스트를 작성했다. 영어가 유창한 학생일수록 영어 모어 화자의 글쓰기에 가까웠다. 이로 미루어보건대 이러한 차이의 주된 원인은 '문화적' 차이 때문이 아니라, 영어 유창성 때문이라는 것을 알 수 있다.

논평

Hyland & Milton(1997)은 학습자 코퍼스 분석을 통해 홍콩 학생들의 쓰기에서는 매우 일반적이지만 영국 학생들의 언어 사용과는 상당히 다른 특징을 발견하였다. 홍콩 학생들이든 영국 학생들이든 언어 표현 형식이 다채롭지 못하고 제한적이었다는 점은 공통적이지만, 홍콩 학생들은 영국 학생들에 비해 담화공동체가 요구하는 담화 관습에 대한 인식이 낮았으며, 유보적 표현과 강조 표현을 적절하게 사용하는 능력도 부족했다. 이 연구를 통해서 얻을 수 있는 결론은, 교사가 제2언어 쓰기를 효과적으로 도우려면 쓰기의 본질을 올바로 이해해야 한다는 점 이외에도 제2언어 학생들이 작성하는 글이 제1언어 학생들의 글과 어떤 차이가 있는지도 이해할 필요가 있다는 점이다.

Hyland & Milton(1997)에 따르면, 홍콩 학생들이 의문과 확신을 영어로 표현할 때 겪는 어려움은 다른 제2언어 학생들이 겪는 어려움과 크게 다르지 않다. 다른 제2언어 학생들도 홍콩 학생들이 겪는 이 어려움을 동일하게 겪는다는 뜻이다. 따라서 영어가 제2언어인 학생들은 보편적으로 이러한 어려움을 겪는다고 볼 수 있다. 그럼에도 불구하고 영어 교육 연구에서는 이러한 인식적 언어의 중요성을 간과해 왔다. 이 연구에서 분석한, 홍콩 학생들이 겪는 어려움도 결국은 이러한 문제의 중요성을 깨닫고 이 문제를 교육적으로 개선하기 위해 노력해 오지 않았던 영어 교육 연구의 미숙성에서 비롯되었다고 할 수 있다.

후속 연구

비교수사학은 학술적 목적의 영어 교육을 다루는 연구에서 많이 활용되었으나, 이 방법이 가지고 있는 의의를 항상 충실히 실현해 왔던 것은 아니다. 그 이유 중의 하나는 학생들이 작성한 텍스트를 비교할 때 미심쩍은 텍스트를 대상으로 삼았다거나 타당하지 않은 일반화를 시도하였기 때문이다(2.3절 참조). 그러나 학습자 코퍼스를 분석하여 학생들이 보이는 언어 사용의 특징과 영어가 가지고 있는 언어 형식의 차이를 파악하는 연구 방법은 그간의 연구에서 노출되었던 제한점을 극복할 수 있게 해 준다. 이러한 방법은 소규모 연구에서 잘 활용되지는 않았지만, 이 방법의 중요성은 점점 증가하고 있는 터라 아마도 앞으로는 쓰기에 대한 이해 방식과 지도 방식에 엄청난 영향을 미치게 될 것이다.

학습자 코퍼스는 다양한 방법으로 활용할 수 있다. 그 중의 하나는 쓰기 발달 연구에 활용하는 것이다. 각각의 학생들은 성장하면서 쓰기 발달 단계를 거치게 되는데, 각각의 단계마다, 가령 각 학년마다 학생들이 작성한 텍스트를 수집하여 코퍼스를 구축하면 쓰기 발달의 구체적인 양태를 효과적으로 파악할 수 있다. 학생 개개인의 텍스트를 축적하면 쓰기 발달의 종단적 면모를, 여러 학생의 텍스트를 축적하면 텍스트 비교에 바탕을 둔 쓰기 발달의 횡단적 면모를 파악할 수 있다.

또한 학습자 코퍼스는 두 가지 분야에 대한 쓰기 지도의 실제를 개선하는 데에도 활용할 수 있다. 첫째 분야는 보정 교육으로, 학습자 코퍼스는 쓰기 보정 교육이 어떤 지점에서 필요한지를 구체적으로 알려준다. 둘째 분야는 좀 더 일반적인데, 학습자 코퍼스는 영어가 제1언어인 학생들과 달리, 영어가 제2언어인 학생들이 보이는 특정 표현의 과다 사용 및 과소 사용, 오류 등에 대한 정보를 제공해준다.

학생 텍스트를 수집하고, 질적 수준이나 내적 구조, 규모 등을 적절하게 살펴 학습자 코퍼스를 구축하는 것은 매우 어렵고 시간이 많이 드는 과업이다. 그러므로 연구자들은 자신이 직접 구축하는 대신 웹사이트에서 코퍼스를 내려 받아 분석할 수도 있다. 8장에서는 이를 위한 몇 가지 자료를 소개하고자 한다. 학습자 코퍼스 분석 연구는 소규모 연구에서도 큰 잠재성이 있다. 이러한 방법은 학생들의 제1언어와 제2언어가 무엇인가에 따라 단어 빈도의 차이, 특정 기능이나 의미를 드러내는 표현의 차이가 어떠한지를 밝히는 데 도움을 주며, 따라서 우리가 지도하는 학생들의 쓰기의 강점과 약점에 대해 더 많은 것을 알 수 있게 해 줄 것이다.

7.3. 직업적 쓰기에 관한 사례 연구

> **◆ 요약**
>
> Gollin, S.(1999). 'Why? I thought we'd talked about it before': Collaborative writing in a professional workplace setting. In C. Candlin & K. Hyland(eds.), *Writing: texts, process and practice*(Harlow: Longman), pp. 267~290.
>
> 이 연구는 호주에 있는 컨설턴트 사기업의 협력적 글쓰기 활동을 조사하였다. 사례 연구 방법을 적용하였으며, 글쓰기 팀과 팀 내 참여자−외부 협력자의 상호작용이 생성해 낸 문어 및 구어 생산물에 초점을 두었다. 이 연구에서는 협력적 글쓰기의 복잡성과 상호작용성, 쓰기 과정에서의 개인적 권력과 조직적 권력의 역할뿐만 아니라, 협력적 글쓰기의 교육적 목적과 제도적 목적을 변별해 내고자 하였다.

직장에서는 조직의 목적을 달성해야 한다는 실용적인 이유를 내세워 팀을 이루어 텍스트를 작성하는 일이 종종 발생한다. 일반적으로 협력적 글쓰기는 필자 한 명이 가지고 있는 개인 전문성의 범위를 집단 전문성의 범위로 확장하는 방법인데, 보통은 빠듯한 마감일에 맞추어 텍스트를 완성해야 한다거나, 혼자서는 독자들의 다양한 요구를 충족하기 어려울 때 쓰이곤 한다. 이러한 '협력적' 쓰기는 교육학에서 전통적으로 모형화한 개인적 쓰기와는 상당히 다르다. Gollin(1999)은 이러한 차이 중 몇 가지를 밝히고자 하였으며, 이를 위해 쓰기가 내재되어 있는 사회적 절차를 분석하고, 이러한 사회적 절차에 의해 생성된 문어 및 구어 텍스트를 정밀하게 분석하였다.

연구 목적

Gollin(1999)은 사례 연구를 통해 공무원, 교사, 기술자들과 같은 전문가들이 참여하는 협력적 글쓰기 활동의 예를 유형에 따라 제시하였다. 따라서 이 연구에서는 쓰기를 맥락적인 활동(1.2.3절)으로 다루고 있다. 이 연구에서 주목한 두 가지의 연구 문제는 다음과 같다.

1. 제도적 맥락에서 텍스트가 협력적으로 생산되는 때는 언제이며, 다양한 범주에 속하는 참여자들은 텍스트의 작성 과정에 어떤 영향을 미치는가?
2. 이러한 과정의 모형화는 전문적인 글쓰기 지도에 대한 정보를 어떻게 제공할 수 있는가?

연구 방법

Gollin(1999)은 환경 분야의 소규모 전문 컨설턴트 사기업에 근무하는 글쓰기 팀의 자연스러운 활동 과정을 관찰하기 위해 가능한 한 많은 자유를 부여하였다. 이 연구는 단일 사례 분석 연구로서 3주 동안 자연주의적 접근법을 활용하여 다음과 같은 자료를 수집하였다.

- 협력적 계획하기 및 글쓰기 활동에 대한 관찰과 오디오 테이프 녹음
- 녹음테이프에서 발견한 중요 순간을 중심으로 진행한 참여자와의 면담
- 참여자들과 운영위원회 간 두 차례의 원격회의 녹화
- 회사의 경영 방식과 철학에 대한 관리자와의 면담
- 다양한 이해 당사자들에 대한 인쇄물 정보(신문이나 잡지)의 수집
- 운영 위원회에서 논평을 메모해 놓은 초고의 분석
- 관광 산업 구조를 발전을 위해 연 공개회의 참석

연구 결과

이 연구 결과에 따르면, 직장의 협력적 글쓰기에는 다양한 범주에 속해 있는 참여자도 관련되어 있을 뿐만 아니라, 대인적 관계와 조직적 관계 사이의, 미세하게 조정된 협상도 관련되어 있다. Gollin (1999)은 참여자를 내부 집단, 외부 집단, 운영 위원회, 의뢰인의 네 가지 범주로 구분하였다. 내부 집단은 관리자와 컨설턴트이며, 이

〈개념 7.2〉 사례 연구

사례 연구는 '현재 진행형의 사례'를 다루는데, 이는 참여자들의 생생한 경험과 상황에 대한 생각을 정밀하게 포착함으로써 특정한 상황을 묘사하는 수단이다. 사례 연구에서는 사건의 풍부한 서술에 중점을 두되, 이러한 서술을 참여자 자신의 관점에 바탕을 둔 해석적 분석과 결합하여 제시한다. 사례 연구에서는 정보를 선택하여 핵심적 주제를 구성하지만, 이는 연구자가 강조하고자 하는 '그 사례'를 이해하는 데 꼭 필요한 보편적인 행동이나, 빈도가 높지는 않지만 중요한 사건을 기록하는 유용한 방식이다. 사례 연구는 전문적인 해석을 필요로 하지 않으므로 다른 연구 방법보다 대중적으로 접근이 쉬운 연구 방법이라고 할 수 있다.

―Cohen et al.(2000: 181~185)

들은 연구 및 쓰기 활동을 이끌어 간다. 외부 집단은 환경 산업의 이해 당사자들 및 다양한 이해관계가 있는 집단들이다. 이들의 관점은 쓰기 과정에 영향을 미친다. 운영 위원회는 내부 집단의 보고 내용을 관리하는 주제를 대표한다. 의뢰인은 기획 정책을 개발하고 기금을 제공한다. 이 네 범주의 참여자들은 다양한 방식으로 상호 작용하면서 최종적인 결과물에 기여한다.

Gollin(1999)은 분석을 통해 지위나 명성, 권위, 통제에 기반을 둔 권력이 집단 내 협상 및 집단 간 협상에 크게 영향을 미친다는 사실을 발견하였다. 어떤 집단의 한 참여자는 지위나 명성에서 유래하는 권력을 써서 다른 참여자에게 영향력을 행사할 수도 있지만, 권력의 위계가 다른 집단에 맞설 때에는 협력하며 동료로 활동하기도 한다. 예를 들어, 평사원과 컨설턴트는 서로 지위가 달라 내부 집단 모임에서 권력의 차이를 보였지만, 권력이 막강한 운영 위원회와 회의를 할 때에는 자신들의 권한을 보호하기 위해 서로 동료인 것처럼 협력하는 모습을 보였다. 이러한 모습은 개인이 어떤 집단 맥락에 속해 있는가에 따라 수행하는 역할도 달라질 수 있으며, 현재 작성 중에 있는 텍스트에 영향력을 더 많이 행사할 수도 있고 그렇지 못할 수도 있다는 것을 보여준다.

논평

이 사례 연구는 제도적 맥락에서 이루어지는 협력적 글쓰기의 상호작용성과 복잡성을 강조하였다. 이를 통해서 필자 개개인의 쓰기가 핵심적인 역할을 맡지만 팀 글쓰기도 영향력을 행사하는 핵심적 역할을 수행한다는 점, 개인 권력과 조직 권력의 협상이 쓰기 과제를 완수하는 데 중요한 요소라는 점이 밝혀졌다.

참여자 간의 협상은 협력적 글쓰기를 완성하는 핵심적인 요소이다. 그래서 직장에서 협력적 글쓰기를 자주 활용하곤 한다. 그러나 사실 협상이라는 것이 의심의 여지없이 협력적일 수도 있지만 대립적일 수도 있는데, 이 연구는 쓰기를 둘러싼, 이러한 협상의 섬세함을 포착하는 데에는 성공하지 못했다.

Gollin(1999)은 이러한 상황에서는 논쟁도 세밀하게 조정된다는 점을 발견하였다. 갈등이 공개적으로 표출되면 마감 시간 내에 쓰기 과제를 완성하는 데에도 도움이 되지 않고, 글쓰기 활동을 마친 후에도 계속 이어가야 할 서로 간의 관계에도 도움이 되지 않으므로 참여자들은 논쟁을 적절하게 관리하기 위해 많은 노력을 기울인다. 이와 같은 연구 결과는 전문적인 협력적 글쓰기에는 개인 권력과 조직 권력 간의 협상이 필자 개인의 발달에 포함되어야 한다는 점, 따라서 전문적인 협력적 글쓰기를 지도할 때에는 바로 이 점을 고려해야 한다는 점을 시사한다고 볼 수 있다.

후속 연구

단일 사례 연구에서는 타당도와 신뢰도에 대한 의문이 제기되곤 한다. 그러나 Gollin(1999)은 데이터를 교차 검증할 수 있는 다면적 접근법을 취함으로써 단일 사례를 다루는 데에서 비롯되는 이러한 비판을 해소하였다. 그리고 이 연구는 후속 연구에서 내적 일관성을 달성하는 데 필요한 모형을 명료하게 제공하였으며, 독자들이 합리적인 결론을 이끌어 내게 하려면 독자들에게 어떠한 방식으로 정보를 충분히 제공해야 하는지를 잘 보여주었다.

협력적 글쓰기는 복잡하고 맥락 의존적이다. 따라서 후속 연구에서는 사람들은 언제 공동으로 텍스트를 작성하고자 하는지, 공동으로 텍스트를 작성할 때에는 무엇을 하는지를 더 깊이 다루어 볼 필요가 있다. 그리고 협력적 글쓰기에 내포된 상호작용이 참여자들이 완성한 텍스트를 넘어서서 참여자 자신들에게까지 확장되는 방식도 주의 깊게 살펴볼 필요가 있다. 이러한 상호작용은 통상 동료, 관련된 기업의 핵심적인 분야, 과제의 완수 간의 관계를 생성하고 유지하는 더 광범위한 사회적 과정을 반영한다.

이와 같은 상호작용의 본질과 효과는 다른 맥락에서도 연구될 수 있다. 예를 들어, 다른 산업 분야나 다른 기업에서 조직적 관계 및 개인적 관계의 주요 요소는 무엇이며, 어떻게 이러한 관계가 섬세하게 협상되는지, 이러한 관계는 글쓰기의 과정과 결과에 어떤 영향을 미치는지를 분석할 수 있다. 물론 이를 밝히려면 보다 많은 사례가 필요하다.

후속 연구에서 쓰기 팀의 섬세한 협상 및 다른 이해 당사자들과의 상호작용에 영향을 미치는 지위, 애정, 권력의 상대적 중요성을 파악하면 유용한 점이 있다. 이를 통해서 우리는 협력적 글쓰기 과정에 대해 보다 완벽한 그림을 구성할 수 있고, 그것을 좀 더 효율적으로 만들 수 있는 방식을 찾을 수 있을 것이기 때문이다.

7.4. 교사의 문어 피드백에 관한 민족지학적 연구

◆ 요약

Hyland, F.(1998). The impact of teacher written feedback on individual writers. *Journal of Second Language Writing*, 7(3): 255~286.

이 연구는 뉴질랜드 대학의 두 수업에서 교사가 글로 메모해 준 피드백에 대해 6명의 ESL 학생 필자들이 보인 반응과 활용을 조사하였다. Hyland(1998)는 종단적 사례 연구 방법을 적용하였으며, 관찰 노트, 면담 전사본, 학생들이 작성한 텍스트 등을 데이터 자료로 삼았다. 이 연구 결과에 따르면, 학생들은 피드백에 가치를 부여했을 뿐만 아니라, 이후로는 피드백의 내용을 참고하여 텍스트를 작성하였다.

효과적인 피드백의 제공은 쓰기 지도 교사뿐만 아니라, 제1언어 및 제2언어 쓰기 연구(1.2절 참조)에서도 중요한 영역이다. 그러나 피드백의 효과를 다루어 온 연구에 따르면, 텍스트를 개선하는 데 미치는 피드백의 효과는 뚜렷하지 않으며, 특히 제1언어 학습 장면에서는 학생들이 교사의 피드백을 오해하거나 무시하는 경향마저 보이곤 했다. 교사 피드백에 대한 제2언어 학생들의 반응은 최근 활발하게 연구되는 분야이기는 하지만, 피드백의 효과를 지도의 총체적인 맥락에서 검증하는 연구는 더 많이 이루어질 필요가 있다. 이러한 필요성에 따라, Hyland(1998)는 제2언어 학생들이 학교 학과 공부를 위해 영어를 배우는 14주 간의 수업에서 교사가 학생들에게 제공한 피드백의 효과를 분석하였다.

연구 목적

이 연구에서 탐구한 연구 문제는 다음과 같다.

1. 피드백의 목적과 가치에 대한 학생의 태도와 기대는 무엇이며, 수업에서 나타는 변화는 무엇인가?
2. 학생들은 자신의 텍스트에 대한 교사의 피드백을 어떤 방식으로 해석하고 활용하는가?
3. 학생들이 피드백에 반응하는 방식에는 개인차가 존재하는가? 이러한 개인차는 무엇에서 비롯되는가?
4. 학생이 작성한 텍스트에서는 어떤 유형의 수정이 나타났으며, 이 중 어떤 것이 피드백과 연관이 있는가?

연구 방법

이 연구에서는 두 개의 수업을 관찰·분석하였는데, 6명의 제2언어 학생들이 이 사례 연구에 참여하였다. 피드백과 수정 사이의 관계를 조사하기 위해 교사가 글로 메모한 모든 피드백과 학생의 모든 글 수정을 목록으로 작성한 후 분석하였다. 삼각 측정법, 해석에 대한 '참여자 검증' 같은 응답자 타당화의 방법을 적용하여 데이터의 신뢰도를 확보하였다. Hyland(1998)에서는 사례에 대한 온전한 민족지학적 연구라는 점을 명백하게 표명하지는 않았지만, 민족지학적 방법의 일반적 특성과 일치한다는 점에서 이 연구는 민족지학적 연구로 분류할 수 있다.

Hyland(1998)는 다음과 같은 자료에서 데이터를 얻었다.

• 이 수업의 전임 교사로서 연구자의 참여 학생들에 대한 지식

- 수업의 모든 학생들에게 받은 수업 전후의 설문지
- 수업 자료 모음집과 쓰기 워크숍 관찰
- 사례 연구 참여 학생들과 두 교사를 대상으로 한 수업 전후의 인터뷰
- 과제물 채점에 대한 교사들의 사고구술 프로토콜
- 초고를 수정한 직후에 실시한 학생들과의 회상적 면담
- 초고에 대한 교사 피드백과 동료 피드백의 형식 분석
- 모든 학생들의 초고와 피드백 이후에 수정한 글의 분석
- 수업 관찰 및 참여 학생들의 방과 후 활동 관찰

두 교사의 피드백은 목적, 안내 정도, 초점(의미, 형식 또는 학술적 주제), 범위(텍스트의 어느 정도까지)에 따라 범주화되었다. 학생들이 고쳐 쓴 텍스트에 반영되어 있는 수정 사항도 초점, 범위 및 피드백이 끌어 올린 텍스트 질의 정도에 따라 범주화되었다. 그리고 피드백이 텍스트의 어떤 지점을 어떻게 자극하여 수정이 이루어지도록

〈개념 7.3〉 민족지학적 연구의 특성

- **협력적**: 민족지학적 연구는 연구자, 교사, 학생과 같은 다양한 참여자들의 협력이 필요하다.
- **맥락적**: 민족지학적 연구는 참여자들이 일상적으로 활동하는 맥락 내에서 이루어진다.
- **내부적**: 민족지학적 연구는 참여자들의 내부적 관점을 중시한다.
- **해석적**: 연구자는 수집한 데이터를 해석한다.
- **종단적**: 민족지학적 연구는 몇 주 또는 몇 달에 걸쳐 이루어진다.
- **근본적**: 일반화 및 가설 설정은 연구 시작 전에 미리 하지 않고 데이터 수집 중에 한다.
- **비간섭적**: 연구자는 참여자들을 간섭하지 않으며 현상의 조작도 피한다.

했는지를 파악하기 위해 학생들이 활용한 피드백과 고쳐 쓴 텍스트를 대응시켰다.

이 연구에서는 전체 수업을 종단으로 따라가면서 학생들이 작성한 텍스트와 교사의 피드백을 분석함으로써 교사 피드백이 각 학생의 발달에 어떤 역할을 하였는지를 분석하였다. 이 연구에서는 결과 분석을 다시 정돈하고 타당화하기 위해, 그리고 맥락에 대한 구체적인 서술을 제공하기 위해 면담, 설문지, 관찰의 방법이 적용하였다.

연구 결과

이 연구의 결과는 학생들이 초고를 수정할 때 교사의 피드백 대부분을 수용하기 위해 노력하였지만, 그 양태는 학생 개인의 요구, 선행 경험, 쓰기에 관점에 따라 크게 달랐다. 교사의 피드백은 단순한 글자 제거의 수준을 넘어서서 의미 있는 텍스트의 변화를 이끌어내기 위한 초기 자극으로서의 역할을 하였다. 학생들은 이 자극에 따라 자신의 텍스트를 수정하였다.

그러나 학생 수중 중에서 상당한 양이 교사의 피드백과는 관련이 없어 보였고 오히려 자기 평가나 동료 평가, 또는 그 밖의 다른 자료와 관련이 있는 것처럼 보였다. 연구 데이터를 살펴볼 때 흥미로운 점은 피드백에 대한 관점이 어떠하든 간에 교사 피드백은 '형식'에 집중되는 경향이 있었으며, 그 결과 텍스트의 형식을 수정하도록 자극하는 데에는 기여했지만, 발달 측면의 장기적인 효과는 나타나지 않았다는 사실이다.

이와는 대조적으로 학술적 '내용'을 담은 교사 피드백은 비율이 매우 낮았지만, 이러한 피드백은 텍스트 수정에 매우 폭넓게 기여했으며 피드백에 담긴 지식은 이후 작성한 텍스트에 전이되어 나타났다. 피드백의 가치를 인식하는 교사와 학생의 차이로 인해 의사 소통이 단절되었다는 이 연구 결과는 학생들이 원하는 피드백과 교사가 계획한 피드백의 차이를 열린 태도로 관심을 가지고 서로 대화할 필요가 있다는 점을 시사한다.

논평

Hyland(1998)는 실행 연구의 전통에 서 있는 연구로서, 특정 수업의 주제를 바탕으로 실제적이면서도 이론적인 시사점을 이끌어 내어 쓰기 지도 방법의 개선을 제안하고 있는 연구이다. 실제적인 측면에서 볼 때, 이 연구는 어떤 피드백이 유용한지에 대해 학생들이 민감해질 필요가 있으며, 자신의 과거 경험, 기대, 요구 사항에 대해서도 잘 이해할 필요가 있음을 시사한다. 더 나아가 이 연구는 피드백이 초고와 수정의 고리에서 분리되어 있는 단순한 사건이 아니라, 총체적인 지도와 학습의 일부로 간주되어야 한다는 점을 강조하고 있다.

이 연구 결과는 제1언어 및 제2언어 학생들을 지도하는 교사에게 매우 유용하다. 그 이유는 학생의 관점에서 피드백을 쓰기 학습의 일부로 바라보도록 우리를 이끌어 주기 때문이며, 학생들이 수정 활동을 스스로 점검하여 텍스트 수정에 필요한 전략과 피드백의 자원을 잘 발전시킬 수 있도록 도움을 주어야 한다는 것을 일깨워 주기 때문이다.

후속 연구

이 연구에서는 피드백과 수정 활동을 중점적으로 다루었는데, 이러한 주제는 후속 연구에서 상황에 적용하여 복제 연구를 해 보는 것도 가능하다. 피드백과 관련하여 Hyland(1998)는, 교사는 학생 개개인의 특성을 이해하고 자신이 피드백을 주었을 때 학생들이 어떻게 반응할지를 예측할 수 있어야 하며, 그러한 이해와 예측에 따라 피드백을 제시해야 한다는 점을 일깨워 주었다. 후속 연구를 설계하는 연구자들은 여기에서 더 나아가 학생에 대한 교사의 인식과 교사가 제시한 피드백의 양이나 유형 사이의 관계를 탐색해 보는 것도 가능하다.

이와는 다르게 학생 쪽에서 접근하여, 학생들이 스스로 선택했던 다른 피드백, 가령 학급 동료의 피드백이나 다른 친구의 피드백을 다루는 연구를 시도해 볼 수도 있고, 이러한 피드백이 교사 피드백과는 어떻게 상호작용하면서 학생의 수정 활동에 영향을 미치는지를 분석하는 연구를 시도해 볼 수도 있다. 이러한 주제는 지금까지도 제2언어 피드백 연구에서 전혀 관심을 두고 있지 않지만, 교사가 수업 과정에서 제시하는 피드백과, 학생이 스스로 선택하여 적용하는, 교사 이외의 피드백은 학생 쓰기 발달의 핵심적인 요소이므로 후속 연구에서 다룰 수 있는 매우 가치 있는 주제라고 할 수 있다.

이 연구가 가지고 있는 중요한 결론은 교사의 피드백과 학생들이 그 피드백을 텍스트 수정에 반영하는 방식 사이의 관계는 매우 복합적이라는 점, 그 관계가 복합적인 만큼 이러한 주제는 수정 활동 같은 학생 관련 변인에 미치는 영향을 밝히는 소규모 연구의 가능성을 다양하게 열어준다는 점이다. 피드백과 선행 경험, 유창성 수준, 열정 등의 관계도 후속 연구로서의 가치는 충분하다.

그러나 아마도 가장 중요한 것은 문화에 따라 피드백을 대하는 태도가 어떤 차이가 있는지, 실제로 피드백을 사용하는 방식은 어떤 차이가 있는지를 탐구하는 연구일 것이다. 비교 연구를 해 보면 피드백을 제공하는 환경이나 문화적 차이에 따라 교사들이 피드백을 제공하는 방식이 어떻게 다른지를 알 수 있는데, 이를 통해서 우리는 학생들이 쓰기 교실에서 무엇을 하는지를 훨씬 더 잘 이해할 수 있다. 이러한 이해는 영어를 제2언어로 가르치는 교사들에게 매우 유용하다.

이보다 연구 규모를 줄이면 좀 더 정밀하게 초점을 맞춘 결과를 얻을 수 있다. 그러나 좀 더 많은 연구를 통해서 언어 자료가 부족할 때 EAP 교실 밖에서는 어떠한 문제가 불거지는지, 피드백이 최선의 효과를 얻으려면 피드백은 어떤 내용에 초점을 두어야 하는지를 밝혀야 할 것이다.

7.5. 사회적 혜택을 받지 못한 성인의 문해 활동 연구

◆ 요약

Barton, D., Ivanic, R., Appleby, Y., Hodge, R. & Tusting, K.(2007). *Literacy, lives and learning*(London: Routledge).

이 책은 사람들이 삶 가운데 어떤 문해 활동을 하는지, 성인 교육 장소에서 문해 학습을 어떻게 받는지를 주요 분석 내용으로 삼고 있다. 이 책은 여러 가지 사례를 다양한 질적 연구 방법으로 분석하였으며, 활동 선택에 영향을 미치는 요인과 맥락의 복합성을 이해하기 위해 문해 활동의 실제를 쓰기와 읽기의 관점으로 다루었다. 특히 이 연구의 방법은 참여자의 참여를 바탕으로 하고 있다는 점에서 '협력적'이며, 그것이 갖는 의미를 설명하기 위해 참여자들의 맥락 경험 방식을 강조한다는 점에서 '반응적'이다.

우리가 쓰기를 더 잘 이해할 수 있는 방법 중의 하나는 우리가 일상에서 어떻게 문해 활동을 하는지를 탐색하는 것이다(2.2절 참조). 사람들이 일상생활 중에 어떻게 읽고 쓰는지를 탐구해 보면 쓰기가 어떻게 작동하는지, 쓰기가 주는 의미는 무엇인지를 통찰력 있게 파악할 수 있다. 여기에는 언어 연구는 텍스트에 대한 연구와 그것을 사용하는 사람들에 대한 연구가 모두 필요하다는 아이디어가 바탕에 깔려 있다.

이 연구는 소규모의 실행 연구와는 거리가 멀다. 이 연구에서는 사례를 바탕으로 공식적 교육 환경에서 성인 학습자의 학습 참여와 그들의 삶 사이의 관련성을 깊이 있게 다루고 있다. 학습에 초점을 두고 있는 이 연구는 쓰기가 사람들에게 어떤 의미가 있으며 그것을 어떻게 연구할 수 있는지에 대한 중요한 통찰을 제공한다.

연구 목적

Barton et al.(2007)은 사회·경제적 요소를 고려하는 가운데 학습과 일상적 삶 간의 연결 관계 및 그것의 의미를 이해하는 데 목적을 두고 있다. 매우 방대한 내용을 담고 있는 이 연구는 교육 중단을 겪은 성인들 중에서 현재 ESOL English for speakers of other languages 과정, 기초 문해 수업이나 기초 수학 수업에 출석 중인 성인을 초점으로 삼아 사람들이 생활 중에 실천하는 문해 활동을 분석하였다. 이를 통해 사람들은 자신의 삶 가운데 읽고 쓰는 문해 활동을 어떻게 누리고 있는지, 그러한 문해 활동이 사람들에게 주는 의미는 무엇인지를 탐구하였다.

이 연구가 주목한 연구 문제는 다음과 같다.

1. 일상에서 사람들에게 문해 능력은 왜 중요한가?

2. 사람들이 참여하는 문해 활동의 수행 범위는 어느 정도인가?

3. 일상의 활동 중에 문해 능력은 어떤 방식으로 학습되는가?

연구 방법

〈인용 7.2〉 Barton et al.(2007)의 문해 수행 연구

사람들의 삶과 사회적 문해 수행의 복합적인 특성을 충실히 포착하기 위해 우리는 질적 연구에서 일반적으로 쓰이는 여러 가지 자료를 수집하였다. 여기에는 세밀한 현장 노트가 첨부된 참여자 관찰, 심층적이고 반복적인 면담(구조화 및 반구조화의 형식으로), 구체적이면서 시간의 흐름에 따라 구체적으로 서술한, 특정 주제의 사례 연구, 사람들의 문해 활동을 기록한 사진이나 녹화 영상, 이미지 및 문서 자료, 자유롭게 쓴 참여자의 글이나 시, 랩 가사 등이 포함된다. 이러한 자료를 통해서 우리는 다양한 형태의 데이터를 확보할 수 있고, 사회적 문해 활동의 복합성, 다층적 가치, 문해 활동에 대한 여러 입장과 이에 대한 반대 관점, 맥락에 따른 정체성의 다양성을 파악할 수 있다.

—Barton et al.(2007: 39)

이 연구는 교육 중단 성인을 위해 대학이나 지역의 사회 교육원에서 개설한 기초 문해 수업, 기초 수학 수업, ESOL 수업을 배경으로 이루어졌다. 영국 북부 전역의 지역 사회 교육원에서는 마약 중독 치료 및 사후 관리, 청소년 노숙자 보호, 가정 폭력 관리와 같은 사업도 병행한다.

종단 연구 방법을 적용한 이 연구에서는 30명 이상의 성인 학습자를 참여자로 구성하였으며, 6명의 교사와 협력적으로 연구가 진행되었다. 대부분의 참여자들은 통상적인 교육 경험을 가지고 있지 못했으며, 주류적인 문화나 일반적인 교육 제도에서 소외감을 느끼고 있었다. 이 연구의 관심사 중 하나는 5명의 참여자를 초점으로 삼아 그들이 수업 이외의 장면에서 어떻게 문해 활동을 수행하는지를 탐구하는 것이다. 문해 연구에서 일반적으로 사용하는 연구 방법은 특정 문해 사건에 대해 관찰하는 방법과 그것에 대한 사람들의 생각을 질문하는 방법을 결합하는 것이다.

방법론적으로 중요한 것은 특정한 장면에서 이루어지는 활동의 포착이다. 그렇게 해야 그 활동이 활동 주체에게 어떤 의미가 있는지를 구체적으로 설명해 줄 수 있기 때문이다. 그러나 이 연구에서도 지적한 바와 같이, 참여자의 협력이 없다면 이를 달성하는 것은 매우 어려운 일이다. 참여자의 협력 이외에도, 연구 상황에 대한 참여자의 반응 정도, 그리고 참여자들에게 연구 결과가 얼마나 유용한가의 정도도 달성 여부에 영향을 미친다.

연구 결과

Barton et al.(2007)은 삶의 환경과 경험의 차이에 따라, 나이에 따라, 성별에 따라 문해 활동에 참여하는 방식이 모두 다르다는 사실을 발견하였다. 이들이 문해 활동에 참여하는 이유는 대략 다음과 같은 3가지 목적 때문이었다.

• **발견 및 학습의 목적**: 모든 참여자들이 레슬링 스타와 같은 데에 관심이 있거나 모형 항공기 만들기와 같은 데에 취미를 가지고 있었다. 참여자들은 이러한 관심이나 취미를 위해 책, 잡지, 광고를 읽거나 웹 사이

트에 게시된 글을 읽었다. 한 참여자는 보조금 신청서를 작성하거나 자원 봉사를 희망하는 편지를 작성하기 위해 이러한 텍스트를 읽기도 했다.

- **생활의 목적:** 이러한 목적의 활동에는 음식 상표 읽기나 채팅 방 참여하기와 같은 일상의 활동도 포함한다. 어떤 참여자들은 전자 우편이나 종이 편지를 열심히 쓰고 읽으면서 가족이나 친구들과 관계를 유지했으나, 어떤 참여자들은 버스 시간표 같은 실용적인 텍스트는 거의 읽지 않았으며 오직 문자 메시지나 물품 구입 목록만을 작성했다. 손수 축하 카드를 쓴 참여자도 있었지만 일기와 시를 쓴 참여자도 있었다. 이 참여자는 동료들과 말로 소통하는 것보다 글을 써서 소통하는 것을 더 쉽게 여겼다. 한 참여자는 컴퓨터에 음악 CD 목록을 작성하기도 했다.
- **문해 학습의 목적:** 무엇인가를 완성하기 위해 읽기와 쓰기를 활용하는 것은 문해 능력을 확장할 수 있는 많은 기회를 제공한다. 참여자들은 이를 위해 여러 가지 전략을 활용하였다. 한 참여자는 단어의 철자를 어려워해서 단어의 철자를 알아보기 위해 책의 앞 페이지를 자주 뒤적이곤 했다. '*diarrhoea*(설사)'처럼 '어려운 단어'는 철자 무엇인지를 자주 물었다. 다른 한 참여자는 할아버지에게 웹 페이지에 글을 쓰는 방법을 배웠으며, 또 다른 한 참여자는 가까운 친구와 일상적으로 전자 우편을 주고받으며 읽기와 쓰기를 학습했다.

읽기와 쓰기는 참여자들에게 기쁨이나 슬픔, 다른 사람과의 상호 작용, 학습 등을 표현할 수 있는 중요한 선택지를 제공해 준다. 물론 참여자들마다 읽기와 쓰기의 방식은 매우 다양하다. 이러한 연구를 담은 이 책은 사람들이 공공기관이나 직장에서 어떻게 읽고 쓰는지에 대해서뿐만 아니라, 학습과 삶의 목적을 위해 어떻게 읽고 쓰는 지를 다루고 있다.

논평

이 책의 연구자들은 참여자들의 읽기 및 쓰기 활동을 관찰하고 그 활동에 대해 대화함으로써 참여자들의 삶에서 쓰기가 의의를 차지하고 있는지를 깨달을 수 있었다. 참여자들에게 쓰기란 개인적 진술이자 학습의 도구이며, 직업의 한 측면이자 동시에 친밀한 우정의 교류였다. 이 책이 취하고 있는 연구 방법은 문해 활동이 사람들의 관심, 정체성, 자아의식, 상상하는 미래와 같은 큰 그림과 어떻게 관련을 맺는지를 밝히는 데 도움을 준다. 참여자 개인에게 쓰기는 개인적인 목적을 달성하는 수단이면서 동시에 다른 사람과 관계를 유지하기 위한 수단이다. 다시 말하면, 문해 활동은 다양한 방식으로 사회적인 삶을 이어줄 뿐만 아니라, 우리를 다른 사람과의 관계로 이끄는 고도의 협력적 활동이다.

후속 연구

이 연구는 국지적 수준의 문해 활동을 탐구할 때 얻을 수 있는 학술적 가치와 개인적인 가치를 뚜렷하게 보여준다. 그 이유는 이 연구가 다원적이고 사회적인 개념으로서 문해 활동에 대한 우리의 이해를 향상시켜줄 뿐만 아니라, 우리 주변 사람의 삶에 대해서, 그리고 그들에 대한 우리의 태도에 대해서 숙고하도록 해 주기 때문이다.

문화적 삶에서 쓰기가 지니는 의미와 쓰기의 연결 관계를 뒷받침하는 자료는 매우 풍부한데, 이처럼 다양한 영역을 구체적으로 분석하는 연구는 문해 활동에 대한 중요한 통찰을 제공해 준다.

이러한 연구는 교육계(교육계에서는 학생들이 가지고 있는 담화와 같은 국지적 수준의 담화는 반항적이거나 부적절하다고 여기는 경향이 있다.)에서 광범위하게 받아들여졌지만 조사되지는 않았던 신념을 검토하게 함으로써, 학생들이 형성한 쓰기 문화의 가치나 쓰기 문화의 영향을 연구자들이 깨달을 수 있게 해 준다. 문해 활동의 다양성을 인정하면 국지적 담화가 공식적 형식을 단순히 일탈한 것으로 보는 관점을 극복할 수 있으며 주류적 문해 활동의 기반에 깔려 있는 이데올로기적 토대도 파악할 수 있다.

이러한 유형의 연구는 특정 맥락에 놓인 개인을 연구의 시작점으로 삼을 필요가 없다. 그 대신에 교회의 공지와 같은 특정한 텍스트 장르, 가령 카지노의 베팅 실수나 이익 청구서 형식과 같은 텍스트 장르를 선택한 후, 사람들이 그러한 텍스트를 사용하고 토의하고 반응하는 방식을 추적하여 그와 관련된 문해 활동을 분석할 수 있다.

따라서 후속 연구에서는 택시 운전기사나 구내식당 직원 같은 특정 집단에서 이루어지는 국지적 수준의 문해 활동을 다룰 수도 있으며, 대중적인 술집이나 취업 상담소, 비디오 가게 같은 특정 장소에서 일어나는 쓰기 활동을 세밀하게 분석할 수도 있다. 특정하게 반복되는 일상적 행동, 예를 들면 복권 구입하기, 크리스마스 축하하기, 신문에 기사 투고하기와 같은 행동을 일정 단위의 문해 활동으로 분해하여 검토하는 방법을 후속 연구의 다른 출발점으로 삼는 것도 가능하다.

서로 다른 문화적 맥락에 놓여 있는 공동체나 집단의 내부로 들어가서 그 안의 구성원들이 일상 중에 쓰기를 어떻게 활용하는지를 분석하는 연구는 그 의의가 매우 크다. 이렇게 시선을 내부로 돌려 깊이 있게 탐구해 들어가면 지금까지는 드러나지 않았던 읽기와 쓰기의 놀라운 모습을 밝힐 수 있을 것이다. 이러한 데이터를 분석할 때에는 문해 활동의 사회적 이론이 핵심적인 역할을 한다. 이 때 이루어지는 데이터 분석 방법에는 참여자의 취하는 특정한 역할의 조사, 성변이나 계층, 연령의 조사, 여러 가지 미디어와 상호작용하는 방식에 대한 조사, 특정 문해 활동이 시간 흐름에 어떻게 발달하는지, 사용자들은 그것을 어떻게 익히는지에 대한 탐구 등이 포함된다.

7.6. 결론

쓰기 연구로 다룰 수 있는 주제는 실로 엄청나게 많다. 주제가 다양한 만큼 연구 문제의 범위도 광범위하고 연구 방법의 전략도 다양하다. 이 장의 목적은 쓰기에 대한 현재적 이해와 관련된 연구 문제를 제안하고, 현재의 연구 방법으로 이러한 연구 문제를 어떻게 다룰 수 있는지를 설명하는 것이다. 나는 이번 장에서 이 분야 연구의 여러 가지 사례를 제시하였는데, 이를 토대로 다른 연구자들이 쓰기에 대한 우리의 이해를 높이는 데 기여할 수 있기를 기대한다.

5장에 소개한 심화 독서 자료를 같이 참조하기 바란다.

Barton, D., Hamilton, M. & Ivanic, R.(ed.)(2000). *Situated Literacies: Reading Find Writing in Context*(London: Routledge). 이 자료는 심화된 문해 연구를 위한 지침과 통찰을 제공하는 논문을 가려 뽑은 저작이다. 이 분야의 주목할 만한 논문을 가려 뽑아 묶었다.

Bhatia, V.(1993). *Analysing Genre: Language Use in Professional Settings* (Harlow: Longman). 이 자료는 다양한 장르의 글을 예시로 삼아 텍스트 분석 과정을 폭넓게 소개하고 있는 개론서이다.

Hyland, K.(2004). *Genre and Second Language Writing*(Ann Arbor, MI: University of Michigan Press). 이 자료는 텍스트의 장르 분석 방법에 대한 논의 및 연구 아이디어를 제시하고 있는 책이다. 제2언어 환경을 중심으로 삼고 있다.

McKay, S.(2006). *Researching Second Language Classrooms*(London: Routledge). 이 자료는 교사를 위한 수업 연구 안내서이다.

Swales, J.(1998). *Other Floors, Other Voices. A Textography of Small University Building*(Mahwah, NJ: Lawrence Erlbaum). 이 자료는 어떤 환경에 놓인 텍스트의 체계를 담화 중심의 민족지학적으로 분석한 탁월한 저작이다.

4부

8장 핵심적인 연구 분야와 텍스트

이 장에서는
- 우리가 알고 있는 쓰기 이론, 쓰기 지도, 쓰기 연구에 기여한 분야에 대하여 간략하게 설명하고,
- 그 분야에서는 쓰기를 이해하는 방식이 어떠한지를 간단히 서술하고,
- 그 분야의 읽기 자료를 선택하여 제시하고자 한다.

8.1. 문해 활동

문해 활동의 연구 분야는 제2장에서 논의한 맥락에 놓인 사회적 수행으로서 쓰기의 활용에 관심을 두고 있다. 새로운 문해 활동 연구NLS: new literacy studies의 성과는 쓰기가 복잡한 인간의 활동이자, 항상 특정 상황과 시간, 그리고 거대한 사회적 힘과 관계 속에 자리 잡고 있다는 점을 보여주었다. 이러한 접근법은 현대적 쓰기 연구의 근간을 이루는 비판 이론이나 사회구성주의에 바탕을 두고 있으며, 쓰기를 둘러싼 세부적인 사회적 활동에 대한 관심도 유사하게 공유하고 있다. 민족지학적 연구 방법을 쓴다는 점도 유사하다.

그러나 현재의 문해 활동에 대한 이론은 응용 언어학이나 언어 지도 분야에서 쓰기 연구를 보완해 준다. 일상적으로 사람들이 읽

기와 쓰기를 어떻게 수행한가를 분석한 연구는, 일상적 문해 활동을 사회 이론으로 분석함으로써 문해 활동에 대한 이해를 확장해 주었을 뿐만 아니라, 사회 기관이나 지배적 이데올로기와의 관계에서 쓰기가 어떠한 위치를 점유하는지를 분석함으로써 쓰기 자체에 대한 이해도 확장해 주었다.

문해 활동 연구가 일상적인 삶에서 이루어지는 쓰기 수행에 초점을 맞춤으로써 쓰기 연구에도 변화가 일었다. 즉, 학술적 목적으로 작성한 텍스트, 미디어에 수록된 텍스트, 문학 작품 등 발행된 텍스트를 대상으로 했던 이전의 범위를 벗어나, 일상생활에서 사람들이 텍스트를 읽고 쓸 때 무엇을 하는지, 이러한 문해 활동을 둘러싸고 있는 맥락은 무엇인지, 일상적 문해 활동 대해 사람들은 어떻게 이해하고 있는지를 다루는 방향으로 이동했다.

문해 활동 분야의 추천 논저

Barton, D.(2007). *Literacy*(2nd edition). Oxford: Blackwell.

Barton, D. and Hamilton, M.(1998). *Local literacies: Reading and Writing in One Community*. London: Routledge.

Barton, D., Hamilton, M., & Ivanic, R.(ed.)(2000). *Situated Literacies: Reading and Writing in Context*. London: Routledge.

Barton, D., Ivanic, R., Appleby, Y., Hodge, R., & Tusting, K.(2007). *Literacy, Live and Learning*. London: Routledge.

Baynham, M.(1995). *Literacy Practices*. Harlow: Longman.

Blommaert, J.(2008). *Grassroots Literacy: Writing, Identity and Voice in Central Africa*. London: Routledge.

Grainger, T.(ed.)(2004). *The Routledge Falmer Reader in Language and*

Literacy. London: Routledge.

Street, B.(1995). *Social Literacies: Critical Approaches to Literacy in Development, Ethnography and Education*. Harlow: Longman.

Street, B. and Lefstein, A.(2008). *Literacy: An Advanced Resource Book*. London: Routledge.

8.2. 수사학

수사학은 어떤 목적을 지닌 담화에서 핵심적인 역할을 한다. 예를 들어 수사학은 다른 사람의 설득, 확신, 지지를 이끌어 내기 위해 언어를 사용하는 방식과 관련이 있다. 아리스토텔레스, 키케로, 퀸틸리아누스에서 비롯된 수사학은 필자(와 화자)가 자신이 구성하는 내용의 조직이나 담화를 통해서 예상독자를 이끌어 들이는 방식, 자신의 관점에 대해 동의를 얻어 내는 방식, 자신이 진술하는 사건의 신뢰도를 높이기 위한 방식을 다룬다. 다른 전통의 수사학, 특히 아프리카와 인도의 수사학은 정치적, 종교적 분야에서 영어 수사학(구어)에 영향을 주었는데, 이와 같은 수많은 전통 수사학이 강조해 온 분석 기능과 발표 기능은 지금까지도 여전히 여러 분야의 글쓰기 수업에서 광범위하게 지도 내용으로 다루어지고 있다.

고전 수사학은 쓰기나 텍스트의 전달을 설명하는 몇 가지의 범주로 조직되었다. 그 범주에는 창안invention, 배열arrangement, 문체style, 기억memory, 전달delivery 등이 속하는데, 이는 활용 가능한 전략을 정교화하기 위해 세분된 것이다. 현대 수사학은 '창안' 범주와 특히 논거를 제시하지 않은 논증, 즉 '인위적' 논증에 중점을 두는 경향이 있다. 널리 알려진 바와 같이, 로고스logos는 논리를 바탕으로 한 논증을, 파토스phatos는 감정에 바탕을 둔 논증을, 에토스ethos는 필자의 인성이나 권위에 바탕을 둔 논증을 말한다.

문어 담화에 대한 수사학적 연구는 현재 분석적 접근의 분야, 특히 비판언어학, 사회언어학, 그리고 장르 연구 분야에서 활발하게 이루어지고 있으며, 예상독자에 대한 이해를 어떻게 강화하고 수정하는지, 그리고 예상독자에 어떻게 반응하는지를 파악하기 위해 텍스트와 맥락 간의 상호작용을 설명하는 데 노력을 기울이고 있다. 문어 담화에 대한 수사학적 연구는 이제 정치적 목적의 텍스트나 상업 광고 목적의 텍스트를 넘어서서, 이전에는 수사학 분야로 고려되지 않았던 학술, 기술, 경영 분야의 텍스트까지 다룬다. 신문, 자금 조달, 상업적 목적 담화의 바탕을 이루는 수사학적 주장은 담화 분석이나 코퍼스 연구를 활용하여 탐색되어 왔다.

수사학 분야의 추천 논저

Bizzell, P.(2005). *Rhetorical Agendas: Political, Ethical, Spiritual*. London: Routledge.

Dillon, G. L.(1991). *Contending Rhetorics: Writing in Academic Disciplines*. Bloomington, IN: Indiana University Press.

Freedman, A. & Medway, P.(ed.)(1994). *Genre and the New Rhetoric*. London: Taylor & Francis.

Foss, K., Foss, S., & Trapp, R.(2002). *Readings in Contemporary Rhetoric*. Prospect Heights, IL: Waveland Press.

Foss, K.(2004). *Rhetorical Criticism: Explorations and Practice*(3rd edition). Prospect Heights, IL: Waveland.

McGroskey, J. C.(2005). *Introduction to Rhetorical Communication*. Boston, MA: Allyn & Bacon.

Roberts, R. & Good, J.(ed.)(1993). *The Recovery of Rhetoric*. Charlottesville, VA: University of Virginia Press.

8.3. 과학 및 공학적 글쓰기

이 분야의 연구에는 학생 및 초보 연구자들의 기술 보고서 쓰기와 연구 논문 쓰기를 돕는 실제적 지침서도 포함될 뿐만 아니라, 이러한 텍스트의 특징을 분석한 학술적 연구물도 포함된다. 이전의 연구는 과학 글쓰기의 특징에 대해 권위적인 지침을 주는 데 초점이 있었지만, 이제는 공동체를 위한 쓰기가 중요하다는 점, 텍스트를 성공적으로 작성하려면 서로 공유하고 있는 맥락을 인식해야 한다는 점을 강조하고 있다. 이 분야의 필자들은 특정 시간과 장소에 존재하는 공동체, 그러면서도 동료들이 협력하는 공동체를 위해 텍스트를 쓴다. 그 결과, 그 텍스트는 지식이 구성되고 협상되는 방식으로, 공동체에 속한 동료를 설득하는 방식으로 이루어진다. 이 분야의 필자들은 사회구성주의의 관점을 취하는 경향이 있다. 사회구성주의의 관점에 따르면, 언어 선택이란 곧 우리가 알고 있는 지식을 구성하면서 이 세계에 대한 인식의 틀을 형성하도록 돕는 장치이다. 그래서 언어 선택의 차이는 세계관의 차이를 반영한다.

이러한 연구에서는 특정 연구실이나 연구 프로그램의 활동, 심사 과정에서 나타나는 협상, 학술적 텍스트에서 규칙적으로 사용되는 패턴을 조사하며, 변화한 사회적 맥락에 대한 과학의 대응이라는 차원에서 이러한 것들이 시간 흐름에 따라 어떻게 변화하는지에 대해서도 조사한다. 이러한 연구 주제와 방법은 응용 언어학, 특히 ESP 및 비판적 담화 분석 영역에서도 흔히 활용하곤 한다.

과학 및 공학적 글쓰기 분야의 추천 논저

Atkinson, D.(1999). *Scientific Discourse in Sociohistorical Context: The Philosophical Transactions of the Royal Society of London.* 1675~1975. Mahwah, NJ: Erlbaum.

Gross, A.(2006). *Starring the text: the place of Rhetoric in Science Studies.* Carbondale, IL: Southern Illinois University Press.

Hyland, K.(2004). *Disciplinary Discourses: Social Interactions in Academic Writing.* Ann Arbor, MI: University of Michigan Press.

Latour, B. & Woolgar, S.(1986). *Laboratory Life: The Construction of Scientific Facts.* Princeton, NJ: Princeton University Press.

Martin, J. & Halliday, M. A. K.(1993). *Writing Science: Literacy and Discursive Power.* London: Routledge.

Myers, G.(1990). *Writing Biology: Text in the Social Construction of Scientific Knowledge.* Madison, WI: University of Wisconsin Press.

8.4. 전문적 및 업무적 의사소통

최근 공학자, 경영인, 법조인 등 전문가 집단에 특화된 의사소통적 요구에 초점을 둔 교육 프로그램이 크게 늘었다. 언어는 현재 직장에서 가장 중요한 수단으로 인정받고 있으며 전문가의 전문성을 대표하는 징표로 간주되고 있다. 특히 영어는 서로 다른 언어를 사용하는 사람들을 매개해 주는 주요 수단으로 쓰이고 있다.

이러한 전문가들에게 효과적으로 글을 쓰는 것은 매우 중요하다. 그래서 이들이 참여하는 강의, 강의를 돕는 교재나 참고 자료에서는 글쓰기 능력 향상에 필요한 쓰기 기능과 텍스트의 구성 요소를 다룬다. 이때 주로 다루는 텍스트에는 매뉴얼, 기술 보고서, 메모, 제안서 및 여러 가지 장르의 보고서 등이 포함된다. 최근에는 이러한 텍스트 장르를 다루는 쓰기 연구가 많아져서 이러한 장르에 대한 정보를 보다 쉽게 구할 수 있게 되었다.

이러한 주제를 다루는 응용 연구는 텍스트 언어학, 담화 분석, 코퍼스 분석, 사회구성주의 관점에 따른 분석, 비판언어학과 같은 다양한 연구 방법을 채택해 왔으며, 언어 이론과 쓰기 분석 방법을 개발하는 데에도 중요한 역할을 해 왔다. 전문 분야의 텍스트에 대한 연구는 장르 분석에 대한 이해와 쓰기에서 사회적 상호작용이 협상되는 방식에 대한 이해를 명료하게 만들어 준다는 점, 그리고 관료들이 작성하는, 읽기 어려운 문서, 상품을 홍보하는 상업 광고 담화, 문자와 시각 자료의 혼용 등에 대한 통찰을 제공한다는 점에서 중요해졌다. 전문 분야 의사소통에 대한 연구는 앞으로 문어 담화의 특징을 우리가 더 잘 이해할 수 있도록 해 줄 것이다.

전문적 및 업무적 의사소통 분야의 추천 논저

Bamford, J. & Bondi, M.(ed,)(2006). *Managing Interaction in Professional Discourse*. Rome: Officina Edizioni.

Bargiela-Chiappini, F. & Nickerson, G.(ed,)(1999). *Writing Business: Genres, Media and Discourses*. Harlow: Longman.

Barron, C., Bruce. N., & Nunan, D.(ed.)(2002). *Knowledge and Discourse: Language Ecology in Theory and Practice*. Harlow: Pearson Education.

Bhatia, V. K.(2004). *Worlds of Written Discourse: A Genre-Based View*. London: Continuum.

Bhatia, V., Candlin., C,. & Endberg, J.(ed.)(2008). *Legal Discourse Across Cultural Systems*. Hong Kong: HKU Press.

Candlin, C.(ed.)(2002). *Research and Practice in Professional Discourse*. Hong Kong: City University of Hong Kong Press.

Christie, F. & Martin, J. R.(ed.)(1997). *Genre and Institutions: Social Processes in the Workplace and School*. London: Cassell.

Gunnarsson, B.-L.(2009). *Professional Discourse*. London: Continuum.

Gunnarsson, B.-L., Linell, P., & Nordberg, B.(ed.)(1997). *The Construction of Professional Discourse*. Harlow: Longman.

Koester, A.(2010). *Workplace Discourse*. London: Continuum.

Palmer-Silveira, J.-C., Ruiz-Garrido, M. F., & Fortanet-Gomez, I.(ed.) (2006). *Intercultural and International Business Communication*. Bern: Peter Lang.

8.5. 제1언어 쓰기

제1언어 쓰기 분야의 연구는 텍스트와 쓰기에 대한 정보를 풍성하게 제공해 왔으며, 교육과 연구에 필요한 이론적 토대도 제공해 왔다. 연구는 수많은 경로를 따라 이루어진다. 교육심리학자들은 아동이 일반적으로 거치는 쓰기 학습의 단계를 구체화하기 위해 노력했으며 어떤 학생들이 겪는 쓰기 문제의 원인이 무엇인지를 규명하기 위해 힘을 쏟았다. 제1언어 연구는 개별 아동을 추적하는 사례 연구 방법을 활용하기도 하고 학생 집단의 학습 경험에 초점을 두는 연구 방법을 적용하기도 한다. 매우 흥미로운 연구 경향은 언어 발달에 대한 비고츠키 학파의 이론에 따라 학습의 교육적 맥락을 조사하는 것이다.

사회언어학에 기반을 둔 연구는 교육적 불평등이나, 학교의 기대치와 학생 가정환경 사이의 불일치가 발생하는 현상을 탐구해 왔다. 이러한 경향의 연구는 학생의 문해 경험이나 긍정적 태도, 교사의 의미 있는 지도가 쓰기 기능 습득에 기여한다는 점을 지적하면서, 민족지학적 방법을 적용하여 학생 쓰기 발달에서 위험 요인이 될 수 있는 문화적 요소나 사회적 요소가 무엇인지를 규명하였다.

제1언어 쓰기 연구에서는 2개의 분야가 핵심적이다. 하나는 인지 심리학자들이 수행한 쓰기 과정 분석이고, 다른 하나는 기능 언어 학자들이 수행한 학생 텍스트의 장르 분석이다. 나는 1장과 3장에서 이 전통의 연구에 대해서, 그리고 이러한 연구에서 비롯된 자료 및 교육 프로그램에 대해서 논의한 바 있다.

전문 분야로 쓰기 연구가 크게 성장함에 따라 연구 방법 및 이론적 관점의 확장과 정교화가 이루어졌을 뿐만 아니라, 쓰기 지도 및 쓰기 연구도 크게 변화하였다. 이러한 쓰기 연구는 직관과 시행착오 기반의 쓰기 지도를, 역동적이고 상호작용적이며 맥락적인 지적 활동으로 변모시켰다. 이를 통해 우리는 교사로서 이론적 관점만이 아니라, 사회적 관점 및 교육적 관점에서 쓰기를 이해할 수 있게 되었다. 아울러 우리는 쓰기 연구가 이와 같은 쓰기에 대한 다층적 이해를 제고하는 데에도 기여한다는 사실을 알 수 있게 되었다. 제1 언어 쓰기 연구에서 확보한 우리의 지식은 이 장에서 서술한 다른 분야의 연구를 이해하는 데에도 크게 도움을 준다.

제1언어 쓰기 분야의 추천 논저

Cope, B. & Kalantzis, M.(1993). *The Powers of Literacy: A Genre Approach to Teaching Writing*. Pittsburgh, PA: University of Pittsburgh Press.

Candlin, C. N. & Hyland, K.(ed.)(1999). *Writing: Texts, Processes and Practices*. Harlow: Longman.

Delpit, L.(1995). *Other People's Children: Cultural Conflict in the Classroom*. New York: The New Press.

Gimenez, J.(2010). *Narrative Discourse*. London: Continuum.

Grabbe, W. & Kaplan, R.(1996). *The Theory and Practice of Writing*. Harlow: Longman.

Hasan, R. & Williams, G.(ed.)(1996). *Literacy in Society*. Harlow: Longman.

Kress, G.(1994). *Learning to Write*(2nd edition). London: Routledge.

Kress, G.(1997). *Before Writing: Rethinking Paths to Literacy*. London: Routledge.

Martin, J. R.(1989). *Factual Writing: Exploring and Challenging Social Reality*. Oxford: Oxford University Press.

Schleppegrell, M. & Colombi, M.(ed.)(2002). *Developing Advanced Literacy in First and Second Languages*. Mahwah, NJ: Earlbaum.

8.6. 기사문 쓰기와 인쇄 미디어

문어 미디어 텍스트에 관한 연구는 항상 언어학자들의 관심을 받아 왔으며, 일반적으로는 응용과 비판에 중점을 두는 경향이 있다. 이러한 연구에서는 정치적, 사회·문화적 형식을 반영하기 위해 수립한, 텍스트의 언어 사용 방식을 정교화하고 지도하는 데에도 많은 노력을 기울여 왔다.

현대 사회에서 인쇄 미디어는 뉴스나 오락, 광고가 취하는 형식에 관심을 기울이도록 만드는 강력한 영향력을 가지고 있다. 최근에는 미디어 글쓰기에 특화된 강의가 많아지면서 미디어 텍스트의 수사학적 특징에 대한 관심이 증가하고 있다. 미디어 텍스트는 접근성이 높아 오랜 기간 동안 쓰기 모형 및 화제를 위한 자료로서 쓰기 교사들에게 인기를 끌었다.

연구에 따르면, 미디어 텍스트는 어떤 장르이든 예상독자 지향적이면서도 매우 공격적인 문체를 구사하는 경향이 있다. 정보와 자극이 넘치는 경쟁적 시장을 배경으로 삼고 있기 때문에 빚어진 결과이다. 그렇다 보니 미디어 글쓰기는 독자의 관심을 끌고 정보를 알리는 장치로서의 특징, 가끔은 문학 작품처럼 창조적 표현을 가미하는 특징을 보여준다. 그러나 미디어 글쓰기의 가장 일반적인 특징은 일반적인 진술이나 아이디어에서 시작하여 세부 내용으로 이어지도록 텍스트를 구성하는 역삼각형의 원칙을 기반으로 삼고 있다는 점이다. 표제 및 전문前文을 담은 문단이든, 사진이나 그림처럼 홍보용 시각 자료를 포함한 문단이든, 아니면 스포츠 리포트의 문단이든 모든 미디어 텍스트의 장르는 AIDCA[1](주의, 관심, 욕구, 확신, 행동)로 부르는 구조를 거의 절대적으로 따른다.

미디어 텍스트에 대한 언어학적 연구의 두 번째 분야에서는 권력과 이데올로기의 문제에 대해서, 그리고 뉴스 미디어가 세계에 대한 표상을 구성하는 (원칙적인) 방식에 대해서 관심을 둔다. 이 연구에서는 텍스트 구조, 화제 조직, 단어, 쓰기 활동, 예상독자의 이해

---

1) (옮긴이) 'AIDCA'는 'Attention, Interest, Desire, Conviction, Action'의 앞머리글자이다.

를 조사하는데, 그 조사는 대부분 비판적 담화 분석의 기치 아래에서 이루어진다. 많은 연구자들이 미디어 텍스트가 수정된 서사 구조를 가지고 있으며 미디어 텍스트가 취하는 '뉴스 중심' 조직이 정보를 어떻게 왜곡할 수 있는지를 분석하였다. 뉴스 보도가 '상업화' 및 '대화주의'로 흐르는 경향(즉, 시장 모형 및 비공식적 언어 형식으로의 이동)은 다른 형식의 공적 담화에서 나타나는 상호텍스트성의 사례로 볼 수 있다.

이렇게 연구가 축적되면서 미디어 언어가 무엇인지, 그것이 미디어에 대해 알려주는 것은 무엇인지를 더 잘 이해할 수 있게 되었으며, 쓰기 자체에 대해서도 더 잘 알 수 있게 되었다. 뿐만 아니라, 이 연구에서 채택한 분석 방법은 다른 텍스트에도 점점 더 많이 유용하게 적용되고 있다.

대중 매체 분야의 추천 논저

Bell, A.(1994). *The Language of New Media*. Oxford: Blackwell.

Bell, A. & Garrett, P.(ed.)(1998). *Approaches to Media Discourse*. Oxford: Blackwell.

Conboy, M.(2006). *Tabloid Britain*. London: Routledge.

Fairclough, N.(1995). *Media Discourse*. London: Edward Arnold.

Fairclough, N.(2000). *New Labour New Language*. London: Routledge.

Fowler, R.(1991). *Language in the News*. London: Routledge.

Myers, G. A.(1994). *Words in Ads*. London: Edward Arnold.

Reah, D.(2002). *The Language of Newspapers*(2nd edition). London: Roudedge.

Richardson, J.(2006). *Analysing Newspapers: An Approach from Critical Discourse Analysis*. London: Palgrave Macmillan.

Scollon, R.(1998). *Mediated Discourse as Social Interaction: A Study of News Discourse*. Harlow: Longman.

Stovall, G.(1994). *Writing for the Media*. Englewood Cliffs, NJ: Prentice Hall.

van Dijk, T.(1991). *Racism and the Press*. London: Routledge.

8.7. 제2언어 쓰기 지도

제2언어 지도는 쓰기 연구에서 다루어 온 주요 주제였다. 이에 따라 최근에는 쓰기 연구 결과를 바탕으로 한 제2언어 지도의 개선이 이루어지기도 했다. 제1언어 화자들이 쓰기 기능을 어떻게 학습하는가를 다룬 연구를 통해서 쓰기의 특성을 상당히 많이 알 수 있었으나, 하위 학문으로서 제2언어 쓰기가 부상함으로써 제1언어 연구와는 다른, 새로운 이론적 관점과 연구 방법, 지도 전략을 개척할 수 있게 되었다. 특히 제1언어와 제2언어의 쓰기 활동 사이에 나타나는 차이점, 쓰기에 대한 문화적 배경의 중요성, 제2언어 텍스트의 특징에 대한 연구들이 유익했다.

이 분야의 연구는 제1언어와 제2언어 학생들 사이의 유사점을 폭넓게 제시하였다. 이러한 연구에 따르면, 제1언어 쓰기가 능숙한 학생은 쓰기 전략을 제2언어 쓰기로 전이하기도 하고, 제2언어 학생들 중에는 제1언어 필자들이 사용하는 전략과 상당히 유사한 전략을 사용하기도 한다. 제1언어 쓰기에 미숙한 학생은 제2언어 쓰기에서도 동일한 문제로 어려움을 겪는 경향을 보이기도 한다. 이러한 미숙한 필자들은 쓰기의 방향을 잃기도 하고, 맞춤법과 같은 표현·표기의 정확성에 지나치게 몰두한 나머지 글의 조직이나, 내용, 예상독자 인식과 같은 더 중요한 요소를 망치기도 한다.

그러나 제1언어와 제2언어 사이의 유사성을 지나치게 강조하는 것은 바람직하지 못하다고 지적하는 연구도 있다. 1장에서 논의한 것처럼, 비교수사학 연구에 따르면 제2언어 쓰기에서 작동하는 스키마는 제1언어 쓰기의 스키마와 매우 다를 뿐만 아니라, 제2언어 필자들이 가지고 있는 수사학적 패턴에 대한 개념도 제1언어 필자들과는 크게 다르다. 이러한 연구를 토대로 제2언어 교사들은 자신이 지도하는 학생들이 어떤 문제를 겪을 가능성이 있는지를 미리 예측할 수 있고, 더 나아가 목표 담화의 핵심적 특징은 무엇인지, 그리고 제2언어 학생들이 목표 담화의 핵심적 특징을 다룰 때 겪는 문제가 무엇인지도 파악할 수 있다.

이 분야의 연구에서는 다양한 이론적 관점과 방법론에 따라 경험적 연구 결과를 보고하고 있는데, 이러한 연구 결과는 우리가 수립한 가설과 활동의 실제에 상당한 영향을 끼쳤다. 연구 결과를 교실에 적용한다면 제2언어 쓰기 교사들이 학생들의 구체적, 변별적, 수사학적, 언어적, 전략적 요구를 더 잘 파악하는 데 도움을 크게 줄 것이다.

제2언어 쓰기 분야의 추천 논저

Belcher, D. and Brains. G.(ed.)(1994). *Academic Writing in a Second Language: Essays on Research and Pedagogy*. Norwood, NJ: Ablex.

Canagarajah, S.(2002). *Critical Academic Writing and Multilingual Students*. Ann Arbor, MI: University of Michigan Press.

Casanave, C.(2004). *Controversies in Second Language Writing*. Ann Arbor, MI: University of Michigan Press.

Connor, U.(1996). *Contrastive Rhetoric*. New York: Cambridge University Press.

Ferris, D. & Hedgecock, J. S.(2007). *Teaching ESL Composition: Purpose, Process and Practice*(3rd edition). Mahwah, NJ: Lawrence Erlbaum.

Hyland, K.(2003). *Second Language Writing*. Cambridge: Cambridge University Press.

Hyland, K.(2004). *Genre and Second Language Writing*. Ann Arbor, MI: University of Michigan Press.

Hyland, K. & Hyland, F.(ed.)(2006). *Feedback in Second Language Writing: Contexts and Issues*. New York: Cambridge University Press.

Kroll, B.(ed.)(2001). *Exploring the Dynamics of Second Language Writing*. Cambridge: Cambridge University Press.

Silva, T. & Matsuda, P. K.(ed.)(2001). *On Second Language Writing*. Mahwah, NJ: Lawrence Erlbaum.

8.8. 화용론

화용론에서는 맥락을 끌어들여 의미 추론이 어떻게 이루어지는 지를 분석한다. 화용론에서는 의사소통의 과정과 결과에 초점을 두고 있으며, 이에 영향을 미치는 언어 사용의 상황 및 결과에도 관심을 둔다. 역사적으로 화용론은 언어 철학에 기원을 두고 있으며, 초기에는 상황에서 분리된 발화 그 자체에만 관심을 두었다. 현대 언어학에서는 담화 분석을 강조하고 있는 추세인데, 유감스럽게도 화용론은 아직도 주로 대화에만 관심을 기울이고 있다. 쓰기에서 화용론과 관련을 맺는 지점은 텍스트의 특징을, 문어 담화를 이해하는 데 필요한 해석적 틀을 제공하는 맥락적 전제, 즉 공유하고 있는 의미의 기호로 간주한다는 데 있다.

화용론 연구자들은 일반적으로 쓰기를 활발하게 연구하지는 않았지만, 화용론의 핵심적 개념 중 대부분은 완성된 텍스트에 적용하는 것이 가능하다. 화용론의 목적은 필자와 독자가 공유하고 있는 공통 토대가 무엇이고 문화적 이해가 무엇인지를 밝힘으로써 필자가 독자와 상호작용하는 방식을 더 명확하게 파악하는 데 있다. 화행, 협력, 지시, 관련성, 공손성 같은 화용론적 과정은 필자들이 예상독자에게 전달할 메시지를 문자로 부호화하는 방법, 필자들이 전달하려한 의미를 독자들이 추론하는 방법을 분석하는 수단을 제공한다. 예를 들어, 화행 이론은 언어적 의사소통이 표면적 형식과 관련이 있을 뿐만 아니라, 독자가 담화 맥락에 따라 필자 의도를 추론하고자 할 때 이에 기여하는 표면적 형식의 작동 방식도 관련이 있다는 점을 뒷받침해 준다.

설득적인 글을 쓸 때 필자는 자신의 주장이 독자들에게 이해되기를 원할 뿐만 아니라(발화 내재 행위), 더 나아가 자신의 주장이 받아들여져서 어떤 변화가 일어나기를 기대한다(발화 매개 행위, 즉 독자 행위)[2]. 여기에는 유보적 표현이나 강조의 표현 같이 태도를 드러내는 단어가 영향을 미치는데, 이를 통해서 필자는 독자를 고려하고 있다는 것을 표시할 수도 있고 독자와 공유하고 있는 공적 관계나

---

2) (옮긴이) 화행 이론에서 사용되는 용어이다. 발화 내재 행위는 독자가 이해하는 수준에 머무는 것인데, 이를 넘어서서 독자의 행동이나 심리 상태에 영향을 미치면 발화 매개 행위가 된다.

사적 관계 위에서 문화적 이해를 호소할 수도 있다.

화용론에서는 텍스트의 특징 중 반복적인 패턴을 분석하여 필자
가 독자와 상호작용하는 방식을 파악하고자 한다. 이때 연구자들은
텍스트 사용자들을 대상으로 담화 기반의 면담을 진행하여 반복적
패턴 분석을 보완한다. 이 분야의 연구가 맥락의 개념과 쓰기의 특
징에 대해 여러 가지 설명을 제공해 주기는 했지만, 충분하다고 보
기는 아직 어렵다. 후속 연구가 더 많이 이루어져야 할 것이다.

화용론 분야의 추천 논저

Blakemore, D.(1992). *Understanding Utterances: An introduction to Pragmatics*.
　　Oxford: Blackwell.

Cutting. K.(2002). *Pragmatics and Discourse*. London: Routledge.

Grandy, P.(2000). *Doing Pragmatics*(2nd edition). London: Hodder Arnold.

Horn, L. R. & Ward. G.(ed.)(2005). *The Handbook of Pragmatics*. Oxford:
　　Blackwell.

Levinson. S.(1993). *Pragmatics*. Cambridge: Cambridge University Press.

Mey, J.(2001). *Pragmatics: An Introduction*(2nd edition). Oxford: Oxford
　　University Press.

Thomas. J.(1995). *Meaning in Interaction: An Introduction to Pragmatic*.
　　Harlow: Longman.

Verschueren, J.(1999). *Understanding Pragmatics*. London: Arnold.

Yule, G. & Widdowson, H. G.(1996). *Pragmatics*. Oxford: Oxford University
　　Press.

8.9. 번역 연구

번역 연구는 한 문화에서 다른 문화로 의미가 번역되는 것에 관심을 두고 있다. 모든 문화권에서 상황을 동일한 방식으로 해석하지는 않는다. 상황에 대한 인식도 매우 다를 수 있고, 단어도 동일한 함축적 의미를 전달하지 않는다. 따라서 번역을 연구하는 학자들의 관심은 다른 영역의 쓰기 연구자들과 차이가 없다. 그럼에도 불구하고 번역에 대한 연구는 흔히 찾아보기가 어렵다. 응용 언어학에서는 번역 연구를 주변부적인 존재로 치부하는 경향이 있는 듯하다.

번역은 원래의 텍스트를 다시 쓰는 활동이다. 그렇다 보니 주관성, 이데올로기적 간섭, 문화적 왜곡, 해석의 고착화와 같은 문제가 제기되곤 한다. 그러나 긍정적인 관점에서 보면, 번역이라는 쓰기는 혁신과 변화를 이끄는 새로운 개념, 새로운 장르, 새로운 의미, 새로운 표현 형식을 도입할 수 있다. 그러므로 번역 연구는, 쓰기의 다른 연구처럼, 방법론적, 문화적, 사회적 쟁점에 대한 이론과 성찰이 필수적으로 요청되는 분야라고 할 수 있다. 이로 인해서 맥락과 상황의 본질, 문화 상호 간의 의사소통에서 해석의 역할, 관용적 표현의 변화, 예상독자가 영향을 미치는 부분 같은 쓰기의 핵심적 질문들이 수면 위로 떠올랐다.

번역 연구에서 특히 중요한 것은 원래의 텍스트와 번역한 텍스트의 '동질성'에 대한 논쟁이 제기되어 왔다는 점, 원래의 텍스트에 대한 절대적 신뢰를 벗어나 목표로 삼은 번역 텍스트의 생산으로 초점이 이동했다는 점이다. 그 결과, 번역자의 역할은 점점 전문적 저자의 역할로 변화하고 있으며, 창의성과 해석을 더 많이 허용하는 수준에 이르렀다.

번역은 문학 분야나 기술 분야로까지 확장되고 있다. 기계 번역과 컴퓨터 보조 번역은 문해 활동의 영역이 빠르게 확장되고 있으며 연구 분야가 성장하고 있다는 것을 상징적으로 보여준다. 번역자들은 다양한 공동체, 직장, 언어에서 중요하게 성장해 왔다. 그러므로 번역된 텍스트를 평가하자면 정확성이나 정밀함을 질적으로 측정해야겠지만, 번역 연구를 하자면 쓰기 수행 분야에서 연구자와 교사들이 관심을 가지고 있는, 의미와 의사소통의 논쟁에 대해서 주의를 기울여야 한다.

번역 분야의 추천 논저

Baker, M. & Saldanha, G.(2001). *Routledge Encyclopedia of Translation Studies*. London: Routledge.

Bassnett, S.(2003). *Translation Studies*(3rd edition). London: Routledge.

Bell, R. T.(1991). *Translation and Translating: Theory and Practice*. Harlow: Longman.

Gentzler, E.(1993). *Contemporary Translation Theories*. London: Routledge.

Hatim, B.(1997). *Communication Across Cultures: Translation Theory and Contrastive Text Linguistics*. Exeter: University of Exeter Press.

Hatim, B. & Munday, J.(2004). *Translation: An Advanced Resource Book*. London: Routledge.

Munday, J.(2008). *Introducing Translation Studies: Theories and Applications*. London: Routledge.

Ricoeur, P.(2006). *On Translation*. London: Routledge.

Schiffner, C.(ed.)(1999). *Translation and Norms*. Clevedon: Multilingual Matters.

Venuti, L.(2004). *The Translation Studies Reader*(2nd edition). London: Routledge.

8.10. 문학 연구

문학 연구는 다양한 분야를 포괄하는, 쓰기의 매우 핵심적인 영역이다. 연구 대상으로서 문학 작품은 비평 이론을 따르는 미적 가공물이자 모방해야 할 쓰기의 모형으로 간주된다. 자료의 차원에서 보자면, 문학 작품은 제1언어 및 제2언어 환경에서 쓰기 지도에 도움을 주는, 가치 있는 도구가 된다.

20세기 초반의 60년 동안 문학 독서와 문학 분석은 쓰기 지도를 동기화하는 주요 원리였다. 모어 화자 학생들은, 어떻게 해야 하는지를 안내하는 현시적 지도도 받지 않은 채 소설이나 희곡, 시를 읽고, 작품의 내용을 이해한 다음, 그것을 글로 썼다. 교사의 지도는 작품 자체에 대한 지식과, 작품에 담겨 있는, 고정적이고 확정적인 의미에 초점을 두었다. 권위 있는 문학 작품이 좋은 글쓰기의 모범이 된다는 생각은 현재의 창의적 글쓰기 강의나 교재에까지 이어지고 있다.

이러한 강의나 교재에서 최선의 방법으로 꼽는 학습활동은 쓰기 과정에 따라 학생들에게 창의적인 상상을 하게 한 후 그것을 종이에 옮겨 적도록 하는 것이다. 이를 위해 학생들이 경험을 생생하게 떠올릴 수 있도록 마음 관찰하기, 회상하기, 탐색하기와 같은 활동을 다루며, 학생들에게 작품의 의미를 해석하고 편집하도록 함으로써 학생들을 작품과 관련짓도록 하는 활동을 포함한다. 문학 작품에 대한 쓰기 수행은 신비평부터 페미니즘, 문화 연구, 해체주의에 이르는 이론이나 자료를 활용하는데, 이러한 쓰기 수행의 결과는 담화 분석 및 텍스트 언어학 연구의 중요한 대상이 된다.

제1언어 및 제2언어 수업에서 문학 작품은 언어 자체에 초점을 맞춘 자료이자 언어 발달 및 쓰기 기능 발달을 돕는 자료로 간주된다. 문학 작품을 자료로 간주하는 관점은 본래 '전경화' 같은 개념에 바탕을 둔 문체 분석과 관련이 있다. 전경화란 작가들이 소재에 대한 새로운 감상을 독자에게 충격적으로 전달하기 위해 언어 자체에 주의를 기울이도록 하는 기법을 말한다. 문체론은 언어학, 특히 화용론과 담화 분석에 크게 의존하고 있는데, 언어 사용 방식에 대한 학생들의 의식적 자각을 높이는 데에 생산적인 수단을 제공하며, 작품 그 자체를 바탕으로 한 해석, 그러나 다른 맥락이나 다른 장르로의 전이가 가능한 해석의 토대를 강화하는 데에도 생산적인 수단을 제공한다. 문체 분석을 통해서 이를 실현할 수 있다는 뜻이다.

현재 일반적으로 추구하는 지도 방법은 학생들에게 이미 존재하는 명작에 단순히 반응하게 하는 것이 아니라, 문학 작품을 적극적으로 해석하고 그 의미를 능동적으로 구성하도록 함으로써 언어와 문학 작품을 통합하는 것이다. 현대의 문학 연구와 문학 지도에서는 쓰기 이론 및 쓰기 지도에서 추구하는 아이디어와 접근법에 이러한 방식으로 대응하고 있다.

문학 연구 분야의 추천 논저

Carter, R.(1997). *Investigating English Discourse: Language, Literacy and Literature*. London: Routledge.

Carter, R. & Simpson, P.(ed.)(1995). *Language, Discourse and Literature: An Introductory Reader in Discourse Stylistics*. London: Routledge.

Kirszner, L. & Mandell, S.(2009). *Literature: Reading, Reacting, Writing*(7th edition). Fiorence, KY: Wadsworth Publishing.

Lecercle, J.-J.(2000). *Interpretation as Pragmatic*. London: Macmillan.

Lynn, S.(2007). *Texts and Contexts: Writing about Literature with Critical Theory*(5th edition). Harlow: Longman.

Nash, W.(1998). *Language and Creative Illusion: The Writing Game*. Harlow: Longman.

Roberts, E. V.(2006). *Literature: An Introduction to Reading and Writing*(8th edition). Upper Saddle River, NJ: Prentice Hall.

Short, M.(1996). *Exploring the Language of Poems, Plays and Prose*. Harlow: Longman.

Simpson, P.(1997). *Language through Literature*. London: Routledge.

Simpson, P.(2004). *Stylistics: A Resource Book for Students*. London: Routledge.

Verdonk, P.(2002). *Oxford Introductions to Language Study: Stylistics*. Oxford: Oxford University Press.

8.11. 학술적 목적의 영어(EAP)

EAPEnglish for academic purposes는 영어로 이루어지는 학습이나 연구를 돕기 위한 목적의 영어 교육을 일컫는다. 이 점에서 EAP는 학술적 의사소통의 전 분야를 포괄하는 광의의 용어라고 할 수 있다. EAP가 포괄하는 분야에는 행정적인 문해 활동, 고등전문학교3) 및 대학 학부, 대학원의 교육, 수업 시간에 이루어지는 상호작용, 연구의 장르, 학생의 글쓰기, 출판을 위해 작성한 텍스트 등이 있다.

EAP는 1980년대 초반 ESPEnglish for special purposes에서 분파한 후 지

---

3) (옮긴이) 고등전문학교는 영국에서 운영되는 대학이 아닌 고등교육 기관을 일컫는다.

난 20여 년간 빠르게 진화하여 현재 세계적인 영어 교육 및 영어 연구의 세력으로 성장하였다. EAP가 대학에서 확고한 위치를 차지하게 된 데에는 다음과 같은 3가지가 원인으로 작용하였다. 우선 연구 기반 언어교육의 이론과 노력이 영향을 미쳤으며, 다음으로 영어로 고등전문학교 교육을 받는 외국 학생의 숫자가 늘어난 것이 영향을 미쳤다. 마지막으로 영어가 학술 및 연구의 국제적인 언어로서 떠오르게 된 점도 크게 영향을 미쳤다. 이러한 EAP의 발전이 의미하는 바는 수많은 학생들과 연구자들이 자신의 학문을 이해하고 학습 방향을 성공적으로 설정하고 직업적인 성취를 이루기 위해서는 반드시 영어로 이루어지는 학술적 담화의 관습을 유창하게 다룰 수 있어야만 한다는 점이다.

EAP는 특정 학생의 요구에 대한 이해와 국지적 맥락에 대한 이해를 반영함으로써 매우 실제적인 활동으로 변모하는 경향이 있지만, 이론적 근거도 견고하고 연구 성과도 충실한 프로그램이라고 할 수 있다. 학생들이 대학에 입학할 때 새로운 방식으로 지식을 활용하고 새로운 역할을 취해야 한다는 인식이 확산되고 있다. 특히 친숙하지 않은 장르를 읽고 써야 할 때에는 이러한 인식이 더욱 강조된다. EAP는 다양한 방식으로 학생에 대한 이해를 추구하며, 더 나아가 학술적 의사소통의 다양한 맥락과 실제를 비판적으로 다루는 활동에 학생들이 참여하는 것을 추구한다. 현재 EAP의 목적은 모든 연령과 모든 유창성 수준에서 학술적 언어의 사용을 깊이 있게 포착하는 데 있다. 이를 위해 EAP에서는 의사소통 행위에 대한 학술적 맥락의 요구를 이해하고 학문적 지식 그 자체의 본질을 이해하기 위해 의사소통 맥락을 결합하곤 한다.

학술적 목적을 위한 영어 분야의 추천 논저

Benesch, S.(2001). *Critical English for Academic Purposes*. Mahwah, NJ: Erlbaum.

Becher, T. & Trowier, P.(2001). *Academic Tribes and Territories*. Buckingham: Open University Press.

Coffin, C., Curry, M., Goodman, S., Hewings, A., Lillis, T., & Swann, J.(2003). *Teaching Academic Writing: A Toolkit for Higher Education*. London: Routledge.

Dudley-Evans, T. & St John, M. J.(1998). *Developments in English for Specific Purposes*. Cambridge: Cambridge University Press.

Flowerdew, J. & Peacock, M.(ed.)(2001). *Research Perspectives on English for Academic Purposes*. Cambridge: Cambridge University Press.

Hyland, K.(2004). *Disciplinary Discourses: Social Interactions in Academic Writing*. Ann Arbor, MI: University of Michigan Press.

Hyland, K.(2006). *English for Academic Purposes: An Advanced Coursebook*. London: Routledge.

Hyland, K.(2009). *Academic Discourse*. London: Continuum.

Johns, A. M.(1997). *Text, Role and Context: Developing Academic Literacies*. Cambridge: Cambridge University Press.

Lea, M. & Steirer, B.(ed.)(2000). *Student Writing in Higher Education: New Contexts*. Buckingham: Open University Press.

Lillis, T.(2001). *Student Writing: Access, Regulation, Desire*. London: Routledge.

8.12. 블로그, 위키 백과, 그리고 웹페이지

전자 매체의 기술이 크게 발전하면서 언어학자들과 쓰기 교사들은 이 장르의 필자들이 사용하는 언어에 관심을 두기 시작했다. 언어학자들은 쓰기 교사들은 문법, 철자, 독창적 어휘 같은 언어 측면에도 관심을 기울였을 뿐만 아니라, 성공적인 소통을 위해 언어를 사용하는 방식과 담화에도 주의를 기울였다.

'블로그'는 오래된 글 위에 새로운 글이 업데이트되어 쌓이는 웹페이지를 말한다. 블로그는 정기적으로 업데이트되므로 개인 홈페이지와는 다르며, 다른 인터넷 사이트나 다른 사람의 블로그 링크를 제공한다는 점에서 일기와도 다르다. 블로그는 글, 그림이나 사진, 음악이나 음향, 비디오 등을 포함할 수 있다.

'위키'는 한 웹페이지에 펼쳐진 하나의 텍스트를 여러 명의 필자들이 협력하여 구성하는 특징이 있다. 종이 백과사전과는 달리, 위키는 단순한 마크업 언어4)를 활용하여 누구나 내용을 수정하거나 작성할 수 있다. 개인적 입장을 취하는 블로그와는 달리, 위키는 개인적인 입장과는 무관하다. Myers(2009)가 지적했듯이 "위키는 사람들을 함께 하게 하기 위한 장치이고, 블로그는 개개인으로 분리되도록 설계된 장치이다."

최근 블로그, 위키, 웹사이트에 대한 언어학적 연구는 이들을 장르로 다루는 연구와 별반 차이가 없다. 그래서 연구자들은 단지 내용만을 다루는 것이 아니라, 글쓰기의 특징에 대해서도 언급하곤 한다. 흥미로운 점은 블로그, 위키, 웹사이트가 논평, 논쟁, 상호작용, 의미 구성의 방식이 독특한, 다른 장르와 변별적인 텍스트로 인식되기 시작했다는 것이다. 이들의 언어를 분석함으로써 언어가 어떻게 사용자들의 상호작용에 기여하고 사회적 정체성과 공동체 구성에 기여하는지를 밝힐 수 있다.

---

4) (옮긴이) 마크업 언어는 문서 내용 외에 문서의 형식을 지정하거나 링크 방식을 지정하는 언어를 말한다. 인터넷에서 사용되는 HTML이 이러한 언어의 예에 속한다.

대부분의 블로그는 비공식성, 강력한 개인적 입장, 다른 관점의 포용, 창의적인 연결 등을 보여주는 반면, 위키는 사실 정보의 창의적 구성과 복합적 조직을 보여주며, 때로는 고의적 훼손을 노출하기도 나타난다. 위키에서는 블로그와 달리, 사용자에게 사실 정보에 즉각적으로 접근할 수 있도록 허용한다. 위키에 담긴 정보는 필자들의 편견에 의해 왜곡이 일어나기도 하지만, 그것은 필자들의 협력, 갈등, 견제가 혼재되어 나타나는 현상이다. 이는 쓰기 연구자들이 크게 관심을 두는 대목이기도 하다.

블로그, 위키 백과, 웹페이지 분야의 추천 논저

Bloch, J.(2008). *Technologies in the Second Language Composition Classroom.* Ann Arbor, MI: University of Michigan Press.

Blood, R.(2002). *The Weblog Handbook: Practical Advice on Creating and Maintaining Your Blog.* Cambridge, MA: Perseus.

Boardman, M.(2005). *The Language of Websites.* London: Routledge.

Bruns, A.(2008). *Blogs, Wikipedia, Second Life, and Beyond.* New York: Peter Lang.

Bruns, A. & Jacobs, J.(ed.)(2006). *The Uses of Blogs.* New York: Peter Lang.

Keren, M.(2006). *Blogosphere: The New Political Arena.* Lanham, MD: Lexington Books.

Lankshear, C. & M. Knobel(2006). *New Literacies: Everyday Practice and Classroom Learning.* Milton Keynes: Open University Press.

Myers, G.(2009). *The Discourse of Blogs and Wikis.* London: Continuum.

Lamy, M.–N. & Hampel, R.(2007). *Online Communication in Language Learning and Teaching.* London: Palgrave.

Beatty, K.(2009). *Teaching and Researching Computer Assisted Language Learning*(2nd edition). London: Longman.

8.13. 복합 양식 담화

언어학자들은 너나 할 것 없이 쓰기 지도 및 쓰기 분석을 텍스트의 언어 형태에만 한정하지 않고 의미를 구성해 내는 기호 활동까지 다룬다. 문어적 상호작용에서는 언어가 핵심적인 역할을 담당하지만, 다른 많은 장르에서는 이미지가 핵심적인 역할을 맡고 있다. 광고와 같은 장르, 스크린 기반의 장르에서는 이미지가 쓰기를 대체하고 있는 실정이다. 최근 몇 년 동안 정보 장르나 설득 장르, 더 나아가 오락 장르에서 우리의 표상 양식이 '언어'에서 '시각'으로 변화한 것은 분명해 보인다. 이러한 경향은 점차 교재, 지도 자료, 학생에게까지 확장되었으며, 이에 따라 현재에는 학생들에게 그래프, 사진, 다이어그램과 같은 시각적 요소를 포함하여 에세이를 작성하거나 보고서를 쓰도록 요구하고 있다.

제2장에서 논의했던 것과 같이, 텍스트와 이미지는 서로 다른 방식으로 세계를 형상화하고, 그 결과 의미 구성의 주체, 의미 표현의 형식, 내용과 독자가 관련을 맺는 방식에서 변화가 나타났다. 연구자들은 바로 이 지점에 관심을 보이고 있다. 특히 주목해 볼 사항은, 현대의 전자 매체는 화면에 펼쳐 놓은 그 '페이지'에 내용을 기록하게 한다는 점, 인쇄 매체와 비교할 때 전혀 다른 읽기 방식을 요구한다는 점에서 기존에 '독자'에게 요구하던 것과는 매우 다른 기호적 작업을 요구한다는 사실이다. 전자 매체에 접근하는 독자는 인쇄 매체에 비해 상대적으로 듬성듬성 '비어 있는' 단어의 의미를 능동적으로 채우면서 읽어야 한다.

복합 양식 분석에서는 다양한 맥락을 배경으로 한 이러한 차이를 기술하는 데 노력을 기울이고 있으며, 양식별 의미 구성의 가능성이나 한계(또는 행동 유도성)를 발견하기 위해 힘을 쏟고 있다. 이러한 예로 Kress(2003)를 꼽을 수 있다. Kress(2003)는 쓰기와 이미지가 서로 다른 논리의 지배(쓰기는 시간, 이미지는 공간)를 받는다고 주장한 바 있다. 즉, 쓰기에서 의미는 한 문장에서 '처음'에 무엇이 오고 '마지막'에 무엇이 오는가에 따라 결정되지만(시간의 논리), 시각에서 의미는 '가운데'에 무엇이 오는가, 또는 어느 '위치'인가에 따라 결정된다(공간의 논리)는 것이다. 새로운 기술을 활용한 장르의 확장은 의사소통, 상호작용, 표상이 가지고 있는 서로 다른 잠재적 특성을 촉진하고 강화하며, 쓰기 교사에게 이러한 변화를 이해하고 자신의 수업에 반영하도록 자극을 준다.

복합 양식 담화 관련 추천 논저

Kress, G.(2003). *Literacy in the New Media Age*. London: Routledge.

Kress, G., Jewitt, C., Osborn, J., & Tsatsarelis. C.(2001). *Multimodal Teaching and Learning: The Rhetoric: of the science classroom*. London: Continuum.

Kress, G. & van Leeuwen, T.(2001). *Multimodal Discourse: The Modes and Media of Contemporary Communication*. London: Hodder Arnold.

Kress, G. & Van Leeuwan, T.(2006). *Reading Images: The Grammar of Visual Design*(2nd edition). London: Routledge.

Norris, S.(2004). *Analysing Multimodal Interaction: A Methodological Framework*. New York: Routledge.

O'Halloran, K. L.(ed.)(2004/2006). *Multimodal Discourse Analysis*. London: Continuum.

O'Halloran, K. L.(2008). *Mathematical Discourse: Language, Symbolism and Visual Images*. London: Continuum.

O'Halloran, K. L.(2009). *Multimodal Approach to Classroom Discourse*. London: Equinox.

Royce, T. & Bowcher, W.(ed.)(2006). *New Directions in the Analysis of Multimodal Discourse*. London: Routledge.

Selfe, C. L.(ed.)(2007). *Multimodal Composition: Resources for Teachers*. Kresskill, NJ: Hampton Press.

Unsworth, L.(ed.)(2009). *Multimodal Semiotics: Functional Analysis in Contexts of Education*. London: Continuum.

8.14. 법의학적 언어학

문어 텍스트와 구어 텍스트는 법적 맥락이나 형사 사건 상의 맥락과도 관련된다. 이러한 법의학적 언어학은 최근 가장 빠르게 성장하는 응용 언어학의 한 갈래이다. 표절, 위조 진술, 자살하면서 남기 유서의 조작이나 자살에 따른 배상 요구, 협박 내용의 전자우편, 상표권 침해 같은 사안을 다루는 법의학적 언어학은 빠르게 발달해왔다. 법의학적 언어학은 사건을 조사할 때 사법 기관이나 사법 전문가들이 활발하게 사용하고 있다. 그래서 법의학적 언어학을 법정의 '전문적 목격자'로 부르곤 한다.

법의학적 언어학은 18세기 후반 성경 및 셰익스피어 작품의 저작권 논쟁에서 시작되었다. 통계 언어학, 컴퓨터 언어학, 코퍼스 언어학에 따르면, 모든 텍스트는 그 필자만의 고유한 '언어적 지문', 즉 다른 필자들은 흉내 낼 수 없는 '문체적 특징'을 담고 있어서 다른 필자의 텍스트와 뚜렷하게 구별된다. 연어의 차이와 빈도, 철자 오류의 빈도, 특정한 형태의 표현이나 문법, 어휘, 구두점, 형식의 선호는 언어 선택에 특정한 패턴이 있음을 의미하며, 이를 단서로 삼아 텍스트를 작성한 필자가 누구인지를 밝혀낼 수 있다.

법의학적 언어학 연구 중 가장 잘 알려진 사례로는 1998년 Derek Bently의 살인 유죄 판결을 뒤집은 일을 꼽을 수 있다. Malcom Coulthard는 경찰에 제출된 Derek Bently의 진술서를 분석하여 진술서에 조작이 있었음을 밝혀냈다. 경찰에 제출된 Derek Bently의 진술서는 그의 '자백'을 문자대로 전사했다고 했지만, 이 진술서를 분석한 결과, 자백이 아니라 질문에 대한 답변이었음을 나타내는 단서가 발견되었다. 즉, 그 진술서는 그의 '자백'이 아니라 경찰이 개입하여 작성한 '공동 문서'였던 것이다. Malcom Coulthard의 분석에 따르면, Derek Bently의 진술서에 나오는 단어 'then'의 사용 빈도는 일반적인 목격자 진술 코퍼스보다 비상식적으로 높았다. 특히 Derek Bently의 진술서에서는 'then'이 'I'와 연접할 때 'then I'보다 'I then'의 형태가 더 많이 나타났는데, 'I then'의 연접 방식은 경찰 진술문 이외의 일반 영어 어법에서는 거의 사용되지 않는다.

법의학적 언어 분석은 법정을 넘어서서 교실이나 연구실에서 벌어지는 표절 행위로 옮겨가고 있다. 이러한 분석이 문제를 발견하는 장치로 쓰일 수도 있지만, 학생들과 연구자들에게 다양한 텍스트 장르에 존재하는 공통적 패턴이 무엇인지, 그러한 공통적 패턴에 의지하는 가운데 자신의 개별적 특징을 어떻게 드러낼 것인지에 대해 도움을 줄 수도 있다.

> **법의학적 언어학 분야의 추천 논저**
>
> Coulthard, M. & Johnson, A.(2007). *An Introduction to Forensic Linguistics: Language in Evidence*. London: Routledge.
>
> Gibbons, J.(2003). *Forensic Linguistics: An Introduction to Language in the Justice System*. Oxford: Blackwell.
>
> Hanlein, H.(1998). *Studies in Authorship Recognition: A Corpus-Based Approach*. Frankfurt: Peter Lang.
>
> Olsson, J.(2004). *Forensic Linguistics: An Introduction to Language, Crime and the Law*. London: Continuum.
>
> Olsson, J.(2008). *Forensic Linguistics*(2nd edition). London: Continuum.
>
> McMenamin, G. R.(2002). *Forensic Linguistics: Advances in Forensic Stylistic*. Boca Raton, FL: CRC Press.
>
> Shay, R. W.(2005). *Creating Language Crimes: How Law Enforcement Uses (and Whom) Language*. Oxford: Oxford University Press.
>
> Shuy, R. W.(2006). *Linguistics in the Courtroom: A Practical Guide*. Oxford: Oxford University Press.

8.15. 창의적 글쓰기

마지막으로 나는 읽기와 좀 더 밀접하게 관련되어 있는 쓰기 영역이지만 다양한 배경과 삶의 궤적을 가진 많은 사람들에게 흥미를 불러일으키는 쓰기 영역에 대해 간략하게 언급하고자 한다. 바로 창의적 글쓰기이다. 우리는 허구적 글쓰기이든 비허구적 글쓰기이든, 직업적 글쓰기, 신문 기사 쓰기, 학술적 글쓰기, 공학적 형태의 글쓰기이든 매일 일상적으로 일어나는 모든 형태의 글쓰기를 창의적 글쓰기로 간주할 수 있다. 일반적으로 우리는 창의적 글쓰기라고 하면 장편 소설이나 단편 소설, 시와 같은 문학 장르를 떠올린다. 그러나 여기에는 공연을 위한 텍스트로서 시나리오 쓰기나 희곡 쓰기도 포함되고 개인적인 에세이와 같은 비허구적인 창의적 글쓰기도 포함된다.

현재 창의적 글쓰기는 독립적인 학술적 영역으로 여겨지며, 어떤 대학에서는 학부 및 대학원 과정에 창의적 글쓰기 과목을 개설하여 예술 학사나 예술 석사를 배출하기도 한다. 학문공동체의 담화 관습이나 기대를 학생들에게 가르치는 학술적 글쓰기 강의와는 달리, 창의적 글쓰기 강의에서는 학생들의 자기표현에 초점을 두고 있다. 창의적 글쓰기 과정에 참여하는 학생들은 시나리오나 희곡을 전공할 수도 있지만 일반적으로는 소설이나 시를 전공으로 결정한다.

창의적 글쓰기 강의에서는 일반적으로 문학 작품에 대한 비평을 다루거나, 창의적인 아이디어 떠올리기, 내용 편집하기, 아이디어는 떠올랐으나 글로 옮겨내지 못하는 '막힘 현상'의 극복 방법 같은 기법을 다룬다. 강의 형태는 통상 워크숍을 따르는데, 워크숍을 통해서 학생들은 동료 비평을 바탕으로 초고를 쓰고 초고를 수정하는 과정 중심의 방법으로 쓰기 기능을 학습한다. 학생들은 대학의 출판 동아리나 문학 동아리, 학교 신문 동아리, 글쓰기 경연 대회 같은 활동에 참여함으로써 강의 외의 쓰기 활동에도 참여할 수 있다. 대다수의 창의적 글쓰기 강의가 미국 대학에서 운영되고 있다 보니 미국인 작가의 작품이 자주 강의에 활용되는 경향이 있다. 그러나 창의적 글쓰기 강의는 학생들의 요구를 반영하여 이루어지기도 한다.

창의적 글쓰기 분야의 추천 논저

Amberg, J. & Larson, M.(1996). *Creative Writing Handbook*. Tucson, AZ: Good Year Books.

Bernays, A. & Painter, P.(1991). *What If? Writing Exercises for Fiction Writers*. New York: Collins.

Kiteley, B.(2005). *3 A.M. Epiphany*. Cincinnati, OH: Writer's Digest Books.

Mueller, L. & Reynolds, J.(1990). *Creative Writing: Forms and Techniques*. Lincolnwood. IL: National Textbook Co.

New York Writers Workshop(2006). *Portable MFA in Creative Writing*. Cincinnati, OH: Writer's Digest Books.

Vogler, C.(2007). *The Writers Journey: Mythic Structure for Writers*(3rd edition). Studio City, CA: Michael Wiese.

Whiteley, C.(2002). *The Everything Creative Writing Book: All You Need to Know to Write a Novel, Play, Short Story, Screenplay, Poem, or Article*. Cincinnati, OH: Adams Media.

Williams, B. A.(2006). *Writing Wide: Exercise in Creative Writing*. Kandiyohi, MN: Filbert publishing.

9장 핵심적인 자료

이 장에서는
- 쓰기 교사 및 쓰기 연구자에게 필요한 정보를 제공해 주는 주요 자료를 범주별로 제시하고,
- 주요 쓰기 학술지, 학술대회 및 학회를 소개하며,
- 인터넷 쓰기 사이트, 게시판, 전자우편 토론 모임 등을 제시하고자 한다.

이 책의 한정된 지면으로 인해 여러 영역에서 이루어지는 쓰기 분야의 정보와 자료를 모두 제시할 수 없었다. 이 장에 제시된 정보와 자료도 한정적이기는 하지만, 현재 시점에서 유용한 것들을 선별했다고 이해하면 좋을 듯하다. 이러한 정보와 자료가 독자들이 여러 분야를 살펴보고자 할 때 좋은 출발점이 될 수 있기를 기대한다. 도서, 학술지, 전문 기관, 학술대회, 전자우편 목록, 게시판, 인터넷 사이트, 데이터베이스와 같은 유형에 따라 자료 정리하였다.

9.1. 도서

특정 쓰기 분야를 다룬 도서는 앞에서 논의한 각 장의 마지막 부

분에 제시하였다. 쓰기 각 분야의 주요 도서를 개관하고자 한다면 아마도 이 목록을 다시 가져와야 할 것이다. 쓰기 학습을 위한 교재 는 결코 부족하지 않다. 쓰기 교재는 문법 과제를 모아놓은 것부터 학문적 사항을 담은 것까지 그 범위가 매우 넓다. 글 상자 〈9.1〉에서 는 쓰기에 관한 우수 도서와 정기적으로 발행되어 온 새로운 교재 를 제시하였고, 글 상자 〈9.2〉에는 특정 목적을 위한 쓰기 교재를 제시하였다.

9.1. 쓰기에 관한 개론서

Casanave, C.(2004). *Controversies in Second Language Writing*. Ann arbor, MI: University of Michigan Press.

Clark, R. & Ivanic, R.(1997). *The Politics of Writing*. London: Routledge.

Elbow, P.(1998). *Writing with Power: Techniques for Mastering the Writing Process*. Oxford: Oxford University Press.

Fairclough, N.(2004). *Analyzing Discourse*. London: Routledge.

Hyland, K.(2003). *Second Language Writing*. New York: Cambridge University Press.

Hyland, K.(2004). *Genre and Second Language Writers*. Ann Arbor, MI: University of Michigan Press.

Johns, A. M.(ed.)(2002). *Genre and the Classroom*. Mahwah, NJ: Erlbaum.

Kroll, B.(ed.)(2002). *Exploring the Dynamics of Second Language writing*. Cambridge: Cambridge University Press.

Silva, T. & Matsuda, P.(ed.)(2001). *Landmark Essays on ESL Writing*. Mahwah, NJ: Lawrence Earlbaum.

Weigle, S.(2002). *Assessing Writing*. Cambridge: Cambridge University Press.

9.2. 학술지

이 절에서는 쓰기 연구 논문을 수록한 관련 분야의 학술지, 인쇄물의 형태나 온라인 형태로 제공되는 주요 정기 간행물을 제시하였다. 웹사이트에서는 학술지, 논문 제출 안내, 편집 위원 명단, 수록 논문의 내용 등에 대한 설명을 제공하기도 한다. 나는 이러한 내용을 포함하고 있는 웹사이트만을 제시하고자 하였다. 그러나 인터넷 사이트는 매우 유동적이어서 주소가 정기적으로 바뀌는 경우도 있고, 통째로 이동하거나 사라질 수도 있으니 이 점에 유의할 필요가 있다. 주요 교육 출판사들의 웹사이트 주소 목록은 Acqweb(http://www.acqweb.org)에서 찾을 수 있다.

9.2. 특정한 목적의 쓰기 교재

출판을 위한 쓰기

Swales, J. & Feak, C.(2000). *English in Today's Research World: A Writing Guide*. Ann Arbor, MI: University of Michigan Press.

대학원생

Swales, J. & Feak, C.(2004). *Academic Writing for Graduate Students: Essential Tasks and Skills*(2nd edition). Ann Arbor, MI: University of Michigan Press.

고급 글쓰기

Leki, I.(1998). *Academic Writing*(2nd edition). New York: St Martin's Press.

Raimes, A.(2006). *Keys for Writers*(4th edition). Boston MA: Houghton Mifflin.

중고급

Oshima, A. & Hogue, A.(2006). *Writing Academic English*(4th edition).

Harlow: Pearson.

Mulvaney, M. K. & Jolliffe, D. A.(2004). *Academic Writing: Genres, Samples, and Resources*. Harlow: Pearson.

중급

Strauch, A.(1998). *Bridge to Academic Writing*. Cambridge: Cambridge University Press.

초중급

Jordon, R.(1999). *Academic Writing Course*(3rd edition). London: Collins.

초급

Hogue, A.(2007). *First Steps in Academic Wiring*(2nd edition). Harlow: Pearson.

◈ 쓰기 관련 주요 학술지

◦ Assessing Writing

http://www.elsevier.com/locate/asw

쓰기 지도와 평가 문제에 대한 여러 학문 분야를 아우르는 학술지이다.

◦ College Composition and Communication

http://wwwl.ncte.org/store/journals/105392.htm

미국 대학교 글쓰기 교사들을 위한 광범위한 인문학적 관점으로부터의 글쓰기 연구 결과를 제공한다.

◦ Composition Studies

http://www.compositionstudies.tcu.edu/

특히 미국 대학과 관련하여 글쓰기와 수사학에 대한 모든 분야를 다루고 있다.

◦ Computers and Composition

http://www.elsevier.com/locate/compcom

쓰기 지도에서 컴퓨터 응용 프로그램, 인식표 부착, 근거리 통신 망, 쓰기 윤리 같은 관련된 모든 분야를 다루고 있다.

◦ Journal of Advanced Composition

http://www.jacweb.org

수사학, 글쓰기, 문해 활동 및 교육의 정치적 문제와 관련된 이론 적 연구 성과를 수록하고 있는 사이트이다.

◦ Journal of Basic Writing

http://www.asu.edu/clas/english/composition/cbw/jbw.html

초보 필자들을 위한 이론, 연구, 지도법에 대한 자료를 제공하는 사이트이다.

◦ Journal of Technical Writing and Communication

http://www.baywood.com/journals/previewjournals.asp?id=0047-2816

과학이나 기술, 전문적 맥락에서 이루어지는 유목적적 글쓰기를 돕는 사이트이다.

◦ Journal of Second Language Writing

http://www.elsevier.com/locate/jslw

http://www.jslw.org

제2언어 학생들의 쓰기 문제를 이론적으로 선도하는 학술지이다.

◦ Pre-text

http://www.pre-text.com

수사학 이론에 대한 학술지 사이트이다.

◦ Rhetoric Review[1]

철학적 지향에 따른 수사학 이론과 실제를 다루는 학술지 사이트
이다.

◦ Text and Talk

http://www.degruyter.de/journals/text/detail.cfm

담화 연구를 위한 다학문적 토론 사이트이다.

◦ Written Communication

http://wcx.sagepub.com

글쓰기에 대한 연구, 이론, 적용 분야에서 선도적인 학술지 사이
트이다. 언어학, 글쓰기, 사회학, 심리학, 인지 과학을 통한 최근
의 문제를 다룬다.

---

1) (옮긴이) 원문에도 웹사이트 주소가 나와 있지 않다. 이하 내용이 소개 되어 있는 않은
항목은 동일하다.

◦ Written Language and Literacy

http://www.benjamins.com/cgi-bin/t_seriesview.cgi?series=WL%26L
쓰기의 체계와 제도적 활용을 주제로 한 전문 학술지 사이트이다.

◦ Writing Lab Newsletter

http://writinglabnewsletter.org
개인별 쓰기 지도 문제에 대한 월간 학술지 사이트이다.

◈ 온라인 학술지

◦ Academic Writing

archive:

http://wac.colostate.edu/atd/archives.cfm?showatdarchives=aw
2000~2003년 공표 교육과정에 따른 쓰기 분야와 관련된 학술지
사이트이다.

◦ Across the Disciplines

http://wac.colostate.edu/atd
언어, 학습, 학술적 글쓰기 분야에 관심을 두고 있는 학술지 사이
트이다.

◦ The Internet Writing Journal

http://www.internetwritingjournal.com
창조적 글쓰기의 출판에 대한 학술 논문, 인터뷰, 논평 등을 수록
한 학술지 사이트이다.

◦ Kairos

http://kairos.technorhetoric.net/

인터넷 기반 글쓰기, 수사학, 과학 기술, 교육학 분야에 대한 교사 및 연구자를 위한 전자 학술지 사이트이다.

◈ (쓰기에 관한 논문이 정기적으로 실리는) 관련 학술지

◦ Applied Linguistics

http://www3.oup.co.uk/applij/

◦ English for Specific Purposes

http://www.elsevier.com/locate/esp

◦ Discourse and Society

http://www.sagepub.co.uk/journalsProdDesc.nav?prodId=Journal200873

◦ Discourse Studies

http://dis.sagepub.com/

◦ International journal of Applied Linguistics

http://www.blackwellpublishing.com/journal.asp?ref=0802-6106

◦ International Review of Applied Linguistics in language Teaching

http://www.degruyter.de/joumals/iral/

∘ Journal of Applied Linguistics

http://www.equinoxjournals.com/ojs/index.php/JAL

∘ Journal of Business Communication

http://job.sagepub.com/

∘ Modern Language Journal

http://mlj.miis.edu/

∘ System

http://www.elsevier.com/locate/system/

∘ TESOL Quarterly

http://www.tesol.org/tq

9.3. 전문 기관

◆ 전문적인 쓰기 학회들

∘ Alliance for Computers and Writing(ACW)

http://english.ttu.edu/acw

아이디어와 정보를 공유하기 위한 토론의 장을 제공하며, 쓰기
지도에 컴퓨터를 활용하는 교사들을 지원하기 위하여 운영되는
미국 중심의 학술 단체 사이트이다.

∘ American Medical Writers' Association

http://www.amwa.org

의학 분야의 의사소통을 선도하는 전문적 사이트이다.

∘ Association of Writers and Writing Program

http://www.awpwriter.org

글쓰기를 전문적으로 하는 사람이나 교사, 학생에게 문식 활동
능력과 성취를 돕고 학업에 필수적인 글쓰기 능력 향상을 돕기
위한 사이트이다.

∘ European Association for the Teaching of Academic Writing(EATAW)

http://www.eataw.eu

대학에서 학술 글쓰기에 포함된 모든 분야를 위한 학술 토론 사
이트이다.

∘ European Society for Translation Studies(EST)

http://www.estransanslationstudies.org

번역 연구에 공헌한 연구자들이 활동하는 국제 학술 사이트이다.

∘ National Association of Science Writers

http://www.nasw.org

일반 국민들에게 정확한 과학 정보를 전달하기 위해 결성된 단체
로 과학 전문 필가, 편집자, 과학 글쓰기 교사 및 학생들이 구성원
으로 참여한다.

◦ Society for Technical Communication

http://www.stc.org

예술과 과학 분야 전문적 의사소통의 향상을 위해 노력하는 단체이다. 이 단체에서는 전문 필자와 편집자, 문서 전문가, 전문 삽화가, 교육 설계자, 대학 연구 활동, 정보 설계자, 웹 디자이너와 개발자, 번역가 등 전 세계 14,000명의 전문가들이 활동하고 있다.

◈ 쓰기 문제에 관심을 갖는 학회

◦ AAAL(American Association of Applied Linguistics)

http://www.aaal.org/

◦ Association for Business Communication(ABC)

http://www.businesscommunication.org

직무 관련 의사소통 연구 및 교육의 증진을 위해 노력하는 국제 학술 단체이다.

◦ AILA(Association Internationale de Linguistique Appliquée)

http://www.aila.info

글쓰기와 관련된 주제에 관심을 가지고 있는 응용 언어학의 국제 학술 단체이다.

◦ BAAL(British Association Applied Linguistics)

http://www.baal.org.uk/

◦ IATEFL(Int. Association for Teachers of English as a Foreign Language)
http://www.iatefl.org

◦ International Association of Business Communicators
http://www.iabc.com/

◦ JALT(Japanese Association of language Teachers)
http://www.jalt.org/

◦ TESOL(Teachers of English to Speakers of Other Languages)
http://www.tesol.org/9.4

9.4. 학술대회

쓰기 연구를 위한 국제 학술대회는 몇 안 되지만 많은 언어학 학술대회에서 쓰기에 대한 논문이 발표된다. 자세한 정보는 아래 웹사이트에서 얻을 수 있다.

◦ Association for Business Communication(ABC)
http://www.businesscommunication.org
미국에서 직무 의사소통에 대한 연례 학회를 개최하고, 웹사이트에서는 다른 국가의 내용도 소개하고 있다.

∘ Association of Writers and Writing Program Annual conference

http://www.awpwriter.org/conference/index.php

5,000명의 참석자와 400명의 출판인과 함께하는 북미에서의 가
장 규모가 큰 문인 모임이다.

∘ College Composition and Communication

http://www.ncte.org/ccc

새로운 매체의 글쓰기, 쓰기 연구 및 교육을 다루는 세계에서 가
장 규모가 큰 전문가 단체이다.

∘ BAAL Conference diary

http://www.baal.org.uk/confs_diary.htm

2년에 한 번씩 개최되는, 학술적 글쓰기 지도를 논의하는 유럽
학회이다.

∘ Internet TESL Journal's conference list

http://iteslj.org/links/TESL/Conferences/

∘ Linguists list conference list

http://www.linguistlist.org/callconf/index.html

500개에 이르는 최신의 교육학 및 언어학 학회 목록을 제공해
주며, 논문도 공모한다.

∘ Purdue L2 waiting symposium

http://sslw.asu.edu

제2언어 필자와 외국어 필자를 대상으로 교사 및 연구자들을 위한 연례 국제 학회이다.

◦ Right waiting conference list

http://www.right-writing.com/conferences.html

창의적 글쓰기 학회의 일정을 안내하고 지도의 실제를 제안하는 사이트이다.

◦ Roy's resources

http://uww.royfc.wm/wnfer.hunl

언어학자, 번역가, 언어 교사들을 위한, 각국의 학회 목록을 제공해 주는 사이트이다.

◦ TESOL conference list

http://www.tesol.org/s_tesol/sec_document.asp?CID=23&DID=2145

외국어 화자를 지도하는 언어 교사를 위한 학회 목록을 제공해 주는 사이트이다.

◦ Wikipedia list of creative writing conference

http://en.wikipedia.org/wiki/List_of_wri ters'_conferences

9.5. 전자우편 리스트 및 게시판

웹사이트에는 온라인 학술대회, 목록 제공 서비스, 집단 토론회

등이 있는데, 이들은 쓰기에 우선순위를 두고 있으며 쓰기와 관련된 주제를 다루곤 한다.

- ACW-L(Alliance for Computers and Writing List)
  List: listproc@listserv.ttu.edu
  http://English.ttu.edu/acw

- Newsgroups and mailing lists for translators
  http://www.iol.ie/~mazzoldi/lang/maillist.htm

- WAC-L(Waiting across the Curriculum List)
  http://www.lsoft.se/scripts/wi.exe?SL1=WAC-L&H=LISTSERV.UIUC.EDU

- WPA-L(Writing Programme Administration List)
  http://www.wpacouncil.org/wpa-l
  종합대학교나 대학 또는 전문대학에서 글쓰기 프로그램을 운영 부서를 소개하는 사이트이다.

- Writing across boundaries
  http://groups.google.com/group/writing-across-boundaries

- TESL-L
  http://www.hunter.cuny.edu/~tesl-l
  ESL 교사의 목록이 제시되어 있다.

◦ TechRhet

http://www.interversity.org

지도, 학습, 의사소통, 공동체와 새로운 문해 활동 사이의 교차점
을 탐색하는 학술 단체 목록을 제시해주는 사이트이다.

◦ Critical writing group

http://groups.yahoo.comlgrouplcritical_writing/?v=l&t=search&ch
=web&pub=groups&slk=2

단편소설, 혼합 장르, 로맨스, 탐정 소설 등 창의적 글쓰기에 대한
비평을 주고받는 것에 관심 있는 필자를 위한 사이트이다.

◦ Mike's writing workshop

http://groups.yahoo.com/group/mikeswritingworkshop/?v=l
&t=search&ch=web&pub=groups&sec=group&slk=6

2007년 편집자 및 독자 투표에서 Best Writers Workshop과 더불어
'필자를 위한 최고의 사이트Writer's Digest's Best Web Sites for Writers'로
선정되었다. 이 사이트는 모든 필자에게 자신의 작품을 게재할
수 있는 공간을 제공하며, 묻고 답하기 및 글쓰기 능력을 향상시
킬 수 있는 방법 등을 제공한다.

◦ WAC—L

http://www.lsoft.se/scripts/wl.exe?SL1=WAC-L&H=LISTSERV.UI
UC.EDU

교육과정에 따른 글쓰기 논의를 선도적으로 이끄는 연구 기관들
을 소개하는 사이트이다.

- WAD: Writing Across the Disciplines

  http://www.iiu.edu/~wad/

  메뉴 선택 사항에서 'WAD Mailing List'를 클릭한다.

- WCENTER: Writing Centers' Online Discussion Community

  lists.uwosh.edu/mailman/listinfo/wcenter

- WPA-L: Writing Program Administration

  http://www.wpacouncil.org/wpa-l

  글쓰기 프로그램 관리자 협회에서 지원하는 사이트이다.

- List of language discussion lists(all languages)

  http://www.evertype.com/langlist.html

- EST-L(English for Science and Technology)

  http://www.bio.net/bionet/mm/bionews/1994-October/001523.html

9.6. 쓰기 웹사이트

웹에는 쓰기 사이트가 많지만 유형이나 질이 천차만별이다. 모두가 완전하다고 말하기는 어렵다. 대부분은 미국에 있는 사이트이지만, 자료와 초점의 다양성을 고려하여 선정하였다. 이 목록에서는 내가 알고 있는 유용한 사이트 몇 개를 제시하였는데, 이 사이트들은 많은 읽기 자료를 제공하며 쓰기 연구를 심화하기 위한 출발점을 제공해 준다.

◈ 코퍼스 및 용어 색인

이들 사이트는 코퍼스 언어학에 대한 정보를 제공하며, 온라인 색인 목록이나 문어 코퍼스에 (제한적으로) 접근할 수도 있다.

∘ British Academic Written English(BAWE)

http://ota.ahds.ac.uk/headers/2539.xml

이 코퍼스는 학생 2,761명이 대학 학위 과정에서 작성한 과제로 구성되어 있다. 35개 대학의 학과를 상당히 균등하게 반영하고 있으며, 수준은 4가지로 구분하였다(학부 1학년 수준에서 석사 학위 수준까지. 단어 수는 6백 5십만 개). 대략 절반이 '매우 우수' 수준의 등급이었고(70퍼센트 또는 그 이상), 나머지 절반은 '우수' 수준의 등급(60퍼센트에서 69퍼센트 사이)이었다. 주로 영어가 제1언어인 학생들이 작성하였다. 이 코퍼스는 Oxford Text Archive(무료)에 반드시 등록해야 하는 AntConc나 WordSmith Tools Users와 같은 색인 프로그램에 적합하다. 자료 등록 번호는 2539번이다.

∘ Cobuild corpus sampler

http://www.collins.co.uk/Corpus/CorpusSearch.aspx

∘ Corpus of Contemporary American English

http://www.americancorpus.org

1990년에서 2008년까지 다양한 장르의 3억 8천 5백만 단어를 포함하고 있으며, 활용하기 쉽게 구성되어 있다.

◦ Text corpora and corpus linguistics

http://www.athel.com/corpus.html

◦ Oxford text archive

http://ota.ahds.ac.uk

영국 소설 코퍼스와 함께 온라인으로 문학적 자원과 언어적 자원을 제공하는 웹사이트이다.

◦ Check My Words

http://www.compulang.com/cmw

무료로 학생들에게 쓰기에 대해 도움을 주는 웹사이트이다. 워드 프로세서를 같이 제공한다.

◦ The web concordances

http://www.dundee.ac.uk/english/wics/wics.htm

셸리, 키츠, 블레이크, 밀턴 등이 쓴 시의 코퍼스를 제공해 주는 웹사이트이다.

◦ Monolonc Pro(concordancer and corpora)

http://www.athcl.com

◦ Wordsmith Tools 5(concordancer)

http://www.lexically.net/wordsmith/index.html

◦ VLC Web concordancer

http://vlc.polyuedu.hk/concordance

홍콩 소재의 폴리테크닉 대학교에서 운영하는 웹사이트이다.

◆ 전문가 사이트

◦ Association of Writers and Writing Program(AVVP)

http://www.awpwriter.org

미국에서 창의적인 글쓰기를 위한 강의, 협의, 수련회, 워크숍 등
의 활동에 필요한 지침을 제공해 주는 웹사이트이다.

◦ Writing Across the Curriculum Clearinghouse

http://wac.colostate.edu/index.cfm

자신의 수업에 쓰기를 활용하는 교사를 위해 학술지, 도서, 기타
참고 자료를 안내하고 있는 웹사이트이다.

◦ Inkspot

http://inkspot.com

사용자들에게 온라인 포트폴리오 공간을 제공해 주는 웹사이트
이다.

◦ Daedalus Educational Sofiware

http://www.daedalus.com

협력 학습과 쓰기 과정에 대해서 소개하고 있는 웹사이트이다.

∘ Lancaster Literacy Research Centre

http://www.literacy.lancs.ac.uk.

∘ Rhetoric and composition

http://eserver.org/rhetoric

전통적 수사학 분야의 저작, 문해 활동 및 교육에 대한 연구 논문, 수사학 용어에 관한 서지 사항, 전자우편으로 문의할 수 있는 주소 목록이나 인터넷 링크를 포함하고 있어 수사학 전문가들에게 유용한 웹사이트이다.

∘ literacy matters

http://www.literacymatters.com

학교 문해 활동 지원에 필요한 교사용 자료를 안내해 주는 웹사이트이다.

◈ 온라인 쓰기 연구실

∘ National Writing Centres Association

http://cyberlyber.com/writing_centers_and_owls.htm

미국에서 온라인으로 운영되고 있는 글쓰기 센터 200여 곳을 소개하고 있는 웹사이트이다.

∘ Purdue OWL

http://owl.english.purdue.edu/

학술적 글쓰기 지도에 중점을 두고 운영하는 좋은 웹사이트 중의 하나이다.

° The Writing Machine

http://ec.hku.hk/writingmachine

홍콩 대학교 응용 영어 연구 센터에서 개발한 인터넷 자료를 제
공하고 있다. 이 인터넷 자료는 학술적 글쓰기의 과정을 학생들
이 숙달하고 이해하는 데 도움을 줄 수 있도록 설계되었다.

° CAPLITS Online writing centre

http://www.ioe.ac.uk/caplits/writingcentre/

° Academic writing muse(at Hong Kong PolyU Writing Centre)

http://vlc.polyu.edu.hk/academicwriter/Questions/writemodeintro.htm

° Garbl's Fat-Free Writing Links

http://garbl.home.comcast.net/~garbl/writing/concise.htm

쓰기 방법에 대해 조언을 제공하는 웹 사이트를 소개하고 해설하
였으며, 찾아가기 쉽도록 링크로 연결해 놓았다.

◆ 양식 가이드 및 맞춤법 쓰기

° APA style resources

http://www.psychwww.com/resource/apacrib.htm

° Long Island University guide to citation style

http://www.liu.edu/cwis/cwp/library/workshop/citation.htm

◦ Resource for writers

http://webster.commnet.edu/writing/writing.htm

글에 쓰인 문법에 대해 조언이나 지침을 제공하고 있으며, 다른 유용한 사이트와 표현을 다듬는 데 도움을 주는 도서를 링크로 연결해 놓았다.

◦ Enhance my Writing.com

http://www.enhancemywriting.com

글을 쓰는 데 필요한 자료를 제공하는 웹사이트이다.

◦ Way to Write

http://www.ucalgary.ca/UofC/eduweb/writing

쓰기에 대한 정보를 상호작용의 방식으로 안내해 주는 웹사이트 이다.

◈ 쓰기 과정

◦ Steps in the Writing Process

http://karn.ohiolink.edu/~sg-ysu/process.html

◦ ABCs of the writing process

http://www.angelfire.com/wi/writingprocess/

◦ Research and Writing Step by Step

http://www.ipl.org/div/aplus/stepfirst.htm

고등학생 및 대학생을 대상으로 한 연구 방법 및 쓰기 방법을 안내하는 웹사이트이다.

◦ The Writing Process

http://www.suelebeau.com/writingprocess.htm

과정 중심 쓰기 지도에 대해 도움을 얻을 수 있는 인터넷 사이트를 안내해 주는 웹사이트이다.

◈ 장르 쓰기 사이트

◦ The Writing Site

http://www.thewritingsite.org/resources/genre/default.asp

다양한 쓰기 장르에 대해서 설명해 주는 웹사이트이다. 학습지와 유용한 정보를 같이 제공해 준다.

◦ Blogs about genre

http://wordpress.com/tag/genre-writing/

◦ Purdue Owl page on writing genres

http://owl.english.purdue.edu/internet/resources/genre.html

◦ World writer

http://worldwriter.homestead.com/writerslinks.html

여러 가지 허구적 장르의 필자를 위한 인터넷 링크와 자료를 제
공해 주는 웹사이트이다.

◈ 전문적 텍스트 장르를 위한 사이트

○ On-line technical writing

http://www.free-ed.net/free-ed/MiscTech/TechWriting01/default.sp
여러 가지 업무적인 쓰기나 전문적인 쓰기의 과정 및 장르에 대
해서 안내해 주는 웹사이트이다.

○ PIZZAZ

http://darkwing.uoregon.edu/~leslieob/pizzaz.html
시적 허구와 같은 창의적인 글, 창의적인 아이디어를 담고 있는
창의적인 글을 어떻게 잘 쓸 수 있도록 지도할 것인가를 소개하
는 교사용 안내 웹사이트이다.

○ Ten steps to writing an essay

http://www1.aucegypt.edu/academic/writers/

○ Guide to writing an essay

http://members.tripod.com/~lklivingston/essay/

○ Science Research paper

http://www.ruf.rice.edu/~bioslabs/tools/report/reportform.html

∘ Writing and presenting theses

http://www.learnerassociates.net/dissthes/

∘ Business persuasion materials

http://www.superwriter.oom/persuasi.htm

∘ Business writing blog

http://www.businesswritingblog.com/

∘ Writing in arts and humanities

http://www.dartmouth.edu/~writing/materials/student/humanities/
wrie.shtml

∘ Writing humanities papers

http://www.geneseo.edu/~easton/humanities/convhumpap.html

9.7. 데이터베이스

이 절은 기사, 논문, 학술대회 발표문 등에 관한 정보와 관련이
있다. 주로 호주, 미국, 영국에 뿌리를 있으며, 웹사이트나 CD-ROM
형태로 이용이 가능하다. 분명한 것은 이 자료가 모두 쓰기와 관련된
것은 아니라는 점이다. 후속 연구에서 하위 범주를 더 세밀하게 구성
할 필요가 있다.

∘ ERIC document reproduction service

http://www.eric.ed.gov

ERIC은 2백만 건 이상의 학술 논문 및 교육 자료를 제공하고 있다. 지금도 2주마다 새로운 자료 수백 건을 축적하고 있다. 전문자료를 링크로 연결해 주는 기능도 포함하고 있다.

∘ Dissertation Abstract Online

http://library.dialog.com/bluesheets/html/bl0035.html

1861년부터 인승된 거의 모든 미국 박사 학위 논문을 제공하는사이트이다. 제목이나 주제, 저자 정보를 알아볼 수 있다.

∘ Dissertation Abstracts Online

http://www.wac.org/support/documentation/FirstSearch/databases/dbdetails/details/Dissertations.htm

캐나다, 영국, 유럽 국가의 석사 논문 및 박사 논문 2천 2백만건을 선별적으로 수록하고 있는 사이트이다.

∘ Linguist List dissertation abstracts

http://www.linguistlist.org/pubs/diss/index.html About 1700 entries on language and linguistics.

∘ Index to theses

http://www.theses.com

1716년 이후로 영국과 아일랜드 대학에서 수여된 학위 논문을제공하는 사이트이다. 초록뿐만 아니라, 논문에 관한 총괄적인 자료도 같이 포함되어 있다.

◦ Linguistics and language behaviour abstracts
http://www.csa.com/factsheets/llba-set-c.php
CSA Linguistics와 Language Behavior Abstracts는 음성학, 형태론,
통사론, 담화 및 의미에 이르는 국제 학술 논문 중에서 언어 연구
에 대한 것을 선별하여 제공한다.

◦ MLA international bibliography of books and articles on
modern languages and literature
http://journalseek.net/cgi-bin/journalseek/journalsearchcgi?fi
eld=issn&query-0024-8215
3,000권 이상의 정기 간행물, 총서, 도서, 회의록, 언어에 대한 학
위 논문과 문헌 자료, 언어학, 민속학 자료로부터 색인을 만든
45,000건의 인용 자료를 선별적으로 제공하는 데이터베이스이다.

◦ Scopus
http://www.scopus.com/scopus/home.url
연구 논문의 목록과 초록을 제공하는 세계 최대 규모의 데이터베
이스이다. 논문을 추적하고 분석하고 시각화할 수 있는 기능을
갖추고 있다. 회원 가입이 필요한 사이트이다.

◦ Science Direct
http://wwwscienccdirect.com
Elsvier 출판사에서 운영하고 있는 사이트이다. 초록은 무료로 제

공하며, 전문은 유로 회원 가입 후에 이용할 수 있다. 세계 최대 규모의 학술지 논문 및 학술 저서 자료를 구축해 놓고 있다.

참고문헌

Abasi, A. R. & Akbari, N.(2008). Are we encouraging patchwriting? Reconsidering the role of the pedagogical context in ESL student writers' transgressive intertextuality. *English for Specific Purposes*, 27(3): 267~284.

Afflerbach, P. & Johnson, P.(1984). On the use of verbal reports in reading research. *Journal of Reading Behaviour*, 16(4): 307~322.

Arnaud, P & Bejoint, H.(ed.)(1992). *Vocabulary and Applied Linguistic*. London: Macmillan.

Aston, G.(1997). Involving learners in developing learning methods: exploiting text corpora in self-access. In P. Benson & P. Voller(ed.), *Autonomy and Independence in Language Learning*(pp. 204~214). Harlow: Longman.

Atkinson, D.(1999a). TESOL and culture. *TESOL Quarterly*, 33: 625~653.

Atkinson, D.(1999b). *Scientific Discourse in Sociohistorical Context*. Mahwah, NJ: Lawrence Erlbaum.

Atkinson, D.(2004). Contrasting rhetorics/contrasting cultures: why contrastive rhetoric needs a better conceptualization of culture. *Journal of English for Academic Purposes*, 3(4): 277~289.

Bailey, K.(1990). The use of diary studies in teacher education programs. In J. Richards & D. Nunan(ed.), *Second Language Teacher Education*. Cambridge: Cambridge University Press.

Bailey, K.(1998). *Learning about Language Assessment: Dilemmas, Decisions, and Directions*. Boston, MA: Heinle & Heinle.

Bakhtin, M.(1986). *Speech Genres and Other Late Essays*. Austin, TX: University of Texas Press.

Bargiela-Chiappini, F. & Nickerson, G.(ed.)(1999). *Writing Business: Genres, Media and Discourses*. Harlow: Longman.

Bartholomae, D.(1986). Inventing the university. *Journal of Basic Writing*, 5: 4~23.

Barton, D.(2000). Researching literacy practices: Learning from activities with teachers and students. In D. Barton, M. Hamilton & R. Ivanic(ed.), *Situated Literacies: Reading and Writing in Context*(pp. 167~179). London: Routledge.

Barton, D.(2007). *Literacy: An Introduction to the Ecology of Written Language*(2nd edition). Oxford: Blackwell.

Barton, D. & Hall, N.(1999). *Letter-Writing as a Social Practice*. Amsterdam: John Benjamins.

Barton, D. & Hamilton, M.(1998). *Local Literacies*. London: Routledge.

Barton, D., Ivanic, R., Appleby, Y., Hodge, R. & Tusting, K.(2007). *Literacy, Lives and Learning*. London: Routledge.

Bauer, L. & Nation, P.(1993). Word families. *International Journal of Lexicography*, 6(4): 253~279.

Baynham, M.(1995). *Literacy Practices*. Harlow: Longman.

Bazerman, C.(1988). *Shaping Written Knowledge*. Madison, WI: University of Wisconsin Press.

Bazerman, C.(1994). *Constructing Experience*. Carbondale, IL: Southern Illinois University Press.

Bazerman, C.(2004). Speech acts, genres, and activity systems: how texts organize activity and people. In C. Bazerman & P. Prior(ed.), *What Writing Does and How It Does It: An Introduction to Analyzing Texts and Textual Practices*(pp. 83~96). Hillsdale, NJ: Erlbaum.

BBC(1983). *Bid for Power*. London: BBC English by Television.

Beatty, K.(2010). *Teaching and Researching Computer-Assisted Language Learning*. Harlow: Pearson.

Becher, T. & Trowler, P.(2001). *Academic Tribes and Territories; Intellectual Inquiry and the Cultures of Disciplines*. Milton Keynes: SRHE and Open University Press.

Benson, P.(2001). *Teaching and Researching Autonomy*. Harlow: Longman.

Benwell, B. & Stokoe, E.(2006). *Discourse and Identity*. Edinburgh: Edinburgh University Press.

Bereiter, C. & Scardamalia, M.(1987). *The Psychology of Written Composition*. Hillsdale, NJ: Erlbaum.

Berg, E. C.(1999). The effects of trained peer response on ESL students' revision types and writing quality. *Journal of Second Language Writing*, 8: 215~241.

Berkenkotter, C. & Huckin, T.(1995). *Genre Knowledge in Disciplinary Communication*. Hillsdale, NJ: Erlbaum.

Bhatia, V. K.(1993). *Analysing Genre: Language Use in Professional Settings*. Harlow: Longman.

Bhatia, V. K.(1999). Integrating products, processes, and participants in professional writing. In C. N. Candlin & K. Hyland(ed.), *Writing: Texts, Processes and Practices*(pp. 21~39). Harlow: Longman.

Bhatia, V. K.(2004). *Worlds of Written Discourse*. London: Continuum.

Biber, D., Johansson, S., Leech, G., Conrad, S. & Finegan, E.(1999). *Longman Grammar of Spoken and Written English*. London: Longman.

Biber, D.(2006). Stance in spoken and written university registers. *Journal of English for Academic Purposes*, 5(2): 97~116.

Bleich, D.(2001). The materiality of language and the pedagogy of exchange. Pedagogy: *Critical Approaches to Teaching Literature, Language, Composition, and Culture*, 1: 117~141.

Bloch, J.(2008). *Technology in the Second Language Composition Classroom*. Ann

Arbor, MI: University of Michigan Press.

Bloch, J. & Crosby, C.(2006). Creating a space for virtual democracy. *The Essential Teacher*, 3: 38~41.

Blommaert, J.(2005). *Discourse*. Cambridge: Cambridge University Press.

Blyler, N. & Thralls, C.(ed.)(1993). *Professional Communication: The Social Perspective*. London: Longman.

Board of Studies(2007a). *K-6 English Syllabus*. Sydney, NSW: Board of Studies.

Board of Studies(2007b). *K-6 English Syllabus: Modules*. Sydney, NSW: Board of Studies.

Bosher, S.(1998). The composing processes of three southeast Asian writers at the post-secondary level: an exploratory study. *Journal of Second Language Writing*, 7(2): 205~233.

Braine, G.(1995). Writing in the natural sciences and engineering. In D. Belcher & G. Braine(ed.), *Academic Writing in a Second Language: Essays on Research and Pedagogy*(pp. 113~134). Norwood, NJ: Ablex.

Brandt, D.(1986). Text and context: how writers come to mean. In B. Couture(ed.), *Functional Approaches to Writing: Research Perspectives*(pp. 93~107). Norwood, NJ: Ablex.

Breen, M. & Littlejohn, A.(ed.)(2000). *Classroom Decision-Making: Negotiation and Process Syllabuses in Practice*. Cambridge: Cambridge University Press.

Brinko, K.(1993). The practice of giving feedback to improve teaching. *Journal of Higher Education*, 64: 574~593.

Brown, J.D.(1988). *Understanding Research in Second Language Learning*. Cambridge: Cambridge University Press.

Brown, J.D. & Hudson, T.(1998). The alternatives in language assessment. *TESOL Quarterly*, 32(4): 653~675.

Bruffee, K.(1984). Collaborative learning and the 'conversation of Mankind'. *College English*, 46: 635~652.

Bruffee, K.(1986). Social construction: language and the authority of knowledge. A bibliographical essay. *College English*, 48: 773~779.

Bruner, J.(1978). The role of dialogue in language acquisition. In A. Sinclair, R. Jarvelle & W Levelt(ed.), *The Child's Concept of Language*. New York: Springer.

Burns, A.(1999). *Collaborative Action Research for English Language Teachers*. Cambridge: Cambridge University Press.

Burstein, J.(2003). The e-rater scoring engine: automated essay scoring with natural language processing. In M. Shermis & J. Burstein(ed.), *Automated Essay Scoring: A Cross-Disciplinary Perspective*(pp. 113~122). Hillsdale, NJ: Lawrence Erlbaum.

Callahan, S.(1997). Tests worth taking? Using portfolios for accountability in Kentucky. *Research in the Teaching of English*, 31(3): 295~336.

Canagarajah, A. S.(1996). 'Nondiscursive' requirements in academic publishing, material resources of periphery scholars, and the politics of knowledge production. *Written Communication*, 13(4): 435~472.

Canagarajah, A. S.(2002). *Critical Academic Writing and Multilingual Students*. Ann Arbor, MI: University of Michigan Press.

Candlin, C. N.(1999). How can discourse be a measure of expertise? *Paper presented at International Association for Dialogue Analysis*. Birmingham: University of Birmingham.

Candlin, C. N. & Hyland, K.(ed.)(1999). *Writing: Texts, Processes and Practices*. Harlow: Longman.

Candlin, C. N. & Plum, G.(ed.)(1998). *Framing Student Literacy: Cross Cultural Aspects of Communication Skills in Australian university Settings*. Sydney: NCELTR, Macquarie University.

Candlin, C. N., Bhatia, V. K. & Jenson, C.(2002). Developing legal writing materials for English second language learners: Problems and perspectives. *English for Specific Purposes*, 21(4): 299~320.

Carter, M.(1990). The idea of expertise: An exploration of cognitive and social dimensions of writing. *College Composition and Communication*, 41(3): 265~286.

Carter, R.(1998). *Vocabulary: Applied Linguistics Perspectives*. London: Routledge.

Casanave, C.(2004). *Controversies in Second Language Writing*. Ann Arbor, MI: University of Michigan Press.

Caulk, N.(1994). Comparing teacher and student responses to written work. *TESOL Quarterly*, 28(1): 181~187.

Chapelle, C.(2001). *Computer Applications to Second Language Acquisition: Foundations for Teaching, Testing, and Research*. Cambridge: Cambridge University Press.

Cherry, R.(1988). Ethos versus persona: Self-representation in written discourse. *Written Communication*, 5: 251~276.

Chin, E.(1994). Redefining 'context' in research on writing. *Written Communication*, 11: 445~482.

Christianson, K.(1997). Dictionary use by EFL writers: What really happens? *Journal of Second Language Writing*, 6(1): 23~43.

Cicourel, A. V.(2007). A personal, retrospective view of ecological validity(Special issue: four decades of epistemological revolution: work inspired by Aaron V. Cicourel). *Text & Talk*, 27(5/6): 735~752.

Clyne, M.(1987). Cultural differences in the organisation of academic texts. *Journal of Pragmatics*, 11: 211~247.

Coe, R.M.(2002). The new rhetoric of genre: Writing political briefs. In A.M. Johns(ed.), *Genre in the Classroom*(pp. 195~205). Mahwah, NJ: Erlbaum.

Cohen, A., Glasman, H., Rosenbaum-Cohen, P. R., Ferrara, J & Fine, J.(1988). Reading English for specialized purposes: Discourse analysis and the use of standard informants. In P. Carrell, J. Devine & D. Eskey(ed.), *Interactive Approaches to Second Language Reading*(pp. 152~167). Cambridge: Cambridge University Press.

Cohen, L., Manion, L. & Morrison, K.(2000). *Research Methods in Education*, (5th edition). London: Routledge.

Connor, U.(1994). Text analysis. *TESOL Quarterly*, 28(4): 673~703.

Connor, U.(1996). *Contrastive Rhetoric*. Cambridge: Cambridge University Press.

Coxhead, A.(2000). A New Academic Word List. *TESOL Quarterly*, 34(2): 213~238.

Coxhead, A. & Nation, I. S. P.(2001). The specialized vocabulary of English for academic purposes. In J. Flowerdew & M. Peacock(ed.), *Research Perspectives on English for Academic Purposes*(pp. 252~267). Cambridge: Cambridge University Press.

Crismore, A., Markkanen, R. & Steffensen, M.(1993). Metadiscourse in persuasive writing: A study of texts written by American and Finnish university students. *Written Communication*, 10(1): 39~71.

Crookes, G.(1986). Towards a validated analysis of scientific text structure. *Applied Linguistics*, 7: 57~70.

Cutting, J.(2002). Pragmatics and discourse. *A Resource Book for Students*. London: Routledge.

de Larios, J., Murphy, L. & Manchon, R.(1999). The use of restructuring strategies in EFL writing: A study of Spanish learners of English as a Foreign Language. *Journal of Second Language Writing*, 8(1): 13~44.

de Larios, J.R., Manchón, R., Murphy, L. & Marín, J.(2008). The foreign language writer's strategic behaviour in the allocation of time to writing processes. *Journal of Second Language Writing*, 17(1): 30~47.

DeMauro, G.(1992). *An Investigation of the Appropriateness of the TOEFL Test as a Matching Variable to Equate TWE Topics*. Princeton, NJ: Educational Testing Service Report 37.

Denzin, N. K. & Lincoln, Y. S.(1998). *The landscape of Qualitative Research: Theories and Issues*. Thousand Oaks, CA: Sage.

Derewianka, B.(1990). *Exploring How Texts Work*. Newtown, NSW: Primary

English Teaching Association.

Devitt, A., Reiff, M. J. & Bawarshi, A.(2004). *Scenes of Writing: Strategies for Composing with Genres*. New York: Longman.

Dias, P., Freedman, A., Medway, P. & Paré, A.(1999). *Worlds Apart: Acting and Writing in Academic and Workplace Contexts*. Mahwah, NJ: Lawrence Erlbaum.

Douglas, J. Y.(1998). Will the most reflexive relativist please stand up: Hypertext, argument and relativism. In I. Snyder(ed.), *Page to Screen: Taking Literacy into the Electronic Era*(pp. 144~162). London: Routledge.

Duranti, A. & Goodwin, C.(ed.)(1992). *Rethinking Context, Language as an Interactive Phenomenon*. Cambridge: Cambridge University Press.

Ede, L. & Lunsford, A.(1984). Audience addressed/audience invoked: The role of audience in composition theory and pedagogy. *College Composition and Communication*, 35: 155~171.

Elbow, P.(1994). *Voice and Writing*. Davis, CA: Hermagoras Press.

Elbow, P.(1998). *Writing with Power: Techniques for Mastering the Writing Process*. New York and Oxford: Oxford University Press.

Elbow, P. & Belanoff, P.(1991). SUNY Stony Brook portfolio-based evaluation program. In P. Belanoff & M. Dickson(ed.), *Portfolios: Process and Product*(pp. 3~16). Portsmouth, NH: Boynton/Cook.

Ellis, R.(2002). The place of grammar instruction in the second/foreign language curriculum. In S. Fotos & E. Hinkel(ed.), *New Perspectives on Grammar Teaching in Second Language Classrooms*(pp. 17~34). Mahwah, NJ: Erlbaum.

Emig, J.(1983). *The Web of Meaning*. Upper Montclair, NJ: Boynton/Cook.

Erikson, F.(1981). Some approaches to enquiry in school-community ethnography. In H. Trueba, G. Guthrie & K. H. Au(ed.), *Culture and the Bilingual Classroom: Studies in Classroom Ethnography*(pp. 17~35). Rowley, MA: Newbury House.

Evans, S. & Green, C.(2007). Why EAP is necessary: A survey of Hong Kong tertiary students. *Journal of English for Academic Purposes*, 6(1): 3~17.

Faigley, L.(1986). Competing theories of process: A critique and a proposal. *College English*, 48: 527~542.

Faigley, L., Daly, J. & Witte, S.(1981). The role of writing apprehension in writing performance and competence. *Journal of Educational Research*, 75: 16~20.

Fairclough, N.(1989). *Language and Power*. London: Longman.

Fairclough, N.(1992). *Discourse and Social Change*. Cambridge: Polity Press.

Fairclough, N.(1995). *Critical Discourse Analysis*. Harlow: Longman.

Fairclough, N.(2003). *Analysing Discourse: Textual Analysis for Social Research*. London: Routledge.

Fairclough, N. & Wodak, R.(1997). Critical discourse analysis. In T. Van Dijk(ed.), *Discourse as Social Interaction*(pp. 258~284). London: Sage.

Farrell, P.(1990). *Vocabulary in ESP: A Lexical Analysis of the English of Electronics and a Study of Semi-Technical Vocabulary*. CLCS Occasional Paper No. 25. Dublin: Trinity College.

Feez, S.(2001). Heritage and innovation in second language education. In A.M. Johns(ed.), *Genre in the Classroom*(pp. 47~68). Mahwah, NJ: Erlbaum.

Ferris, D.(2003). *Response to Student Writing*. Mahwah, NJ: Erlbaum.

Ferris, D.(2006). Does error feedback help student writers? New evidence on the short- and long-term effects of written error correction. In K. Hyland & F. Hyland(ed.), *Feedback in Second Language Writing*(pp. 81~104). Cambridge: Cambridge University Press.

Ferris, D. & Roberts, B.(2001). Error feedback. in L2 writing classes. How explicit does it need to be? *Journal of Second Language Writing*, 10: 161~184.

Firbas, J.(1986). On the dynamics of written communication in light of the theory of functional sentence perspective. In C. Cooper & S. Greenbaum(ed.), *Studying Writing: Linguistic Approaches*(pp. 40~71). London: Sage.

Flower, L.(1989). Cognition, context and theory building. *College Composition and Communication*, 40: 282~311.

Flower, L. & Hayes, J.(1981). A cognitive process theory of writing. *College Composition and Communication*, 32: 365~387.

Flower, L., Stein, V., Ackerman, J., Kantz, M., McCormick, K. & Peck, W.(1990). *Reading-to-Write: Exploring a Social and Cognitive Process*. Oxford: Oxford University Press.

Flowerdew. J.(2002). Ethnographically inspired approaches to the study of academic discourse. In J. Flowerdew(ed.), *Academic Discourse*(pp. 235 ~252). London: Longman.

Freedman, A.(1994). Anyone for tennis? In A. Freedman & P. Medway(ed.), *Genre and the New Rhetoric*(pp. 43~66). London: Taylor & Francis.

Freedman, A. & Adam, C.(2000). Write where you are: situating learning to write in university and workplace settings. In P. Dias & A. Pare(ed.), *Transitions: Writing in Academic and Workplace Settings*(pp. 31~60). Creskill, NJ: Hampton Press.

Freedman, A. & Medway, P.(1994). *Genre and the New Rhetoric*. London: Taylor & Francis.

Geertz, C.(1973). Thick description: toward an interpretive theory of culture. In C. Geertz(ed.), *The Interpretation of Cultures: Selected Essays*(pp. 3~30). New York: Basic Books.

Gere, A.(1987). *Writing Groups: History, Theory, and Implications*. Carbondale, IL: Southern Illinois University Press.

Gibbons, P.(2002). *Scaffolding Language: Scaffolding Learning*. Portsmouth, NH: Heinemann.

Grabe, W.(2003). Reading and writing relations: second language perspectives on research and practice. In B. Kroll(ed.), *Exploring the Dynamics of Second Language Writing*(pp. 242~262). Cambridge: Cambridge University Press.

Grabe, W. & Kaplan, R.(1996). *Theory and Practice of Writing*. Harlow: Longman.

Graves, D.(1984). *A Researcher Learns to Write*. London: Heinemann.

Grice, H. P.(1975). Logic and conversation. In P. Cole & J. Morgan(ed.), Syntax and semantics, vol. 3, *Speech Acts*(pp. 41~58). New York: Academic Press.

Hafner, C. A. & Candlin. C. N.(2007). Corpus tools as an affordance to learning in professional legal education. *Journal of English for Academic Purpose*, 6(4): 303~318.

Halliday, M. A. K.(1985). *Spoken and Written Language*. Oxford: Oxford University Press.

Halliday, M. A. K.(1998). Things and relations: Regrammaticising experience as technical knowledge. In J. R. Martin & R. Veel(ed.), *Reading Science* (pp. 185~235). London: Routledge.

Halliday, M. A. K. & Matthiessen, C.(2004). *An Introduction to Functional Grammar*, 3rd edition. London: Edward Arnold.

Hamilton, M.(2000). Expanding the new literacy studies: using photographs to explore literacy as social practice. In D. Barton, M. Hamilton & R. Ivanic(ed.), *Situated Literacies: Reading and Writing in Context*(pp. 16~34). London: Routledge.

Hamp-Lyons, L. & Condon, W.(1993). Questioning assumptions about portfolio based assessment. *College Composition and Communication*, 44(2): 176~190.

Hamp-Lyons, L. & Condon, W.(2000). *Assessing the Portfolio: Principles for Practice, Theory and Research*. Cresskill, NJ: Hampton Press.

Hatch, E. & Lazaraton, A.(1991). *The Research Manual*. Boston, MA: Heinle & Heinle.

Heath, S.(1983). *Ways with Words: Language Life and Work in Communities and Classrooms*. Cambridge: Cambridge University Press.

Helms-Park, R. & Stapleton, P.(2003). Questioning the importance of individualized voice in undergraduate L2 argumentative writing: An empirical study with pedagogical implications. *Journal of Second Language Writing*, 12(3): 245~265.

Herring, S.(1999). Interactional coherence in CMC. *Journal of Computer-Mediated Communication*, 4(4). http://jcmc.indiana.edu/vol4/issue4/herring.html

Hinds, J.(1987). Reader versus writer responsibility: A new typology. In U. Connor & R. B. Kaplan(ed.), *Writing Across Languages: Analysis of L2 Text*. Reading, MA: Addison Wesley.

Hinkel, E.(1994). Native and nonnative speakers' pragmatic interpretations of English texts. *TESOL Quarterly*, 28(2): 353~376.

Hitchcock, G. & Hughes, D.(1995). *Research and the Teacher*. London: Routledge.

Hoey, M.(1983). *On the Surface of Discourse*. London: Allen & Unwin.

Hoey, M.(2001). *Textual Interaction: An Introduction to Written Text Analysis*. London: Routledge.

Holst, J.K.(1995). *Writ 101: Writing English*. Wellington, NZ: Victoria University Press.

Horner, B. & Trimbur, J.(2002). English only and college composition. *College Composition and Communication*, 53(4): 594~630.

Horrowitz, D.(1986). What professors actually require: Academic tasks for the ESL classroom. *TESOL Quarterly*, 20(3): 445~462.

Hyland, F.(1998) The impact of teacher written feedback on individual writers. *Journal of Second Language Writing*, 7(3): 255~286.

Hyland, K.(1993). ESL computer writers: What can we do to help? *System*, 21(1): 21~30.

Hyland, K.(2002). Options of identity in academic writing. *ELT Journal*, 56(4): 351~358.

Hyland, K.(2003). *Second Language Writing*. New York: Cambridge University Press.

Hyland, K.(2004a). *Disciplinary Discourses: Social Interactions in Academic Writing*.

Ann Arbor, MI: University of Michigan Press.

Hyland, K.(2004b). Graduates' gratitude: The generic structure of dissertation acknowledgements. *English for Specific Purposes*, 23(3): 303~324.

Hyland, K.(2004c). *Genre and Second Language Writing*. Ann Arbor, MI: University of Michigan Press.

Hyland, K.(2005). *Metadiscourse*. London: Continuum.

Hyland, K.(2008). As can be seen: Lexical bundles and disciplinary variation. *English for Specific Purposes*, 27(1): 4~21.

Hyland, K. & Hyland, F.(1992). Go for gold: Integrating process and product in ESP. *English for Specific Purposes*, 11: 225~242.

Hyland, K. & Hyland, F.(ed.)(2006). *Feedback in Second Language Writing: Contexts and Issues*. New York: Cambridge University Press.

Hyland, K. & Tse, P.(2007). Is there an 'academic vocabulary'? *TESOL Quarterly*, 41(2): 235~254.

Hyon, S.(1996). Genre in three traditions: Implications for ESL. *TESOL Quarterly*, 30(4): 693~722.

Ivanic, R.(1998). *Writing and Identity: The Discoursal Construction of Identity in Academic Writing*. Amsterdam: John Benjamins.

Ivanic, R & Weldon, S.(1999). Researching the writer-reader relationship. In C. N. Candlin & K. Hyland(ed.), *Writing: Texts, Processes and Practices*(pp. 168~192). Harlow: Longman.

Jarratt, S., Losh, E. & Puente, D.(2006). Transnational identifications: Biliterate writers in a first-year humanities course. *Journal of Second Language Writing*, 15(1): 24~48.

Jenkins, S., Jordan, M. & Weiland, P.(1993). The role of writing in graduate engineering education. *English for Specific Purposes*, 12: 51~67.

Johns, A. M.(1997). *Text, Role and Context: Developing Academic Literacies*. Cambridge: Cambridge University Press.

Johns, A. M.(ed.)(2001). *Genre and Pedagogy*. Hillsdale, NJ: Erlbaum.

Johns, A. M.(ed.)(2002). *Genre and the Classroom*. Mahwah, NJ: Erlbaum.

Johns, A., Bawashi, A., Coe, R., Hyland, K., Paltridge, B., Reiff, M. & Tardy, C.(2006). Crossing the boundaries of genres studies: Commentaries by experts. *Journal of Second Language Writing*, 15(3): 234~249.

Jones, K.(2000). Becoming just another alphanumeric code: Farmers' encounters with the literacy and discourse practices of agricultural bureaucracy at the livestock auction. In D. Barton, M. Hamilton & R. Ivanic(ed.), *Situated literacies*(pp. 70~90). London: Routledge.

Jones, R. H., Garralda, A., Li, D.C.S. & Lock, G.(2006). Interactional dynamics in on-line and face-to-face peer-tutoring sessions for second language writers. *Journal of Second Language Writing*, 15(1), pp. 1~23.

Jordan, B.(1998). *English for Academic Purposes*. Cambridge: CUP.

Kachru, Y.(1999). Culture, context and writing. In E. Hinkel(ed.), *Culture in Second Language Teaching and Learning*(pp. 75~89). Cambridge: Cambridge University Press.

Kaplan, R.(1966). Cultural thought patterns in intercultural education. *Language Learning*, 16(1): 1~20.

Killingsworth, M. J. & Gilbertson, M. K.(1992). *Signs, Genres, and Communication in Technical Communication*. Amityville, NY: Baywood.

Knapp, P. & Watkins, M.(1994). *Context, Text, Grammar*. Broadway, NSW: Text Productions.

Kramsch, C.(1993). *Context and Culture in Language Teaching*. Oxford: Oxford University Press.

Kramsch, C.(1997). Rhetorical models of understanding. In T. Miller(ed.), *Functional Approaches to Written Text: Classroom Applications*(pp. 50~63). Washington, DC: USIA.

Kress, G.(2003). *Literacy in the New Media Age*. London: Routledge.

Kress, G. & van Leeuwen, T.(2006). *Reading Images: The Grammar of Visual design*(2nd edition). London: Routledge.

Krishnamurthy, S.(2005). A demonstration of the futility of using Microsoft Word's spelling and grammar check. *http://faculty.washington.edu/sandeep/check/*. Accessed 2/12/2008.

Krishnamurthy, R & Kosem, I.(2007). Issues in creating a corpus for EAP pedagogy and research. *Journal of English for Academic Purposes*, 6(4): 356~373.

Kroll, B.(ed.)(2003). *Exploring the Dynamics of Second Language Writing*. Cambridge: Cambridge University Press.

Kubota, R.(1998) Ideologies of English in Japan. *World Englishes*, 17: 295~306.

Kuiken, F. & Vedder, I.(2008). Cognitive task complexity and written output in Italian and French as a foreign language. *Journal of Second Language Writing*, 17(1): 48~60.

Lantolf, J. P.(1999). Second culture acquisition: Cognitive consideration's. In E. Hinkel(ed.), *Culture in Second Language Teaching and Learning*(pp. 28~46). Cambridge: Cambridge University Press.

Lave, J. & Wenger, E.(1991). *Situated Learning: Legitimate Peripheral Participation*. Cambridge: Cambridge University Press.

Lecercle, J. J.(2000). *Interpretation as Pragmatics*. London: Palgrave.

Lee, G. & Schallert, D.(2008). Meeting in the margins: Effects of the teacher-student relationship on revision processes of EFL college students taking a composition course. *Journal of Second Language Writing*, 17(3): 165~182.

Leech, G.(1997). Teaching and language corpora: A convergence. In A. Wichmann et al.(ed.), *Teaching and Language Corpora*(pp. 1~24). Harlow: Longman.

Leech, G.(1998). Preface. In S. Granger(ed.), *Learner English on computer*(pp. xiv~xx). Harlow: Longman.

Leki, I.(1997). Cross-talk: ESL issues and contrastive rhetoric. In C. Severino, J. Guerra & J. Butler(ed.), *Writing in Multicultural Settings*(pp. 234~244). New York: Modern Languages Assn.

Lewis, M. & Wray, D.(1997). *Writing Frames*. Reading: NCLL.

Liebman, J. D.(1992). Toward a new contrastive rhetoric: Differences between Arabic and Japanese rhetorical instruction. *Journal of Second Language Writing*, 1(2): 141~166.

Lo, J. & Hyland, F.(2007). Enhancing students' engagement and motivation in writing: the case of primary students in Hong Kong. *Journal of Second language Writing*, 16(4): 219~237.

Louhiala-Salminen, L.(2002). The fly's perspective: Discourse in the daily routine of a business manager. *English for Specific Purposes*, 21(3): 211~231.

Lundstrom, K. & Baker, W.(2009). To give is better than to receive: The benefits of peer review to the reviewer's own writing. *Journal of Second language Writing*, 18(1): 30~43.

Malinowski, W.(1949). The problem of meaning in primitive languages. In A. Ogden & C. Richards(ed.), *The Meaning of Meaning: A Study of Influence of Language upon Thought and of the Science of Symbolism*. London: Routledge and Kegan Paul.

Marefat, F.(2002). The impact of diary analysis on teaching/learning writing. *RELC Journal*, 33(1): 101~121.

Martin, J. R.(1992). *English Text: System and Structure*. Amsterdam: John Benjamins.

Martin, J. R.(1993). Genre and literacy: modeling context in educational linguistics. In W. Grabe(ed.), *Annual Review of Applied Linguistics*, 13(pp. 141~172). Cambridge: Cambridge University Press.

Martin, J. R., Christie, F. & Rothery, J.(1987). Social processes in education: A reply to Sawyer and Watson(and others). In I. Reid(ed.), *The Place of Genre in Learning: Current Debates*(pp. 58~82). Deakin, Australia: Deakin University Press.

McLeod, C.(1987). Some thoughts about feelings: The affective domain and the writing process. *College Composition and Communication*, 38: 426~435.

Miller, C.(1984). Genre as social action. *Quarterly Journal of Speech*, 70: 157~178.

Milton, J.(1997). Providing computerized self-access opportunities for the development of writing skills. In P. Benson & P. Voller(ed.), *Autonomy and Independence in Language Learning*(pp. 204~214). Harlow: Longman.

Milton, J.(1999). *Wordpilot 2000*(computer program). Hong Kong: CompuLang.

Milton, J.(2006). Resource-rich web-based feedback: Helping learners become independent writers. In K. Hyland & F. Hyland(ed.), *Feedback in Second Language Writing*(pp. 123~139). Cambridge: Cambridge University Press.

Moffett, J.(1982). Writing, inner speech and mediation. *College English*, 44: 231~244.

Murray, D.(1985). A writer teaches writing, 2nd edition. Boston, MA: Houghton Mifflin.

Myers, G.(1988). The social construction of science and the teaching of English: An example of research. In P. Robinson(ed.), *Academic Writing: Process and Product*(pp. 143~150). Basingstoke: Modern English Publications.

Nation, I. S. P.(2001). *Learning Vocabulary in Another Language*. New York: Cambridge University Press.

Nelson, G. & Carson, J.(1998). ESL students' perceptions of effectiveness in peer response groups. *Journal of Second Language Writing*, 7(2): 113~131.

North, S.(1987). *The Making of Knowledge in Composition*. London: Heinemann.

Nystrand, M.(1987). The role of context in written communication. In R. Horowitz & S. J. Samuels(ed.), *Comprehending Oral and Written Language*(pp. 197~214). San Diego, CA: Academic Press.

Nystrand, M.(1989). A social interactive model of writing. *Written Communication*, 6: 66~85.

Nystrand, M., Doyle, A. & Himley, M.(1986). A critical examination of the doctrine of autonomous texts. In M. Nystrand(ed.), *The Structure of Written Communication*(pp. 81~107). Orlando, FL: Academic Press.

Nystrand, M., Greene, S. & Wiemelt, J.(1993). Where did composition studies come from? An intellectual history. *Written Communication*, 19: 267~333.

O'Regan, D.(2003). *Vocabulary*.

    http://www.bilkent.edu.tr/%7Eodavid/Vocabulary/vocabularyhome.html

Pare, A.(2000). Writing as a way into social work: Genre sets, genre systems, and distributed cognition. In P. Dias & A. Pare(ed.), *Transitions: Writing in Academic and Workplace Settings*(pp. 145~166). Kresskill, NJ: Hampton Press.

Park, D.(1982). The meanings of 'audience'. *College English*, 44(3): 247~257.

Partington, A.(1998). *Patterns and Meanings: Using Corpora for English Language Research and Teaching*. Amsterdam: John Benjamins.

Patton, M.(1990). *Qualitative Evaluation and Research Methods*. California: Sage.

Pecorari, D.(2008). *Academic Writing and Plagiarism: A linguistic analysis*. London: Continuum.

Phillipson, R.(1992). *Linguistic Imperialism*. Oxford: Oxford University Press.

Pica, T.(1987). Second language acquisition, interaction and the classroom. *Applied Linguistics*, 8: 3~21.

Pierce, B. N.(1995). Social identity, investment, and language learning. *TESOL Quarterly*, 29(1): 9~31.

Pole, C. & Morrison, M.(2003). *Ethnography for Education*. Maidenhead: Open University/McGraw Hill.

Polio, C.(1997). Measures of linguistic accuracy in second language writing research. *Language Learning*, 47: 101~143.

Polio, C. & Glew, M.(1996). ESL writing assessment prompts: How students choose. *Journal of Second Language Writing*, 5(1): 35~49.

Prior, P.(1998). *Writing/disciplinarity: A sociohistoric account of literate activity in the academy*. Hillsdale, NJ: Lawrence Erlbaum.

Purves, A. C. E., Quattrini, J. & Sullivan, C.(ed.)(1995). *Creating the Writing Portfolio*. Lincolnwood, IL: NTC.

Raimes, A.(1987). Language proficiency, writing ability and composing strategies. *Language Learning*, 37: 439~468.

Ramanathan, V. & Atkinson, D.(1999a). Individualism, academic writing, and ESL writers. *Journal of Second Language Writing*, 8(1): 45~75.

Ramanathan, V. & Atkinson, D.(1999b). Ethnographic approaches and methods in L2 writing research: a critical guide and review. *Applied Linguistics*, 20(1): 44~70.

Reid, J.(1993). *Teaching ESL Writing*. Englewood Cliffs, NJ: Prentice Hall.

Roen, D. & Willey, R.(1988). The effects of audience awareness on drafting and revising. *Research in the Teaching of English*, 22(1): 75~88.

Rohman, D. G.(1965). Pre-writing: The stage of discovery in the writing process. *College Composition and Communication*, 16: 106~112.

Rothery, J.(1986). Teaching genre in the primary school: A genre-based approach to the development of writing abilities. In *Writing project-report 1986*(pp. 3~62). Sydney: University of Sydney, Department of Linguistics.

Russell, D. R.(1997). Rethinking genre in school and society: An activity theory analysis. *Written Communication*, 14(4): 504~554.

Scardamalia, M. & Bereiter, C.(1986). Research on written composition. In M. Wittrock(ed.), *Handbook of research on teaching*(pp. 778~803). New York: Macmillan.

Schank, R. & Abelson, R.(1977). *Scripts, Plans, Goals and Understanding*. Hillsdale, NJ: Lawrence Erlbaum.

Schmitt, D. & Schmitt, N.(2005). *Focus on Vocabulary: Mastering the Academic Word List*. London: Longman.

Schriver, K.(1992). Teaching writers to anticipate readers' needs. *Written Communication*, 9(2): 179~208.

Scollon, R. & Scollon, S.(1981). *Narrative, Literacy and Face in Interethnic Communication*. Norwood, NJ: Ablex.

Scribner, S. & Cole, M.(1981). *The Psychology of Literacy*. London: Harvard

University Press.

Shannon, C. & Weaver, W.(1963). *Mathematical Theory of Communication*. Champaign, IL: University of Illinois Press.

Shaw, P. & Liu, E.(1998). What develops in the development of second-language writing? *Applied Linguistics*, 19(2): 225~254.

Shuman, A.(1993). Collaborative writing: Appropriating power or reproducing authority? In B. Street(ed.), *Cross-Cultural Approaches to Literacy*(pp. 247~271). Cambridge: Cambridge University Press.

Silva, T.(1993). Toward an understanding of the distinct nature of L2 writing: The ESL research and its implications. *TESOL Quarterly*, 27: 665~677.

Sinclair, J.(1991). *Corpus, Concordance Collocation*. Oxford: Oxford University Press.

Skills for life network(2008). http://www.skillsforlifenetwork.com/default.aspx

Smagorinsky, P.(ed.)(1994). *Speaking about Writing: Reflections on Research Methodology*. London: Sage.

Snyder, I.(ed.)(1998). *Page to Screen: Taking Literacy into the Electronic Era*. London: Routledge.

Song, M.-J. & Suh, B.-R.(2008). The effects of output task types on noticing and learning of the English past counterfactual conditional. *System*, 36(2): 295~312.

Sperber, D. & Wilson, D.(1986). *Relevance: Communication and Cognition*. Oxford: Basil Blackwell.

Stake, R.(1995). *The Art of Case Study Research*. Thousand Oaks, CA: Sage.

Stapleton, P.(2003). Assessing the quality and bias of web-based sources: Implications for academic writing. *Journal of English for Academic Purposes*, 2(3): 229~245.

Storch, N.(2005). Collaborative writing: Product, process, and students' reflections. *Journal of Second Language Writing*, 14(3): 153~173.

Street, B.(1995). *Social Literacies*. Harlow: Longman.

Street, B. & Lefstein, A.(2008). *Literacy: An Advanced Resource Book*. London: Routledge.

Sullivan, K. & Lindgren, E.(ed.)(2006). *Computer Keystroke Logging and Writing*. London: Elsevier.

Swales, J.(1990). *Genre Analysis: English in Academic and Research Settings*. Cambridge: Cambridge University Press.

Swales, J.(1998). *Other Floors, Other Voices: A Textogaphy of a Small University Building*. Hillsdale, NJ: Lawrence Erlbaum.

Swales, J.(1999). How to be brave in EAP: Teaching writing in today's research world. *Proceedings of Languages few Specific Purposes Forum*, 1999.

Swales, J. & Feak, C.(2004). *Academic Writing for Graduate Students: Essential Tasks and Skills*(2nd edition). Ann Arbor, MI: University of Michigan Press.

Swales, J. & Feak, C.(2000). *English in Today's Research World: A Writing Guide*. Ann Arbor, MI: University of Michigan Press.

Teo, P.(2000). Racism in the news: A critical discourse analysis of news reporting in two Australian newspapers. *Discourse and Society*, 11: 7~49.

Tottie, G.(1991). *Negation in English Speech and Writing*. London: Academic Press.

Truscott, J. & Hsu, A.(2008). Error correction, revision, and learning. *Journal of Second Language Writing*, 17(4): 292~305.

Tsang, W.(1996). Comparing the effects of reading and writing on writing performance. *Applied Linguistics*, 17(2): 210~233.

Tsui, A. B. M.(1996). Learning how to teach ESL writing. In D. Freeman & J. C. Richards(ed.), *Teacher Learning and Language Teaching*(pp. 97~119). Cambridge: Cambridge University Press.

Turkle, S.(1995). *Life on the Screen: Identity in the Age of the Internet*. New York: Simon and Shuster.

Tyner, K.(ed.)(1998). *Literacy in a Digital World: Teaching and Learning in the Age of Information*. Hillsdale, NJ: Lawrence Erlbaum.

Van Den Bergh, H. & Rijlaarsdam, G.(2001). Changes in cognitive activities during the writing process and relationships with text quality. *Educational psychology*, 21(4): 373~385.

Van Dijk, T. A.(2008). *Discourse and Context: A Sociocognitive Approach*. Cambridge: Cambridge University Press.

Vygotsky, L.(1962). *Thought and Language*. Cambridge, MA: MIT Press.

Vygotsky, L.(1978). *Mind in Society: The Development of Higher Psychological Processes*(M. Cole, V John-Steiner, S. Scribner & E. Souberman(ed.)). Cambridge, MA: Harvard University Press.

Wallace, M. J.(1998). *Action Research for Language Teachers*. Cambridge: Cambridge University Press.

Ware, P. & Warshauer, M.(2006). Electronic feedback. In K. Hyland & F. Hyland(ed.), *Feedback in Second Language Writing*(pp. 105~122). Cambridge: Cambridge University Press.

Watson-Gegeo, K.(1988). Ethnography in ESL: Defining the essentials. *TESOL Quarterly*, 22: 575~592.

Weissberg, R.(2006). *Connecting Speaking and Writing*. Ann Arbor, MI: University of Michigan Press.

Wertsch, J.(1991). *Voices of the Mind*. Cambridge, MA: Harvard University Press.

White, A.(2007). A tool for monitoring the development of written English: T-unit analysis using the SAWL. *American Annals of the Deaf*, 152(1): 29~41.

Wichmann, A., Fligelstone, S., McEnery, T. & Knowles, G.(ed.)(1997). *Teaching and Language Corpora*. Harlow: Longman.

Widdowson, H.(2000). The theory and practice of critical discourse analysis. *Applied Linguistics*, 19: 136~151.

Willett, J.(1995). Becoming first-graders in an L2: An ethnographic study of L2 socialization. *TESOL Quarterly*, 29(3): 473~503.

Williams, R.(1962). *Communications*. Harmondsworth: Penguin.

Winter, E.O.(1977). A clause relational approach to English texts: A study of some predictive lexical items in written discourse. *Instructional Science*, 6(1): 1~92.

Wodak, R. & Chilton, P.(ed.)(2007). *A New Agenda in (Critical) Discourse Analysis*(2nd edition). Amsterdam: Benjamins.

Wodak, R.(1996). *Disorders of Discourse*. Harlow: Longman.

Wong, A. T. Y.(2005). Writers' mental representations of the intended audience and of the rhetorical purpose for writing and the strategies that they employed when they composed. *System*, 33(1): 29~47.

Wray, D. & Lewis, M.(1997). *Extending Literacy: Children Reading and Writing Nonfiction*. London: Routledge.

Xue, G. & Nation, I. S. P.(1984). A university word list. *Language Learning and Communication*, 3(2): 215~299.

Yancey, K. B.(1999). Looking back as we look forward: Historicizing writing assessment. *College Composition and Communication*, 50(3): 483~503.

Yang, H.(1986). A new technique for identifying scientific/technical terms and describing science texts. *Literacy and Linguistic Computing*, 1: 93~103.

Young, L. & Harrison, C.(2004). Introduction. In L. Young & C. Harrison(ed.), *Systemic Functional Linguistics and Critical Discourse Analysis*(pp. 1~11). London: Continuum.

Yi, Y.(2007). Engaging literacy: A biliterate student's composing practices beyond school. *Journal of Second Language Writing*, 16(1): 23~39.

Zamel, V.(1983). The composing processes of advanced ESL students: Six case-studies. *TESOL Quarterly*, 17: 165~187.

Zhu, W & Flaitz, J.(2005). Using focus group methodology to understand international students' academic language needs: A comparison of perspectives. *TESOL-EJ*, 8(4): A-3.

찾아보기

지은이 Ken Hyland

영국 런던대학교 응용언어교육과 교수이며, 런던대학교 교육연구소의 학술 문해 및 전문 문해 연구 센터의 책임자이다. 전문 학술지 〈*Applied Linguistics*〉의 공동 편집자도 맡고 있다. 6개 국가에서 연구하고 교육한 경력을 가지고 있으며, 제2언어 쓰기 및 학술적 영어 프로그램에 관한 130여 편의 연구 논문과 14권의 연구 서적을 집필하였다. 『*Academic Publishing: Issues and Challenges in the Production of Knowledge*』(Oxford University Press), 『*Academic Written English*』(Shanghai Foreign Language Education Press), 『*Disciplinary Identities: Individuality and Community in Academic Writing*』(Cambridge University Press) 등의 논저가 있다.

옮긴이 박영민·장은주

박영민 한국교원대학교 국어교육과 교수.
국어과교육과정, 쓰기 지도 방법, 쓰기 평가 방법에 관심을 두고
공부하고 있으며, 공저로『쓰기 지도 방법』(역락),『작문교육론』
(역락),『독서교육론』(사회평론), 공역으로『작문 교육 연구의 주
제와 방법』(박이정) 등의 논저가 있다.

장은주 한국교원대학교 한국어문교육연구소 연구원. 국어교육학 박사.
『작문 교육 연구의 주제와 방법』(박이정, 공역),『뉴스 리터러시
교육을 위한 중학교 교과서 단원 모형 개발 연구』(공저) 등의 논
저가 있으며, 2009 개정 교육과정에 따른 중학교 및 고등학교 국
어 교과서(비상, 공저) 집필에 참여하였다.

쓰기 지도와 쓰기 연구의 방법

Teaching and Researching Writing(Second edition)

© 글로벌콘텐츠, 2017

1판 1쇄 인쇄__2017년 11월 20일
1판 1쇄 발행__2017년 11월 30일

지은이__Ken Hyland
옮긴이__박영민·장은주

펴낸이__홍정표
펴낸곳__글로벌콘텐츠
      등록__제25100-2008-24호

공급처__(주)글로벌콘텐츠출판그룹
      대표__홍정표 **이사**__양정섭 **편집디자인**__김미미 **기획·마케팅**__노경민
      주소__서울특별시 강동구 천중로 196 정일빌딩 401호
      전화__02-488-3280 **팩스**__02-488-3281
      홈페이지__http://www.gcbook.co.kr
      이메일__edit@gcbook.co.kr

값 23,000원
ISBN 979-11-5852-166-0 93370